Gustav Gröber

Briefe aus den Jahren 1869 bis 1910

Beihefte zur Zeitschrift für romanische Philologie

Herausgegeben von
Claudia Polzin-Haumann und Wolfgang Schweickard

Band 425

Gustav Gröber

Briefe aus den Jahren 1869 bis 1910

Ausgewählt und kommentiert von
Frank-Rutger Hausmann

DE GRUYTER

ISBN 978-3-11-070970-4
e-ISBN (PDF) 978-3-11-058813-2
e-ISBN (EPUB) 978-3-11-058570-4

Library of Congress Control Number: 2018951277

Bibliografische Information der Deutsche Nationalbibliothek
Die Deutsche Nationalbibliothek verzeichnet diese Publikation in der Deutschen Nationalbibliografie; detaillierte bibliografische Daten sind im Internet über http://dnb.dnb.de abrufbar.

Dieser Band ist text- und seitenidentisch mit der 2018 erschienenen gebundenen Ausgabe.
Satz: Meta Systems Publishing & Printservices GmbH, Wustermark
Druck und Bindung: CPI books GmbH, Leck

www.degruyter.com

Inhalt

Vorbemerkung

Der Plan zu der vorliegenden Briefausgabe wurde schon vor mehreren Jahren gefasst, als ich in einem Antiquariat den ersten Band von Gröbers *Grundriss der romanischen Philologie* erstand. Auf dem leeren Vorsatzblatt dieses Exemplars findet sich die Widmung «Seinem lieben Dr. Haase zu Weihnacht 1950 F. N.» Der Romanist Fritz Neubert (1886–1970) hat diesen Band demnach seinem Assistenten Erich Haase (1920–1958), der ihn beim Wechsel von der Berliner Humboldt-Universität im Osten an die Freie Universität Berlin im Westen begleitete, zugeeignet. *Habent sua fata libelli!*

Die jetzt vorgelegte Ausgabe bietet eine Brief-Auswahl, die die wissenschaftlichen Großprojekte Gustav Gröbers (1844–1911), eines der wirkmächtigsten deutschsprachigen Romanisten der zweiten Hälfte des 19. Jahrhunderts, in ihrer Entstehung und frühen Rezeption nachzeichnet. Die Aufbewahrungsorte von Gelehrtenkorrespondenzen sind heute zwar gut erschlossen, doch sind immer noch Spürsinn und Finderglück nötig, um ein möglichst repräsentatives Briefkorpus sowie die darauf bezogenen personengeschichtlichen Dokumente eines einzelnen Gelehrten zusammenzutragen. Im Fall Gröbers haben Archive und Bibliotheken von Universitäten, Akademien und staatlichen Einrichtungen in Deutschland, Österreich, der Schweiz, Dänemark, Frankreich, Großbritannien, Italien, Polen, Portugal, Rumänien, Chile, Kolumbien und den USA Auskünfte erteilt und einschlägige Materialien zur Verfügung gestellt. In Straßburg wurden in den Archives Départementales du Bas-Rhin insbesondere die Bestände der Kaiser-Wilhelms-Universität, die die Romanistik betreffen, eingesehen.

Ohne die Hilfsbereitschaft zahlreicher in- und ausländischer Kollegen, Bibliothekare, Archivare und kommunaler Mitarbeiter wäre es nicht gelungen, ca. 1300 Briefe und Karten Gröbers sowie zahlreiche ihn betreffende Dokumente und Informationen zusammenzutragen. Es ist daher eine *nobile officium*, allen im Verzeichnis der «Aufbewahrungsorte von Gröber-Briefen» sowie den bei der Auswertung von Gröber-Dokumenten genannten Institutionen und ihren Mitarbeitern Dank für ihre Hilfe abzustatten. Ein besonderer Dank gilt abermals der ABH-Stiftung in Freiburg i. Br., die in großzügiger Weise für die nicht unerheblichen Digitalisierungs- und Kopier-Kosten von Briefvorlagen und sonstigen Archivalien aufgekommen ist.

Dank gilt last, but not least Wolfgang Schweickard und Claudia Polzin-Haumann (Universität des Saarlandes) für die Aufnahme des Bandes in die Reihe der *Beihefte zur Zeitschrift für romanische Philologie* sowie Ulrike Krauß und Gabrielle Cornefert vom Verlag de Gruyter für die Hilfe bei der formgerechten Einrichtung der Druckvorlage.

Frank-Rutger Hausmann — Wasenweiler a. K., im Mai 2018

https://doi.org/10.1515/9783110588132-203

Einleitung

nocturna versate manu, versate diurna
(Horaz, *ars poet.* 269)

Gustav Gröber, Leben und Werk

Max Gustav Gröber[1] wurde am 4. Mai 1844 als Sohn des «Akzidenzdruckereibesitzers» Christian Friedrich Gröber (1811–1895) und der Quedlinburger Fleischhauers-Tochter Johanna Garke (1808–1875) in Leipzig geboren. Er hatte drei Brüder (Carl † 1885, Fritz † 1895 und Rudolph † 1883),[2] die in der Druckerei des Vaters mitarbeiteten.[3] Zunächst sollte Gustav Gröber Buchhändler werden, weil der Vater die Druckerei zum Verlag ausbauen wollte, und absolvierte eine entsprechende Lehre in Leipzig und Frankfurt a. M. Die so erworbenen technischen und ökonomischen Kenntnisse waren ihm später als Herausgeber von Zeitschriften und Reihenwerken nützlich. Gegen den Willen der Eltern holte er in den Jahren 1863 bis 1865 am Nicolai-Gymnasium seiner Vaterstadt die

1 Der Rufname war «Gustav». – Die hier folgende biographische Skizze profitiert von der Wiener Dissertation von Hertha Herold 1972, Kap. 2 («Leben und Ausbildung Gröbers»). Allerdings erfährt man darin nur wenig über die Breslauer Jahre. Herold stützt sich auf die immer noch unübertroffene Würdigung von Ernst Robert Curtius 1952/1960. – Zahlreiche Details konnten durch eigene Recherchen ergänzt werden.

2 Diese Daten wurden mit Hilfe der Grabkartei des Neuen Johannesfriedhofs Leipzig ermittelt. – Im *Adreßbuch von Strassburg 1904*, Strassburg, Wilhelm Heinrich, 1904, I, 130, wird in der Rehgasse 1 eine Wwe Frieda Gröber geb. Kenner vermerkt, vermutlich eine Schwägerin Gustav Gröbers.

3 Carl Berendt Lorck, *Die Druckkunst und der Buchhandel durch vier Jahrhunderte: Zur Erinnerung an die Einführung der Buchdruckerkunst in Leipzig 1479 und die dortige Kunstgewerbe-Ausstellung*, Leipzig, J. J. Weber, 1879: «Friedrich Gröber ist ebenfalls eine im Accidenzfache [= Gelegenheits- und Kleindrucke wie Werbeprospekte, Visitenkarten, kurze Broschüren etc. (FRH)] sehr strebsame Firma. Der Besitzer gründete 1840 eine Steindruckerei und lithographische Anstalt mit einer Handpresse. 1858 wurde eine Buchdruckerei errichtet, hauptsächlich als Stütze für die Steindruckerei. Sie gedieh jedoch so schnell, daß sie das Uebergewicht behielt und allein 4 Schnellpressen beschäftigt. Die Officin ist zweckmäßig in einem neuen Geschäftsgebäude untergebracht und liefert namentlich kaufmännische Accidenzarbeiten. Friedrich Gröber zur Seite stehen seine drei Söhne Carl, Fritz und Rudolph» (84). – Im Jahr 1900 werden als Inhaber der Druckerei Dr. Max Gustav Gröber u. Wwe. Gröber, Keilstr. 7, genannt (*Reichsadreßbuch* 1900, Nr. 3500). Die Druckerei Gröber ist noch bis 1933 nachweisbar. So erwähnt das *Leipziger Adreßbuch* 1930, I, 315 in der Keilstr. als Druckereibesitzerin Clara Gröber geb. Kruse († 1940), eine Schwägerin Gustav Gröbers.

https://doi.org/10.1515/9783110588132-001

gymnasiale Oberstufe nach und legte die Reifeprüfung ab.[4] Zum Sommersemester 1865 immatrikulierte er sich an der Leipziger Universität für die Fächer Philosophie, Klassische und Romanische Philologie. Leipzig war neben Berlin die zweite Hochburg des Positivismus, der Gröber auch in seinem späteren Forscherleben prägen sollte. Seine akademischen Lehrer waren insbesondere der Philosoph Moritz Drobisch (1802–1896), der Latinist Friedrich Ritschl (1806–1876), der 1865 nach Leipzig berufen worden war, und vor allem der Romanist Adolf Ebert (1820–1890), der auch sein Doktorvater wurde.[5] Ebert hatte im Jahr 1862, von Marburg kommend, das neu errichtete Leipziger Romanistikordinariat erhalten. Bereits drei Jahre zuvor hatte er gemeinsam mit dem Wiener Ferdinand Wolf (1796–1866) das *Jahrbuch für romanische und englische (Sprache und) Literatur* begründet, das für Gröber wegweisend werden sollte.[6] Von Ebert lernte er auch die Hochschätzung der mittellateinischen Literatur.[7] Der Doktorvater stellte ihm, wie zu diesem Zeitpunkt üblich, ein textkritisches Dissertationsthema, und zwar eine Untersuchung der Chanson de geste *Fierabras* und ihrer Vorstufen, wobei das genaue Thema auf den Privatgelehrten Hermann Knust (1821–1889) zurückzugehen scheint.[8] Gröbers Promotion erfolgte am 28. Juli 1869.[9] Danach ging er für ein Jahr als Privatlehrer auf das Schloss der Grafen Waldstein in Dux (heute Duchcov, Tschechien), wo er die gräflichen Kinder unterrichtete. In dieser Zeit lernte er seine spätere (damals erst siebzehnjährige) Frau Elisabeth, Tochter des Teplitzer k. u. k. Steuereinnehmers Ferdinand Weitenweber, kennen, die er am 29. März 1875 in Teplitz ehelichte. Die Braut war katholisch, der Bräutigam lutherisch. Von Schloss Dux kehrte Gröber nach Leipzig zurück, wo er im September 1870 kurze Zeit an der

---

4 Vgl. den einfühlsamen Nekrolog von Heinrich Schneegans, Zeitschrift für französische Sprache und Literatur 39 (1912), 123–131, hier 123.

5 Ulrich von Hehl u. a. (Hrsg.), *Geschichte der Universität Leipzig 1409–2009*, Bd. 4, 1–2: Fakultäten, Institute, Zentrale Einrichtungen, Leipzig, Leipziger Universitätsverlag, 2009, 583–585 (Ritschl); 632–637 (Ebert; P); 785–788, 794–796, 1056–1058 (Drobisch). – Im Übrigen sei, was Leben und Werk der etablierten Romanisten angeht, auf das von mir erstellte *Romanistenlexikon: Verzeichnis der im deutschen Sprachraum tätig gewesenen oder aus dem deutschen Sprachraum stammenden Romanistinnen und Romanisten* verwiesen, das im Internet abrufbar ist [http://lexikon.romanischestudien.de].

6 Vgl. Richard Paul Wülcker, *Briefwechsel zwischen Adolf Ebert und Ferdinand Wolf*, Berichte über d. Verhandlungen d. Kgl. Sächsischen Ges. d. Wiss. zu Leipzig, Phil.-hist. Cl. 51 (1899), 70–139, bes. 111 f. (zehn Briefe Eberts im vollen Wortlaut).

7 Adolf Ebert, *Allgemeine Geschichte der Litteratur des Mittelalters im Abendlande*, 3 Bde., Leipzig, Vogel, 1884–1887. Vgl. auch Gröbers Rez. von Bd. I², Zeitschrift für romanische Philologie 13 (1889), 571–572.

8 Vgl. unten Brief 2.

9 Vgl. das Dissertationsgutachten (im Anhang von Brief 1).

Handelsschule unterrichtete. Schon bald erhielt er auf Empfehlung Eberts und Adolf Toblers (1835–1910), der 1867 an die Berliner Wilhelmsuniversität berufen worden war und seine Dissertation positiv besprochen hatte,[10] ein Habilitationsangebot von Toblers Heimatuniversität Zürich, wohin Gröber im Spätherbst 1870 übersiedelte. Ohne eine Habilitationsschrift zu verfassen – offenbar genügten die Empfehlungen Eberts und Toblers –, wurde er am 20. Oktober 1870 für das Unterrichtsjahr 1871/72 als besoldeter Privatdozent der Romanistik angestellt.[11] Am 29. April 1871 hielt er seine Probevorlesung *Die altfranzösischen Romanzen und Pastourellen.*[12] Die erste Sektion der Philosophischen Fakultät erstellte darüber ein Gutachten, auf dessen Grundlage Gröber am 2. Mai 1871 endgültig die *Venia legendi* erteilt wurde. Am 1. April 1872 wurde er zum außerordentlichen Professor der Romanischen Philologie, Mitglied der «Gesellschaft für vaterländische Alterthümer» und der Diplomprüfungskommission ernannt. Bis dahin war die Zürcher Romanistik nur durch Privatdozenten bzw. Professoren anderer Fachrichtungen vertreten worden.[13] Doch schon zum 31. März 1874 verabschiedete er sich wieder von Zürich und nahm einen Ruf an die preußische Universität Breslau an. Dort waren zunächst Verhandlungen mit Ludwig Lemcke (1816–1884) und Karl Bartsch (1832–1888) gescheitert, weshalb die Fakultät am 15. November 1873 einstimmig und *unico loco* Gröber vorschlug als «die unter den jetzigen Umständen tüchtigste Lehrkraft und geeignetste Persönlichkeit für die hiesige Professur».[14] Am 31. Dezember 1873 zum Breslauer Ordinarius ernannt, trat Gröber sein Amt zum Sommersemester 1874 an. Er hielt Vorlesungen mit dem Titel *Encyclopädie der romanischen Philologie* oder über altfranzösische, altprovenzalische und italienische

---

10 Literarisches Centralblatt für Deutschland 1 (Januar) 1870, Sp. 19–21: «Ohne allen Zweifel wird Herrn Gröber's treffliche Untersuchung zu ähnlicher Beschäftigung mit anderen französischen Epen anregen und gleich sorgfältiges Forschen wird anderwärts wohl zu ähnlichen Resultaten führen; aber eben nur zwingende Beweisführung wird dieselben sichern, bloße Berufung auf die Analogie nicht genügen» (Sp. 20).

11 Fryba-Reber 2009, 36–37; auf S. 37–38 findet sich eine Übersicht der von Gröber in Zürich abgehaltenen Lehrveranstaltungen.

12 Vgl. die Rez. von Hugo Schuchardt, Literarisches Centralblatt für Deutschland 25 (1874), Sp. 50.

13 Fryba-Reber 2013, 114–117; 381.

14 Carl Appel, *Breslau. Bis 1908*, Kritischer Jahresbericht über die Fortschritte der Romanischen Philologie 9 (1905), IV, 23–26, hier 26; Ders., *Romanische Philologie*, in: Georg Kaufmann (Hrsg.), *Festschrift zur Feier des hundertjährigen Bestehens der Universität Breslau. Erster Teil: Geschichte der Universität Breslau 1811–1911*, Breslau, Hirt, 1911, 413–418, hier 416–417. – Nach Auskunft von Herrn Krzysztof Koreń (14.12.2017) vom Archiwum Uniwersytetu Wrocławskiego wurde Gröbers Personalakte vermutlich 1931 ins StA Breslau überführt und ist in den Wirren nach 1945 verloren gegangen.

Grammatik und vermittelte in den Literaturkollegs Überblicke über die französische Literatur des Mittelalters und der Renaissance. Zwei Jahre nach seiner Ernennung erfolgte die Gründung des Breslauer «Seminars für Romanische und Englische Philologie». Über die Breslauer Jahre, die bis zum Herbst 1880 dauerten, erfährt man Näheres aus Gröbers späteren Briefen an seinen Freund Karl Dziatzko (1842–1903), den dortigen Direktor der Universitätsbibliothek (1872–1886). In Breslau wurde 1876 seine Tochter Johanna geboren, die 1899 in Straßburg den Altphilologen Richard Heinze (1867–1929) heiratete, der sich 1893 dort habilitiert hatte und in der Folge Professuren in Berlin, Königsberg und Leipzig bekleidete.

Im Frühjahr 1880 erhielt Gröber einen Ruf nach Straßburg. So wohl er sich auch in Breslau fühlte, lockte ihn doch die Herausforderung, die eine Tätigkeit an der noch jungen Wilhelms-Universität darstellte, die ein Vorposten deutscher Wissenschaft im Grenzgebiet zu Frankreich werden sollte.[15] Welche Aufbruchsstimmung die Reichsdeutschen erfüllte, die ins Elsass zogen, kann man besonders gut den Erinnerungen von Elly Heuss-Knapp (1881–1952), der Frau des späteren Bundespräsidenten Theodor Heuss, entnehmen, die allerdings die Vorbehalte vieler nach wie vor französisch gesonnener Altelsässer nicht verschweigt.[16] Gröber wurde zum 10. Mai 1880 zum Straßburger Ordinarius ernannt. Er war übrigens nicht der Erstplatzierte, sondern erhielt den Ruf nach der Absage Hermann Suchiers (1848–1914), der sich für seine Berufung einsetzte.[17] Sein Breslauer Nachfolger wurde Adolf Gaspary (1849–1892), ein angesehener Italianist.

---

15 John Eldon Craig, *Scholarship and nation building: the universities of Strasbourg and Alsatian society 1870–1939*, Chicago, Univ. of Chicago Press, 1884, bes. 68 f., 100 f.; Roscher 2006.

16 *Ausblick vom Münsterturm. Erinnerungen*, Tübingen, Rainer Wunderlich, 1952. Der Vater der Verfasserin war der Nationalökonom Georg Friedrich Knapp (1842–1926), der 1874 nach Straßburg berufen worden war. – Weiterhin empfiehlt sich Fritz Maisenbacher, *Ein Straßburger Bilderbuch. Erinnerungen aus den Jahren 1870–1918, mit vier farbigen Tafeln und elf Vollbildern von Freiherrn Lothar von Seebach*, Straßburg, Selbstverlag, 1931, Kap. 3: *Von der Universität*, 15–23. – Die sozialen Verhältnisse in Straßburg nach 1871 beschreibt knapp und präzise Maurer 2015, I, 23–240 (jeweils im Vergleich mit Berlin und Gießen).

17 Gröber schreibt am 18. 4. 1880 an Suchier: «Ich darf nicht unterlassen Ihnen mitzutheilen, daß ich gestern für Strassburg definitiv angenommen habe, nachdem ich mich über einige Dinge bei dem Curatorium daselbst des Näheren erkundigt und befriedigende Auskunft erhalten habe. Ich glaube mit Grund annehmen zu dürfen, daß ich nicht ohne Ihr Zuthun in Vorschlag in Straßburg gebracht worden bin, – und sage Ihnen deshalb hiermit herzlichen Dank. Ich habe für ein Gehalt von 7000 Mk acceptirt und im übrigen keinerlei Bedingungen gestellt. Ten Brink hatte bereits die Freundlichkeit, mich als neuen Collegen willkommen zu heißen; ich zweifle nicht, daß es gelingen wird gute Beziehungen mit ihm zu unterhalten». – Seine ersten Straßburger Eindrücke schildert er am 7. 11. 1880 auch Hugo Schuchardt (Graz, HSA, 04038).

Noch im Sommer 1880 zogen die Gröbers von Breslau nach Straßburg um. Dort mieteten sie zunächst im damals noch ländlichen Vorort Ruprechtsau (heute Robertsau) im Norden der Stadt nahe der Ill ein Haus mit Garten (einen Straßennamen gibt Gröber nicht an) und schafften zur Selbstversorgung eine Kuh und Federvieh an. Mehrfach zog die Familie um, weil der Vermieter das Ruprechtsauer Anwesen hinter ihrem Rücken verkaufte und sie kein Äquivalent für diese Idylle fand: Ende 1895 in die Poststraße 10, 1901 an den Universitätsplatz 8 und 1907 wieder zurück nach Ruprechtsau, diesmal in die Pfarrgasse 30. Im Jahr 1885 wurde der Sohn Paul geboren († 1964), der später Geologie studierte und im Jahr 1911 nach Argentinien auswanderte, wo er zuletzt an der Universität von Buenos Aires unterrichtete.[18] Die Gröbers führten ein offenes Haus und erhielten häufig Besuch von durchreisenden Kollegen.[19]

Da Gröbers Vorgänger Eduard Böhmer (1827–1906) sich mit einigen Vertretern der Philosophischen Fakultät überworfen hatte,[20] setzte man in seinen Nachfolger große Hoffnungen. Böhmer hatte zudem die notwendige Aufbauleistung (Organisation des Seminarbetriebs, Anlage einer Seminar-Bibliothek,[21] Entwicklung von Curricula, Heranbildung von Lehrern nach den im Deutschen Reich üblichen Standards[22]) nur ansatzweise erbracht und sie seinen Mitarbei-

18 Victor A. Ramos/Héctor Leanza, *Dr. Pablo Groeber (1885–1964)*, online [www.geologica.org.ar].

19 So schreibt z. B. Karl Bartsch am 25. 4. 1884 an Gaston Paris: «Ich habe nach meiner Abreise von Paris noch fünf sehr angenehme Tage in Hâvre zugebracht und war auf dem Rückwege drei Tage in Strassburg, wo ich zum ersten Male mit Gröber in einen näheren persönlichen Austausch trat. Er hat mir sehr gefallen, er ist ein scharfer und vielseitiger Kopf» (Brief 44, ed. Bähler, 2015, 112–113).

20 Eduard Böhmer, *Strassburger Erlebnisse*, Romanische Studien 3, H. 12 (1878), 626–633 (es ging zunächst um einen Streit mit dem Anglisten Bernard ten Brink; beide sollten sich jeweils die Prüfungen und Lehre des Englischen und Französischen teilen, was Böhmer missfiel, so dass er sich weigerte, überhaupt französische Lehrveranstaltungen abzuhalten). Vgl. dazu Gunta Haenicke, *Zur Geschichte der Anglistik an deutschsprachigen Universitäten 1850–1925*, Universität Augsburg 1979 (Augsburger I – & I – Schriften, 8), 238–242; Haas/Hamm 2009, bes. 196–197. – Aus Böhmers Personalakte (Strasbourg, Archives Départementales, 103 AL 324), die seine Unleidlichkeit dokumentiert, geht hervor, dass er bereits im Dezember 1874 seine Pensionierung (nicht Emeritierung!) beantragte. Da eine Pensionierung von Professoren nicht vorgesehen war, wurde er erst nach langem Hin und Her zum 1. 10. 1879 entpflichtet. Vgl. auch Roscher 2006, 166–168; 377–378.

21 Erhalten ist ein unvollständiger, nach Sprachen geordneter Bibliothekskatalog (Strasbourg, Archives Départementales, 2045 W/VRAC/AA2), der vermutlich auf Gröbers Veranlassung angelegt wurde und Aufbau und Zusammensetzung der Seminarbibliothek dokumentiert.

22 Leider gibt es vom neuphilologischen Seminar keine Jahresberichte, wie sie für das «Philologische Seminar» [= Klassische Philologie] vorliegen (Strasbourg, Archives Départementales, 103 AL 884–886, 888–889). Zitiert sei ein Auszug aus dem Bericht des altphilologischen Seminardirektors Wilhelm Studemund vom 27. 7. 1872: «Bei dem eigenthümlichen Zustande der

tern Karl Vollmöller (1848–1922; in Straßburg 1876–77) und Eduard Koschwitz (1851–1904; in Straßburg 1877–80)[23] überlassen, so dass Gröber fast am Nullpunkt begann. Man sollte es nicht bedauern, ihn berufen zu haben, denn er war ein unermüdlicher Arbeiter und zeichnete sich als akademischer Lehrer, als Inhaber von Fakultätsämtern (Beteiligung an zahlreichen Habilitations- und Berufungskommissionen, Betreuer zahlreicher Promovenden, Direktor der Stipendienkommission, Vorsitzender für Französisch in der Lehramtsprüfungskommission, Dekan), als wissenschaftlicher Organisator (Begründer und langjähriger Herausgeber der *Zeitschrift für romanische Philologie* nebst *Bibliographischem Supplement* und *Beiheften*; des *Grundriss' der Romanischen Philologie* und der Bibliotheca Romanica), Verfasser von grundlegenden Aufsätzen und Rezensionen und nicht zuletzt als umfassend informierter auswärtiger Gutachter bei Lehrstuhlbesetzungen aus. Er las nicht bloß über Enzyklopädie, Sprachgeschichte und französische Syntax, sondern auch über ältere und neuere französische Literatur, dazu Altprovenzalisch, Altitalienisch und Altspanisch. Von anglistischen Veranstaltungen, wie sie ten Brink, der selber auch französische Veranstaltungen anbot, noch von Böhmer gefordert hatte, war jetzt nicht mehr die Rede. Vierundachtzig Straßburger Dissertationen wurden, so Heinrich Schneegans, von Gröber angeregt (93 insgesamt).[24] Er galt zwar als strenger Lehrer,

Mittel-Schule im Reichslande Elsaß-Lothringen mußte von Anfang an die mit der Eröffnung der Universität Straßburg gleichzeitige Errichtung und Eröffnung eines philologischen Seminars in Aussicht genommen werden, damit es möglichst bald gelänge, mit den Verhältnissen des Reichslandes vertraute, philologisch tüchtig durchgebildete Lehrer für die Mittelschulen zu gewinnen. [...] Da dem Unterzeichneten beim Antrag der Berufung [...] gleich die Pflicht auferlegt wurde, die sämmtlichen Uebungen des philologischen Seminars allein zu leiten, und die ganze Entwicklung der philologischen Universitätsstudien immer mehr dahin drängt, den Schwerpunkt der philologischen Bildung in's Seminar zu verlegen, in welchem die Studirenden abwechselnd selbständig zur Interpretation der klassischen Autoren, zur Behandlung grammatischer, litterarhistorischer und antiquarischer Probleme aufgefordert und durch daran geknüpfte Disputationen im freien wissenschaftlichen Disput und lehrmäßig pädagogischen Vortrag [...] geübt werden, so hielt ich es für meine Pflicht gleich von der Eröffnung des Seminars an eine größere Stundenzahl für die Uebungen des Seminars festzusetzen [...]» (Bl. 3^{r-v}).

23 Seine Straßburger Personalakte besteht nur aus vier Blatt (Strasbourg, Archives Départementales, 103 AL 501); er wurde nach Böhmers Emeritierung und vor Gröbers Berufung mit der «interimistischen Vertretung der romanischen Abtheilung des Seminars für neuere Sprachen bis auf Weiteres» beauftragt. Damit war ein Konflikt mit Gröber, seinem Breslauer Doktorvater und schon bald Straßburger Vorgesetzten, vorprogrammiert.

24 Vgl. das S. 277 f. mitgeteilte «Verzeichnis der Doktoranden (mit Abschluss)». Die Liste von 88 ermittelten Namen gibt nicht nur Auskunft über die Spannbreite der behandelten Themen, sondern ermöglicht auch personengeschichtliche Untersuchungen im Hinblick auf die landsmannschaftliche und soziale Herkunft dieser «Doktoren». – Heinrich Schneegans rechnet allerdings auch die von Eduard Koschwitz in Straßburg betreuten Dissertationen Gröber zu, da Koschwitz

wurde jedoch von seinen Studenten, darunter viele Ausländer, verehrt, zumal er keinen Unterschied zwischen Reichsdeutschen, Alt-Elsässern und Ausländern machte. Die zahlreichen Widmungen, die die von ihm betreuten Schüler ihren gedruckten Arbeiten hinzufügten, belegen, wie intensiv ihr «Doktorvater» sie anregte und unterstützte.[25] Jahr um Jahr saß er in den Morgenstunden in der Bibliothek am selben Platz, um die Ruhe für seine Arbeit zu nutzen.[26]

---

die behandelten Themen von Breslau nach Straßburg «mitgenommen» habe. Um diese von Schneegans inkriminierten Arbeiten zu ermitteln, genügt es, den I. Band der von Koschwitz gemeinsam mit Gustav Körting begründeten *Französischen Studien* (Heilbronn, Henninger, 1881 f.) aufzuschlagen, in dem die Dissertationen von Karl Wehrmann, Willy List, Paul Groebedinkel, Rudolf Grosse, Matthias Hannappel, Gustav Marx, Hermann Soltmann und Th. H. C. Heine abgedruckt werden.

25 *À titre d'exemple* sei der Dank seines nordamerikanischen Schülers Charles H. Kinne zitiert: «The subject of the following pages was suggested to the author by Prof. Gröber of the University of Strasburg. The author is only one of the many students of Prof. Gröber who can bear witness not only of the painstaking interest in the development of any special theme by those under his guidance, but to his unmistakable determination to impart as much genuine information as possible within the short hours of the lecture room and seminar. The work has been completed in America, and for its defects, therefore, the author alone is responsible» (Vorspann zu *Formulas in the language of the French poet-dramatists of the seventeenth century*, Boston, 1891). – Vgl. auch Curtius 1951, 453 f.

26 Vermutlich handelt es sich um die Seminar-, nicht die Universitätsbibliothek. Die Geisteswissenschaften waren im Hauptgebäude der Universität untergebracht. Zahlreiche Bauten, die heute noch genutzt werden, wurden in einem Kraftakt nach 1872 errichtet; vgl. den eindrucksvollen Band von Universitäts-Sekretär Sebastian Hausmann, 1897, darin die Abb. «Allgemeines Kollegiengebäude» (vor der Titelei); «Universitäts- und Landesbibliothek» (nach S. 32); «Anhang I. Uebersicht des akademischen Lehrkörpers 1872–1897» (unpaginiert). – Zu Einzelheiten vgl. Frédéric Barbier (éd.), *Bibliothèques Strasbourg: origines – XXIe siècle*, Paris, Éd. des Cendres, 2015, 187 f. (Strasbourg, capitale du Reichsland); 201 f. (La Bibliothèque à l'époque allemande). – Eine Beschreibung der universitären Bibliotheksbestände findet sich in dem Mémoire d'Étude von Claude Lorentz, *Les fonds anciens de l'Université Marc Bloch de Strasbourg: historique, essai d'évaluation et situation générale*, 2000, online [http://www.enssib.fr/bibliotheque-numerique/documents/1340-les-fonds-anciens-de-luniversite-marc-bloch-de-strasbourg-historique-essai-d-evaluation-et-situation-generale.pdf], 56 f. Demzufolge wurde das Romanische Seminar samt seiner Bibliothek 1919 aufgelöst. An seine Stelle traten ein *Institut de langue et littérature françaises*, ein *Institut de littératures modernes comparées* und ein *Institut de langues et littératures italiennes et espagnoles*. Der Altbestand an Büchern aus den Jahren 1870–1918 umfasst 1666 Titel. Erhalten ist ein unvollständiger, nach Sprachen geordneter Bibliothekskatalog (Strasbourg, Archives Départementales, 2045 W/VRAC/AA2), der vermutlich auf Gröbers Veranlassung hin angelegt wurde und Aufbau und Zusammensetzung der Seminarbibliothek dokumentiert. Vgl. auch die materialreiche Arbeit von Volker Wittenauer, *Die Bibliothekspolitik der Bibliothèque Nationale et Universitaire de Strasbourg, dargestellt am Projekt der Retrokonversion des Zettelkatalogs der deutschen Zeit (1870–1918)*, online [http://www.ub.uni-heidelberg.de/archiv/8455].

Einen ehrenvollen Ruf an seine *Alma Mater Lipsiensis*, der ihn im Jahr 1890 erreichte, lehnte er ab.[27]

Alle Bürogeschäfte und anfallenden Korrespondenzen erledigte Gröber persönlich; Sekretärinnen oder Assistenten scheint es nicht gegeben zu haben. Beim Erstellen der *Bibliographischen Supplemente* der *Zeitschrift* arbeiteten ihm der Freiburger Kollege Fritz Neumann (1880–1881) bzw. Bibliothekare der Straßburger oder anderer Universitätsbibliotheken zu (Willy List, 1886–1889; Walther Elsner, 1889; Kurt Schmid, 1891–1895; Ferdinand Mentz, 1895–1897; Armin Braunholtz, 1897/1902–1907; Alfred Schulze, 1898–1900; Adam Schneider, 1905–1906; Heinrich Hoefler, Berlin, 1908 und Heinrich Tempel, Königsberg, 1911).

Unterstützt wurde Gröber auch von ausländischen Lektoren, von denen die Italiener Aristide Baragiola (1847–1928; Lektor 1874–1890),[28] Paolo Savj-Lòpez (1876–1919; Lektor 1901–1903),[29] Matteo Giulio Bartoli (1873–1946; Lektor 1903–1905) und Santorre Debenedetti (1878–1948, Lektor 1908–1913)[30] bekannt sind; von den französischen Lektoren[31] gilt dies für Hubert Gillot (1875–1955; Lektor 1901–1914), einziger französischer Staatsbürger im Straßburger Lehrkörper, der nach dem Ende der «Reichszeit» selber Straßburger Professor für Literaturwissenschaft wurde.[32] Bis zum Amtsantritt Gröbers gab es auch einen spanischen

27 Die Straßburger Personalakte (Strasbourg, Archives Départementales, 103 AL 409) enthält nur Unterlagen über Gehaltsveränderungen und Beurlaubungen; hier Bl. 14–18.

28 Zu Einzelheiten vgl. Fondo Baragiola, Comune di Como, Archivio storico civico.

29 Zuvor hatte sich die Berufung Arturo Farinellis (1867–1948) zerschlagen; vgl. Paul Videsott, *Jan Batista Alton und die Besetzung der romanistischen Lehrkanzel in Innsbruck 1899. Quellen zur Geschichte der Romanistik an der Alma Mater Œnipontana*, Ladinia 32 (2008), 51–108. (Dort ein Brief Gröbers an Farinelli vom 6.11.1898, in dem er diesem das Berufungsangebot der Universität Strassburg vorstellt, sowie ein Vergleichendes Gutachten über die vom Besetzungskomitee in die engere Auswahl genommenen Kandidaten für eine Innsbrucker Lehrkanzel (29.1.1899) [Innsbruck, UA Fasz. 373/99]).

30 Er war der Onkel von Cesare Segre, vgl. den von diesem hrsg. Sammelband *Santorre Debenedetti. Gli studi provenzali nel Cinquecento e tre secoli di studi provenzali*, Padova, Antenore, 1995 (Medioevo e Umanesimo; 90).

31 Der Elsässer Frédéric Guillaume/Friedrich Wilhelm Bergmann (1812–1887) hatte nach 1871 für die deutsche Staatsangehörigkeit optiert und behielt nach 1872 seinen Professorentitel, erteilte aber auch Sprachunterricht; 1872–1884 waren Henri/Heinrich Lahm (1847–1898), danach Alexander/Alexandre Röhrig (†1902) Lektoren. Zu Bergmann und seiner Lehrtätigkeit am Séminaire protestant (Thomasstift) vor 1870 vgl. Karl Hackenschmidt, *Unsere Lehrer, Stahl, Hasselmann, Kreiss*, in: Friedrich Lienhard u. a. (Hrsg.), *Der elsaessische Garten. Ein Buch von unsres Landes Art und Kunst, Straßburg*, Trübner, 1912, 230–236, bes. 231; zu Lahm vgl. den Nachruf von August Dietz, in: Erwinia. Vereinsblatt des «Alsabundes» 5, 7 (1.4.1898), 90–81. Lahm war Spezialist für das oberelsässische Patois und hat z. B. *Le patois de la Baroche (Val d'Orbey)* in Böhmers Romanische[n] Studien (1876) veröffentlicht; s. auch Kössler, *Personenlex.*

32 Zu Einzelheiten vgl. Maurer 2015, II, 761–762.

Lektor, zunächst (1874/75) Tomás Segarra (1854–1863 Spanischlektor in München),[33] danach (1875–1880) den Basken Eliano de Ugarte.

Gröbers anfänglich robuste Gesundheit war dem Raubbau der Kräfte auf die Dauer nicht gewachsen. Jahrelang litt er unter Schlaflosigkeit, dann erblindete er auf einem Auge und erlitt einen Schlaganfall, von dem Lähmungen zurückblieben. Zum Wintersemester 1909/10 (1. Oktober 1909) wurde er mit 65 Jahren emeritiert und gleichzeitig zum Geheimen Rat ernannt.

Die beiden letzten Lebensjahre waren von schweren Schmerzen und sich daraus ergebenden Behinderungen überschattet. Gustav Gröber starb am 6. November 1911 in Straßburg und wurde in Leipzig auf dem Neuen Johannisfriedhof beigesetzt.[34] Wie sehr er im In- und Ausland geschätzt wurde, sieht man daran, dass er zum Korrespondierenden Mitglied der Akademien von Berlin (18. 1. 1900),[35] Göttingen (1904),[36] Wien (1910)[37] und Bukarest[38] sowie des Instituto de Coimbra (1898)[39] ernannt wurde. Im Jahr 1893 war er bereits Honorary Member der Modern Language Association (New York) geworden.

Seine Bibliothek (6267 Titel) wurde im Jahr 1912 von den Erben auf Vermittlung seines Schülers Johann-Baptist (Jean-Baptiste) Beck,[40] der dort als Assistant Professor tätig war, an die University of Illinois at Urbana-Champaign (Rare Book & Manuscript Library) verkauft, wo sie heute als *Gustav Groeber Collection* zugänglich ist.

Bibl.: Paul Meyer, Romania 40 (1911), 631–633; Ernst Hoepffner, Zeitschrift für romanische Philologie 36 (1912), i–iv (P); Wilhelm Meyer-Lübke, Germanisch-Romanische Monatsschrift 4 (1912), 1–5 (P); Heinrich Schneegans, Zeitschrift

33 Vgl. Seidel-Vollmann 1977, 70–72.

34 Grabstelle VI, Erbbegräbnis 59. Dieser Friedhof wurde 1950 geschlossen, aufgelassen und in einen Friedenspark verwandelt. Die Grabsteine wurden aufgetürmt, mit Erde bedeckt und als Rodelhang genutzt, vgl. Alfred E. Otto Paul, *Der Neue Johannisfriedhof in Leipzig*, Leipzig, Fachbüro für Sepulkralkultur, 2012.

35 *Abhandlungen d. Kgl. Preuß. Akad. d. Wissenschaften Jg. 1910. Philosophische Klasse*, Berlin 1910, xxxviii.

36 *Abhandlungen der Kgl. Gesellschaft der Wissenschaften zu Göttingen. Philologisch-Historische Klasse*, N. F., Göttingen 1904, 17.

37 *Almanach der kaiserlichen Akademie der Wissenschaften* 60 (Wien 1910), 72 u. 62 (Wien 1912), 409 f.

38 Gelegentlich wird Gröber als Korr. Mitglied der Academia Română in Bukarest bezeichnet; sein Name fehlt jedoch in den Listen dieser Akademie, die bis 1866 zurückreichen.

39 Licínia Rodrigues Ferreira, *Sócios do Instituto de Coimbra*, Coimbra, Fundação para a Ciência e a Tecnologia, 2015, 72 (*Correspondente estrangeiro*).

40 J. D. M. Ford/Kenneth McKenzie/George Sarton, *Memoir: Jean-Baptiste Beck*, Speculum 19, 3 (July 1944), 384–385.

für französische Sprache und Literatur 39 (1912), 119–131; Ernst Robert Curtius, Zeitschrift für romanische Philologie 57 (1951), 257 ff.; auch in: Curtius, *Gesammelte Aufsätze zur romanischen Philologie*, 1960, 428–455; Wilhelm Th. Elwert, Neue Deutsche Biographie 7 (1966), 108; Herold, 1972; Storost 1992; Hillen 1993; Baldinger 1995, 168–170 (P); *Lexicon Grammaticorum*, 1996, 372–373 (Gerda Haßler); *Lexikon der Romanistischen Linguistik*, Bd. I/1, 2001, 555–556 (Hans Dieter Bork); I, 2, 2001, 986–987 (Livia Gaudino Fallegger/Otto Winkelmann); Wolf 2012, 329–358; Fryba-Reber 2013, 381, bes. 114–117.

Der «Wissenschaftsmanager»

Mit Gröbers Namen verbinden sich bis heute mehrere wissenschaftliche Langzeitprojekte (*Zeitschrift für Romanische Philologie* mit selbständigen *Supplementheften* [*Bibliographie*] und selbständigen monographischen *Beiheften*, Grammatiken der romanischen Sprachen, *Grundriss*[41] *der romanischen Philologie*, «Bibliotheca Romanica» sowie «Einführung[en] in die romanischen Klassiker»[42]), die zwar nicht alle verwirklicht wurden, von denen jedoch die *Zeitschrift für Romanische Philologie* bis heute fortbesteht. Gröbers Schüler Heinrich Schneegans begründet im Rückblick das Engagement seines Lehrers wie folgt:

> Im Vergleich zur klassischen Philologie steht die romanische noch ganz in den Anfängen ihrer Entwickelung. Bedenken wir nur, daß unsere Wissenschaft erst seit den 30er Jahren des vorigen Jahrhunderts besteht. Demgemäß wird es nicht wundern, daß sie auch in dem Zeitraum, der uns hier beschäftigt, nach neuen Wegen noch sucht und tastet. Ja, wir kön-

41 Wir behalten die Schreibung «Grundriss» bei, da in seinen Druckversionen kein «ß» verwendet wird, obwohl Gröber in der Korrespondenz mit Personen aus dem deutschsprachigen Raum «Grundriß» schreibt.

42 Der erste Band *Über die Quellen von Boccaccios Dekameron* erschien erst 1913 postum (Gustav Gröber †. Mit einem Porträt und einer Einleitung von F. Ed. Schneegans) bei J. H. Ed. Heitz. Im Vorspann heißt es: «Die Idee, eine dem Forscher wie dem Laien gleicherwünschte Einführung in die alte und klassische Literatur der romanischen Völker in deutscher Sprache herauszugeben, wurde mit Gustav Gröber noch beraten, weshalb auch das erste Heft dieser neuen Sammlung seinen Vorreden zu Boccaccios *Dekameron* [...] entnommen ist». Auch Bd. 6, 1914 (*Das Rolandslied*), 7, 1914 (Descartes, *Methode des richtigen Vernunftgebrauches*, 1637) und 10, 1916 (*Die göttliche Komödie*) figurieren noch unter Gröbers Namen, weil Schneegans vermutlich auf Skripten seines Lehrers zurückgreifen konnte. Ansonsten finden wir Paolo Savj-Lòpez, Wolfgang v. Wurzbach und Giovanni Tecchio als Herausgeber. – Vgl. auch Birgit Tappert, *Heinrich Schneegans und die beiden Curtius*, in: Richard Baum u. a. (Hrsg.), *Lingua et traditio. Geschichte der Sprachwissenschaft und der neueren Philologien. Festschrift für Hans Helmut Christmann zum 65. Geburtstag*, Tübingen, Narr, 1994, 501–515.

> nen vielleicht sagen, daß das Charakteristische unserer Periode in diesem *Orientierungsbestreben* liegt. In den letzten 25 Jahren hat Philologie vor allem eine außerordentlich rege organisatorische Tätigkeit entwickelt. Das Verdienst, theoretisch der jungen Wissenschaft die Wege gewiesen zu haben, gebührt in erster Linie *Gustav Gröber*. In seinem großartigen Grundriß, dessen erster Teil gerade 1888 erschien, hat er der romanischen Philologie die Aufgaben und Ziele, die sie zu erfüllen und zu verfolgen hat, gewiesen. Gelehrte aus allen Ländern hat er um sich zu scharen gewußt und jedem die Aufgabe zugeteilt, für die er besonders geeignet war. Wie ein Feldherr hat er aber den Aufmarsch der gelehrten Armee geleitet, sie ins Gefecht geführt, hat aus den Grenzwissenschaften immer neue Reserven herangezogen, um die Wissenschaft in ihrem ganzen Umfange zu erobern. Er hat die sprachwissenschaftliche Forschung von der philologischen im engeren Sinne getrennt, die literaturgeschichtliche bis in ihre letzten Ziele, die Erfassung der Kultur und des Geistes der Völker romanischer Zunge geführt. Aus der Geschichte der Anfänge der Wissenschaft hat er die Lehren für die Zukunft gezogen, einerseits die Romanistik in ihren Beziehungen zur klassischen Philologie in der gründlichen Erforschung des Vulgärlateins, anderseits zu den modernen Philologien, zur Sprachwissenschaft im allgemeinen, zur Philosophie und Geschichte im weitesten Umfange zu erfassen gesucht. In der Zeitschrift für romanische Philologie, die er leitete, in den bibliographischen ‹Supplementheften› und den ‹Beiheften›, die er ihr zugesellte, hat er der romanischen Philologie Hilfsmittel gewährt, die für ihre weitere Entwickelung ganz unentbehrlich geworden sind.[43]

Hier spricht der Schüler, der seinem «Meister» huldigt. Gegenwärtige Forscher beurteilen Gröber skeptischer. Johanna Wolf kommt nach ausführlicher Analyse der beiden Auflagen des ersten *Grundriss*-Bandes zu einem gemischten Urteil: Gröbers Werk sei letztlich nicht zukunftsfähig, da er den Spagat zwischen strenger Wissenschaftlichkeit und Teilhabe an dieser Wissenschaft nicht habe realisieren können. «Kultur erfahrbar machen, das ist auch Gröbers philologisches Konzept, und dies kann ohne Partizipation nicht stattfinden».[44] Dieser Einwand mag aus heutiger Sicht stichhaltig sein, für Gröber und seine Zeit bestand die Partizipation jedoch nicht zuletzt in aktiver wissenschaftlicher Vertiefung und Weiterarbeit, wie die ansehnliche Zahl seiner Doktoranden lehrt.[45] Der reine Sprachunterricht war ein eher ungeliebter Nebenbereich, den man im akademischen Unterricht nur allzu gern den muttersprachlichen Lektoren überließ, und auch zahlreiche Gymnasiallehrer pflegten nach ihrem Universitätsabschluss weiterhin wissenschaftliche Ambitionen. So findet sich unter den

---

43 Heinrich Schneegans, *Romanische Philologie*, in: Siegfried Körte/Friedrich Wilhelm von Loebell (Hrsg.), *Deutschland unter Kaiser Wilhelm II*, Bd. 3: *Die Wissenschaften*, Berlin, R. Hobbing, 1914, 1202–1207, hier 1202.

44 Johanna Wolf, *Kontinuität und Wandel der Philologien. Textarchäologische Studien zur Entstehung der romanischen Philologie im 19. Jahrhundert*, Tübingen, Narr, 2012, bes. 329–359, hier 358; vgl. auch Maria Selig, *Von der Pädagogik zur Wissenschaft. Romanistik im 19. Jahrhundert*, Romanistische Zeitschrift für Literaturgeschichte 29 (2005), 289–307.

45 Siehe dazu auch den Abschnitt *Verzeichnis der Doktoranden (mit Abschluss)*.

Beiträgern der *Zeitschrift* zu Gröbers Lebzeiten eine ansehnliche Zahl von meist promovierten Lehrern und Bibliothekaren. Das Problem des *Grundrisses* wie auch anderer Gröber-Projekte lag eher darin, dass Mitarbeiter ihre Zusagen oder die ihnen gemachten Vorgaben nicht einhielten, weshalb Vieles uneinheitlich ausfiel, geplante Kapitel nicht realisiert wurden oder angekündigte Titel zeitverzögert erschienen. Die *Zeitschrift* war einem festen Publikations-Rhythmus unterworfen, der nicht zuletzt aus kaufmännischen Erwägungen eingehalten werden musste, konnte aber deswegen nicht immer die hohen Anforderungen erfüllen, die Gröber wie auch eine wissenschaftlich geschulte und anspruchsvolle Leserschaft an sie stellten.

Wenn die Gründung der *Zeitschrift für Romanische Philologie* Gröbers erstes und auf die Dauer betrachtet auch erfolgreichstes Projekt war,[46] dann liegt das nicht zuletzt an der Wandlungsfähigkeit des Mediums «Zeitschrift». Jeder Band ist im Prinzip «anders», auch wenn er sich an einen thematischen und formalen Rahmen hält. Offen ist bis heute die Frage, warum Gröber die *Zeitschrift* begründete, sie zu diesem Zeitpunkt begründete, und sie zur einflussreichsten romanistischen Zeitschrift des deutschsprachigen Raums machen konnte. Curtius gibt in seiner Würdigung als Gröbers Motiv an, er habe angesichts von neuphilologischer Vereinsmeierei, der von dieser Seite gebildeten Fronde gegen die Universitätswissenschaft und neusprachlichen Reformbestrebungen ein internationales Forum solider romanistischer Wissenschaft schaffen wollen, die historisch verankert sein sollte. Es gibt jedoch noch andere Gründe, denen im Folgenden nachgegangen werden soll.

Um die Mitte des 19. Jahrhunderts war die Romanistik als universitäre Wissenschaft im deutschen Sprachraum zwar etabliert, wurde jedoch meist als Doppel-Philologie betrieben.[47] Ihre Professoren mussten gleichzeitig romanistische und anglistische (seltener germanistische) Lehrveranstaltungen anbieten und entsprechende Examina abnehmen, ungeachtet ihrer eigenen Schwerpunktbildung. Die in diesen Jahren entstehenden Zeitschriften waren Diskussionsforen, in denen grundlegende Aufsätze, kleinere Miszellen, kurze Text-Editionen, Rezensionen, Bibliographien der Neuerscheinungen, Zeitschriften-Umschauen,

---

46 Vgl. Kurt Baldinger, *Beiträge zum romanischen Mittelalter*, Tübingen, Niemeyer, 1977 (Zeitschrift für romanische Philologie, Sonderband zum 100jährigen Bestehen), VII–XIV; Baldinger 1995, 161–191, bes. 186 («Die Gründung der Zeitschrift lag in der Luft»); Malkiel 1984, 58–91, bes. 71–79 u. 88–90.

47 Hans Helmut Christmann, *Romanistik und Anglistik an der deutschen Universität im 19. Jahrhundert. Ihre Herausbildung als Fächer und ihr Verhältnis zu Germanistik und klassischer Philologie*, Mainz-Stuttgart, Akademie der Wissenschaften und der Literatur, Mainz, Franz Steiner Verlag, 1985.

Nachrufe, Nachrichten aus dem Fach u. a. mehr veröffentlicht wurden. Die ersten dieser Zeitschriften entstanden um die Jahrhundertmitte, wobei zwischen pädagogisch-didaktischen, auf den Unterricht moderner Fremdsprachen, bzw. philologischen (romanistischen-anglistischen bzw. ausschließlich romanistischen oder ausschließlich anglistischen) Zeitschriften unterschieden werden muss.[48] Zur ersten Gruppe zählen das *Archiv für das Studium der neueren Sprachen und Literaturen (Herrigs Archiv)* (1846 ff.), die *Zeitschrift für das Gymnasialwesen* (1847–1912) und die von Gröbers Studienkollegen Gustav Körting (1845–1913) und seinem eigenen Schüler Eduard Koschwitz (1851–1904) begründete *Zeitschrift für neufranzösische Sprache und Literatur* (1.1879–10.1888); zur zweiten das *Jahrbuch für romanische und englische Sprache und Literatur* (1859–1876), die *Romanischen Studien* (1871–1895) sowie *Französische Studien* (1.1881–7.1889, N. F. 1.1893–2.1897).

Das *Jahrbuch für romanische und englische Sprache und Literatur* wurde zunächst von Gröbers Lehrer Adolf Ebert gemeinsam mit dem Wiener Ferdinand Wolf (1796–1866) herausgegeben. Ab Bd. 7 übernahm Ludwig Lemcke (1816–1884) in Gießen die Herausgeberschaft. Die Zeitschrift war international und nahm neben deutschsprachigen Beiträgen auch solche auf, die in den romanischen Sprachen verfasst waren, gelegentlich auch englischsprachige. Lemcke war 1863 als Nachfolger Eberts nach Marburg berufen worden und «erbte» von seinem Vorgänger die Herausgeberschaft. Er erweiterte den Themenkreis des *Jahrbuchs*. Doch im Jahr 1872, ein Jahr nach dem Ende des Deutsch-französischen Kriegs, gründeten Gaston Paris (1839–1903) und Paul Meyer (1840–1917) die *Romania (Recueil trimestriel, consacré à l'étude des langues et des littératures romanes)*, die – unübersehbar – in Konkurrenz zum *Jahrbuch* trat, was Eberts Unmut erregte.

Den *Romanischen Studien* war keine Dauer beschieden. Begründet hatte sie 1871[49] Gröbers bereits erwähnter Straßburger Vorgänger Eduard Böhmer, der 1872 von Halle als erster Romanist ins Elsass berufen worden war. Der erste abgeschlossene Band erschien erst 1875; der zweite 1878, und bis 1895 folgten zwar noch vier weitere Bände, in denen der Herausgeber jedoch vor allem seine eigenen Arbeiten veröffentlichte. Böhmers Zeitschrift kam nie richtig in die

---

48 Vgl. die Übersicht bei Kalkhoff 2010, 259–261.

49 Der Verleger war Karl I. Trübner in Straßburg; in Turin-Florenz-Rom vertrieben Hermann Loescher die Zeitschrift, in Paris Ernest Leroux, in London Trübner & Co. (Dieser Verlag wurde von Karl I. Trübners Onkel Nikolaus gegründet). Von den einzelnen Heften heißt es, dass sie April 1871, April 1872, Oktober 1873, April 1874 und Mai 1875 herausgegeben wurden. (Die ersten Hefte wurden noch in Halle vom Verlag der Buchhandlung des Waisenhauses gedruckt, Trübner kam erst nach Böhmers Straßburger Berufung ins Spiel).

Gänge, zumal seine Straßburger Tätigkeit ein Fiasko war. Böhmers Konzept war eigentlich nicht schlecht, doch wurde es nur unvollkommen realisiert, da er nicht genügend Mitstreiter fand, womöglich auch nicht suchte und seine eigenen Arbeiten allzu stark in den Mittelpunkt rückte. Gröber muss den Plan einer eigenen Zeitschriftengründung in den Jahren 1875–76 gefasst haben, als sowohl das *Jahrbuch* als auch die *Romanischen Studien* ihr Erscheinen eingestellt hatten.[50] Die *Zeitschrift für romanische Philologie* (ein Jahrgangsabonnement kostete zunächst 15 ℳ) ist zugleich auch eine Antwort auf die Gründung der *Romania*. Der an zahlreiche Interessenten versandte Prospekt beruft sich zudem, nicht ohne Pathos, auf den kurz zuvor (29.5.1876) in Bonn verstorbenen «Ahnvater» Friedrich Diez, nennt aber als Hauptgrund für die Neugründung die Einstellung des *Jahrbuchs*.

Auch in der *Zeitschrift* wurden für die Abfassung von Beiträgen neben dem Deutschen alle romanischen Sprachen und Englisch zugelassen. Die Mitarbeiter kamen nicht nur aus dem deutschen Sprachraum, sondern waren international und nicht an eine Hochschultätigkeit gebunden.

Der Korrespondenz Hugo Schuchardts mit dem Verleger Max (Maximilian David) Niemeyer (1841–1911), von der leider nur Bruchstücke erhalten sind (Graz, HSA), kann man wichtige Details zu den Anfängen der *Zeitschrift* entnehmen, wobei der Verleger lange zwischen Skepsis und Hoffnung schwankt: «Von der Zeitschrift ist erster Bogen fertig. Ich habe neue Typen angeschafft, Sie werden sich freuen» bzw. «Daß Wülcker die Anglia herausgibt, die mit der Zeitschrift zusammen die Fortsetzung von Ebert bilden soll wissen Sie wohl. Es geht dies Jahr scharf. Hoffentlich schlägt alles ein. Ich gebrauche einmal ein Buch was geht, das Geld wird ohne bei aller Romanischen Philologie» (22.1.1877); dann: «Mir macht die Ztschrift sehr viel Noth. Sie kostet sehr viel Geld, geht nur so eben. Auf die Kosten komme ich lange nicht in diesem Jahr. Hoffen wir von der Zukunft das beste» (21.11.1871). Doch schon bald, im Dezember 1878, schreibt er: «Die Zeitschrift macht sich langsam auf den Weg die erste zu werden, auf 231 Abonnenten haben wir es gebracht. Mit Inhalt und Ausstattung werden Sie wohl auch zufrieden sein? Es freut mich, daß wir den Franzosen ein ebenbürtiges Blatt gegenüber aufgestellt haben».[51]

Zunächst hatte Gröber die Absicht, jeden Jahrgang der *Zeitschrift* mit einer Bibliographie abzuschließen, was sich jedoch als undurchführbar erwies. Es war kaum möglich, alle einschlägigen Bücher bereits im Jahr ihres Erscheinens zu erfassen. Die Bibliographie wurde daher in einen eigenen *Supplementband*

---

50 Hausmann 2018.
51 Graz, HSA 07878 (11.1.1877) bzw 07885 (Ende Dez. 1877). – Leider gibt es für die Anfangsjahre des Verlags Max Niemeyer kein Archiv.

ausgelagert, der mit einer Zeitverzögerung von zwei bis drei Jahren erschien und dadurch größtmögliche Vollständigkeit erreichte.[52] Eine *Beihefte* genannte Reihe, in der Monographien veröffentlicht wurden, trat erst 1905 ins Leben und wurde von Lazare Sainéan (Lazăr Săineanu, 1859–1934) eröffnet.[53] Allerdings diente diese Reihe auch dazu, die *Zeitschrift* von allzu langen Abhandlungen zu entlasten.[54]

Gröber hatte die von Körting und Koschwitz im Jahr 1879 ins Leben gerufene *Zeitschrift für neufranzösische Sprache und Literatur* bzw. die 1881 von ihnen initiierten *Französischen Studien*, in denen vorzugsweise Dissertationen abgedruckt wurden, zunächst toleriert, doch in einer Rezension des Jahres 1884 äußerte er deutliche Kritik.[55] Erst recht wurden die 1882 von dem umtriebigen

---

52 Das *Supplement I* (Bibliographie) 1875/76 erschien 1878. Zu Beginn heißt es: «Die Bibliographie über die in den Jahren 1875 und 1876 bez. 1870–1876 auf dem Gebiete der romanischen Philologie erschienenen Werke, ursprünglich bestimmt den Schluss des 1. Bandes der ‹Zeitschrift für romanische Philologie› zu bilden, umfasst in ihrer vorliegenden selbständigen Gestalt, die ihre Berechtigung in der gegen Erwarten grossen Zahl zu verzeichnender Werke findet, überdies die Benutzbarkeit der Zusammenstellung wesentlich erhöhen wird, alle romanistischen Publicationen und mit romanischer Philologie in Beziehung stehenden Werke aus den genannten Jahren, soweit sie dem Herausg. bekannt geworden sind und nicht der Tageslitteratur angehören oder lediglich Schulzwecken dienen [...].

Die Bibliographie für 1877 wird noch v o r Ende des laufenden Jahres als Supplement zum 2. Bande der ‹Zeitschr. f. Rom. Phil.› erscheinen und etwa nothwendige Nachträge und Berichtigungen zu der gegenwärtigen enthalten. [...]» (*Suppl. II*, 1878, erschien 1879). – Die Bearbeiter der einzelnen Bände werden im vorangehenden Abschnitt aufgeführt.

53 Lazare Sainéan, *La Création métaphorique en français et en roman: Images tirées du monde des animaux domestiques; Le chat avec un appendice sur la fouine, le singe et les strigiens*, Halle a. S., Niemeyer, 1905 (Zeitschrift für romanische Philologie/Beihefte zur Zeitschrift für romanische Philologie; 1).

54 Sainéan schreibt (Paris, ce 8 Janvier [1905]) an seinen Bruder Constantin: «Comme je tenais d'abord à connaître les opinions des romanistes sur la valeur de mon travail, avant de le livrer à la publicité en volume, j'ai décidé d'en faire paraître ‹le fonds›, en français, dans la ‹Zeitschrift für romanische philologie› qui paraît à Halle, et en fascicules trimestriels. C'est une revue à l'instar de ‹Romania› et connue partout. L'impression que feront successivement des *Etudes* servira à m'éclairer moi-même sur le mérite ou démérite de mon travail» (*Lettres de L. Sainéan le grand philologue 1859–1934* publiées, préfacées et annotées par son frère Constantin, Bucarest, Imprimeria Tirajul, 1936, 19).

55 Gröber, Zeitschrift für romanische Philologie 8 (1884), 150–151: «In Nachahmung der ‹Quellen und Forschungen zur Sprach- und Culturgeschichte der germanischen Völker› eröffneten die Herausgeber der ‹Zeitschrift für neufranzösische Sprache und Literatur› im Jahre 1881 ein neues romanistisches Centralorgan, bestimmt ‹umfangreichere Arbeiten über Gegenstände der französischen Grammatik und Litteraturgeschichte zur raschen Veröffentlichung zu bringen›, das ‹vorzugsweise der neufranzösischen Philologie gewidmet sein, wenn auch nicht grundsätzlich die Aufnahme von Untersuchungen über altfranzösische Stoffe› ausschließen soll. Die bis jetzt erschienen drei Bände zeigen, daß diese Limitationen nicht so ernst gemeint waren

Karl Vollmöller aufgelegten *Romanischen Forschungen*, die den Begriff «romanisch» im Titel führten, von ihm als Konkurrenz der *Zeitschrift* betrachtet.[56] In einer längeren Besprechung[57] erklärte er sie schlicht für überflüssig. Vollmöllers Großunternehmen, die *Kritischen Jahresberichte über die Fortschritte der Romanischen Philologie* (1, 1890 [ersch. 1892] – 13, 1911–1914 [ersch. 1915]), die umfassend über romanistische wie romanistisch relevante Arbeiten aus Nachbardisziplinen informierten, nahm er kommentarlos zur Kenntnis.[58]

Das zweite geplante Groß-Unternehmen Gröbers war eine Sammlung verschiedener Grammatiken der romanischen Sprachen, die im Verlag Gebrüder Henninger in Heilbronn erscheinen sollten. Näheres erfährt man aus seiner Korrespondenz mit Hugo Schuchardt bzw. Carolina Michaëlis.[59] Offenbar war

---

und die Eröffnung eines neuen Sammelwerkes nicht schon genügte, um der Forschung auf dem Gebiete der neufranzösischen Sprache und Litteratur einen Impuls bei uns zu geben. Denn unter den in diesen drei Bänden veröffentlichten 15 Arbeiten beschäftigen sich nicht weniger als 11 mit Fragen der altfranzösischen und nur 4 mit Gegenständen der neufranzösischen Philologie; das Angebot war daher von jener Seite, die nur nicht ausgeschlossen werden sollte, offenbar stärker. Abgesehen von einer den ganzen zweiten Band füllenden Molière-Biographie sind es übrigens lauter Promotionsschriften und zwar verschiedener deutscher Universitäten (welcher? erfährt man nicht), die früher oder gleichzeitig, wenn auch vielleicht nur zum Teil, wie es der heutige Mißbrauch will, veröffentlicht, wenigstens auf Bibliotheken zugänglich wurden» (150–151). – Ein Prospekt der Zeitschrift für neufranzösische Sprache und Literatur, der die Ziele dieser Neugründung darlegt und sich deutlich von der Zeitschrift für romanische Philologie abgrenzt, findet sich in Graz, HSA 05739 (Briefe Gustav Körtings an Schuchardt). Körting und Koschwitz wollen sich auf die französische Literatur der Gegenwart konzentrieren und die schulischen Belange besonders berücksichtigen. Ähnlich klingt es im Vorspann (S. I–VIII) der Zeitschrift für neufranzösische Sprache und Literatur.

56 Im Vorspann des 1. Bandes heißt es: «Die Romanischen Forschungen werden Untersuchungen aus dem Gesammtgebiet der romanischen Philologie, einschliesslich des Mittellateins, aus Handschriften, Nachkollationen und wichtige altromanische und mittellateinische Texte zur Veröffentlichung bringen. So dürfte das neue Organ als Repertorium für Mittellatein und für romanische Sprach- und Literaturgeschichte von dauerndem Wert sein».

57 Gröber, *Zum Erscheinen des ersten Heftes der Romanischen Forschungen, Bd. 1*, Zeitschrift für romanische Philologie 6 (1882), 491–500.

58 *Grundriss* I² (1904–05), 125.

59 HSA, Lfd. Nr. 04557, Gebrüder Henninger, Verlagsbuchhandlung Heilbronn, an Hugo Schuchardt (19. 8. 1878): «Die Art unseres Verlages bringt es mit sich, daß im August von Romanisten uns persönlich nahe gebracht ist und wir so von mehreren Seiten schon das Bedürfnis specieller romanischer Grammatiken haben andeuten hören. Wir haben hienach die Sache ernstlich ins Auge gefaßt u. fanden mit unseren bezügl. Vorschlägen u. a. bei Herrn *Prof Groeber* in Breslau so günstige Aufnahme, daß er seine Betheiligung sofort zusagte und eben einen Prospect über das Unternehmen ausarbeitet, welcher demnächst gedruckt u. dann auch Ihnen zugesandt werden wird. Bis jetzt ist die provenz. Grammatik an *Prof. Groeber* und altfranz. Grammatik an *Dr. F. Neumann* zugesagt [...].» – Leider konnte kein Exemplar des Prospekts gefunden werden.

Gröber entgangen, dass Wendelin Foerster (1844–1915) in Bonn ein ähnliches Unternehmen plante, bei dem es sich allerdings zunächst um eine Neubearbeitung der Diez'schen Grammatik der romanischen Sprachen aus dem Jahr 1836 handelte, die bis heute als ein Markstein auf dem Weg der Herausbildung der Romanischen Philologie betrachtet wird. Das dreibändige Werk ist historisch-vergleichend in der Tradition Jacob Grimms.[60]

Man darf Gröber *bona fides* unterstellen, dass er Foerster keine Konkurrenz machen wollte, jedenfalls belegt dies seine Korrespondenz mit Schuchardt. Daraus geht hervor, dass er von Foersters Plan einer Neubearbeitung der Diez'schen Grammatik in der Tat Kenntnis hatte. Er habe Foerster jedoch darauf hingewiesen, dass dieses Projekt unmöglich und unzweckmäßig sei. Offenbar habe Foerster dies eingesehen und sich für einzelne Grammatiken entschieden. Sein Bonner Verleger Eduard Weber, der schon die Diez'sche Grammatik herausgebracht habe, genieße Priorität. Er, Gröber, werde seine Grammatik-Pläne aufgeben.[61] Doch offensichtlich besann er sich aus Gründen, die wir nicht kennen, wieder anders, sehr zum Ärger Foersters, und beide versuchten eine Zeitlang, Bearbeiter für die einzelnen Grammatiken zu finden. Erschienen ist nur die von Gröber initiierte *Raetoromanische Grammatik* von Theodor Gartner (1843–1925),[62] denn sowohl das Gröber'sche als auch das Foerster'sche Projekt sind versandet.

Nachdem die *Zeitschrift* national wie international etabliert war, genügend Mitarbeiter und einen festen Abonnentenstamm gewonnen hatte, konzipierte Gröber im Frühjahr und Sommer 1883 ein weiteres Projekt, das möglicherweise einem Wunsch des Verlegers Karl Ignaz Trübner entsprach.[63] Wie Gröber

---

60 Jürgen Storost, *Die «neuen Philologien», ihre Institutionen und Periodica: Eine Übersicht*, in: Sylvain Auroux/E. F. K. Koerner/Hans-Josef Niederehe u. a., *Geschichte der Sprachwissenschaften*, 2. Teilband, Berlin/New York, Walter de Gruyter, 2001, 1241–1272.

61 Vgl. seine Briefe an Hugo Schuchardt, Graz, HSA, vor allem 04026–04030 (Herbst 1878).

62 Heilbronn, Henninger, 1883 (Sammlung romanischer Grammatiken). Im Vorwort wird Gröber nicht erwähnt, sondern nur Eduard Böhmer, Kenner des Rätoromanischen, den Gartner noch vor seinem Abgang aus Straßburg einen Monat lang besucht hatte. Im Einleitungssatz der Vorrede wird das Gesamtprojekt wie folgt angesprochen: «Wenn die Grammatik jedoch hinter den Schwestern, in deren Kreis sie von der Verlagsbuchhandlung gestellt ist, nicht allzu empfindlich weit zurückstehen sollte, so wird sie dies einer zweifachen Gunst verdanken» (v).

63 S. u. Brief 39 (29. 6. 1883) an Ludwig Lemcke: «Herr K. Trübner hier hat die Absicht nach beigefügtem Plane eine Encyclopädie der Romanischen Philologie von deren Hauptvertretern ausführen zu lassen, in der den Studenten wie allen für Romanische Philologie sich Interessirenden ein umfassender Überblick über das Wissenschaftsgebiet, seine einzelnen Disciplinen und über die Haupterkenntnisse in ihnen, über Ziele und Methoden der rom. Philologie dargeboten werden». – Trübners beide Vornamen lauten Karl Ignaz. Da in älterer Schreibung statt I meist J gesetzt wurde, wird er häufig als Karl J. Trübner bezeichnet.

Hermann Suchier am 18. 10. 1883 schreibt, war ursprünglich ein «Grundriß der Quellengeschichtsforschung der germanischen u. romanischen Völker» geplant, um «germanische und romanische Philologie inclusive mittellateinischer Philologie und die Disciplinen der mittelalterlichen und neueren Historik der germanischen und romanischen Völker [...] unter einen Hut zu bringen». Die germanistischen Teile wurden jedoch ausgegliedert und ab 1891 von Hermann Paul (1846–1921) in einem eigenen *Grundriss der germanischen Philologie*, ebenfalls bei Trübner,[64] verwirklicht.[65] Weitere Grundrisse (der iranischen Philologie, der indo-arischen Philologie und Altertumskunde, der indogermanischen Sprach- und Altertumskunde, der deutschen Volkskunde) folgten. In Gröbers eigenen Worten sollte sein *Grundriss* «einem zweifellos vorhandenen Bedürfnis ... entsprechen ... nach einem umfassenden Überblick über das Ganze der romanischen Philologie, nach der Zusammenfassung der in den verschiedenen Gebieten gewonnenen, an weit auseinanderliegenden Orten niedergelegten Erkenntnisse» (I, 1888, v).

Der rasche Absatz von über tausend Exemplaren dürfte Verleger wie Herausgeber zufriedengestellt haben. Die Verfasser der meisten Kapitel waren deutsche, österreichische oder schweizerische Romanisten bzw., wo es um fremde Einflüsse auf die romanischen Sprachen oder deren Auswirkungen auf benachbarte Kulturen ging, Vertreter anderer Fächer (der Historiker Wilhelm Schum [1846–1892] für Quellenkunde, der Anthropologe und Geograph Georg Gerland [1833–1919] für Basken und Iberer, der Prähistoriker Wilhelm Deecke [1862–1934] für das Italische, der Orientalist Christian Friedrich Seybold [1859–1921] für das Arabische, der Sprachwissenschaftler Gustav Meyer [1850–1900] für das Albanische usw.). Mehrere Mitarbeiter waren Kollegen Gröbers an der Straßburger Universität oder ehemalige Breslauer Bekannte. Ausländer wurden

64 Zu Trübner (1847–1907) vgl. Lüdtke 1920–1921; Ders., *Der Verlag Walter de Gruyter & Co. Skizzen aus der Geschichte der seinen Aufbau bildenden ehemaligen Firmen, nebst einem Lebensabriß Dr. Walter de Gruyter's*, Berlin, W. de Gruyter Co., 1924, bes. 63–78; Ziesak 1999, 163–196 (Gröber wird allerdings nur nebenbei auf S. 168 erwähnt); aufschlussreich ist der *Verlagskatalog Karl I. Trübner, Buchhändler zu Straßburg. 1872–1903*, Straßburg 1903.

65 Paul schreibt im Vorwort zum I. Bd. des *Grundriss der Germanischen Philologie* (Strassburg, Trübner, 1891): «Die Idee zu diesem Unternehmen ist von dem Verleger ausgegangen. Er wollte damit ein Pendant zu dem von G. Gröber herausgegebenen Grundriss der romanischen Philologie schaffen. Er besprach sich darüber im Jahre 1884 zuerst mit F. Kluge, dann auch mit mir. Wir waren darüber einig, dass es am angemessensten sein würde, wenn E. Sievers die Leitung übernähme. Dieser erklärte sich auch bereit dazu und stellte einen Plan auf, der sich noch näher als der jetzige an den Grundriss der rom. Philologie anschloss. Diesen Plan legte er mir vor, und wir berieten uns über die für die einzelnen Abschnitte zu gewinnenden Mitarbeiter. Bevor aber die Verhandlungen mit denselben eingeleitet waren, sah sich Sievers veranlasst zurückzutreten. Nicht ohne schwere Bedenken übernahm ich an seiner Stelle die Redaktion» (v).

in den Bereichen verpflichtet (Rumänisch, Italienisch, Katalanisch, Portugiesisch, Rätoromanisch), wo es keine Gröber überzeugenden deutschsprachigen Spezialisten gab (Hariton Tiktin, Moses Gaster, Francesco D'Ovidio, Tommaso Casini, Alfred Morel-Fatio, Jean-Joseph Saroïhandy, Carolina Michaëlis de Vasconcelos, Teófilo Braga, Caspar Decurtins). Durch diese Mitwirkenden erhielt der Grundriss ein internationales Gepräge. Wer die fremdsprachigen Beiträge übersetzte, lässt sich nur noch in Einzelfällen ermitteln.[66] Gröber ließ den Autoren freie Hand, was dazu führte, dass z. B. die portugiesische Sprache mehr Raum einnimmt als die spanische.[67] Gustav Körting, selber Verfasser einer romanistischen Enzyklopädie,[68] hat eine recht ausgewogene Rezension des *Grundriss'* verfasst, in der er das Geleistete zwar würdigt, aber angemessene Wünsche für den Fall einer Neuausgabe formuliert.[69] Ähnlich äußerte sich auch Gaston Paris: Anerkennung des Gesamtkonzepts, Lob einzelner Beiträge, Detailwünsche bei einer Neuauflage.[70] Die kritischen Urteile über die von Gröber selbst verfassten Beiträge hat Herold zusammengetragen: Bereits die Zeitgenossen bemängelten moralische Wertungen älterer Werke, Pauschalurteile über die Franzosen, Unübersichtlichkeit der Darstellung, umständlichen Stil.[71]

---

66 So in Bd. II, 3 (1901), 1–217: *Italienische Literatur* von Tommaso Casini (übers. von Heinrich Schneegans). Casini war Verf. eines *Manuale di letteratura italiana ad uso dei licei*, Florenz, Sansoni, 1886–1892. Inwieweit dieses «Handbuch» für den *Grundriss*-Beitrag Modell stand, bleibt noch zu prüfen. Im NL Casinis (Biblioteca comunale dell' Archiginnasio, Bologna) befindet sich keine Korrespondenz Gröbers.

67 Vgl. die Einzelheiten bei Herold 1972, 45–141.

68 Körting, *Encyclopaedie und Methodologie der romanischen Philologie: mit besonderer Berücksichtigung des Französischen und Italienischen*, 3 Bde., Heilbronn, Henninger, 1884–86, + Bibliogr. Nachtrag 1888.

69 Kritischer Jahresbericht über die Fortschritte der Romanischen Philologie 1 (1892), 147–149.

70 Romania 17 (1888), 635–636: «Tous ces travaux sont de première main et de grande valeur. Il est impossible d'en donner ici une appréciation; ils vont servir pendant quelque temps de base à l'étude scientifique des langues romanes. Ils n'ont pas été rigoureusement faits sur le même plan; ils sont assez disproportionnés comme étendue [...], et ils ne sont pas exempts de contradictions; mais ces irrigularités n'ont pas grande importance et peuvent même, comme le fait remarquer l'éditeur dans sa préface, offrir certains avantages» (635).

71 Vgl. z. B. das Urteil Paul Meyers in seinem Nekrolog, Romania 40 (1911), 631–633, hier am Ende: «Mais son œuvre capitale fut le *Grundriss der romanischen Philologie* (1886–1901) dont il rédigea plusieurs parties importantes, et particulièrement l'histoire de la littérature française du moyen âge. La première de ces deux parties [gem. ist die mittellateinische Literatur] n'était pas très à sa place dans un précis des langues et littératures romanes; elle est d'ailleurs à tous égards médiocre. La seconde partie, la littérature française, est plus utile. C'est un travail très considérable qui a exigé des lectures très étendues, mais où le *lucidus ordo* manque un peu. Je ne dirai pas, comme on l'a dit, que la *Französische Litteratur* de M. Gr. est un vaste capharnaüm: il est plus exact de dire que c'est une riche compilation où il y a plus d'érudition que d'ordre et de critique, et qui rend beaucoup de services à condition qu'on ait soin de vérifier

Kritik einzelner Punkte kann jedoch das Gesamtkonzept und seine Durchführung nicht wirklich in Frage stellen.

Als Gröber den *Grundriss* plante (1883), dachte er an einen raschen Abschluss, doch war dieser erst 1902 bzw. 1906, d. h. nach neunzehn resp. dreiundzwanzig Jahren, erreicht (Bd. I^1, 1888; I^2, 1904–06; Bd. II, 1, 1902; II, 2, 1897; II, 3, 1901). Die jeweiligen Vorworte belegen das Bemühen des Herausgebers um ein zügiges Erscheinen. Die Enttäuschungen über Absagen, einen Beitrag zu übernehmen, und, ärgerlicher noch, nicht eingehaltene Zusagen werden ausgespart, lassen sich aber z. T. in den erhaltenen Korrespondenzen nachlesen. Besonders ergiebig ist diesbezüglich die Korrespondenz Gröbers mit Hugo Schuchardt, der ihm zwar mit Rat und Korrekturhilfe, aber nicht mit Tat zur Seite stand und das Kapitel «Creolisch» (im Plan Anhang zu Kap. II, 1, D) zwar mehrfach zusagte, aber dann doch nicht lieferte, so dass es nur in *Grundriss* I^1 (1888), 117 einen kurzen Hinweis zu diesem Thema gibt. Auch in *Grundriss* I^2 (1904–06), 724 f. wird das Kreolische nur am Rande behandelt.[72] Besonders schmerzte Gröber das Fehlen des Musikteils, den der Straßburger Kollege Gustav Jacobsthal (1845–1912) übernommen hatte. Nicht nur gesundheitliche, sondern auch sachliche Gründe hinderten Jacobsthal an der Abfassung.[73] Abschließend lässt sich jedoch festhalten, dass der ursprüngliche Plan des *Grundriss'* weitgehend realisiert wurde. Wenn das Fehlen wichtiger Kapitel, z. B. des byzantinischen Einflusses auf Sprache und Kultur von Teilen der Romania, bemängelt wurde, so fehlte ein entsprechendes Kapitel bereits im Plan.[74]

Das letzte realisierte Unternehmen Gröbers ist auf ersten Blick weniger spektakulär als die vorgenannten, war dem Initiator jedoch nicht minder wichtig. Es

---

les faits. C'est à peu près le jugement qu'on peut exprimer sur la plupart des travaux de M. Gröber». – Meyer hatte auch keine hohe Meinung von der Bedeutung der Zeitschrift für romanische Philologie. So schrieb er an Hermann Suchier im März 1896: «A tout prendre il vous reste la Zeitschrift de Gröber. Le pauvre diable n'a pas toujours son garde manger bien garni, et il s'estime heureux d'hériter de ce dont l'Archiv. glott. ou la Romania ne veulent pas» (Original SBB PK, NL Suchier).

72 Vgl. aber auch *à titre d'exemple* das Vorwort zu II, 3, 1901: «Unausgeführt musste der Ethnographische Abschnitt des den Grenzwissenschaften gewidmeten 4. Teiles und innerhalb der Kunstgeschichte die, Bd. I S. 153, in Aussicht genommene Darlegung der Grundzüge der musikgeschichtlichen Entwicklung der Romanen bleiben, weil der damit betraute Mitarbeiter leider durch andauernde Krankheit am Abschluss seines Manuscriptes verhindert wurde».

73 Vgl. dazu ausführlich Sühring 2012, 312–314; 535–537. Er zitiert auf S. 314 einen Auszug aus einem Brief Jacobsthals an Heinrich Bellermann: «Sie wissen, daß ich engagirt bin für eine Encyclopädie der romanischen Philologie den Abschnitt Musik zu bearbeiten. Dabei habe ich bemerkt, daß man über die Zeit der einstimmigen Musik in so gedrängter Form, wie es das Werk erfordert, nichts gescheites sagen kann. So habe ich mich entschlossen, über diese Zeit eine besondere Arbeit zu machen».

74 Auffällig ist auch das nicht thematisierte Fehlen des Sardischen und Dalmatischen.

handelt sich um eine kleinformatige Reihe von bedeutenden literarischen Werken aus der französischen, italienischen, spanischen und portugiesischen Literatur in der Originalsprache. Die Reihe trägt den Titel «Bibliotheca Romanica» (mit den Unterreihen «Bibliothèque française», «Biblioteca italiana», «Biblioteca española» und «Biblioteca portugueza») und wurde 1905 gestartet.[75] Die Bände mit dem charakteristischen romanischen Torbogen auf der Titelseite erschienen im Oktav-Format im Straßburger Verlag J. H. Ed. Heitz (Heitz & Mündel),[76] und die Reihe wurde noch mehrere Jahre über Gröbers Tod hinaus und sogar über das Kriegsende hinweg fortgesetzt. Das erste Bändchen ist eine Ausgabe von Molières *Misanthrope*. Wie es im ursprünglichen Verlagsprospekt heißt, bezweckt diese Reihe «den Gelehrten, Studierenden, Lehrenden und Schülern, sowie den Gebildeten der ganzen Welt die Werke der französischen, italienischen, spanischen, portugiesischen Weltliteratur in zuverlässigen, billigen und korrekten auf Ausgaben letzter Hand gegründeten Texten in guter Ausstattung zugänglich zu machen. Jedes Bändchen ist mit bio-bibliographischen Vorbemerkungen in der Sprache des Autors versehen». Die Bändchen kosteten broschiert 40, gebunden in roter Leinwand mit Golddruck auf Decke und Rücken 80 Pfennige. Bei dieser Reihe hatte vermutlich Reclams Universalbibliothek Pate gestanden, die seit 1867 existierte, aber zunächst keine fremdsprachlichen Texte herausbrachte. Schon die ersten neun Exemplare der «Bibliotheca Romanica» (Molière, Corneille, Descartes, Dante, Boccaccio, Calderón, Restif de la Bretonne, Camões, Racine) bestätigen den Anspruch des Gesamtprojekts. Die Einleitungen wurden von Fachleuten verfasst, die, wenn überhaupt, ihre Beiträge nur mit den Namensinitialen zeichneten. Die einzelnen Hefte wurden auch im Ausland von verschiedenen Verlagen und Buchhandlungen verlegt bzw. vertrieben: Mailand: H. O. Sperling; Bologna: Società Generale delle Messaggerie Italiane; New-York: G. E. Stechert & Co bzw. Lemcke & Buechner; Lugano: Sperling & Kupfer; Olten: Schweiz. Vereinssortiment; Paris: Haar & Steinert bzw. A. Perche; Stockholm: Sandbergs Bokhandel; Wien: Leopold Weiss/R. Lechner & Sohn; Barcelona, Libreria Nacional; Madrid: Libreria Nacional; London: Mudie's Selected Library Ltd/Chatto & Windus; Petersburg: K. L. Ricker; Ams-

75 Vgl. die Besprechung von T. A. Jenkins, *Bibliotheca Romanica, Bibliothèque française, Biblioteca italiana, Biblioteca española, Biblioteca Portugueza, G. Gröber*, The School Review 18, n° 8 (Oct., 1910), 578–579 (Rez. aus Anlass des Erscheinens des 100. Bandes).

76 Dieser Straßburger Traditionsverlag kann seine Anfänge bis in die Blütezeit der Straßburger Buchdruckerkunst am ausgehenden 15. und Beginn des 16. Jahrhunderts zurückführen. Johann Heinrich Eduard Heitz verkaufte Verlag und Druckerei am 1. 1. 1885 an Paul Heitz, der ein ausgewiesener Spezialist für Buch- und Druckgeschichte war (vgl. Rudolf Schmidt, *Deutsche Buchhändler. Deutsche Buchdrucker*, Berlin-Eberswalde, 1905, III, 400–403). Sein Compagnon Curt Mündel (1852–1906), ein namhafter Volkskundler, verstarb früh.

terdam: A. Dupont usw. Wie man sich dies technisch im Einzelnen vorzustellen hat, ist nicht klar. Auf dem Rückentitel eines nicht datierten Nachdrucks des ersten Bandes werden acht (positive) Rezensionen aus der *Revue critique*, der *Revue de Philologie française*, *The Modern Language Review*, *The Nation*, *La cvltvra*, den *Jahresberichte[n] über das höhere Schulwesen*, der *Zeitschrift für französische Sprache und Literatur*[77] und dem *Literarische[n] Echo* zitiert.[78]

Nicht genau konnte ermittelt werden, wie lange der Verlag Heitz nach 1918 noch Titel der Bibliotheca Romanica druckte. Aus dem Jahr 1921 stammt eine Ausgabe der *Lais* der Marie de France mit den Nrn. 274/75 u. 277/78, für die Ern(e)st Hoepffner (1879–1956) verantwortlich zeichnet, aus dem Jahr 1923 eine Ausgabe der *Comédies* der Marguerite de Navarre mit den Nummern 295–299, die Friedrich Eduard (Frédéric Edouard) Schneegans (1867–1942) besorgt hat. Beide Herausgeber waren Schüler Gröbers, die 1919 für Frankreich optiert hatten und nach Straßburg zurückgekehrt waren, wo sie als französische Romanisten ihre Professorenkarriere fortsetzen konnten.

Bibl.: Herold 1972, 29–141; Malkiel 1984, 58–91; Fettweis-Gatzweiler 1993, bes. 111–188; Hillen 1993; Baldinger 1995, 167–175; Storost 2001, II, 82, 441; Kalkhoff 2010, 353 (ad Indicem); Wolf 2012, 329–357; Hausmann 2018.

Die Korrespondenz

Gröber war ein unermüdlicher Forscher, akademischer Lehrer, universitärer Amtsträger, wissenschaftlicher Herausgeber und Autor zu einer Zeit, als die Kommunikation mit nicht ortsansässigen Gesprächspartnern schriftlich erfolgte und postalisch übermittelt wurde. Das Telefonieren steckte noch in den Anfängen und eignete sich nicht für die Geschäfte eines Zeitschriften-, Reihen- und Enzyklopädie-Herausgebers; auch die Schreibmaschine war noch eine in der Entwicklung befindliche Erfindung. Gröber erledigte die anfallende Korrespondenz wie auch das Verfassen von Artikeln handschriftlich. Wenn man bedenkt, dass in jedem Heft der *Zeitschrift* im Mittel fünfzig bis sechzig verschiedene Autoren vertreten waren, mit denen vor Drucklegung ihrer Beiträge zwei- bis dreimal korrespondiert wurde (Anfrage bei Rezensenten, Annahme eines Beitrags, Änderungswünsche, Übermittlung der Druckfahnen, Nachfragen usw.),

77 Walther Küchler, Zeitschrift für französische Sprache und Literatur 29 (1906), 146–147 (sehr positiv).

78 Hinzuzufügen sind Rezensionen aus der Beilage zur Allgemeinen Zeitung, Der Tag (Berlin), Barmer Zeitung, Vossische Zeitung, Zeitschrift für Bücherfreunde, Grazer Tagblatt, Allgemeines Literaturblatt, Literarischer Handweiser, Pädagogisches Archiv, Schwäbischer Merkur.

zudem mit Verlag (Niemeyer) und Druckerei (Ehrhardt Karras in Halle a. S.)[79] Kontakt aufgenommen werden musste, aber auch Ablehnungen von Manuskripten, Bestellung von Rezensionsexemplaren bei Verlagen, Beschwerden über zu strenge Rezensionen u. a. mehr bedacht werden, kann man sich vorstellen, wie umfangreich allein dieser Teil der Korrespondenz war. Mit den ortsansässigen Verlagen Trübner bzw. Heitz konnte Gröber anstehende Fragen persönlich erledigen, was jedoch auch zeitaufwendig war. Als er den *Grundriss* in Angriff nahm, kamen weitere Korrespondenzen hinzu. Da er selber auch in anderen Zeit- und Festschriften publizierte, weitete sich das Feld seiner Korrespondenz noch einmal aus.

Neben den geschäftlichen pflegte Gröber auch private Korrespondenzen; als er von Leipzig nach Breslau ging, mit Leipziger Freunden, als er von Breslau nach Straßburg wechselte, vor allem mit den Breslauern, später auch mit seinen Kindern und deren Familien. Nicht zu unterschätzen sind auch die Korrespondenzen mit ehemaligen Schülern. Sind aus den frühen Jahren umfangreiche Briefe erhalten, wurden sie ab den 1880er Jahren, als sich die Verpflichtungen häuften, meist durch Postkarten ersetzt, die mal nur wenige Zeilen umfassen, aber gelegentlich auch den Umfang kürzerer Briefe erreichen konnten. Wie die Poststempel von Absende- und Empfangsorten belegen, war die damalige Post äußerst speditiv und benötigte z. B. von Breslau nach Graz oder von Straßburg i. E. nach Halle a. S., Chur oder Prag nur einen Tag, von Straßburg nach Florenz und Paris zwei Tage usw.

Gröber schrieb im Normalfall an Korrespondenten des deutschen Sprachraums in deutscher Kurrentschrift, an Ausländer Deutsch in lateinischer Schrift. Seine Kurrentschrift ist ausgeschrieben und erst nach längerer Gewöhnung flüssig zu lesen, zumal die Unterschiede zwischen den Minuskelbuchstaben a, o, e, u, n und v häufig kontextuell erschlossen werden müssen. Nach 1901

79 Vgl. Graz, HSA Briefe 05306–05320. Es handelte sich um ein 1869 gegründetes Traditionsunternehmen, das in wechselnder Rechtsform, mal als reines Familienunternehmen, mal als GmbH., mit Unterbrechungen bis 1951 vier Generationen lang bestand (Landesarchiv Sachsen-Anhalt, C 110 Halle, Nr. 889, Bl. 1–87 [Ehrhardt Karras, vorm. Karras, Kröber & Nietschmann, Halle, Buchdruckerei, 1907–1951]). In einem Zirkular, das nach Rückkehr der Firma in Familienbesitz im Jahr 1933 versandt wurde (Bl. 44), heißt es: «Unter Wahrung der in Jahrzehnten entwickelten Eigenart des Unternehmens als Spezialdruckerei für die Herstellung wissenschaftlicher Werke, vorwiegend in fremden Sprachen, befähigt uns die technische Ausstattung unseres Betriebes zur Anfertigung von Drucksachen jeder Art in einfacher und hohen Ansprüchen genügender Ausführung. Für Beratung und Abgabe von Vorschlägen, Entwürfen und Preisberechnungen stehen wir auf Wunsch gern zur Verfügung. – Die durch den Gründer der Druckerei, Ehrhardt Karras, geschaffene Tradition verpflichtet uns, den beste Qualitätsarbeit verbürgenden Ruf dieses Namens zu erhalten und zu pflegen, umsomehr, als der an der Gesellschaft beteiligte Urenkel des Gründers denselben Namen trägt».

verwendet Gröber im Allgemeinen die von der Orthographischen Konferenz festgelegte reformierte Rechtschreibung (Fortfall von th in heimischen Wörtern, weitgehende Ersetzung von -niß durch -nis, c durch k, Infinitive auf -iren in -ieren, weitgehende Eindeutschung von Fremdwörtern, keine Differenzierung von rundem und langem s usw.), fällt aber immer wieder in alte Gewohnheiten zurück. Wenn Gröber auf Deutsch schrieb, konnte er offenbar voraussetzen, dass auch Italiener, Franzosen, Nordeuropäer u. a. Deutsch verstanden oder zumindest lesen konnten; nur zwei fremdsprachige Korrespondenzen (französisch) mit dem portugiesischen Staatsmann und Literaten Teófilo Braga bzw. dem rumänischen Gelehrten Bogdan Petriceicu Hasdeu konnten ermittelt werden. Auffällig ist der intensive Austausch mit italienischen Fachgenossen (Graziadio Isaia Ascoli, Giulio Bertoni, Benedetto Croce, Alessandro D'Ancona, Francesco D'Ovidio, Ernesto Monaci, Pio Rajna, Paolo Savj-Lòpez), wohingegen Frankreich keine besondere Rolle spielte und Lateinamerika wichtiger war als Spanien. Nationale Gegensätze scheinen keine Rolle gespielt zu haben. Es herrschte eine große Hilfsbereitschaft, die so weit ging, dass man einen ausländischen Kollegen um Bibliotheksrecherchen bitten konnte, die nicht nur die Kollationierung von Handschriften, sondern das Abschreiben längerer Passagen wie selbstverständlich einschlossen.

Die (ungekürzten) Briefe werden so wiedergegeben, wie Gröber sie verfasst hat, d. h. mit den von ihm verwendeten Abkürzungen, Unterstreichungen, kleinen Rechtschreibfehlern und Inkongruenzen. Eine gewisse orthographische Uneinheitlichkeit der Brieftexte, Fußnoten-Zitate und Erläuterungen des Herausgebers muss in Kauf genommen werden, weil Gröber nach 1900 meist die reformierte Rechtschreibung verwendet, die auch die der nach diesem Zeitpunkt gedruckten Literatur ist, aber in unserer Kommentierung und in der neueren Literatur die Regeln der Rechtschreibreform von 1996 bzw. ihre Modifizierung von 2017 zum Tragen kommen. Der Fußnoten-Kommentar beschränkt sich im Allgemeinen auf die Identifizierung von Eigennamen, Buch- und Zeitschriftentiteln, Aufsätzen und Rezensionen, biographischen Bezügen, historischen Ereignissen und weiterführender Literatur. Dabei wird auch auf ersten Blick nebensächlich erscheinenden Details nachgegangen, die einen eigenen Subtext ergeben, welcher insbesondere Gröbers Aktivitäten an der Straßburger Kaiser-Wilhelms-Universität nachzeichnet und die Bedeutung dieser akademischen Neugründung ins Licht rückt.

Gröbers Korrespondentenkreis umfasste zahlreiche In- und Ausländer, lässt sich aber heute nur noch bruchstückhaft rekonstruieren. Das liegt vor allem daran, dass er aus unerfindlichen Gründen ein Jahr vor seinem Tod alle an ihn gegangene Korrespondenz in seinem Garten verbrannte.[80] Konsequenter Weise

80 Curtius 1960, 428 Anm. 1.

gibt es auch keinen Gröber-Nachlass, und so haben wir (mit Ausnahme eines Briefentwurfs) keine Briefe an ihn, sondern nur von ihm. Diese finden sich in verschiedenen in- und ausländischen Nachlässen, die in öffentlichen Archiven und Bibliotheken oder in Privatsammlungen aufbewahrt werden. Es ist durch mühselige Recherchen gelungen, ca. 1300 Briefe, Post- und mit Kurznachrichten beschriebene Visitenkarten an 63 Adressaten zusammenzutragen, aus denen eine Auswahl von gut einhundert Stücken präsentiert wird. (Kurze dienstliche Schreiben, die sich in den Straßburger und Zürcher Personalakten finden und nur rein geschäftliche Angaben enthalten, werden nicht berücksichtigt). Die Auswahl ist so getroffen, dass sie die verschiedenen Etappen von Gröbers privatem wie beruflichem Werdegang illustriert, möglichst viele Adressaten einbezieht und seine Arbeit als Romanist und Wissenschaftsorganisator beleuchtet. Tausende von Briefen und Postkarten sind im Lauf von über hundert Jahren, die seit Gröbers Tod vergangen sind, verloren gegangen, so dass der Korrespondentenkreis, der sich aus Angehörigen, Freunden, Kollegen, Mitarbeitern, Schülern, Verlegern, Autoren, Rezensenten, Bibliothekaren u. a. in Europa und Übersee zusammensetzt, nur ansatzweise erschlossen werden kann. Aber aus dem Überlieferten lässt sich die Vermutung ableiten, dass es kaum einen namhaften Philologen seiner Zeit gab, der nicht mit ihm in Verbindung stand.

Bibl.: Hillen 1993; Hausmann, *Die Korrespondenz zwischen Gustav Gröber und Hugo Schuchardt*, in: Bernhard Hurch (Hrsg.), *Hugo Schuchardt Archiv*, online [http://schuchardt.uni-graz.at/id/letters/1649]; Hausmann 2018.

Briefe aus den Jahren 1869 bis 1910

1 Friedrich Zarncke

[2. August 1869]

Hochgeehrter Herr Professor!

Ich habe mir erlaubt an die Redaction des lit. Centralblattes ein Ex. meiner bei FCW. Vogel erschienen Schrift über

«Die handschriftl. Gestaltungen der chanson de geste Fierabras»[1]

zu senden und nehme mir die Freiheit Sie zu bitten für eine Besprechung derselben freundlichst Sorge tragen zu wollen.[2]

Ich kann vielleicht um so eher auf eine gütige Erfüllung dieser Bitte rechnen, als meine Arbeit, die als Promotionsschrift eingereicht war, sich Ihrer Billigung bereits zu erfreuen gehabt hat und dieselbe sich mit einem Gegenstand beschäftigt, dem selbst Philologen wie Im. Bekker[3] und K. Lachmann[4] ihre Aufmerksamkeit zuwandten und der vielleicht auch weitres Interesse in Anspruch nehmen kann. Wenigstens hat man nicht selten auf die Wichtigkeit ähnlicher, wie der von mir behandelten Fragen hingewiesen, u. somit dürfte durch eine Besprechung außer meinem auch fremdes Interesse befriedigt werden.

---

1 Der genaue Titel lautet: *Die handschriftlichen Gestaltungen der chanson de geste «Fierabras» und ihre Vorstufen*, Inaug.-Diss. der Univ. Leipzig, Leipzig, Friedrich Gröber, 1869, X, 65 S. [gekürzte Fassung der Pflichtexemplare]; X, 112 S., Leipzig, F. C. W. Vogel, 1869 [Langfassung; Digitalisat BSB/MDZ München]. – Zur heutigen Bedeutung Gröbers als Texteditor vgl. Cesare Segre, *Lachmann et Bédier. La guerre est finie*, in: Éva Buchi/Jean-Paul Chauveau/Yan Greub/ Jean-Marie Pierrel (éd.), *Actes du XXVIIe Congrès International de linguistique et de philologie romanes (Nancy, 15–20 juillet 2013). Allocations d'ouverture, conférences plénières, tables rondes, conférences grand public*, Nancy, ATILF (online).

2 Die Rez. von A. T. [= Adolf Tobler] findet sich in Literarisches Centralblatt für Deutschland 1 (1870), 19–21: «Wir sprechen zum Schlusse nochmals aus, daß die sorgsame Beobachtung, die sichere Handhabung des kritischen Messers Herrn Gröber's Arbeit zu einer wirklich mustergültigen machen, während wir allerdings hinsichtlich der Kriterien der Unechtheit seiner Ansicht nicht durchweg beipflichten können» (20).

3 Immanuel Bekker, *Der Roman von Fierabras*, Berlin, s. n., 1829.

4 Martin Hertz, *Karl Lachmann. Eine Biographie*, Berlin, Wilhem Hertz, 1851: «Auch um die provenzalische Literatur erwarb sich Lachmann auf dieser Reise grosse Verdienste durch Auffindung des Romans Fierabras in der fürstlichen Bibliothek zu Wallerstein. Die Herausgabe überliess er Immanuel Bekker: sie erfolgte sowohl in den Abhandlungen der Akademie aus dem Jahre 1829, als in besonderem Abdrucke [...] im Reimerschen Verlage. Der Herausgeber, sonst karg mit Worten und mit Lob, bezeichnet doch den Fund als einen unverhofften und desto willkommneren, je weniger vorher vom epischen Gesang aus der Provence bekannt gewesen» (60).

https://doi.org/10.1515/9783110588132-002

Ich benutze die Veranlassung, die sich mir bietet, Ihnen zu schreiben, zugleich um eine schuldige Pflicht, die ich bisher versäumte, zu erfüllen und Ihnen für die vielfache Anregung und Belehrung, deren ich mich |2| theils in Ihren Vorlesungen, theils in Ihrer Gesellschaft zu erfreuen gehabt habe und die nicht ohne Einfluß auf meine Arbeit wenigstens in methodischer Hinsicht geblieben ist, aufrichtigsten Dank zu sagen.

Sie haben die Güte, das beigefügte vollständige Exemplar meiner Schrift freundlichst empfangen zu wollen und sich überzeugt zu halten von der aufrichtigen

Hochachtung und Ergebenheit
Ihres Dr. Gröber.
Schloß Dux [b]/Teplitz[5]

2. August 1869

[Original Leipzig, UB NL 249/1/G/1148].

Anhang (Dissertationsgutachten):
Die vorliegende Dissertation ist eine sehr lobenswerthe Arbeit, die sich durch Selbständigkeit und Scharfsinn, Gründlichkeit und Umsicht der Untersuchung wahrhaft auszeichnet, so daß sie nicht bloß die tüchtige wissenschaftliche Durchbildung des Verf. beurkundet, sondern auch der Wissenschaft selbst recht förderlich ist. Die Arbeit zerfällt in 3 Theile, von welchen der erste das Verhältniß der verschiedenen Redactionen (bezw. Bearbeitungen) der altfranzösischen Chanson de geste Fierabras unter einander und zu dem verlorenen Grundwerk untersucht, wobei sich dann namentlich das eine Resultat ergibt, daß die in der provenzalischen Übersetzung uns erhaltene altfranzösische Redaction die älteste der uns überlieferten ist: hiervon wird der Beweis vollkommen überzeugend erbracht, wie denn die ganze Untersuchung so methodisch und sicher geführt ist, daß mir keinerlei Bedenken aufgestiegen ist. Im zweiten Theile vergleicht der Verf. die auf einer späteren Bearbeitung ruhenden altfranz. Redactionen mit der in der provenzal. Übersetzung erhaltenen auf das sorgfältigste, und diese Vergleichung, die mit großer Umsicht und Scharfsinn ausgeführt ist, ergibt die interessantesten Resultate, die für die Geschichte der mittelalterlichen französ. Epik überhaupt von nicht zu unterschätzendem Werthe sind, indem sie, und im Allgemeinen mit voller Sicherheit, nachweist, in welcher Art die späteren Sänger verfahren, den überlieferten Stoff zu erweitern. Auf Grund der in diesem Theile gewonnenen Resultate versucht nun der

5 Gröber war Hauslehrer auf Schloß Dux b. Teplitz (heute Duchcov, Okres Teplice) und unterrichtete vermutlich die Kinder der gräflichen Familie von Waldstein.

Verf. im dritten das Grundwerk selbst aus der in der provenzal. Übersetzung erhaltenen Redaction zu reconstruieren, und wenn hier auch der Natur der Sache nach noch manche einzelnen Annahmen mehr oder weniger subjective sein müssen, so erscheint doch das Bild von der Gestalt des Grundwerks, zu dem der Verf. durch seine fleißige Untersuchung gelangt, in seinen allgemeinen Umrissen, im Großen und Ganzen, als ein wissenschaftlich durchaus begründetes, das auch vollkommen mit den Ansichten übereinstimmt, die man von der ältesten Gestalt dieser Epen überhaupt, auf anderem Wege schon gewonnen hat. – Bemerke ich schließlich noch daß kein altfranz. Epos bis jetzt eine solche eingehende Untersuchung, und nach diesen Gesichtspunkten, gefunden hat, daß der Verf. also ohne Wegweisende Vorgänger war, und daß seine Arbeit auch formell durch ihre genaue und richtige Disposition und den sichern festen Gang ihrer Darstellung sich auszeichnet, so glaube ich das besondre Lob, das sie verdient, um so mehr noch gerechtfertigt. Es erscheint hiernach die Zulassung zur mündlichen Prüfung selbstverständlich.

Ebert

Dem günstigen Urtheile des Collegen Ebert kann ich in allen seinen Theilen beitreten. Die Arbeit ist mit so großer methodischer Sicherheit gefertigt, daß sie fast Schritt für Schritt die Zustimmung des Lesers erzwingt. Auch im dritten Theile, wo, der Natur der Sache nach, die Beweismomente einen subjectiveren Character tragen, hat der Verf. doch gewußt, auch objective u. zum Theil schlagende Gesichtspuncte zu gewinnen. Die Arbeit wird nicht verfehlen, in Frankreich selber Aufsehen zu erregen.

Zarncke

Für Zulassung zur mündlichen Prüfung Hankel desgleichen Drobisch, Curtius, Voigt, Brockhaus, Fechner, Overbeck, Klotz, Ritschl[6]

[Original Leipzig, UA, Promotionsbuch 1869; die Promotion erfolgte am 28. 7. 1869].

6 Wilhelm Hankel (1814–1899), Prof. f. Physik; Moritz Drobisch (1802–1896), Prof. f. Mathematik u. Philosophie; Georg Curtius (1820–1885), Prof. f. Klass. Philol. u. Literatur; Georg Voigt (1827–1891), Prof. f. Geschichte; Hermann Brockhaus (1806–1877), Prof. f. Altindische Sprache u. Literatur; Gustav Fechner (1801–1887), Prof. f. Naturphilosophie; Johannes Overbeck (1826–1895), Prof. f. Klass. Archäologie; Reinhold Klotz (1807–1870), Prof. f. Klass. Philol.; Friedrich Ritschl (1806–1876), Prof. f. Klass. Phil.

2 Hermann Knust

Dux, 3. August 1869

Sehr geehrter Herr Doctor![7]

Nachdem der Druck meiner Dissertationsschrift beendigt ist, beeile ich mich Ihnen ein vollständiges Ex zugehen zu lassen mit der Bitte, dasselbe als ein kleines Zeichen meiner Dankbarkeit, die ich Ihnen in so hohem Grade schulde, hinnehmen zu wollen und zugleich versichert zu sein, daß ich in derselben dankbaren Gesinnung gegen Sie, wie bisher, verharren werde. Verdankt doch eigentlich Ihrer Veröffentlichung der Fierabras-Varianten[8] meine Arbeit geradezu ihr Entstehen, haben Sie mich doch sonst auch, wie ich mir in der Einleitung meiner Schrift zu erwähnen erlaubte,[9] durch gütige Mittheilungen aus Ihrer Copie unterstützt, habe ich doch mehrere Male Ihrer wohlwollenden und anregenden Gespräche mich zu erfreuen gehabt. Für alles dies drängt es mich bei Uebersendung meiner Schrift, Ihnen herzlichen Dank abzustatten.

Nicht unbekannt wird Ihnen geblieben sein, wie hochverdient sich Herr Prof. Ebert[10] um die schnelle Förderung des Drucks meiner |2| Schrift gemacht hat, indem er auf Veranlassung des Herrn Dr. Lampe[11] die Correctur des größten Theils meiner Arbeit übernahm, weil ich durch allzuweite Entfernung und durch beschwerliche Postverbindungen verhindert war, die Correctur rasch zu erledigen. Ich befand mich damals ganz im Süden Böhmens, nur noch 5 Stunden von

---

7 Der Bremer Hermann Knust hatte in Leipzig studiert und sich danach ganz der Hispanistik zugewandt. Er war zeitweise Mitarbeiter des Jahrbuch[s] für romanische und englische Litteratur. Wo und mit welcher Arbeit er den Doktorgrad erworben hatte, ließ sich nicht ermitteln. – Gröber schreibt über die Escorial-Handschrift (heute: Real Biblioteca del Monasterio de San Lorenzo El Escorial, M-III-21, f. 33–96 (E)): «Sie wurde von Herrn Dr. Knust, dem ich durch besondere Mittheilungen über dieselbe dankbar verpflichtet bin, entdeckt, gehört dem Anfange des 13. oder Ende des 12. Jahrhunderts an und ist in ihren wesentlichen Abweichungen und Varianten von ihm zur allgemeinen Kenntnis gebracht worden» (S. vii).

8 Hermann Knust, *Ein Beitrag zur Kenntnis der Escorialbibliothek. Französische Literatur: «Le chevalier de la charrette». «Fierabras»*, Jahrbuch für romanische und englische Litteratur 9 (1868), 43–72; vgl. weiterhin Gröber, *Zu den Fierabras-Handschriften*, Jahrbuch für romanische und englische Sprache und Litteratur 13 (1874), 111–117.

9 *Die handschriftlichen Gestaltungen*, 1869, S. vii.

10 Der Romanist Adolf Ebert (1820–1890) war 1863 von Marburg auf den neugegründeten romanistischen Lehrstuhl der Leipziger Universität berufen worden.

11 Dr. Carl Lampe-Vischer (1804–1889) hatte am 1. 10. 1862 den Verlag seines Schwiegervaters Fr. Chr. W. Vogel in Leipzig übernommen und verlegte Gröbers Dissertation (ein Teildruck von 65 S. war in der väterlichen Druckerei besorgt worden, die vermutlich für Lampe arbeitete, und wurde der Fakultät als Dissertation eingereicht; vgl. oben Anm. 1).

der Mährischen Grenze, mußte mich dann nach dem Nordosten begeben und bin erst am 15. Juli in meinem eigentlichen Bestimmungsort Dux [b]/Teplitz angelangt. Der großen Güte des Herrn Prof. Ebert verdanke ich es daher wesentlich, daß meine Schrift in wenigen Wochen schon die Presse verlassen hat.

Ihr bisher mir erwiesenes Wohlwollen ermächtigt mich auch zu der Mittheilung, daß ich im Gräflichen Hause eine sehr angesehene Stellung einnehme, und der Herr Graf und die Frau Gräfin stets in liebenswürdigster und ehrenster Weise mir begegnet sind.

Täusche ich mich nicht in der Voraussetzung, daß Sie mit einiger Theilnahme meinem Schicksal folgen, so werde ich Sie durch diese wenigen Mittheilungen nicht allzu sehr belästigt haben und darf mich Ihres freundlichen Angedenkens auch ferner empfehlen[12] als Ihr

Ergebenster
Dr. Gustav Gröber.

[Original Leipzig, UB, NL 274/2/1/32 (NL Hermann Knust)].

3 Gaston Paris

bei Teplitz in Böhmen, 4. August 1869.

Hochgeehrter Herr![13]

Ich ergreife die gewünschte Gelegenheit, die sich mir darbietet, durch ein Schreiben mit Ihnen in nähere Verbindung zu treten, nachdem ich durch Kenntnisnahme mehrerer Ihrer Schriften hinlänglich Veranlassung hatte, von einer lebhaften Verehrung für Sie erfüllt zu werden, der ich, wenn auch in schlichter Weise, heute Ausdruck zu geben können glaube.

Ich erlaube mir nämlich Ihnen 1 Ex. meiner soeben erschienenen Schrift über

«die handschriftlichen Gestaltungen des Fierabras und ihre Vorstufen»[14]

zugehen zu lassen, mit der ich zum ersten Male ein Gebiet betrete, dem Sie Ihre vorzügliche Thätigkeit gewidmet haben. Ich muß gestehen, daß ich Ihrer

---

12 Knust, von dem kein Nekrolog gefunden wurde, wird in beiden Auflagen des *Grundriss'* I und in *Grundriss* II mehrfach als Hss.-Kenner erwähnt.

13 Gaston Paris (1839–1903) war seit 1872 Professor am Collège de France. Er gilt als Begründer der französischen Romanistik und unterhielt enge Beziehungen zu Deutschland.

14 Zur Drucklegung der Dissertation vgl. Brief 1.

«hist. poëtique de Charlemagne»[15] nicht wenig Anregung und manchen leitenden Gesichtspunkt für meine Arbeit verdanke, daß sie mir als ein Vorbild ernstgemeinter wissenschaftlicher Forschung fort und fort vorgeschwebt und daß ich Ihnen hierin nachzustreben versucht habe.

Ich gehorche daher nur dem Gebote der Pflicht, wenn ich mich nicht scheue, die Verdienste, die Sie an meiner Erstlingsarbeit haben, |2| offenherzig kund zu thun. In diesem Sinne allein bitte ich Sie auch meine kleine Gabe freundlichst aufzunehmen.

Leider wurde ich im Laufe meiner Unternehmung auf einen Punkt geführt, über den Sie bereits eine Meinung geäußert hatten, die jedoch mit der, welche sich mir bei näherer Betrachtung ergab, nicht völlig zusammenstimmen wollte (siehe p. 108 ff.).[16] Aber vielleicht wird gerade dieser Punkt die Veranlassung von Ihnen eine willkommene Aeußerung über meine Schrift in einem Ihnen zu Gebote stehenden Journal (revue critique?) zu vernehmen und einen wohl nicht ganz unwichtigen Gegenstand zur Entscheidung zu bringen.[17] Leicht könnte eine freundliche Ermunterung Ihrerseits für mich bestimmend sein den einmal betretenen Weg fortzugehen und mich der altfranzösischen Poesie und der Romanischen Philologie, in die ich von meinem verehrten Gönner, Herrn Professor Ebert[18] in Leipzig, eingeführt worden bin, ganz zu widmen, wenn anders ich erkenne, daß meine Kräfte Ersprießliches zu leisten hoffen lassen.

Diesen Punkt wollte ich, da ich mir einmal die Freiheit nahm Ihnen zu schreiben, und durfte ich nicht unerwähnt lassen. Selbstverständlich kann die

---

15 Ersch. Paris, Franck, 1865; vgl. Bähler 2004, 459 f., zu Gröber ebd. 281–284, 857.

16 Es geht um die Frage, ob und vor allem in welcher Form Philippe Mouskes (Mouskés, Mousket), Bf. von Tournai und Vf. einer *Chronique rimée*, den *Fierabras* gekannt habe.

17 Paris rezensierte die Dissertation wohlwollend in der Revue critique 4, 2 (1869), 121–126. Formisano, 1979, vertritt jedoch die Ansicht, dass diese Rez. ein gehöriges kritisches Potenzial enthalte: «Paris in quella recensione della *Revue critique* che costituisce uno dei capisaldi non solo della critica del *Fierabras*, ma di ogni capitolo di storia del lachmannismo. E' così che all'elogio tributato al lavoro propriamente ecdotico (in sostanza la classificazione dei mss. francesi sui pochi dati a disposizione) e soprattutto alla lucida coscienza di metodo in esso dicharata succede un giudizio fondamentalmente negativo sulla posizione assegnata alla redazione provenzale e, in generale, su tutto il tentativo di ricostruzione dell'*Urgestalt*, giudizio portato in nome dell' ‹analyse philologique trop négligée par M. Gröber›, ‹extrêmement spécieux›». – André de Mandach, *Naissance et développement de la chanson de geste en Europe, 5: La geste de Fierabras: le jeu du réel et de l'invraisemblable; avec des textes inédits*, Genf, Droz, 1987 (Publications romanes et françaises; 177), 234 (ad Indicem) dokumentiert die französische Kritik an Gröbers Darstellung.

18 Adolf Ebert gab von 1859–1863 gemeinsam mit dem Wiener Ferdinand Wolf das Jahrbuch für romanische und englische Sprache und Litteratur heraus, welches später eines der Modelle für die von Gröber begründete und hrsg. Zeitschrift für romanische Philologie wurde.

beregte Meinungsverschiedenheit keinen Augenblick das aufrichtige Gefühl meiner Verehrung gegen Sie alteriren. Ihr reiferes Urtheil wird das Richtige alsbald erkennen.

|3| Und hiermit empfehle ich mich Ihrer freundlichen Geneigtheit, nur noch um Entschuldigung bittend, daß ich mir erlaubt habe mich in Deutscher Sprache an Sie zu wenden, und verharre

in ausgezeichneter Hochachtung
ergebenst
Dr. phil. Gustav Gröber.

[Original Paris, BN NAF 24441, ff. 319^r–320^r].

4 Wilhelm Ludwig Holland

Schloß Dux b/Teplitz, 11. August 1869[19]

Hochgeehrter Herr Professor![20]

Beigehend erlaube ich mir Ihnen 1 Exemplar meiner bei F. C. W. Vogel in Leipzig erschienenen Schrift über

«Die handschriftlichen Gestalten des Fïerabras und seine Vorstufen»

zuzusenden, durch dessen Annahme Sie mich sehr erfreuen würden.

Ich betrete damit zum ersten Mal das Gebiet der Romanischen Philologie, in die ich von meinem hochverehrten Gönner, Herrn *Prof. Ebert in Leipzig*, eingeführt worden bin, und glaube nicht versäumen zu dürfen Sie selbst auf meine Erstlingsarbeit hinzuweisen um sicher zu sein, daß sie in der Menge der literarischen Erscheinungen Ihrer Aufmerksamkeit nicht entgehe.

Vielleicht, daß ich mit derselben ein neues Gebiet von Fragen in Betreff der alten epischen Volkspoesie Frankreichs eröffne und daß mir diese Fragen an einem *chanson de geste* zu beantworten gelungen ist. Sie werden hierüber selbst am besten zu urtheilen wissen und wenn anders meine Hoffnung mich nicht trügt, und meine Arbeit sich Ihres Beifalls zu erfreuen haben sollte, sich vielleicht veranlaßt finden in einem Ihnen zu Gebote |2| stehenden Journal

---

19 *Dux* ist im Zentrum einer Kartusche erhaben gedruckt; vermutlich handelt es sich um einen gräflichen Briefbogen.
20 Holland (1822–1891) lehrte seit 1847 als Germanist und Romanist in Tübingen und hatte mehrere Editionen deutscher, französischer und spanischer mittelalterlicher Texte herausgebracht. Eine Rez. von Gröbers Dissertation aus seiner Feder konnte nicht nachgewiesen werden.

Ihrem Urtheil öffentlich Ausdruck zu geben. Sie würden mich dadurch lebhaft erfreuen und dankbar verbinden, und wohl ermuntern können den betretenen Weg weiter zu gehen und zur Förderung der Romanischen Philologie beizutragen.

Auf jeden Fall gereicht es mir aber zum Vergnügen meine Schrift in Ihren Händen zu wissen und Sie haben die Güte sie freundlich aufzunehmen als ein Zeichen der

Hochachtung und Verehrung
Ihres ergebenen
Dr. Gustav Gröber.

[Original Tübingen, UB, Md 507–137].

5 Ernst Henke

[3. 9. 1870]

Hochgeehrter Herr Professor!

Im Vertrauen auf Ihre Freundlichkeit nehme ich mir die Freiheit Sie mit nachstehender Bitte zu belästigen.

Ich bedarf zur Beendigung einer kleinen Arbeit[21] eines Buches, das ich leider auf den hiesigen und auswärtigen Bibliotheken, auf denen ich accreditirt bin, nicht erlangen kann, nämlich *Tarbé's* in der *Collection des Poètes de Champagne, Reims 1850* erschienene Ausgabe des *Roman d'Aubery le Bourgoing.*

Herr *Prof. Ebert*, der mich darauf aufmerksam macht, daß dasselbe möglicherweise auf der dortigen *Bibliothek* vorhanden sei, und daß Sie diesfalls die Güte haben würden, mir dasselbe auf einige Zeit zu überlassen hat die Freund-

21 Welche Arbeit gemeint ist, lässt ich nicht sagen, zumal wir nicht wissen, ob sie wirklich fertiggestellt wurde. Möglich wäre z. B., dass Gröber die Rezension von Adolf Tobler, *Mitteilungen aus altfranzösischen Handschriften. I. Aus der Chanson de geste von Auberi nach einer vatikanischen Handschrift*, Leipzig, Hirzel, 1870, angeboten worden war. Es handelt sich um die Hs. BAV, Cod. Christin. 1441 (heute Reg. Lat 1441), die Tobler im Winter 1857/58 während eines Romaufenthaltes teilweise ausgezogen hatte. *Auberi* dürfte Gröber jedoch bereits im Umfeld seiner Dissertation bekannt gewesen sein, denn in der Ausg. Immanuel Bekkers, *Der Roman Fierabras. Provenzalisch*, Berlin 1829, werden lange Passagen aus «Aubri de[m] Burgunden» nach «einer dem Herrn Professor von der Hagen gehörigen Pergamenthandschrift» (S. liii) wiedergegeben. Wo diese Handschrift des bekannten Germanisten Friedrich Heinrich von der Hagen (1780–1856) geblieben ist, konnte nicht festgestellt werden.

lichkeit gehabt meine hierauf gerichtete Bitte mit beiligender Empfehlung zu begleiten, die ich mich freue Ihnen behändigen zu können.[22]

Für eventuelle Uebersendung genannten Buches, für dessen pünktliche Zurücksendung in unversehrtem Zustande ich mich hiermit verpflichte oder für eine freundliche Nachricht spreche ich im Voraus den ergebensten Dank aus und zeiche in

Größter Hochschätzung
Leipzig, 3. Sepember 1870 (Parkstraße 8) *Dr. Gustav Gröber*[23]

[Original Wolfenbüttel, Niedersächsisches Landesarchiv – Staatsarchiv, 298 N Nr. 232].

6 Hermann Suchier

[9. 2. 1873].[24]

Geehrter Herr Doctor!

Besten Dank für Ihr freundliches Anerbieten. Gern würde ich in der That die Gelegenheit benutzen mir so manche nähre Kunde über provenz. und altfrzös. Handschriften in Paris und London zu verschaffen, doch würden meine Wünsche etwas ins Große gehen und ich müßte daher fürchten Sie zu belästigen. Wollen Sie aber die Freundlichkeit haben in Paris nach mit Noten versehenen provenzal. Liederhandschriften zu sehen (La Valliere, 14 anc. N° 2701 kenne ich),[25] desgleichen in Cheltenham, wo sich eine provenz. Liederhdschft. aus dem 14. Jahrh. findet,[26] und mir einiges daraus copiren, vielleicht in London auch Nachforschung nach einer altfranzös. Chanson de geste: La Destruction de Rome (13. Jhdt.[27] – bisher mir in einer Hdschft. bekannt und noch nicht edirt) helfen, so werde ich Ihnen dafür besten Dank wissen.

22 Dem Brief nicht beigefügt.
23 In der gleichen Sache gibt es auch einen Bittbrief Gröbers (4. 7. 1870) an Reinhold Köhler.
24 Es handelt sich um den ersten erhaltenen Brief Gröbers an Suchier. Es war damals durchaus nicht ungewöhnlich, einen Kollegen, der in ausländischen Bibliotheken arbeitete, selbst um umfangreiche Abschriften aus mittelalterlichen Hss. oder Kollationierungen zu bitten. – Von Suchiers Hand am unteren Briefrand das Datum seiner Antwort, 20.3.
25 Es ist in seiner Abhandlung die als Hs. R (I) bezeichnete, vgl. Romanische Studien 2 (1877), 368.
26 Hs. N, ebd., 563 (Hs. N [Y], Nr. 8335). Suchier wird zwar mehrfach von Gröber zitiert, aber es gibt keinen Hinweis darauf, daß er für ihn Exzerpte gemacht hätte.
27 Vermutlich London, BL Ms Egerton 3028; vgl. Louis Brandin, Romania 64 (1938), 18–100.

Haben Sie Interesse einen deutschen Fachgenossen, Prof. Dr. Foerster[28] aus Wien (Schüler von Mussafia) in Paris aufzusuchen, der rue de l'université N° 4 |2| bewohnt, so haben Sie die Gefälligkeit ihn bestens von mir zu grüßen.
Zu Ihrer Habilitation meine besten Glückwünsche.[29]

Ihr ergebenster
Prof. Dr.G.Gröber.
Fluntern (Zürich) 9/2 1873[30]

[Original Berlin, SBB PK, NL Suchier: Gröber, Brief 1].

7 Hermann Suchier

Bern, 27. 12. 1873.

Werther Herr College,

Bei meiner zufälligen Anwesenheit in Bern theilt mir Prof. Hagen[31] mit, daß er bisher verhindert war Ihren Wunsch bez. des Cod. 296 der hiesigen Bibl.[32] zu

---

28 Wendelin Foerster (1844–1915) hatte sich soeben in Wien habilitiert. Zu seiner Promotion, Habilitation und dem Pariser Forschungsaufenthalt vgl. seinen Lebenslauf bei Hirdt 1993, II, 1026–1027: «Das Studienjahr sah mich in den Bibliotheken von Basel, Bern (3 Wochen) Turin (4 Wochen), Lyon (4 Wochen), Carpentras (2 Wochen), bis ich an Weihnacht nach Paris kam, wo ich bis zum Sommer verblieb. Außer meiner sehr zähen u. angestrengten Arbeit auf der Bibl. nationale u. der Arsenalbibliothek hörte ich paar mal im Collège de France bei G. Paris den Alexius, den er eben hgg. hatte (es gab auch nicht mehr, so daß ich es bald aufgab) u. fing die Übungen im Privatzirkel G. Paris'es (über Fierabras) mit dem Pariser Pieron, einem Burgunder (Name vergessen) u. den 2 Schweizern Cornu u. Morel-Fatio an».

29 Suchiers Ernennung zum Privatdozenten erfolgte am 12. 2. 1873; demnach muss die Habilitation kurz zuvor vollzogen worden sein. – Zu seiner Zürcher Tätigkeit und der dortigen Romanistik vgl. Trachsler 2016.

30 Während seiner Zürcher Tätigkeit wohnte Gröber in Fluntern an den südwestlichen Hängen des Zürichbergs; der damals selbständige Ort Fluntern wurde 1893 von Zürich eingemeindet.

31 Hermann Hagen (1844–1898), Prof. d. Klass. Philologie in Bern, «katalogisierte in versch. Bibliotheken die lat. Handschriften, schrieb Monografien über Handschriftensammler, entdeckte zwei Hirtengedichte (*carmina Einsidlensia*), edierte Dichtungen aus Schweizer Bibliotheken, veröffentlichte zahlreiche Schweizer Inschriften und widmete sich den antiken Vergilerklärungen» (*Historisches Lexikon der Schweiz*). Vgl. Hermann Hagen, *Catalogus Codicum Bernensium (Bibliotheca Bongarsiana)*, Bern, B. F. Haller, 1875: «Gallicos et Italicos fere centum G. Groeber prof. Turicensis olim, nunc Vratislaviensis» [sc. descripsit].

32 Bern, Burgerbibl., Cod. 296, Sammelhs., enthaltend: *Aliscans, Bataille Loquifer, Prise d'Orange, Chevalerie Vivien, Moniage Rainouart, Moniage Guillaume.* Da sich Suchier 1873 mit der Arbeit *Über die Quelle Ulrichs von dem Türlîn und die älteste Gestalt der Prise d'Orenge* in Marburg habilitiert hatte (Druck: Paderborn, Schöningh, 1873), liegt es nahe, daß er Gröber

erfüllen. Ich habe es daher nunmehr übernommen Schlüsse und Anfänge der einzelnen Abschnitte des G.d.'s. [= Gedichts] zu verzeichnen, und zwar jedes auf besonderen Blättern in Folge davon, daß mir Hagen anfangs angab Ihr Wunsch bezöge sich nur auf die Anfänge der Abschnitte. Ich denke, die Ihnen dadurch verursachte Unbequemlichkeit wird keine allzu große sein; ich selbst hatte Ihren Wunsch nicht mehr im Gedächtniß. Hierbei habe ich Ihnen noch eine Mittheilung zu machen resp. Anfrage zu stellen.

Ich bin auf Ostern 74 nach Breslau berufen, werde also Zürich verlassen.[33] Die Romanische Professur soll in Zürich neu besetzt werden, aber, da seit vergangenem Jahr auch das Englische seinen Vertreter verloren hat,[34] zugleich auch hierfür eine neue Kraft gewonnen werden. Man denkt beide Fächer einer Person zu übertragen und ich bin nebst Prof. L. Tobler[35] in eine Commission gewählt, die zunächst der Facultät und sodann der Regierung geeignete Persönlichkeiten bezeichnen soll. Der Gehalt der Ordinarien beläuft sich hier ca. auf 4000 frs. und würde auch dem Vertreter der Rom. und Engl. Professur gezahlt werden.

---

um Auskunft über diesen Text bat, der sich auf ff. 1–9 der Hs. findet, die in der Habil.-Schrift allerdings nicht erwähnt wird. Auch in seinen Publikationen konnte kein Hinweis auf diese Hs. gefunden werden.

33 Vgl. dazu Gröbers Brief (Fluntern, 8. December 1873) an den Erziehungsdirektor des Zürcher Magistrats: «Hochgeehrter Herr Director! Soeben geht mir von dem kgl. Preuß. Ministerium des geistlichen Unterrichts und Medicinalangegenheiten ein Schreiben zu, in dem mir eine ordentliche Professur für Romanische Philologie an der Universität Breslau auf Ostern k. Jahres mit einem Einkommen von frs. 6000 und frs. 1000 Nebeneinnahmen angetragen wird.

Ich halte es für meine Pflicht Ihnen hiervon Kenntniß zu geben, bevor ich eine Entscheidung, die ich in den nächsten Tagen zu treffen habe, nach Berlin gelangen lasse, einer gef. Mittheilung entgegensehend, inwieweit die hohe Regierung des Kanton Zürich für den Fall meines Verbleibens und Fortwirkens an der, wie ich gestehe, mir liebgewordenen Universität Zürich für die Verzichtleistung der mir durch jene Berufung dargebotenen Vortheile mich schadlos zu halten geneigt sein würde.

Indem ich einer, wenn möglich umgehenden freundlichen Zuschrift entgegensehe zeichne ich in Hochachtung und ergebens Prof. Dr. G. Gröber» (StAZH U 109.4.31).

Der Dekan Arnold Hug bittet die Erziehungsdirektion mit Schreiben vom 13. Dezember Gröber, um ihn zu halten, zum Ordinarius zu ernennen (ebd.). Gröber entschied sich jedoch für Breslau.

34 Hermann Behn-Eschenburg (1814–1873), aus Stralsund stammender politischer Flüchtling, war 1851 in Zürich habilitiert und ein Jahr später zum Extraordinarius ernannt worden; vgl. Haenicke/Finkenstaedt 1992, 31; Andreas Fischer, *Es begann mit Scott und Shakespare. Eine Geschichte der Anglistik an der Universität Zürich*, Zürich, Chronos, 2016, 18–20 (ohne Hinweise auf die anglistisch tätigen Romanisten).

35 Ludwig Tobler (1827–1895), seit 1873 Zürcher Extraordinarius für Altgermanische Sprachen und Literatur; sein acht Jahre jüngerer Bruder Adolf (1835–1910) war 1867 als Romanist an die Berliner Wilhelms-Universität berufen worden.

Ich richte nun an Sie die Anfrage, ob Sie einer eventuellen Berufung nach Zürich Folge leisten, und geneigt sein würden neben den Romanischen Collegien auch zB. historische Engl. Grammatik, aeltre Engl. Literaturgeschichte u. gelegentlich Erklärung eines Stückes v. Shakespeare etc. |2| zu übernehmen. Sie hätten natürlich freie Verfügung über die Stoffe und könnten sich innerhalb der bezeichneten Gebiete einen Turnus von Vorlesungen organisiren.[36] Nicht gewiß [bin] ich, ob Ihnen nicht etwa, wenn die Regierung mit Ihnen in Unterredung treten würde, auch das Ansuchen gestellt wird in ein paar wöchentlichen Stunden in jedem Semester praktische Englische und besonders französische Uebungen mit sogen. Lehramtscandidaten anzustellen, d. h. Volksschullehrern, die, um an eine Secundarschule, die die Schüler mit dem 16. Jahre entläßt, überzutreten, noch weitre Ausbildung in einer Annex-Anstalt zur Universität erhalten sollen, für die man Sie vielleicht zu gewinnen suchen wird.[37] Ich bin freilich nicht gewiß ob Ihnen die Regirung, wenn sie auf die Vorschläge der Faculät eingeht, sogleich das Ordinariat antragen wird: jedenfalls könnten Sie die Bedingung stellen, daß sie es nach Ablauf etwa eines Jahres erhielten.

Meine Anfrage ist natürlich eine ganz confidentielle und ohne Verbindlichkeiten: die Regirung hat einzig und allein die Entscheidung bei Berufungen, die Facultät nur Vorschlagsrecht, die Anfrage, die ich an Sie richte, hat den Zweck der Regirung Weitläufigkeiten zu ersparen. – Noch sei bemerkt, daß der Ordinarius hier 10–12 Stunden zu lesen hat.

Sollten Sie also mir Ihre Zustimmung geben, so daß ich Sie in Vorschlag bringen könnte, (und ich würde Sie an erster Stelle nennen), so theilen Sie mir dies gef. mit. Ihre ev. Bereitwilligkeit zur Uebernahme des Englischen und prakt. Uebungen haben Sie die Güte gleichzeitig auszusprechen. Um mir selbst die Arbeit für eine Relation an die Facultät über Sie zu erleichtern, darf ich Sie

---

36 Zur Verbindung von Romanistik und Anglistik vgl. Hans Helmut Christmann, *Romanistik und Anglistik an der deutschen Universität im 19. Jahrhundert. Ihre Herausbildung als Fächer und ihr Verhältnis zu Germanistik und klassischer Philologie*, Mainz-Stuttgart, Akademie der Wissenschaften und der Literatur, Franz Steiner Verlag Wiesbaden, 1985 (Akademie der Wissenschaften und der Literatur, Abh. d. Geistes- und Sozialwiss. Kl. Jg. 1985, Nr. 1).

37 Vgl. Norbert Grube/Andreas Hoffmann-Ocon, *Orte der Lehrerinnen- und Lehrerbildung im Kanton Zürich. Überblick auf Dynamiken, Kontroversen und eine spannungsgeladene Vielfalt*, in: Andreas Hoffmann-Ocon (Hrsg.), *Orte der Lehrerinnen- und Lehrerbildung im Kanton Zürich*, Bern, hep bildungsverlag, 2015, 57–96: Im Herbst 1869 erfolgte die Gründung einer provisorischen Lehramtsschule an der Universität Zürich. Die «Verordnung über Grundzüge der Lehramtsschule an der Universität Zürich» vom 5. April 1870 bestimmte die viersemestrige «Bildung wissenschaftlich und praktisch tüchtiger Lehrer für Mittelschulen (Sekundar- und Fortbildungsschulen) an der Universität Zürich». Den Lehramtsstudenten ging die Akademisierung nicht weit genug, und sie forderten mit Unterstützung der Universitätsleitung die volle universitäre Integration der Lehramtsschule.

wohl ersuchen mir Ihre bisherigen Arbeiten, die ich nicht sämmtlich besitze, zu übersenden und mir zugleich mitzutheilen, was Sie bisher gelesen haben.[38]

Mit Grüßen
Ihr G. Gröber

[Original Berlin, SBB PK, NL Suchier: Gröber, Brief 4, Bl. 7–8].

8 Hermann Suchier

[Breslau, 13. 6. 1874]

Verehrtester College!

Für Ihre schnelle Antwort sage ich Ihnen in meinem und meines Zuhörers (H. Koschwitz)[39] Namen besten Dank. Von den verschiedenen Wegen, die Sie zur Erlangung einer Collation des Charlemagne in Vorschlag bringen, will mir der beste die Inanspruchnahme Ihrer Güte erscheinen, und würde ich Sie daher ersuchen sich der kleinen Mühe bei Ihrer Anwesenheit in England unterziehen zu wollen. Früher, als im October, würde ja ohnedies die Collation nicht in die Hände des H. K. gelangen können, da, wie Sie angeben, auf den anderen Wegen auch eine geraume Zeit bis dahin verstreichen würde. Nur bedauern würde ich, wenn Sie besondre Pläne mit «Charlemagne» gehabt hätten, und nur, um einem jungen Mann in seiner Erstlingsarbeit nicht zu stören, nun vielleicht ungern auf Ihre Absicht verzichteten.

Was mich angeht, so hätte ich für Paris freilich mancherlei Wünsche, indessen richten sie sich auf beschwerliche und umfangreiche Dinge. Zunächst zb. interessiren mich noch die Melodien in der provenzal. Liederhandschrift La Vallière (R bei Bartsch),[40] aber mir eine Copie davon anzufertigen darf ich Sie unmöglich bitten. Die Sache muß außerdem so genau gemacht werden, daß

---

38 Suchier wurde 1874 als Extraordinarius nach Zürich berufen, wechselte aber bereits ein Jahr später als Ordinarius an die Akademie in Münster, ein weiteres Jahr später nach Halle a. S. Er las im WS 1874/75, soweit die Vorlesungsverzeichnisse Aufschluss geben, *Erklärung der ältesten Denkmäler der französischen Sprache* (4std.); *Französische Metrik* (1std.); *Romanische Gesellschaft – Rolandslied* (1std.). Zu seinem kurzen Zürcher Gastspiel vgl. Fryba-Reber 2013, 116–117.

39 Eduard Koschwitz (1851–1904), Schüler Gröbers in Breslau, stürzte seinen Lehrer in einen schweren Loyalitätskonflikt, vgl. die Briefe 19, 33 und 55. Zum Zeitpunkt des vorliegenden Briefs arbeitete er noch an seiner Breslauer Dissertation *Überlieferung und Sprache der chanson du voyage de Charlemagne à Jérusalem et à Constantinople*.

40 Vgl. die Briefe 6 und 96.

sie außerordentlich viel Zeit kosten wird – ich werde das einmal selbst machen müssen. Weiterhin dachte ich eine Ausgabe von Peire Cardenal zu veranstalten, Pannier schrieb mir aber, daß bereits Meyer damit beschäftigt ist.[41] Sodann sind es die verschiedenen versificirten Bearbeitungen der Disticha Catonis,[42] die mich interessiren, die Handschriften – Paris hat aber deren 8–10, die ich zu meinen Copien der Berner Handschriften[43] noch kennen lernen müßte, und auch diese Arbeit kann ich Niemand ansinnen. Ich muß daher für Ihr freundliches Erbieten mir gefällig zu sein augenblicklich herzlich danken; auch zu Collationen der Tristanfragmente[44] haben Sie hoffentlich Zeit. |2| Recht dankbar aber würde ich Ihnen auch sein, wenn Sie mir mittheilen wollten, ob Sie vielleicht recht bald über die beiden von Ihnen benutzten Liederhandschriften provz. Dichter (T, N) eine ausführliche Mittheilung zu veröffentlichen gedenken.[45] Sie haben mich zwar einigermaßen über den Inhalt dieser Sammlungen informiert, und Ihre Informationen haben mir vorläufig für meine Arbeit über die Troubadour-Handschriften, die ziemlich weit vorgerückt ist,[46] genügt, indessen würde sich wahrscheinlich noch manches Wichtige aus nähren Kenntniß der beiden Handschriften ergeben. –

Daß Sie in Betreff Zürichs ohne jede Nachricht geblieben sind, setzt mich in Erstaunen. Als ich von dort wegging, hörte ich wenigstens, daß der Zürcher Erziehungsdirector sich bei A. Lange[47] über Sie erkundigt haben sollte, und der Decan der Philos. Facultät hatte selbst vom Erziehungsdirector die Mittheilung erhalten, daß die Romanische Professur möglichst schnell wiederbesetzt werden sollte. Wahrscheinlich will man wieder einmal den Rest des für die rom. Professur ausgesetzten Gehaltes für das laufende Jahr einbehalten und für Lehramtsschulzwecke oder dergleichen verwenden, und man verschiebt daher die Wiederberufung eines Docenten für die nächste Budgetperiode. Hätte ich

---

41 Léopold Pannier (1852–1875), Archiviste-paléographe, Mitarbeiter im Département des manuscrits de la Bibliothèque nationale; *La Chanson de la croisade contre les Albigeois*, commencée par Guillaume de Tudèle et continuée par un poète anonyme; éditée et traduite pour la Société de l'histoire de France par Paul Meyer, Paris, Renouard, 1875–1879.

42 Gröber, in: *Grundriss* II, 1 (1902), 381 u. 383.

43 Bern, Burgerbibliothek, Cod. 398, f. 66ʳ–79ᵛ.

44 Hier kommen mehrere Hss. in Frage, z. B. BnF, fr. 776 u. a.

45 Suchier, *Il canzoniere provenzale di Cheltenham*, Rivista di filologia romanza 2 (1875), 49–52; 144–172 («Traduzione dal tedesco per cura della direzione»).

46 Gröber, *Die Liedersammlungen der Troubadours*, Romanische Studien 2 (1877), 337–670. – Zu Einzelheiten vgl. vor allem Sühring 2003, 24–27.

47 Friedrich Albert Lange (1828–1875), deutscher Philosoph, Pädagoge, Ökonom, ging als Sozialist 1866 in die Schweiz, habilitierte sich 1869 in Zürich für Philosophie; seit 1868 Schweizer Bürger, war er vor Verfolgung sicher und konnte später ungefährdet einen Ruf nach Marburg annehmen.

das voraus gewußt, so hätte ich sicher keine Vorschläge in Zürich gemacht, noch weniger aber Ihnen Aussicht auf Berufung nach Zürich eröffnet.

Mit besten Grüßen
Ihr ergebener
GGröber
Breslau (Salzgasse 2f II), 13. Juni 1874.

[mit Suchiers Vermerk 28/6 als Datum für seine Antwort]
[Original Berlin, SBB PK, NL Suchier: Gröber, Brief 10, Bl. 19–20].

9 Hugo Schuchardt

Breslau, 16. September 1876
Alexanderstraße 32.

Geehrter Herr College!

Im neuen Jahre soll bei Niemeyer in Halle und unter meiner Redaction eine Zeitschrift für Romanische Philologie erscheinen, die bestimmt ist den Ausfall an romanischen Journalen, der durch das Aufhören des «Jahrbuchs»[48] und der, (wie ich höre, mit dem laufenden Bande ebenfalls eingehenden) «Rivista di fil. rom.»[49] eintreten wird, zu decken. Als Mitarbeiter werden nicht nur deutsche, sondern auch die ausländischen Romanisten gedacht, an die wie an jene die Aufforderung zur Theilnahme an dem Unternehmen ergeht, und deren Beiträge, wenn in einer Romanischen Sprache verfasst, in dieser Aufnahme finden. Den Inhalt der Zeitschrift, die im Gegensatz zum «Jahrbuch»[50] die philologische und linguistische Seite unsrer Disciplin betont, sollen Abhandlungen Miscellen Recensionen (honorirt pro Bogen mit 25 Mark) und Texte (20 Mark pro Bogen) ausmachen, jedem 4. Vierteljahresheft soll eine vollständige Bibliographie der Romanischen Novitäten des Vorjahres beigegeben werden. Die Ausstattung der Zeitschrift soll eine elegante sein, die Ausgabe der einzelnen

48 Vgl. den Briefwechsel Schuchardts mit Ludwig Lemcke, Graz, HSA, Lfd. Nr. 06375 f.
49 Die Rivista di filologia romanza, dir. da L. Manzoni, E. Monaci, E. Stengel, erschien von 1872–1875 zweimal in Imola (Tip. d'Ignazio Galeato e figlio). Der Eröffnungsband enthält ein wichtiges «Proemio».
50 Das Jahrbuch für romanische und englische Literatur, von Ebert und Wolf gegründet, existierte von 1859–1871; vgl. die Korrespondenzen von Adolf Ebert und Ludwig Lemcke mit Schuchardt. Ernst Robert Curtius betont in seiner Würdigung Gröbers zu Recht den Einfluss, den Adolf Ebert auf diesen ausgeübt und selber als Zeitschriftenherausgeber und Handbuch-Direktor Wesentliches für die Romanistik seiner Zeit geleistet habe.

Hefte – im ersten Jahre am Schlusse des Quartales – soll pünktlichst erfolgen, das erste Heft Ende März ausgegeben werden.

Alle erforderlichen Vereinbarungen, die die buchhändlerische Seite des Unternehmens betreffen, sind bereits mit Niemeyer getroffen,[51] Beiträge sind in Folge vorläufiger Umfrage schon von mehrern Seiten zugesichert, ich hoffe zuversichtlich, daß die in diesen Tagen an die Fachgenossen zu richtenden oder gerichteten Aufforderungen zur Unterstützung der Zeitschrift von Erfolg begleitet sein werden. Auch Ihnen, geehrtester Herr College, glaube ich unter den ersten Mittheilung von dem Plane machen zu sollen und Sie um eine recht thätige Theilnahme an der projectirten Zeitschrift, über deren Nothwendigkeit mir kein Zweifel zu bestehen scheint, und die von jeder Nebentendenz frei rein der Sache gewidmet sein soll, bitten zu dürfen, |2| ja ich darf vielleicht der Hoffnung sein, daß sich Ihre der Zeitschrift nicht wohl entbehrliche thätige Antheilnahme schon in einem Beitrage zu dem ersten oder den ersten Heften bekunden werde, und daß Sie gestatten Ihren Namen unter den Mitarbeitern, falls eine Nennung solcher beabsichtigt werden sollte, aufzuführen.[52] Ein Prosperiren des Unternehmens, Dauer und würdige Haltung scheinen mir nicht in Frage gestellt, wenn sich ihm kein zu seiner Unterstützung Berufner entzieht, wie dies vielfach beim «Jahrbuche» der Fall gewesen ist; eine öffentliche Ankündigung des Projectes wird erst dann erfolgen, wenn eine allseitige Theilnahme in- und ausländischer Romanisten an der Zeitschrift gesichert ist, zu wünschen aber ist, daß sie derselben recht bald gewiß werde, und deshalb erlaube ich mir die ergebene Bitte an Sie zu richten, mich recht bald durch eine Zusage und durch Ihre Zustimmung zu dem Unternehmen erfreuen zu wollen. Auch für Mittheilung etwaiger Wünsche, die Sie in Betreff einer neuen romanischen Zeitschrift hegen könnten, würde ich Ihnen sehr dankbar sein.

Ihr ergebenster
GGröber

[Original Graz, UB, HSA 04000].

---

51 Über der Zeile ergänzt «vereinbart».

52 Schuchardt wurde ab dem 1. Bd. zu einem der treuesten Mitarbeiter der Zeitschrift für romanische Philologie. Baldinger 1995, 176: «Hugo Schuchardt [...] war mit 207 Beiträgen zwischen 1881 und 1921 einer der aktivsten und thematisch und geographisch vielfältigsten Mitarbeiter». Diese Angabe erstaunt insofern, als Schuchardt schon ab dem 1. Bd. Artikel beisteuerte. Den Auftakt machte die am 4. 2. 1877 eingereichte Rez. von Ludwig Stünkel, *Verhältnis der Sprache der Lex Romana Utinensis* (Zeitschrift für romanische Philologie 1 [1877], 111–125), die zu einer ernsten Verstimmung zwischen Schuchardt und Adolf Tobler führte, der diese Arbeit für einen Preis der Berliner Akademie vorgeschlagen hatte.

10 Vilhelm Thomsen

Breslau, 17. Sept. 1876.
Alexanderstr. 32.

Hochgeehrter Herr![53]

Im neuen Jahre soll unter meiner Redaction im Verlage von Niemeyer in Halle an der Stelle des mit dem laufenden Bande eingehenden Jahrbuchs für Romanische & Englische Literatur, eine Zeitschrift für Romanische Philologie erscheinen,[54] die nicht mehr ein Organ für deutsche Romanisten, sondern auch für die des Auslandes sein will, Artikel (Abhandlungen, Miscellen, Recensionen honorirt mit 25 Mark pro Bogen, Texte = 20 Mark pro Bogen) in deutscher oder in irgend einer romanischen Schriftsprache aufnimmt, und allen zur Förderung der romanischen Studien berufenen Kräften Gelegenheit zur Veröffentlichung ihrer nicht zur Publication in Buchform bestimmten Arbeiten zu geben sucht, in der Absicht den romanischen Studien dadurch Vorschub zu leisten, und die vorhandnen Organe für dieselben zu ergänzen.

Ihre Mitwirkung an der Zeitschrift haben bereits bewährte Kräfte wie Tobler, Bartsch, Foerster, Suchier, Stengel[55] und viele andre zugesagt; die Betheiligung von Collegen romanischer Länder steht in Aussicht, aber auch die verdienstvollen Forscher des Nordens sollen der Zeitschrift nicht fehlen,[56] damit sie, ich möchte sagen, einen internationalen Character sich sichert, und so ergeht auch an Sie, geehrter Herr, die Bitte durch Ihre thätige Mitarbeit das Unternehmen freundlichst zu unterstützen. Das erste Heft der Zeitschrift soll Ende März ausgegeben werden, die übrigen Vierteljahrshefte am Schlusse jedes Quartals; vielleicht können Sie schon dem ersten Bande und den ersten Heften einen Beitrag zuwenden, der der dankbarsten Aufnahme versichert sein könnte, nicht minder würde mich eine Zusicherung Ihrer Mitarbeit überhaupt erfreuen.

---

53 Brief in lateinischer Schrift. Der Adressat hat sich zwar nicht an der Zeitschrift für romanische Philologie beteiligt, aber gelegentlich in anderen deutschsprachigen Zeitschriften publiziert, vgl. die Bibliographie am Ende der ihm gewidmeten *Festschrift Vilhelm Thomsen zur Vollendung des siebzigsten Lebensjahres am 25. Januar 1912* dargebracht von Freunden und Schülern, Leipzig, Harrassowitz, 1912, 222 f.

54 Vgl. Hausmann 2018.

55 Adolf Tobler (Berlin), Karl Bartsch (Heidelberg), Wendelin Foerster (Bonn), Hermann Suchier (Halle a. S.), Edmund Stengel (Marburg).

56 Die Zahl von Beiträgern aus nordeuropäischen Ländern ist klein; in den ersten fünf Bänden finden wir allein Kristoffer Nyrop (Kopenhagen).

Indem ich hoffe, dass dem der Förderung der romanischen Philologie mit ihrer würdigen Repräsentation gewidmeten Unternehmen auch Ihre Anerkennung und Ihre recht fleissige Mitarbeit zu Theil werde, zeichne ich

hochachtungsvoll ergebenst
Prof. Dr. G. Gröber.[57]

[Original Kopenhagen, Det Kongelige Bibliotek, NKS 4391 4°].

11 Wilhelm Ludwig Holland

Breslau, 28. Sept. 1876
Alexanderstr 32.

Werthester Herr College!

Ich habe Ihre freundliche Zuschrift vom 20./9. nicht sogleich beantwortet, weil ich Ihnen das angelegene Einladungsschreiben zur Betheiligung an der «Zeitschrift», das weitre Kreiße auf dieselbe aufmerksam machen soll, zugleich mit übersenden wollte.

Ihre freundlichen Zeilen machen mich Ihrer Zustimmung zu dem Unternehmen und Ihrer Mitarbeit an demselben gewiß. Ich hoffe, daß die Zeitschrift recht bald in die Lage kommen wird Ihnen für einen Beitrag zu Dank verpflichtet zu sein, und daß Sie sie recht oft mit Ihrer Beihülfe erfreuen.[58]

Wie Sie aus der gedruckten Anlage ersehn, habe ich geglaubt an der Zulassung von Artikeln in andrer als in deutscher Sprache festhalten zu müssen. Mein Wunsch wäre wohl auch der Ihrige gewesen,[59] wenn eine deutsche roma-

57 Thomsen hat die Einladung Gröbers ersichtlich nicht angenommen.
58 Beiträge Hollands in der Zeitschrift für romanische Philologie konnten nicht nachgewiesen werden.
59 Offenbar hatte Holland an folgendem Satz des Prospekts Anstoß genommen: «Die Zeitschrift will nicht nur ein Organ für deutsche Romanisten, sondern zugleich auch für die der andern Länder sein, und nicht nur Aufsätze in deutscher Sprache, sondern auch Beiträge von Fachgenossen der romanischen Länder in deren Muttersprache darbieten. Sie soll neben grösseren philologischen, linguistischen und literarhistorischen Abhandlungen auch kleinere Beiträge zur Textkritik, Grammatik, Dialectologie, Sprach- und Literaturgeschichte enthalten, durch Mittheilungen aus Handschriften, aus dem Sagen- und Sprachschatz des Volkes, kürzere Texte, Collationen etc. neue Materialien der Forschung zuführen und ganz besonders auch in eingehenden substantiellen Recensionen die Fortschritte der von ihr vertretenen Disciplinen auf Schritt und Tritt begleiten. In einem bibliographischen Anhange soll am Schlusse jedes Jahrgangs ein möglichst vollständiges Verzeichniss aller im vorausgegangenen Jahre erschienenen Novitäten aus dem Gebiete der romanischen Philologie gegeben werden». Dieser Prospekt ist dem Brief Hol-

nische Zeitschrift ohne Beiträge von Ausländern bestehen könnte, wenn die deutschen Romanisten namentlich selbst fleißig genug arbeiteten um mit eignen Kräften ein romanisches Organ zu erhalten. Allein das «Jahrbuch» hat offenbar seit Jahren an Stoffmangel laborirt und ist von Deutschen nicht in der erforderlichen Weise unterstützt worden, – dieser Gefahr würde die neue Zeitschrift möglicherweise ebenfalls ausgesetzt sein, und deshalb hat die Zulassung von ausländischen Mitarbeitern erforderlich geschienen. Ob sich nun deren aber finden würden, wenn sie nicht das Recht erhielten in ihrer Muttersprache zu reden? Ich habe besorgt, daß sie durch die Bestimmung, daß ihre Beiträge deutsch abgefaßt sein oder ins Deutsche übertragen werden müßten, von der Betheiligung an dem neuen Organ zurückgeschreckt werden würden, und deshalb an der ursprünglichen Bestimmung festgehalten. Hoffentlich, und es sind die besten Aussichten dazu vorhanden – ist die Betheiligung der deutschen Fachgenossen nun so rege, daß wir allmählich der ausländischen Beihilfe entrathen können, ich werde sie jedenfalls vor den andren begünstigen, und dann wird sich von selbst eine rein deutsche Zeitschrift, aus der vielsprachigen herausgestalten. Daß das recht bald geschehe, dafür will ich nach Kräften zu wirken suchen, Ihr freundlich ausgesprochener Wunsch wird nicht verfehlen mich zu besondren Anstrengungen in diese Richtung hin zu ermuntern.

Ihr in Hochachtung ergebener
GGröber.

[Original Tübingen, UB Md 504–137].

12 Alfred Morel-Fatio

Breslau, 17. Octbr. 1876

Werthester Herr!

Ich habe heute Ihre durch die Lippert'sche Buchhandlung in Halle an mich gerichtete Zuschrift erhalten und bekenne mich Ihnen sehr dankbar für die freundliche Zusage Ihrer Theilnahme an der «Zeitschrift für Romanische Philologie» und speciell an der Abtheilung für Recensionen. Eine Besprechung des Refranero general,[60] das die Redaction der «Zeitschrift» jedoch leider noch

---

lands angehängt und unterscheidet sich in einigen Punkten von dem vierseitigen unpaginierten Prospekt zu Beginn des ersten Heftes der Zeitschrift für romanische Philologie von 1877.

60 *El Refranero general español, parte recopilado, y parte compuesto* por José María Sbarbi, 6 Bde., Madrid, Imprenta de A. Gomez Fuentenebro, 1874–1876. – Sbarbi y Osuna (1834–1910)

nicht in der Lage wäre Ihnen, dem Circular gemäß, zu übersenden, würde mir ganz besonders von Ihrer Hand erwünscht sein und ich habe mir erlaubt die von Ihnen in Aussicht gestellte Recension bez. Anzeige für das erste Heft der Zeitschrift zu notiren.[61]

Nicht unerwünscht würde mir sein, wenn Sie die Güte haben wollten das neue Buch von Frau Michaelis «Zur Romanischen Wortschöpfung», das sich ganz speciell auf dem Boden spanischer Linguistik bewegt, für die Zeitschrift zu recensiren.[62] Ein Exemplar des Buches kann ich Ihnen umgehend zusenden.

In der Hoffnung, dass Sie diese Bitte freundlich gewähren, und sich an der Zeitschrift auch in andrer Richtung noch zu betheiligen geneigt sind,[63] sowie daß Sie mich recht bald durch eine Nachricht in Betreff des Buches von Frau Michaelis erfreuen werden, zeichne ich meiner ausgezeichneten Hochachtung Ausdruck gebend

Ihr ergebenster
GGröber

[Original Versailles, Bibliothèque Municipale, Manuscrit Morel-Fatio 200, 1er volume, n° 214].

---

war Priester und Musikforscher und genoss in Spanien hohes Ansehen. Der *Refranero* wurde 1980 nachgedruckt.

61 Die Rez. ist erschienen in Zeitschrift für romanische Philologie 1 (1877), 447–453. Sie endet harsch: «... mais il me semble qu'on rendrait un service signalé à M. Sbarbi en lui conseillant de se renfermer le plus possible dans son sujet, de n'imprimer que des ouvrages vraiment importants pour l'étude des proverbes et de s'abstenir d'ébaucher des théories qui donnent une idée peu favorable de sa méthode».

62 Die Rez. dieses Buchs in der Zeitschrift für romanische Philologie 1 (1877), 441–446 stammt von Karl Vollmöller und schließt: «Möge das Buch, eine der bedeutendsten neueren Leistungen auf dem Gebiete der romanischen Sprachwissenschaft, nicht nur bei den Fachgenossen, sondern auch, wozu es sich der anziehenden Darstellungsweise der Verf. wegen eignet, in weiteren Kreisen Beachtung finden».

63 Morel-Fatio hat nur noch gelegentlich rezensiert; Baldinger 1995, 171 f., unterstellt ihm antideutsche Vorbehalte und sagt (178) er sei in der Zeitschrift für romanische Philologie nur mit einem größeren Beitrag vertreten (13, 1879, 1–38). Dabei unterschlägt er, dass der Autor für den *Grundriss* I[1], 669–688 das Kap. *Das Catalanische* verfasste (in I[2], 841–877 wurde dieses Kap. von Jean-Joseph Saroïhandy erweitert), für den *Grundriss* II, 2 (1897), 70–128 das Kap. *Die Katalanische Literatur*.

13 Teófilo Braga

Breslau 5. Novembre 1876.

Monsieur![64]

Vous m'informez non seulement par votre amiable lettre du 23. Octbr., que vous permettez bien de vous insérer dans la liste de ceux qui contribueront à la nouvelle « Zeitschrift für Romanische Philologie », mais vous m'honorez en même temps par la grande bonté, avec laquelle vous m'offrez déjà pour le premier numéro un article sur l'importante publication de Mr. Monaci,[65] dont je ne sais vous remercier assez, après avoir demander en vain à M. C. Hofmann[66] à Munich et à d'autres de m'en livrer un compte-rendu substantiel. Ne doutez pas, Monsieur, que si j'avais été sûr que la nouvelle Revue vous gagnerait, c'est vous que j'aurais prié de faire la critique du livre en question. J'accepte donc avec le plus grand empressement votre offre, et vous prie de vouloir bien m'envoyer le manuscrit, aussitot que vous l'aurez achevé,[67] – jusqu'à la fin du mois de Décembre pour le plus tard – pour qu'il puisse être publié encore dans le premier numéro de la « Zeitschrift », qui paraîtra le 31 mars 1877, et qui, fourni d'un article de votre main, recommandera la nouvelle Revue romane à tout ami de nos études. – De même je vous exprime mes plus vifs remerciments pour l'offre d'essais sur l'origine du théâtre portugais et sur votre tradition nationale,[68] qui ne laisseront pas d'intéresser fort les lecteurs de la Revue. Peut-être me mettez-vous sans grand délai en état de leur en donner un premier échantillon.

---

64 Gröbers Französisch ist nicht fehlerfrei (Fehler werden in der Wiedergabe nicht verbessert!) und wirkt stellenweise schülerhaft.

65 Ernesto Monaci, *Il canzoniere portoghese della Biblioteca Vaticana*, Halle, Niemeyer, 1875. Vgl. dazu Braga, *O cancioneiro portuguez da Vaticana e suas relações com outros cancioneiros dos seculos XIII e XIV*, Zeitschrift für romanische Philologie 1 (1877), 41–57 u. 179–190 (Eingangsvermerk 23. 10. 1876). – Zu Bragas Werk lese man den langen Brief, den Carolina Michaëlis am 6. 7. 1880 an Hugo Schuchardt schreibt, vgl. Hurch 2009, 45–50. Sie nennt seine «Legionen von Bänden durchaus **unentbehrlich**», schränkt ihr Lob aber dadurch ein, dass sie sie als «Kinder des Augenblicks» bezeichnet, die «alle beim ersten Entwurf stehen bleiben» (45; 46).

66 Conrad/Konrad Hofmann (1819–1890); vgl. Verzeichnis der Briefempfänger, hier auch Brief 14.

67 Diese Aussage passt nicht zu dem im Inhaltsverzeichnis der Zeitschrift für romanische Philologie vermerkten Datum, es sei denn, dass die beiden Teile in zeitlichem Abstand eingesandt worden wären.

68 Braga, *Cancioneiro popular. Colligido da tradição*, Coimbra, Impr. da universidade, 1867; *Historia do theatro portuguez*, 4 Bde, Porto 1870–71.

D'après l'invitation de collaboration à la « Zeitschrift », que j'ai pris la liberté de vous adresser, les articles donnés à la Zeitschrift par des romanistes de pays romanes, seront publiés dans la langue de leurs auteurs, s'ils le souhaitent eux-mêmes. En les écrivant en français, vous donnerez aux vôtres – on ne peut nier – une plus grande |2| publicité, bien que je n'en doute pas – un assez grand nombre de personnes, que la Revue doit regarder comme ses lecteurs, soit plus ou moins versé dans le portugais. Si vous préférez le dernier, vous ne serez pas sans doute moins lus, car personne ne pourra ignorer vos recherches sur le développement de votre littérature : on apprendra votre langue pour lire vos essais. Ecrits en français, vos articles seront soumis à une révision, quand ils en auront besoin, ce qui, d'après mon sentiment, ne leur arrivera jamais. C'est seulement dans ce cas, que la rédaction pourrait consacrer quelque part des honoraires, dûs à vous pour vos articles, à vos intérêts, en en payant un homme instruit, à qui la révision serait à confier. Dans tout autre cas, les honnoraires, auxquels vous voulez renoncer, resteraient à la rédaction, de sorte que c'est moi, qui serait votre redevable.

J'ai reçu, avec votre honorable lettre, l'exemplaire de votre « Antologia portugueza »,[69] dont vous avez eu la bonté de me faire présent. Je vous en remercie beaucoup, et j'espère vous envoyer en peu de temps un de mes petits travaux, qui est sous presse, et qui compte sur votre indulgence critique. Qu'il soit de même un signe de rapports amicales des collègues doués aux mêmes études dans divers pays. Un compte rendu sur votre Antologia paraîtra dans un des premiers numéros de la Zeitschrift.[70]

Je vous prie d'agréer l'assurance de ma considération la plus distinguée
G. Gröber[71]

[Original Biblioteca Pública e Arquivio Regional de Ponta Delgada, Cx101_Doc.75].

---

69 Braga, *Antologia portugueza, trechos selectos coordenados sob a classificação dos generos litterarios e precedidos de uma poetica historica portugueza. Manual de litteratura*, Porto, Livraria Universal, 1876.

70 Wilhelm Storck, Zeitschrift für romanische Philologie 1 (1877), 453–461. Die Rez. enthält zahlreiche Textverbesserungen (in Vorschlagsform). Storck (1829–1905) war Germanist an der Universität Münster, lehrte jedoch zeitweise auch romanische Sprachen.

71 Im Anschluss folgt der gedruckte zweiseitige Verlagsprospekt für die neugegründete Zeitschrift für romanische Philologie, der mit Gröbers Namen und dem der Lippert'schen Buchhandlung (Max Niemeyer) unterzeichnet ist. Gröber fügt handschriftlich hinter seinem gedruckten Namen ein: «mit der Bitte des Unternehmens sich recht fleissig annehmen und die Zeitschrift recht oft durch Zusendung von Beiträgen zu beehren, überreicht».

14 Ernesto Monaci

Breslau, 28. Novbr 1876

Vererthester Freund!

Sie werden mir zürnen, daß ich so spät erst Ihre freundlichen Zeilen vom 13. h. m.[72] beantworte und Ihnen nicht umgehend für die gütige Collation der Hdsch. Vatic. 3207[73] meinen Dank abgestattet habe. Vielfache Beschäftigungen, Vorlesungen, Correcturen, Correspondenzen etc. haben mir soviel Zeit geraubt, daß ich von Tage zu Tage meine Pflicht gegen Sie versäumen mußte.

Nehmen Sie aber nunmehr meinen herzlichen Dank für die umgehende Erfüllung meiner Bitte in Betreff der Hdsch. Vatic., und geben Sie mir recht bald eine Gelegenheit mich Ihnen dankbar zu erweisen.

Ich habe inzwischen eine Zuschrift von Dr. Settegast erhalten, worin er mittheilt, daß er sich wegen Aufnahme seiner Copie der altfranz. Version von Lucans Pharsalia in Ihre Communicazioni an Sie wenden wolle.[74] Vielleicht hat er es schon gethan, – es ist gewiss auch nach Ihrer Meinung besser, wenn Dr. S. mit Ihnen direct unterhandelt.

An Prof. Graf habe ich bereits nach Turin geschrieben und ihm Schuchardts Schrift übersandt.[75] Eine Antwort von ihm fehlt mir noch, doch ist wohl kein Zweifel, dass er sich der Besprechung der Schrift unterziehen würde. Auf Ihre der «Zeitschrift für Romanische Philologie» versprochenen Beiträge darf ich gewiss ebenfalls mit Sicherheit rechnen.[76] Demnächst hoffe ich Ihnen den gedruckten «Prospect» der Zeitschrift zustellen zu können; er ist im Druck.

---

72 huius mensis = d. M.

73 Cod. Vat. Lat. 3207 (Il codice provenzale H), vgl. Maria Careni, *Il canzoniere provenzale H (Vat. Lat. 3207)*, Roma, Mucchi, 1990. Gröber interessierte sich für diese Hs. bei der Abfassung seines Aufsatzes *Ueber die Liedersammlungen der Troubadours*, Romanische Studien 2 (1877), 337–670.

74 Franz Gustav Settegast, *Jacos de la Forest e la sua fonte*, Giornale di filologia romanza 2 (1879), 172–178. Settegast weist als Quelle von Jacos de la Forests *Roman de Julius Cesar* den in 3 Mss. enthaltenen *Roman de Jules César* von Jehan de Thuin nach und bespricht die davon unabhängige *Vie de César*, die in mehreren Hss. überliefert ist und deren alte italienische Übersetzung unter dem Titel der *Fatti di Cesare* von Luciano Banchi (Bologna 1863) publiziert wurde. – Settegast war wie Gröber ein Schüler Adolf Eberts, hatte aber auch bei ihm in Breslau studiert; er lehrte von 1886–1918 als Professor in Leipzig.

75 Arturo Graf, Rez. von Hugo Schuchardt, *Ritornell und Terzine*. Begrüssungsschrift der Universität Halle-Wittenberg zum sechzigsten Doctorjubiläum des Herrn Prof. Dr. Karl Witte, Halle, Niemeyer, 1875, Zeitschrift für romanische Philologie 2 (1878), 115–121.

76 Ernesto Monaci, *Il Libro Reale*, Zeitschrift für romanische Philologie 1 (1877), 375–381.

Würden Sie wohl gestatten, dass derselbe auch Ihrer «Rivista»[77] beigelegt |2| würde, damit das Erscheinen der Zeitschrift auch in Italien möglichst bekannt werde?

Eine Besprechung Ihrer Communicazioni I[78] wird Braga liefern, nachdem C. Hofmann in München, den ich darum ersuchte, leider bis heute noch keine Antwort auf meine bezügliche Anfrage ertheilt hat. Hoffentlich lässt Braga Ihrer vortrefflichen Arbeit die gebührende Anerkennung zu Theil werden, nachdem das Verdienst derselben wohl bisher noch in wenigen Organen erst hervorgehoben worden ist.

Die Verdriesslichkeiten, denen Sie Ihrem letzten Briefe zu Folge in der letzten Zeit ausgesetzt gewesen sind, sind hoffentlich jetzt von Ihnen genommen. Das wünscht von ganzem Herzen

Ihr ergebener
GGröber

[Original Rom, Sapienza Università di Roma, Fondo Ernesto Monaci].

15 Eduard Wölfflin

Breslau, 28. Debr. 1876.
Alexanderstraße 32

Werthester Herr College!

Es freut mich außerordentlich von Ihnen einmal eine Nachricht zu erhalten und Ihnen eine Gefälligkeit erweisen zu können.

Unter den Romanisten, die ordentliche Professuren innehaben, wüßte ich keinen, der sich in Erlangen[79] verbessern zu können glauben würde; an außerordentlichen Professoren im romanischen Fach ist nur Dr. Albert Stimming in

77 Monaci hatte 1872 mit Edmund Stengel und Luigi Manzoni die Rivista di filologia romanza gegründet, die von 1878–1883 von Monaci alleine unter dem Titel Giornale di filologia romanza weitergeführt wurde.

78 Vgl. Brief 13 an Téofilo Braga (5. 11. 1876).

79 Es geht um die Wiederbesetzung der neuphilologischen Professur an der Universität Erlangen, die von 1874 bis 77 von Alfons Kißner/Kissner (1844–1928) bekleidet wurde, der zum 1. 4. 1877 einen Ruf nach Königsberg angenommen hatte, vgl. Ulrich Bertram/Dieter Petzold, *Erlanger Anglistik und Amerikanistik in Vergangenheit und Gegenwart*. Festschrift zum hundertjährigen Bestehen eines Instituts 1890–1990, Erlangen 1990 (Erlanger Forschungen; A, 29), 12. Berufen wurde Karl Vollmöller (1848–1922), den die Kommission *unico loco* vorgeschlagen hatte; ebd. 13.

Kiel vorhanden,[80] der sich vor c. 3 Jahren dort habilitirte und seit 1 Jahre Extraordinarius ist, und neben romanischer Philologie auch das Englische in Kiel vertritt. An literarischen Arbeiten liegen, neben unbedeutenden Journalartikeln, eine Schrift über François Villon (1869) und eine Ausgabe des provenzalischen Dichters Jaufre Rudel (1873), letztre eine gute methodische Leistung, vor. Im vorigen Jahre war er, von der Regierung unterstützt, in Italien; mit der Veröffentlichung des Ertrages dieser wissenschaftlichen Reise ist er jetzt beschäftigt, doch bin ich augenblicklich nicht in der Lage, die Gegenstände seiner neuen Publicationen zu bezeichnen. Ueber seine Lehrerfolge an der Kieler Universität fehlen mir ebenfalls Nachrichten, persönlich soll er einen sehr angenehmen Eindruck machen.

Größer ist die Zahl der Docenten. Um mit dem einzigen in Bayern vorhandenen, C. von Reinhardstoettner (wohl auch Bayer von Geburt)[81] zu beginnen, so war derselbe, wie ich glaube, früher in Würzburg, und ist, seit c. 2 Jahren, jetzt in München habilitirt. Ueber seine academische Thätigkeit werden wohl K. Hofmann oder Breymann[82] in München Auskunft zu geben in der Lage sein. Seine Arbeiten bis zum Jahr 1874, italienische Grammatik und italienische Autoren betreffend, waren popularisirend und durchaus oberflächlich; seitdem hat er sich in gründlicherer Weise mit Portugisischer Literatur beschäftigt, eine Habilitationsschrift über den Text von Camões Lusiaden (1874) und eine kritische Ausgabe des Camões (1874–75), sowie eine biographisch-literarische Untersuchung über diesen Dichter (1876) veröffentlicht, die achtungs- |2| werthe Arbeiten sind, jedoch eine gründliche philologische Durchbildung nicht erkennen lassen. – Ihm vorzuziehen ist jedenfalls Dr. Jules Cornu in Basel,[83] dort seit c. 1½ Jahren habilitirt, und Professor an einer dortigen Anstalt. Er ist Schweizer von Geburt, hat in Paris bei Gaston Paris und P. Meyer namentlich seine Studien gemacht, arbeitet auf einem engeren Gebiete, dem der französischen Schweizerdialecte (Rivista di filologia Romanza, vol. I, u. Romania 4. Bd), aber gründlich und solid, und ist jedenfalls befähigt auch auf andern Gebieten Gutes zu leisten. – Weit mehr aber scheint mir Dr. Karl Vollmöller[84] in Straßburg empfohlen werden zu dürfen, der seit c. 1 Jahre habilitirt, sich zuerst durch eine grammatische Preisschrift «Kürenberg und die Nibelungen»

---

80 Albert Stimming (1846–1922). Für nähere Einzelheiten sei hier und bei den folgenden Namen auf das http://lexikon.romanischestudien.de sowie auf das Namensregister des vorliegenden Bandes verwiesen.
81 Carl/Karl von Reinhardstöttner (1847–1909).
82 Konrad Hofmann (1819–1890), s. auch *Verzeichnis der Briefempfänger*; Hermann W. Breymann (1842–1910).
83 Jules Cornu (1849–1919).
84 Karl Vollmöller, s. o.; vgl. auch das Gutachten für Göttingen, Brief 35.

(1874) vortheilhaft bekannt machte, c. 1 Jahr in Spanien gelebt hat, im Straßburger Romanischen Seminar neben Böhmer thätig ist, und diesen in diesem Winter, wo Böhmer sich in Italien befindet, sowohl im Seminar (das 30 Mitglieder zählt), als durch seine Vorlesungen vertritt. Seine Straßburger Habilitationsschrift ist mir nicht bekannt, gegenwärtig erscheint von ihm eine Ausgabe einer umfangreichen afranz. Dichtung des 12. Jahrh. nach der einzigen Münchner Handschrift (Uebertragung von Galfridus Monmouthensis Historia Regum Britanniae in Versen) sowie eine kritische Edition des aeltesten spanischen Epos: Poema del Cid. Beide Arbeiten werden von denen, die sie im Manuscript oder den Aushängebogen schon kennen, sehr gelobt. In Straßburg genießt er offenbar ein großes Vertrauen, seine Thätigkeit an der Universität wurde mir wiederholt von Böhmer gerühmt. – Recht tüchtig ist endlich auch Dr. Franz Settegast,[85] ein Schüler von mir, und seit Ostern 1876 in Leipzig habilitirt. Seine Dissertation bezieht sich auf den altfranzösischen und deutschen Iwein (1874), seine Habilitationsschrift handelt über die Identität zweier alfzös. Dichter des 12. Jahh. («Benoit de St. More», 1876), letztre ist sehr günstig von der Kritik aufgenommen worden. Ebert in Leipzig spricht sich recht anerkennend über seine Docententhätigkeit aus, doch halte ich Settegast noch [für] zu jung, und in Bezug auf Befähigung Vollmöller nachstehend, um in erster Reihe empfohlen zu werden.

Außer diesen Docenten giebt es noch eine Anzahl Romanisten, die sich |2| zunächst durch ihre literarische Thätigkeit Anerkennung verschafft haben zB. Andresen in Bonn, Sohn des Germanisten, Koschwitz (Schüler von mir), Auracher (Schüler von K. Hofmann), Vietor (Schüler von Stengel) etc.,[86] doch, denke ich, werden Sie unter den Vorgenannten schon wählen können. Ich bin übrigens gern bereit auch über die Letztren Auskunft zu geben. – Noch will ich aber Ihre Aufmerksamkeit auf den hiesigen Privatdocenten Dr. E. Kölbing[87] lenken, für den Fall, daß bei der Berufung eines Nachfolgers von Kissner Gewicht auf das Englische gelegt wird, das unter den bisher Genannten nur Stimming allein noch cultivirt. Kölbing ist eigentlich Germanist, sein Hauptfach ist Nordisch und Englisch, aber seine literarischen Arbeiten über Literaturwerke in diesen Sprachen haben ihn immer zugleich altfranzösische Dichtungen zu untersuchen genöthigt. Er ist Schüler von Zarncke und Ebert in Leipzig, und würde sich wahrscheinlich mit größrer Leichtigkeit, als Kissner es vermocht

85 Franz Settegast (1852–1931).

86 Hugo Andresen (1844–1918); Eduard Koschwitz (1851–1904); Theodor Auracher (1849–1891), vgl. auch *Verzeichnis der Briefempfänger*; Wilhelm Viëtor (1850–1918) war in erster Linie Anglist.

87 Eugen Kölbing (1846–1899); vgl. auch Haenicke/Finkenstaedt 1992, Nr. 154, 176–178.

haben wird, in die Romanischen Disciplinen einarbeiten. Er ist seit 3 Jahren habilitirt, hat eine sehr ansehnliche Reihe literarischer Arbeiten über mittelalterliche Sagen und Epen, sowie nordische und englische Texte publicirt, erfreut sich eines recht günstigen literarischen Rufes und fängt an als Docent sich das Vertrauen der hiesigen Studirenden zu erwerben. Er ist seit einem Semester interimistisch mit der Leitung der Englischen Abtheilung des Seminars für Romanische und Engl. Philologie an der hiesigen Universität betraut, und im Genuß eines kgl. Docentenstipendiums für zwei Jahre. – Weitre Auskunft über ihn, sowie nähres Detail in Betreff der literarischen Arbeiten aller Fachgenossen, die ich Ihnen bisher vorgeführt habe, werde ich Ihnen gern, wenn Sie dessen bedürfen, zukommen lassen.

Mein Wirkungskreis in Breslau ist in der That ein recht ausgedehnter, da ich es in Privatvorlesungen schon auf 30–36 Hörer gebracht habe, und in 5 Semestern 6 Arbeiten von meinen Zuhörern an die Öffentlichkeit gebracht worden sind, die vor der Fachkritik gut und mehr als gut bestanden haben. Ich habe daher keinen Grund meinen Weggang |3| von Zürich zu bedauern, obgleich ich Zürich nie vergessen werde, und gern wieder einmal für einige Zeit dort wäre. Für Diltheys Wegberufung von Zürich[88] hat sich wohl bis jetzt noch keine passende Gelegenheit geboten; übrigens, glaube ich, producirt D. zu langsam, und es fehlt ihm die Ausdauer im Großen zu arbeiten; er erregt nur in geringem Grade die Aufmerksamkeit. Aber, wie es scheint, gefällt es ihm auch in Zürich, was seine Natur am wenigsten vermuthen ließ, – einer von den mehreren Widersprüchen in ihm.

Ihre freundlichen Neujahrswünsche erwiedre ich mit dem aufrichtigsten Wunsche, daß es Ihnen in Erlangen auch im neuen Jahr recht gut gefallen und daß Sie dort eine neue Heimath gefunden haben mögen, – die Ihnen so freilich voll die alte sicher nicht ersetzen kann. Mit den besten Grüßen bin ich

Ihr ergebenster
GGröber.

[Original Basel, UB NL 93 : 80, 256; (veröff. mit Bewilligung der Eduard Wölfflin-Thesaurus-Stiftung, Basel, 6. November 2017)].

88 Karl Dilthey (1839–1907), Klass. Philologe und Archäologe an der Univ. Zürich, 1878 nach Göttingen berufen; vgl. *Verzeichnis der Briefempfänger.*

16 Konrad Hofmann

Breslau, 29. Januar 1877.

Verehrtester Herr College!

Ich sage Ihnen herzlichen Dank für Ihre freundlichen Zeilen vom 25. d. M., für die Uebersendung von Aurachers Beitrag an die Zeitschrift,[89] Ihre dazu in Aussicht gestellten Noten und einen weitren Beitrag für die spätren Hefte der Zeitschrift, den Sie ihr schenken wollen.[90]

Den *Canzoniere Portoghese Monacis* sende ich Ihnen anbei,[91] da Ihr Brief mich hoffen ließ, daß Sie nicht abgeneigt sind, Resultate Ihres Studiums desselben der Zeitschrift zu Gute kommen zu lassen.[92] Denn es kommt weit weniger darauf an, daß diese Publication als solche und die Verdienste des Herausgebers in der Zeitschrift gewürdigt werden, als darauf daß an der Sache weiter gearbeitet wird. Bei der Beschaffenheit des Codice scheint es ganz außer Frage, daß der Text der Lieder zahlreicher Emendationen bedürftig ist, ich glaube aber nicht, daß Frau Michaëlis-Vasconcellos, deren bisherige Arbeiten vorzüglich linguistische und etymologische waren, geeignet und geneigt ist, in der bezeichneten Richtung Monacis Arbeit fortzusetzen; ebensowenig wohl Storck[93] und andre mir bekannte Kenner des Portugiesischen, wie Braga, – am ehesten wohl Coelho, mit dem ich jedoch noch nicht versucht habe Verbindungen anzuknüpfen. Ich gebe mich also der Hoffnung hin, daß Sie den beiliegenden Band freundlichst annehmen, und denselben zur Grundlage eines Beitrags für die Zeitschrift in jeder Ihnen beliebenden Form und Ausdehnung zu nehmen geneigt sein werden.

89 Theodor Auracher, *Der sogenannte Poitevinische Pseudoturpin. Nach den Handschriften mitgeteilt*, Zeitschrift für romanische Philologie 1 (1877), 259–336 (Eingangsvermerk 26. 1. 1877).
90 Möglicherweise Hofmann, Rez. zweier von Vollmöller hrsg. spanischer Texte (*Poema del Cid*; *Ein spanisches Steinbuch*), Zeitschrift für romanische Philologie 4 (1880), 156–159.
91 Ernesto Monaci, *Il canzoniere portoghese della Biblioteca Vaticana*, Halle a. S., Niemeyer, 1875 (Communicazioni dalle Biblioteche di Roma e da altre Biblioteche per lo studio delle lingue e delle letterature romanze a cura di Ernesto Monaci; 1). Es ist aus dieser Reihe nur noch ein 2. Bd. erschienen: Enrico Molteni (Hrsg.), *Il canzoniere portoghese Colocci-Brancuti*, Halle a. S., 1880.
92 Nicht nachweisbar; vgl. auch Brief 50.
93 Vgl. Anm. 70.

Für die Herstellung von Separatabzügen von Aurachers Turpin werde ich Sorge tragen; Niemeyer wird ohne allen Zweifel darauf eingehn. Der Beitrag kommt natürlich im 2. Hefte zum Druck.

Mit ergebenstem Gruße
Hochachtungsvoll
Ihr GGröber.

[Original Original München, BSB, Hofmanniana 9].

17 Hugo Schuchardt

Breslau, 27. Febr. 1877.

Verehrtester Herr College!

Ich habe für das erste Heft der Zeitschrift eine größre Anzahl Besprechungen von Büchern erhalten, unter denen die meisten kaum mehr als Anzeigen sind, aber doch auch eine Anzahl solcher, die auf einem genauen Studium der betr. Werke beruhen, denselben vollständig gerecht werden und zugleich gediegene Erörtrungen der in ihnen behandelten Fragen sind. Diese habe ich für das erste Heft ausgewählt, sodaß ich hoffen kann, daß schon das erste Heft den Eindruck machen wird, daß die Abtheilung für Recensionen nicht als eine nebensächliche Beigabe zur Zeitschrift betrachtet werden soll. Die weniger befriedigenden werde ich, soweit es geht, umarbeiten lassen: denn ich bin von vornherein der Ueberzeugung gewesen, daß auf die Recensionen besondres Gewicht gelegt werden muß, wenn nicht der Zeitschrift und der Sache selbst geschadet werden soll. Aber ich habe leider noch nicht allen Mitarbeitern deutlich machen können, daß auf die Abfassung der Recensionen derselbe Fleiß und dieselbe Energie verwendet werden müsse, wie auf andre Beiträge: unsre kritischen Blätter und Fachzeitschriften sind hier von üblem Einfluß.

Natürlich fühle ich mich Ihnen zum lebhaftesten Danke verpflichtet, wenn Sie sich (sic!) auch dieser Abtheilung der Zeitschrift, der Sie ein so wohlwollendes Interesse – zu meiner großen Freude – entgegenbringen, eine fleißige Unterstützung zu Theil werden lassen, und ich bitte nicht nur um eine recht baldige Uebersendung der bereits angekündigten Recensionen (die Besprechung von *Sievers* im neuen Hefte der Zeitsch. f. Dtsch. Alterth.[94] haben Sie wohl

94 Johann Friedrich Kräuter, Rez. von E. Sievers, *Grundzüge der Lautphysiologie zur Einführung in das Studium der Lautlehre der indogermanischen Sprachen*, Zeitschrift für deutsches Altertum und deutsche Literatur N.F. 9 (21), Berlin 1877, 493–514 (1–22).

bemerkt), sondern hoffe, daß Sie unter den zur Besprechung in der Zeitsch. geeigneten Werken auch selbst wählen: ich werde Ihnen was ich an Büchern erlangen kann, die Sie zu besprechen wünschen, immer umgehend zugehen lassen. Wegen «Jung»[95] und «Hašdeus Columna»[96] hätte ich mich schon an Sie gewandt, wenn ich nicht gefürchtet hätte, Sie allzusehr in Anspruch zu nehmen: die Columna VII habe ich einen |2| jungen Rumänen, der sich unter meinen Zuhörern befindet,[97] anzuzeigen gebeten, und habe ihm zu diesem Zwecke das mir von Hašdeu gesandte Ex. überlassen, – ich kann dies leicht rückgängig machen, und erbitte mir von Ihnen nur eine kurze Notiz darüber, ob Sie geneigt sind eine Anzeige der Col. für das 2. Heft d. Z. einzusenden: im ersten nämlich, das statt 8 wahrscheinlich 10 Bogen umfassen wird, dürfte kein Raum mehr sein, und das gesammte Manuscript ist bereits in der Druckerei. Ebenso würde ich Ihnen für eine Besprechung von Jungs Aufsätzen[98] und Huemers[99] Arbeit (die ich noch nicht gesehen habe) im 2. Heft der Zeitsch. besten Dank wissen. «Jung» haben Sie wohl selbst, Huemer würde ich zu erhalten suchen.

Alle drei von Ihnen bezeichneten Werke halte ich zu sehr geeignet in der Zeitsch. besprochen zu werden, als daß ich nicht bedauern sollte, wenn darin nicht auf sie aufmerksam gemacht würde: daß der Begriff der romanischen Philologie in viel weitrer Ausdehnung in der Zeitschrift gefaßt werden soll als gewöhnlich, habe ich im Prospect anzudeuten gesucht, ich befinde mich daher ganz in Uebereinstimmung mit Ihrer Auffassung bez. jener Schriften und der Betrachtung der Grenzdisciplinen der Rom. Philo[lo]gie als Interna derselben.

---

95 Julius Jung, *Römer und Romanen in den Donauländern. Historisch-ethnographische Studien*, Innsbruck 1877; tatsächlich rez. von Moses Gaster im 2. Bd. der Zeitschrift für romanische Philologie (1878), 470–473.

96 Schuchardt, Rez. von *Columna luĭ Traĭan. Revista mensuala pentru istoriă, linguistica si psicologia poporana*. Director: B. P. Hasdeu. Anul VII noua seria tom I., Zeitschrift für romanische Philologie 1 (1877), 481–484.

97 Moses Gaster (1856–1939) stammte aus einer angesehenen jüdischen Familie Bukarests; er promovierte 1877 in Leipzig über die historische Phonetik des Rumänischen, hatte aber im Jahr zuvor auch am Jüdischen theologischen Seminar in Breslau und an der dortigen Universität studiert und bei Gröber gehört. Leider darf die von Gröber mit ihm geführte Korrespondenz aus urheberrechtlichen Gründen vor 2039 nicht publiziert werden. Da Gaster sich 1877 noch in Leipzig aufhielt, ist aus diesem Jahr allerdings keine Korrespondenz erhalten.

98 Gröber meint wieder Jungs (1851–1910) Buch *Römer und Romanen*, das in drei Folgen in der Zeitschrift für die österreichischen Gymnasien 1876, 1–19, 81–111 und 321–342 erschienen war.

99 Vermutlich Johann Huemer, *Untersuchungen über den iambischen Dimeter bei den christlich-lateinischen Hymnendichtern der vorkarolingischen Zeit*, Wien, Selbstverlag der Lehranstalt, 1876. – Eine Besprechung konnte nicht nachgewiesen werden.

Ihren Artikel in der Allg. Zeitg. über die Diezstiftung[100] habe ich gelesen: dem dort ausgesprochnen Gedanken kann Niemand seine Zustimmung versagen, aber ich fürchte fast es ist der Sache dadurch Eintrag geschehn. Ueber den Gang der Dinge weiß ich Folgendes. Den Gedanken einer Diezstiftung habe ich bei Tobler im Sept. voriges Jahres angeregt. Er nahm denselben auf und theilte mir mit, daß er sich mit «erfahrneren» Leuten darüber besprechen werde. Im December erhielt ich den Entwurf des Aufrufs, der ohne wesentliche Aendrung (abgesehn von den Namen) im Druck vorliegt, es galt noch Unterschriften zu finden. Tobler hatte sich an Ebert[101] gewandt, der Bedenken hegte (welche, ist mir unbekannt geblieben), an G. Paris und nach Italien geschrieben, um dort zu werben, hat aber lange Zeit keine Antwort von ersterem erhalten, ob von Italienischen Fachgenossen ist mir ebenfalls unbekannt, ich zweifle aber nicht, daß auch diese Kenntnis von dem Concept genommen haben. Hierauf erhielt ich vor 14 Tagen c. 25 Ex. des gedruckten Aufrufs per Kreuzband,[102] ohne jedwede Zuschrift über die geplanten Wege für die Verbreitung der Sache, über das was |3| weiterhin in derselben bereits geschehn sei, welche Ansicht Mussafia, Bartsch, G. Paris, Ascoli etc., die nunmehr im Aufruf figuriren, geäußert etc. etc., kurz ich habe den Eindruck, daß T.[103] allein alles selber gemacht hat, und finde mich in dieser Angelegenheit ganz aus dem Spiele. Die «erfahrneren» Mitglieder der Academie mögen wohl Berathungen der Angelegenheit mit Andren nicht haben nöthig erscheinen lassen, – und wohl mögen Franzosen und Italiener Tobler uneingeschränkt zugestimmt haben, dafür bürgen einige ihrer Namen im Aufruf, keiner ist aber wahrscheinlich zu einem selbständigen Gedanken in der Sache erwärmt worden, weil sie Jedem ein fait accompli geschienen haben wird, wie mir, seit Kenntnißnahme des Concepts. Ich kann daher allerdings nur richtig finden, wenn Sie T.s, resp. der Berliner Vorgehn als ein einseitiges bezeichnen, wenn Sie den Horizont des Planes zu beschränkt finden, aber ich hätte gewünscht, daß Sie Ihrer Besprechung des Planes der Stiftung mehr die Form des Bedauerns und des Rathes als die einer Anklage gegeben hätten: im ersteren Falle würde wohl leicht eine Aendrung des Projectes erzielt worden sein, die, ich fürchte, jetzt nicht mehr möglich ist; die erstre Form will mir auch darum die richtiger gewählte erscheinen, weil

100 Der Abschnitt «Ihren Artikel ...» bis «... ein fröhliches Gedeihen.» findet sich auch bei Storost 1992, 11–13.

101 Adolf Ebert (1820–1890), 1862 erster o. Professor für roman. Sprachen und Literaturen in Leipzig.

102 Eine Kreuzbandsendung diente dem Verschicken von Drucksachen zu ermäßigtem Tarif (Storost).

103 T. = Adolf Tobler.

Ihnen die Verhandlungen über die Angelegenheit unbekannt waren, und Sie annehmen konnten (bes. auf Grund der Andeutung in Toblers Brief an Sie, wonach auch ihm ein internationales Institut vorgeschwebt habe),[104] daß T.s Bemühungen um die ideellere Fassung des Gedankens im Ausland oder Inland auf Widerstand gestoßen seien. Ich freilich kann darum nicht recht an solche Bemühungen glauben, weil mir der gegenwärtige Plan als ein *fait accompli* vorgelegt wurde, von einer Berathung über die Sache nicht eigentlich die Rede war, – und ich kann bei meinem bis dahin freundschaftlichen Verkehr mit Tobler nicht denken, daß ich kärglicher von ihm abgespeist wurde als Andre, – aber Sie durften sie immerhin voraussetzen, und hätten dadurch die Diezstiftung mit Ihrem so charmanten Artikel um einen Schritt vorwärts gebracht. Das ist es, was ich im Grunde des Herzens über die Diezstiftung, wie sie vorliegt, und über Ihren Artikel denke; auch in Betreff des letztren wünschten Sie eine offene Aeußrung, die ich Ihnen nicht vorenthalten mag.

Könnte ich nun irgend einen Einfluß auf die Diezstiftung nehmen, den ich abgesehn von der ersten Idee und den drei Orten, der Zinsverwendung des Capitals, von der der Aufruf spricht, zu aeußern nicht in der Lage war, so würde ich sofort für Ihren Gedanken ein Zusammenwirken |3| der 4 Academien herbeizuführen, eintreten, – so aber muß ich hoffen, daß Ihr Wort T. gewichtig genug scheint um von ihm berücksichtigt zu werden, und daß Sie selbst in Ihrem Briefe an ihn Ihre Ansicht ausgesprochen haben. Im Uebrigen wünsche ich der Diezstiftung in Jeder Form ein fröhliches Gedeihen.

Der Correcturabzug Ihrer Recension wird vielleicht erst in der 2. Woche des März fertig:[105] da es sehr wünschenswerth ist, dass Sie selbst eine Correctur lesen, so möchte ich bitten mir Ihre veränderte Adresse anzugeben, wenn Sie nun diese und die nächstfolgende Zeit nicht in Graz sind.

Mit herzlichen Grüßen
Ihr
GGröber.

[Original Graz, UB, Hugo-Schuchardt-Archiv 04009].

104 Vermutlich Toblers Brief vom 7. 2. 1877 (Graz, HSA, Lfd.Nr. 11709).
105 Es handelt sich um die Rez. von Stünkel, vgl. Brief 9.

18 Bogdan Petriceicu Hasdeu

Breslau, le 31 Mars 1877[106]

Monsieur et très honoré collègue,

Retourné, après quelque[107] jours d'absence, à Breslau, je trouve avec votre amiable lettre les deux cahiers de votre Columna,[108] que vous avez l'extrême complaisance – répondant à mon offre – de me remettre avant d'avoir reçu le premier numéro de la Zeitschrift für romanische Philologie. Malheureusement, même aujourd'hui, où ce numéro devait paraître, je ne suis pas en état de vous l'envoyer, parsque l'imprimeur est resté en retard avec la conséquence d'une augmentation considérable de feuilles qui était necessaire pour ce cahier; mais dans une quinzaine de jour, le numéro sera dans vos mains, et les cahiers suivants, qui seront expédiés les derniers Juin, Octobre et Décembre, vous seront envoyés avec la ponctualité désirable. Dans le 2e se trouvera l'article de M. Schuchardt.[109]

Il va sans dire, que j'accepte votre offre de vouloir contribuer à la Zeitschrift, avec la plus vive satisfaction, et j'espère que vous me donnerez mainte fois l'occasion de vous exprimer mes remerciemments pour des notices ou des matériaux linguistiques que vous voulez bien communiquer à la nouvelle revue.[110] Sans doute, vous aiderez beaucoup par là d'avancer les études rou-

---

106 Die Wiedergabe erfolgt nach B. P. Hasdeu şi contemporanii săi români şi străini, *Corespondenţă primită*. Text stabilit, traduceri, note de Nicolae Mecu, Viorica Nişcov, Al Săndulescu, Mihai Vornicu. Coordonare şi studiu introductiv: Al. Săndulescu. Volumul I, Academia de Ştiinţe Sociale şi Politice. Institutul de Istorie şi Teorie literară «G. Călinscu», Bukarest, Minerva, 1982, 219–220.

107 Die Französischfehler Gröbers werden nicht verbessert oder markiert. Die Hrsg. setzen nach *parsque*, *de jour*, *necessaire*, *devué* ein [sic], das auch hinter *quelque* und *remerciemments* stehen müsste.

108 Columna luĭ Traian Nr. 6 (Juni), 1877, 307–308 (Anzeige des Erscheinens der Zeitschrift für romanische Philologie).

109 Hugo Schuchardt, Rez. von Columna luĭ Traian. Revistă mensuală pentru istoriă, linguistică şi psicologia poporană. Director: B. P. Hasdeu. Anul VII noua seria tom I. Bucureşti 1876, Zeitschrift für romanische Philologie 1 (1877), 481–484. Die Rez. beginnt: «Unter der Leitung des unermüdlichen Hasdeu hat die ‹Traianssäule› sieben Jahrgänge erlebt (vgl. Lit. Centralbl. 20. März 1873). Da heutzutage unter den Romanisten vom Rumänischen zu gelten scheint, was einst allgemein vom Griechischen galt: ‹non leguntur›, so dürfte es nicht unangemessen sein, an diesem Ort aus dem letzten Jahrgange der genannten Zeitschrift, welcher zugleich den ersten einer neuen Serie bildet, alles dasjenige übersichtlich zusammenzustellen, was unsere Wissenschaft angeht. Zu näherer Einsicht hat es mir selbst noch an Zeit gefehlt».

110 Beiträge Hasdeus konnten in der Zeitschrift für romanische Philologie nicht nachgewiesen werden, doch werden seine Schriften in den bibliographischen Supplementen getreulich verzeichnet. Auch in *Grundriss* I[1] (1888), 106, 110 u. 120 wird er lobend erwähnt.

maines, un peu négligées dans les autres pays Romans, non moins que dans l'Allemagne. Soyez sûr que, toujours, je publierai vos articles aussitôt qu'ils me viendront.

Avec la considération la plus distinguée.
Votre devué
G. Gröber.

[Original Arh. Stat Buc., fond B. P. Hasdeu, vol. XVII, pach. CLV, doc. 756].

19 Hermann Suchier

Breslau, 9. Mai 1877.

Werthester College!

Besten Dank für den mit Niemeyers Paquet mir zugegangenen Beitrag zum 2. Heft.[111] – Das Recensionsexemplar von Vollmöllers Brut[112] sende ich Ihnen heute unter Creuzband. Lieb wäre es mir, wenn Sie darüber im 2. Heft referirten: Das Manuscript würde erst Ende Juni nöthig sein. Auf keinen Fall will ich Sie jedoch drängen, da das nur der Sache schaden würde, denn die Recensionen sollen möglichst auf völliger Durcharbeitung der Bücher beruhen, und dazu ist Zeit nöthig. Die Anzeige über Kölbings Venet. Roland, den ich Ihnen am 12./3. sandte, erhalte ich wohl noch sicher für das nächste Heft, da er weniger Arbeit kosten wird.[113]

Auf Ihre normannische Predigt verzichte ich natürlich ungern, – denken Sie sie mit den übrigen norm. Texten in Foersters Bibliothek[114] zu veröffentlichen?[115]

---

111 Suchier, *Französische Etymologien*, Zeitschrift für romanische Philologie 1 (1877), 428–433 (Eingangsvermerk: 27. 4. 1877).

112 *Der Münchener Brut. Gottfried von Monmouth in französischen Versen des 12 Jh., aus der einzigen Münchener Handschrift*, hrsg. von Konrad Hofmann u. Karl Vollmöller, Halle, Niemeyer, 1877. Eine entsprechende Rez. Suchiers ist nicht nachweisbar. Gröber selber hat die Ausg. in der Jenaer Lit.-Ztg. 49, 1877 rezensiert.

113 Suchiers Rez. von *La chanson de Roland. Genauer Abdruck der Venetianer Handschrift IV* besorgt von Eugen Kölbing. Heilbronn 1877, erschien in Zeitschrift für romanische Philologie 1 (1877), 461–462.

114 Wendelin Foerster gab ab 1879 bei Henninger in Heilbronn eine Altfranzösische Bibliothek heraus. Der erste darin erschienene Band ist *Chardry's Josaphaz, Set Dormanz und Petit Plet; Dichtungen in der anglo-normannischen Mundart des 13. Jahrhunderts*. Zum ersten Mal vollständig mit Einleitung, Anmerkungen und Glossar herausg. von John Koch.

115 *Reimpredigt*, hrsg. von Hermann Suchier, Halle, Niemeyer, 1879 (Bibliotheca Normannica, 1). – Die Bibliotheca Normannica. Denkmäler Normannischer Literatur und Sprache wurde von Suchier von 1879–1911 bei Niemeyer in Halle herausgegeben.

Er würde sich sehr darüber freuen. Dann müßte ich umsoeher verzichten. Jedenfalls werden Sie mich schadlos halten, und an die Aufsätze über die Lautverhältnisse des aeltesten Franz. und über Guillaume d'Orange werde ich Sie erinnern. Für Heft 2 und 3 liegt in der That hinreichender Stoff vor. Für Heft 4 werden Sie mich nicht vergessen.[116]

Sehr erfreut haben Sie mich durch die Anerkennung, die Sie der Zeitschrift nach ihrem Aeußern und Innern aussprechen. Der Werth der einzelnen Beiträge wird im Anfang natürlich noch ein schwankender sein, da erst ein fester zuverlässiger Mitarbeiterkreis sich bilden muß, ehe man Leistungen von geringerem Gehalt zurückweisen kann. Doch wird dieser Fall hoffentlich bald eintreten.

Nicht minder hat es mich gefreut, daß Sie die Angelegenheit mit Koschwitz[117] zur Sprache bringen, und ich bin natürlich gern bereit, obwohl ich mich selbst als Partei fühlen muß, meine Ansicht darüber zu aeußern. Der Arbeit, um die es sich dabei handelt, stehe ich fern,[118] noch mehr Ks Erwidrungen auf Ihre Beurtheilung derselben. Zwar hätte ich vor allem einen ruhigeren Ton gewünscht, und sie hätte ihn erhalten, wenn ich Einfluß darauf hätte nehmen können. |2| Aber auch Ihre Beurtheilung vermag ich nicht vollständig zu billigen, besonders nicht deren Ton, den ich nicht entsprechend finde, da K. in seiner Schrift nach dem Eindruck, den ich davon erhalte, ohne jede Anmaßung auftritt, und ganz das bescheidene Wesen zeigt, das ihm im Verkehr im höchsten Grade eigen ist. Was andres ist es mit Ihrer Auffassung von K's Erklärungsversuchen phonetischer Phänomene. Daß K. darin zuwenig Selbstkritik bewahrte und zu wenig die vielerlei Möglichkeiten der Erklärung erwogen hat, daß er öfters von «müssen» und «nicht anders sein können» spricht, wo allerlei Einwände gemacht werden können, gebe ich gern zu, – das sind Wendungen des Ausdrucks und Mängel, die meistentheils Anfängerarbeiten anhaften. Aber eben weil es sich um eine solche bei K's Untersuchung handelt, weil er weit entfernt davon ist nur zu behaupten, und den Beweis doch für seine Entscheidungen

---

116 Es liegen von Suchier vor: *Französische Etymologien*, Zeitschrift für romanische Philologie 1 (1877), 428–433; *Zum Dialogus anime conquerentis et rationis consolantis (Rom. 5, 275)*, ebd., 556–558; dazu noch die Rez. von *Le Livre des Psaumes. Ancienne traduction française p. p. Fr. Michel. Paris 1876*, ebd., 568–572.

117 Eduard Koschwitz hatte 1875 in Breslau bei Gröber promoviert, doch entfremdeten sich Lehrer und Schüler schon bald [http://lexikon.romanischestudien.de]. Suchier hatte Koschwitz' Dissertation *Überlieferung und Sprache der chanson du voyage de Charlemagne à Jérusalem et à Constantinople* (Heilbronn 1876) in der Jenaer Literaturzeitung (4, 1876, 64) scharf kritisiert, worauf Koschwitz in Literarisches Centralblatt für Deutschland 1 (1877), Sp. 445–446 «zurückschlug». Suchier erhielt in der gleichen Zeitschrift Gelegenheit zu einer Replik, die so geharnischt wie schulmeisterlich ausfiel (Literarisches Centralblatt für Deutschland 1 [1877], Sp. 520 u. 739–742).

118 Gröber hatte sie nur mit *rite* benotet!

versucht, weil er sich Fragen zu stellen weis und zu ihrer Beantwortung doch theilweise wenigstens richtige Wege betritt, so glaube ich, hätte er auf eine wohlwollende, wenn auch strenge Beurtheilung Anspruch. Die Ihrige scheint mir über das Ziel hinausgetroffen zu haben, und zwar lediglich darum, weil Sie, wie Sie selbst erklären, nicht mit völliger Unbefangenheit an die Arbeit herangetreten sind. In anderer Gemüthsverfassung hätte die Warnung vor aprioristischer Construction und Argumentation, die K. herausfordert, gewiß eine freundlichere Formulierung erhalten, und Sie hätten vielleicht von der Kymrischen Version nicht nur gesagt, daß K. auch diese Kölbings[119] Güte zu verdanken habe, sondern anerkannt, daß K. sich löblicher Weise die Mühe genommen den wahrlich nicht leichten Text und Dialect sich verständlich zu machen.

Auf die einzelnen Punkte Ihrer Recension[120] und K.s Erwidrung kann ich leider nicht eingehn, da mir beide nicht vorliegen. Ich erinnre mich nur, daß Sie wirklich irrig eine Stelle aus K.s Untersuchung citiren, wenn Sie ihn sagen lassen, daß ǒ einen o sehr nahestehenden u-Laut gehabt habe, daß bei Ihrer Bemerkung zu -oin, -un sich ein Hinweis auf die Schreibungen dieser Silben mit -g befand, die nur gutturalen Nasal, oder höchstens portugies. Vocalnasalirung beweisen würde, doch sind das nebensächliche Dinge. Aus der Erinnerung Weitres aus Ihrer Recension zu |3| citiren, was mir aufgefallen ist, darf ich nicht wagen, da ich nur Irrthum veranlassen würde. Mit *Huc* würden Sie K. jedenfalls in Verlegenheit setzen, wenn er diese Form aus afz. Denkmälern produciren sollte: wahrscheinlich hat er hier eine Stelle in einer Diez'schen Schrift (ob Vossius[121] oder Berthius, weis ich im Augenblick nicht)[122] im Sinne, die aber auf das Provenz. zu beziehen ist.

Mir ist die Sache aus einem Grund nur verdrießlich gewesen, weil ich nämlich seit 28. Nov. 76 eine Besprechung Ihrer Schrift über die Vie de Saint Alban für die Zeitschrift von K. hier liegen habe,[123] die im ersten Heft nur darum nicht veröffentlicht wurde, weil der Raum für früher zugesagte Recensionen in Anspruch genommen war und jedem Andern eher als mir näher Stehenden der Vortritt gelassen werden sollte. Ich muß fürchten, daß Sie die Wahl des Recensenten nicht billigen werden, obwohl ich die Recension K. nur erst ange-

119 Eugen Kölbing, seit 1873/74 Breslauer Privatdozent für Englische Philologie, aber auch Nordist, Romanist und Komparatist; vgl. Anm. 87.

120 Suchier, Literarisches Centralblatt für Deutschland 13 (1877), 520, bes. 739–742.

121 Gerhard Johannes Vossius (1577–1649), niederländischer Humanist, u.a. Verf. von *Etymologicon linguae Latinae* (1662). Diez zit. ihn mehfach in der *Grammatik der romanischen Sprachen*, Bonn, Weber, 1836.

122 Nicht klar, wer gemeint ist; möglicherweise der flämische Theologe Petrus Bertius (Pierre Berthe), Verf. eines *Nomenclator autorum omnium quorum libri vel manuscripti, vel typis exstant in Bibliotheca Academiae Lugduno-Batavae*, Leiden 1595.

123 Koschwitz' Rez. erschien in Zeitschrift für romanische Philologie 2 (1878), 338–344.

tragen ḫatte, nachdem Andre, bei denen ich anfrug, abgelehnt hatten, und nachdem ich wußte, daß K. mit einer Arbeit über die Vie de St. A., mit der er seit dem Sommer sich beschäftigt hatte, ziemlich vorgerückt war.[124] Sie zurückzuweisen, nur weil Sie, wie er, öffentlich gegeneinander aufgetreten sind, erscheint mir unbillig, da das Manuscript bereits 5 Monate in meinem Hause ist, und ich wüßte keinen willigen Recensenten mehr zu finden, der eine Anzeige für das im Druck befindliche Heft noch liefern würde. Ich will aber, wenn mir die Zeit bleibt, genau durchsehn, was K. geschrieben hat, um ihm seine Besprechung doch noch zurückzugeben, wenn ich finde, daß Sie Ihrer Schrift nicht gerecht wird. Ich würde mich freuen, wenn ich zu diesem Vorgehn Ihre Zustimmung erhielte, und wenn Sie es mir nicht übel nähmen, daß ich die Recension aufnahm, falls ich in ihr selbst keinen Grund zur Zurückweisung finde. Uebrigens werde ich bei K. vielleicht schon vorher anfragen, ob er sie zurückziehen will. Neu wird Ihnen sein, daß K. nachdem er vor kurzem eine Stellung in Görlitz angenommen (von wo er schon wieder nach Grünberg für October designirt war) von Böhmer dringend angefordert worden ist, sich in Straßburg zu habilitiren, und zwar sogleich, und daß er wahrscheinlich sich den Habilitationsleistungen daselbst in den nächsten Wochen unterziehen wird.[125]

Ich hoffe, daß die ganze Angelegenheit mit K. Ihnen bald aus der Erinnerung geschwunden sein wird, wie mir: vor der Oeffentlichkeit sind die Dinge unentschieden geblieben, obwohl sich Stimmen zu Gunsten K.'s erhoben haben; den Zweck, den Sie bei Ihrer Recen- |4| sion hauptsächlich im Auge gehabt, K. auf behutsames Forschen hinzuweisen, haben Sie ohne Zweifel erreicht. Die herzlichsten Grüße von

Ihrem
GGröber.

[Original Berlin, SBB PK, NL Suchier: Gustav Gröber, Brief 22, Bl. 43–46].

---

124 Gröber meint Koschwitz' Rezension.

125 Kössler, *Personenlexikon*, gibt einen von Koschwitz selbst verfassten Lebenslauf wieder, der im Programm des Straßburger Lyceums 1879 abgedruckt wurde. Darin heißt es u. a.: «Unter Ablehnung einer mit übertragenen ordentlichen Lehrerstelle an der Realschule I. O. zu Grünberg in Schlesien habilitierte ich mich am 9. Juni 1877 als Privatdozent für romanische Philologie an der Universität Strassburg i. Els., erhielt bald darauf die Ernennung zum Adjuncten des Direktors am Strassburger romanischen Seminar und im Sommer 1878 den Auftrag, die französische Philologie in meinen Vorlesungen an der Universität zu vertreten. Seit April 1879 wurde ich, unter Beibehaltung meiner Funktion an der Universität, als wissenschaftlicher Hilfslehrer am Lyceum und an der Realschule zu Strassburg beschäftigt. Seit derselben Zeit leite ich die Redaktion des pädagogischen und grammatischen Teils der von mir mit Prof. G. Körting begründeten *Zeitschrift für neufranzösische Sprache und Litteratur*».

20 Teófilo Braga

Breslau 17. Juin 1877[126]

Très honoré ami et collègue.[127]

J'ai peur de vous paraître fort ingrat et peu obligeant après avoir reçu de vous plusieurs lettres, votre beau livre sur Bocage,[128] les épreuves du reste de votre article sur le chansonnier du Vatican, munies des corrections nécessaires, sans que j'aie donné aucune sorte de réponse ou exprimé mes remercîments dans le long intervalle de temps, qui sépare l'arrivée de votre première lettre de la date de la présente. Mais chargé de toute espèce de travail, d'un assez grand nombre de cours universitaires, d'examens de candidats, de l'achèvement de mes recherches sur les manuscrits des poésies des Troubadours, enfin de l'exécution de nombreuses épreuves, j'étais forcé de restreindre ma correspondance plus que je ne trouvais bon. M'excuserez-vous en face de ces circonstances de ne pas avoir répondu immédiatement même à votre dernière lettre, où vous faites une nouvelle offre gracieuse à la « Zeitschrift », offre que je ne peux hésiter d'accepter, quoique l'objet de votre essai – la légende du roi Sébasti[e]n – s'écarte de ma connaissance ? Je pense que, sachant que tout genre de recherches spéciales dans le domaine des sept littératures romanes est admis dans la « Zeitschrift », vous jugerez vous-même et mieux que moi, si les lecteurs de la Revue ne regretteraient pas d'être privés d'un article qui, sans aucun doute, ne laisse pas de s'occuper d'intéressants détails de la littérature portugaise. Soyez donc sûr que j'accepterais avec un vrai plaisir votre essai sur l'origine de la légende en question comme nouvelle preuve de votre affection pour la nouvelle Revue.[129] Pour montrer que je n'ai pas tout à fait oublié mon devoir, je me suis permis |2| de vous envoyer, il y a quelques jours, un exemplaire de mon travail sur les manuscrits des Troubadours, qui a quitté enfin la presse.[130] Qu'il vous serve de témoin de mes sentiments de reconnaissance que tant de beaux cadeaux que vous m'avez faits et que vous voulez augmenter par votre « Parnasse » et par l'édition critique du Chansonnier

---

126 Mit Briefumschlag Gröbers: Ao senh. Professor Theophilo Braga, Lisboa (Portugal) Rua de S. Luiz 13.

127 Vgl. Brief 18 (über Gröbers Französischkenntnisse).

128 Braga, *Bocage. Sua vida e epoca literaria*, Porto, Imprensa portugueza, 1876.

129 Ein solcher Artikel Bragas ist in der Zeitschrift für romanische Philologie nicht nachweisbar.

130 Gröber, *Die Liedersammlungen der Troubadours*, Romanische Studien 2 (1877), 337–670.

portugais du Vatican,[131] me devaient inspirer. Mais j'espère vous témoigner encore d'une autre manière que vous ne me fassiez en vain part de vos travaux méritoires: Vous trouverez dans les prochains cahiers de la « Zeitschrift » des comptes-rendus sur quelques uns de vos derniers livres,[132] qui en répandront la connaissance et les recommanderont à un nombre très-considérable d'amateurs de nos études : après que la nouvelle revue a déjà gagné un très-grand nombre d'abonnés en Allemagne et à l'étranger. Je prendrai toujours soin de faire rendre compte de vos travaux que vous aurez la bonté de m'envoyer, dans la Revue.

Dans le premier numéro de la « Zeitschrift », que vous aurez reçu depuis long-temps, le comité pour la fondation Diez a publié une liste de contributions à cette entreprise, qui, peut-être, réimprimée en extrait avec l'appel qui la précède, dans un journal de votre pays, qui se trouve à votre disposition, est capable de divulguer l'idée de la fondation et de lui gagner des amis. Ne voudriez-vous pas vous servir de ce moyen pour allumer le zèle de vos compatriotes pour une institution qui doit allier toutes les nations d'Europe et qui aidera à encourager à des ouvrages de haute importance sur le terrain des études romanes?[133]

L'éditeur de la « Zeitschrift » se sera permis de vous envoyer les honoraires pour votre premier article en même temps qu'il en a expédié les tirages à part à votre adresse, à moins qu'il ait effectué l'ordre que |3| je lui avais donné là dessus, après qu'il déclara avoir pour principe d'honorer tous ses auteurs et qu'il n'était possible de disposer autrement et dans vos intérêts sur la petite

---

131 Braga, *Parnaso portuguez moderno. Precedido de um estudo da poesia moderna portugueza*, Lissabon, Silva, 1877; *O Cancioneiro da Vaticana, edição critica restituida sobre o texto diplomatico de Halle; acompanhada de um glosario e de uma introducção sobre os Trovadores e Cancioneiros portuguezes*, Lissabon, Impr. nac., 1878; vgl. dazu auch seinen Artikel in Zeitschrift für romanische Philologie 1 (1877), 41–57; 179–190 zu diesem *Cancioneiro*.

132 Vgl. z. B. Zeitschrift für romanische Philologie, Supplementheft I, Bibliographie 1875/76, Halle 1878, *1937 (Braga, *Manual da historia da litteratura portugueza desde as suas origens até ao presente*, Porto 75); 1939 (Braga, *Os Contos de Fadas em Portugal*); *1942 (Braga, *Antologia portugueza*); *1958 (Braga, *Grammatica portugueza elementar*). Die Titel werden z. T. in vier bis fünf Zeilen kommentiert.

133 Storost (1992) erwähnt Braga nicht. Bei den in den ersten drei Bänden der Zeitschrift für romanische Philologie vermeldeten Eingängen von Beiträgen für die Diezstiftung ist Portugal allein durch Carolina Michaëlis de Vasconcelos/Vasconcellos mit 50 ℳ vertreten. Vgl. dazu eine Postkarte Gröbers (Poststempel Leipzig, 17. 8. 77) an Herrn W. Peuser, Buchhändler in Hamburg: «Ich bestätige Ihnen hierdurch den Empfang des mir gütigst im Auftrag von Frau Carolina Michaëlis de Vasconcellos übermittelten Beitrags zur Diezstiftung von Fünfzig Mark. Oeffentliche Quittung bringen das Lit. Centralblatt, die Nationalzeitung und meine Zeitschrift im 4ten Jahreshefte. Ergebenst ProfDrGröber» (Original Coimbra, Biblioteca Geral da Universidade de Coimbra, Ms. CMV5_GröberG).

somme. J'espère que vous approuviez cette décision et que l'éditeur l'a suivie immédiatement.

Croyez moi votre très-dévoué et très obligé ami
GGröber.

[Original Biblioteca Pública e Arquivio Regional de Ponta Delgada, Cx105_ Doc.1].

21 Pio Rajna

Breslau, 1. August 1877
[Al sign. professore Pio Rajna, Sondrio][134]

Hochgeehrter Herr College.

Ich habe heute den revidirten Correcturabzug Ihres der Zeitsch. f. rom. Phil. gütigst überwiesenen Beitrags erhalten[135] und zu meinem Bedauern darin die grosse Incorrectheit des Satzes (trotz Ihres deutlichen Manuscriptes) wahrnehmen müssen, durch die Ihnen gewiss sehr erhebliche Mühe verursacht wurde. Gewiss wird es Sie einigermassen beruhigen, wenn ich Ihnen erkläre, dass diese Incorrectheit nur eine Frage der Eile, mit der der Satz des 2/3. Heftes zu Ende geführt werden muss, und dadurch verursacht ist, dass weder der Corrector der Druckerei noch ich zuvor eine Correctur gelesen; ich werde bei der von mir zu lesenden 2ten Correctur die grösste Sorgfalt anwenden, damit der Druck völlig fehlerfrei wird, und hoffe, dass Sie nicht Ursache haben in Bezug auf Correctheit des Drukkes Ihres Artikels Klage zu führen. Auch werde ich Sorge tragen, dass von anderen Ihrer Beiträge, deren sich die Zeitschrift hoffentlich noch recht vieler wird rühmen dürfen,[136] Ihnen correctere erste Abzüge zugestellt werden.

Ich darf die Gelegenheit, die sich mir bietet, an Sie einige Zeilen zu richten, nicht vorüber lassen, ohne noch ein Bedauern auszusprechen: darüber nämlich, dass Canellos Besprechung Ihrer eindringenden und so hochwichtigen Untersuchungen über die Quellen Ariosts in Heft I der Zeitschrift so wenig ihre Aufgabe gelöst und Ihrer Arbeit so wenig gerecht geworden ist.[137] Ich hätte H.

---

134 Der Umschlag ist erhalten. Gröber hatte den Brief nach Mailand gerichtet, doch ist *Milano* durchgestrichen und von fremder Hand für die Nachsendung in *Sondrio* abgeändert worden.

135 Rajna, *Intorno a due canzoni gemelle di materia cavalleresca*, Zeitschrift für romanische Philologie 1 (1877), 381–387.

136 Von Rajna stammen in den Bänden 1 bis 15 (1877–1891) insgesamt sechs Beiträge.

137 Ugo Angelo Canello, Rez. von *Le Fonti dell'Orlando Furioso. Ricerche e Studî di Pio Rajna.* Firenze, 1876; G. C. Sansoni editore, Zeitschrift für romanische Philologie 1 (1877), 125–130. Die

Prof. Canello gern um eine grössere Vertiefung in Ihr Buch ersucht und ihn um eine Revision |2| seines Manuscriptes gebeten, wenn es nicht das erste gewesen wäre, das mir von einem Ihrer Landsleute zugegangen wäre, und wenn ich nicht befürchtet hätte durch rigoröse Handhabung meiner Redacteurspflichten gleich bei einem ersten Beweis von Vertrauen zu dem neuen Unternehmen einer Zeitschr. f. Rom. Philologie mir die Unterstützung der Fachgenossen in Italien zu verscherzen. Ich glaubte um so weniger C's Besprechung die Aufnahme in die Zeitschr. versagen zu dürfen, als sie bei der Willkürlichkeit des von Ca. eingenommenen Standpunktes und der Allgemeinheit seiner Ausstellungen der allgemeinen Anerkennung, die Ihr Werk gefunden, keinen Eintrag zu thun geeignet schien. Glücklicherweise ist die Zeitschrift in Folge der ihr von allen Seiten zu Theil werdenden Unterstützung nunmehr in der Lage mit strengeren Anforderungen an die ihr überwiesenen Artikel heranzutreten und braucht die anfangs erforderliche Nachsicht nicht zu ihrem Principe zu machen, so dass keiner ihrer Mitarbeiter fernerhin einer einseitigen Beurtheilung ausgesetzt zu sein zu befürchten haben wird.

Ich gebe mich der Hoffnung hin, dass, wenn C's Artikel eine Verminderung in Ihrer freundlichen Bereitheit die romanische Wissenschaft in der neuen Zeitschrift fördern zu helfen verursacht haben sollte, obige Erklärung im Stande sein möchte der Zeitschrift Ihre freundliche Geneigtheit wieder zu gewinnen.[138]

In vorzüglicher Hochachtung
Ihr ergebenster
GGröber

[Adress-Stempel: Prof. Dr. Gröber BRESLAU Alexanderstr. 32.]
[Original Florenz, Biblioteca Marucelliana, Carteggio Rajna 739, Brief 3].

Rez. ist durchaus sachlich, verschweigt aber nicht den eigenen Standpunkt des Rezensenten: «Quando per ultimo avrò notato che la dicitura del R. è sempre un pó troppo diffusa e che in ispecie certi argomenti minimi sono trattati con massima lunghezza, avrò vuotato il sacco de' miei appunti. I quali, spero, proveranno specialmente una cosa: che il libro del R. è meritevolissimo d'ogni attenzione da parte degli studiosi nostrani e forestieri, come quello che molte cose insegna e molte più ne fa pensare. Speriamo ch'egli non abbia predicato al deserto, e che il suo ‹lavoro preparatorio›, com' egli stesso lo chiama, faccia nascere presto quell'altro definitivo, che dissi doversi intitolare: L. Ariosto» (130). – Canello (1848–1883) war ein allseits geschätzter Italianist, dessen früher Tod durch einen unglücklichen Sturz tief bedauert wurde, vgl. *Miscellanea di filologia e linguistica in memoria di Napoleone Caix e Ugo Angelo Canello*, Florenz, Successori Le Monnier, 1886, Prefazione, v–vi u. xxv–xxxviii (Gröber hat an dieser Gedenkschrift mitgewirkt).

138 Rajna ist in Zeitschrift für romanische Philologie 2 (1878), 220–254 u. 419–437 (*Il Cantare dei Cantari e il Serventese del Maestro di tutte l'Arti*) sowie 5, 1881, 1–40 (*Forts.*) wieder vertreten.

22 Alfred Morel-Fatio

Leipzig, 17. Sept. 1877

Sehr geehrter Herr.

Ihre letzte Zuschrift, in der Sie um Zustellung eines 2ten Correcturabzugs Ihres Artikels über Sbarbi ersuchen, ist nach Abgang einer Karte an Sie in meine Hände gelangt, auf der ich Ihnen mittheilte, wie es gekommen, daß ich Hrn. Vollmöller[139] um eine Revision Ihrer Recension ersuchte, und das 2/3 Heft der Zeitschrift gedruckt werden konnte, ohne dass Ihrem Verlangen nach einer 2ten Correctur entsprochen wäre. Heute bin ich in der Lage, nachdem ich von einer Reise nach Halle zurückgekehrt bin, zur weitren Aufklärung hinzuzufügen, dass Ihre an Niemeyer gerichtete Karte, auf der Sie sich einen 2ten Correcturabzug erbaten, gar nicht in dessen Hände gelangt ist, und somit Drucker und Verleger keine Schuld an dem verfrühten Druck des Bogens, der Ihren Artikel enthält, tragen. Ich kann daher Niemand zur Verantwortung ziehen und muss mich begnügen Sie nochmals zu bitten, mir gef. die in Ihrer Correctur verbliebenen Fehler zu notificiren, damit das 4te Heft der Zeitschrift die erforderlichen Berichtigungen geben könne. Zu bemerken habe ich noch, dass ein Zusatz am Ende Ihres Artikels, den Sie auf Ihrem Correcturabzug nachtrugen, darum nicht berücksichtigt werden konnte, weil die letzten Worte Ihrer Recension auf einem neuen Bogen stehen, und derselbe vor dem vorangehenden (mit Ihrer Recension) gedruckt wurde.[140]

Ich hoffe, dass diese Erklärungen genügen werden, um Sie zu überzeugen, dass Redaction wie Drucker und Verleger gewünscht hätten Ihrem Verlangen nachzukommen, und dass ein böser Zufall nur dies verhindert hat. Geben Sie mir durch gef. baldige Einsendung Ihres Artikels über «Hardung»[141] |2| Gele-

---

139 Karl Vollmöller (1848–1922) war ein begabter und ideenreicher Romanist, zunächst Kaufmann, dann Philologe, Reisebegleiter eines spanischen Königs, 1876 Straßburger Privatdozent, 1877–1891 Romanistikordinarius in Erlangen und Göttingen, zuletzt Privatgelehrter in Dresden. Durch die Gründung und zeitweilige Herausgabe der Romanischen Forschungen (1883 f.) bzw. von Kritischer Jahresbericht über die Fortschritte der Romanischen Philologie (1892 f.) trat er in Konkurrenz zu Gröber. Leider ist keine Korrespondenz zwischen beiden erhalten. Nach anfänglich enger Zusammenarbeit scheint ihr Verhältnis abgekühlt zu sein.

140 In den Jgg. 1877 und 1878 der Zeitschrift für romanische Philologie finden sich in der Rubrik «Verbesserungen» keine, die Morel-Fatios Rez. betreffen.

141 Vermutlich ist Victor Eugenio Hardung, *Romanceiro portuguez*, Leipzig, F. A. Brockhaus, 1877 gemeint, den Ludwig Lemcke in Zeitschrift für romanische Philologie 3 (1879), 130–131 rezensiert hat; der nächste Beitrag Morel-Fatios in Zeitschrift für romanische Philologie 3 (1879), 1–38 trägt den Titel *Vicente Noguera et son Discours sur la langue et les auteurs d'Espagne*.

genheit Ihnen zu beweisen, dass die «Zeitschrift» die Rechte der Mitarbeiter in weitester Ausdehnung zu respectiren sich zur Aufgabe gemacht hat.[142]

Ihr ergebenster
GGröber.

[Original Versailles, Bibliothèque Municipale, Manuscrit Morel-Fatio 200, 1er volume, n° 40, f. 408a–b].

23 Ernesto Monaci

[Postkarte]
[Poststempel Breslau 25–4–78]

Verehrter Freund und College. Vor Kurzem erhielt ich das erste Heft Ihres Giornale,[143] gerade rechtzeitig um noch in dem im Druck befindlichen Hefte der Zeitschrift über dessen Inhalt zu berichten,[144] doch ohne an der betr. Stelle Gelegenheit zu haben Ihnen meine Freude über Ihr Unternehmen auszudrükken, dem ich nun hier aus aufrichtigstem Herzen die recht allgemeine Theilnahme und Unterstützung wünsche, die es verdient und durch die es möglich werden wird, dass das in ihm Angestrebte mit Leichtigkeit und Ihnen zur Freude erreicht werde. Das erste Heft verspricht das Beste, eine unabsehbare Reihe

142 Angesichts dieses Austauschs mag man nicht so recht an die angebliche Deutschenaversion Morel-Fatios glauben, von der Wendelin Foerster berichtet, der in einem vergleichenden Gutachten für die Göttinger Universität ein vernichtendes Urteil über ihn fällt (Hirdt 1993, II, 1011–1012): er sei ein reiner Literaturhistoriker ohne jede philologische Ader. Historische Phonetik, bes. Sprachvergleich, ließen ihn kalt und er bezeichne sie als «ces cochonneries, cette invention des Germains»; Dialektstudien seien für ihn «futilités».

143 Das von 1878–1883 erscheinende Giornale di filologia romanza war der Nachfolger der 1872 von Monaci, Luigi Manzoni und Edmund Stengel gegründeten Rivista di filologia romanza. In der *Avvertenza* erklärt Monaci, dass die Mitbegründer der Rivista, Luigi Manzoni (Lugo) und Edmund Stengel (Marburg), Rom verlassen und damit ihre Mitarbeit an dieser Zeitschrift weitgehend eingestellt hätten. «E poiché, d'altra parte, autorevoli consigli di colleghi e di amici pur mi esortavano a non desistere da una intrapresa alla quale la giovane scuola che or si va formando in Italia, offriva spontanea la sua cooperazione, a me non restava se non di cominciare un altro periodico, non dissimile dal primo, tuttoché da quello non dipendente. Tanto valga a spiegare il titolo che si legge in fronte a questi fogli e a giustificare la mancanza di ciò che dicesi un programma». Da am 1. Band nur Italiener mitwirkten, bedeutete diese Zeitschrift keine ernsthafte Konkurrenz für Gröber, weshalb er ihr Erscheinen vorbehaltlos begrüßte.

144 Zeitschrift für romanische Philologie 2 (1878), 501–503. Gleich zu Anfang heißt es, die Zeitschrift trete wieder ins Leben «zur Freude und Genugthuung aller Derjenigen, die sich der

möge folgen, der rom. Philologie Nutzen und Ihnen Freude und Ehre bringend. – Wie Herr Niemeyer mir schreibt, würden Sie nicht abgeneigt sein, 1 Ex. des «Giornale» mit der «Zeitschrift» zu tauschen; Herr Niemeyer hat es freundlichst übernommen, die Angelegenheit zu ordnen. – Bei dieser Gelegenheit erlaube ich mir, Sie freundl. zu bitten sich der für die «Zeitschrift» in Aussicht gestellten Recension von Witte's Ausg. der Vita nuova (unter dem 19. 1. 1877 Ihnen übersandt), erinnern zu wollen, und mir dieselbe, wenn irgend möglich, recht bald, zugehen zu lassen.[145] Nur für den Fall, dass Sie es für unvereinbar mit Ihrer Stellung zum «Giornale» hielten, mich durch die erbetene Recension zu erfreuen, würde ich um Rücksendung des Exemplars ersuchen, um womöglich einen anderen Beurtheiler für dasselbe noch ausfindig machen zu können. Vielleicht indessen hindert Sie Ihre Eigenschaft als Herausgeber des Giornale nicht, sich der Mühe der Beurtheilung des Buchs zu unterziehen, und dadurch würden Sie mich zum größten Dank verpflichten. Mit herzlichsten Grüssen

Ihr ergebener
GGröber

[Prof. Dr. Gröber
BRESLAU
Alexanderstr. 21]

[Original Rom, Sapienza Università di Roma, Fondo Ernesto Monaci].

24 Hugo Schuchardt

Breslau, 11. Sept. 1878

Verehrtester Herr College.

Mit dem Henninger'schen Unternehmen stehe ich in der That in Verbindung, und zwar geschah es vor c. 1 ½ Jahren, daß ich Sie darauf aufmerksam machte und sich nach Bearbeitern der einzelnen Grammatiken umzusehn zu veranlassen suchte.[146] Sie legten indessen die Sache in meine Hände, und da ich lange

Förderung erinnern, die durch die ersten Jahrgänge jener Zeitschrift die romanischen Studien erfahren haben».

145 Nicht geliefert.

146 Ein derartiger Brief oder Schriftverkehr ist nicht erhalten. Vgl. jedoch Graz, HSA, Lfd.Nr. 04557, Gebrüder Henninger, Verlagsbuchhandlung Heilbronn, 19. 8. 1878, an Hugo Schuchardt: «Die Art unseres Verlages bringt es mit sich, daß im August von Romanisten uns persönlich nahe gebracht ist und wir so von mehreren Seiten schon das Bedürfnis specieller

Zeit zweifelhaft war, ob ich mich daran selbst betheiligen, und, wie nun beabsichtigt, die provenzalische Grammatik übernehmen könnte, so ist es erst jetzt, wo wenigstens für das Provenz. und Altfranz. Bearbeiter gefunden, an der Zeit gewesen, von dem Plane zu sprechen.[147] Von einem Concurrenzunternehmen mit einem andern, von dem ich durch Sie die erste bestimmte Mittheilung erhalten, kann dabei um so weniger die Rede sein, als Henninger vor ein paar Tagen erst von Foerster, dem sie den Grammatikenprospect übersandten, die Nachricht erhielten «sie träfen mit ihrem Plane auf ein se[l]biges Unternehmen, für das Contracte längst abgeschlossen und zum großen Theil schon Manuscript[e] vorlägen». Mir war bisher nur bekannt, daß Foerster durch Weber[148] aufgefordert war, Diez' Grammatik neu zu bearbeiten,[149] und daß er sich für diese Neubearbeitung unter anderem der Mithilfe der Frau C. Michaëlis de Vasconcellos zu versichern suchte; daß ferner diese Neubearbeitung zu Stande kommen würde, da Pf. Goldbeck[150] in Berlin in einer Sitzung der Berl. Gesellsch. f. Neuere Sprachen berichtet hatte, daß Frau C. Michaëlis de Vasc. sich

---

romanischer Grammatiken haben andeuten hören. Wir haben hienach die Sache ernstlich ins Auge gefaßt u. fanden mit unseren bezügl. Vorschlägen u. a. bei Herrn *Prof. Groeber* in Breslau so günstige Aufnahme, daß er seine Betheiligung sofort zusagte und eben einen Prospect über das Unternehmen ausarbeitet, welcher demnächst gedruckt u. dann auch Ihnen zugesandt werden wird. Bis jetzt ist die provenz. Grammatik an *Prof. Groeber* und altfranz. Grammatik an *Dr. F. Neumann* zugesagt [...].»

147 Vgl. Graz, HSA, Lfd.Nr. 04025. – Der Verlag Gebr. Henninger in Heilbronn publizierte in der 2. Hälfte des 19. Jahrhundert zahlreiche Monographien aus dem Bereich der Germanistik, Anglistik und Romanistik, u. a. Gustav Körtings *Encyklopädie*. Bei ihm erschien auch die «Altfranzösische Bibliothek», hrsg. von Wendelin Förster. Von der «Sammlung romanischer Grammatiken» lässt sich bibliografisch alleine Theodor Gartner, *Raetoromanische Grammatik*, Heilbronn, Henninger 1883, nachweisen. Dort heißt es im Vorwort, diese Grammatik solle nicht «hinter den Schwestern, in deren Kreis sie von der Verlagsbuchhandlung gestellt ist, [...] allzu empfindlich weit zurückstehen». Sie blieb jedoch, wie sich in den folgenden Briefen Gröbers an Schuchardt zeigt, ein Unikat. – Vgl. auch Anm. 152.

148 Verlag in Bonn, der Diez' *Grammatik der romanischen Sprachen* verlegt hatte.

149 Vgl. Foerster (Bonn, 28. 9. 1878) an Ascoli: «Es handelt sich um eine Neubearbeitung der Diezschen Grammatik, wobei die einzelnen Sprachen je einem Specialisten übertragen werden sollen. Bis jetzt hat Tobler seine reichen Noten udgl. uns spontan angeboten, Schuchardt übernimmt Walachisch, Morel-Fatio wirkt beim Spanischen mit, ich soll Französisch und die Gesamtredaction (um eine gewisse äussere Gleichmässigkeit herzustellen) übernehmen, viell. auch Provenzalisch. Wegen Portug. werden wir uns später an Coelho wenden. Allein bis jetzt ist eine der allerwichtigsen Sprachen – das Italienische – nicht besetzt. Ich weiss nicht, ob ich es wagen darf, Ihnen dasselbe im Namen des Verlegers anzubieten, da Sie Ihre Arbeiten in einem so grossartigen Rahmen führen, dass Ihre Zeit nur einer solchen Arbeitskraft u. solchem Genie genügen kann, wie Sie sie stets bewährt» (Hirdt 1993, II, 1003 [Brief 4]).

150 Prof. Karl Goldbeck (1830–1900), Berliner Romanist und Philologe, Direktor einer höheren Töchterschule.

durch Foerster aufgefordert an dieser Ueberarbeitung betheiligen würde, worüber Herrigs Archiv[151] in einem Hefte aus der Mitte des vorigen Jahres ungefähr eine Notiz enthielt.

Ich habe in Folge der mir durch Gebr. Henninger[152] zugekommene Mittheilung Foersters diese ersucht, sich bei ihm, mit dem sie in Geschäftsverbindung stehn, |2| – meine Verbindung mit ihm ist seit c. 4 Monaten aufgehoben – genauer nach dem von ihm bezeichneten Unternehmen zu erkundigen, um festzustellen, ob wirklich ein Concurrenzplan besteht, und der Plan der Neubearbeitung des Diez'schen Werkes, – ich machte Foerster zur Zeit auf die Unmöglichkeit und Unzweckmäßigkeit dieses Gedankens aufmerksam – etwa dahin corrigirt worden sei, daß selbständige romanische Grammatiken ausgearbeitet werden sollten – bin hierüber zwar noch nicht von ihnen benachrichtigt worden, kann aber nach Ihren heutigen Zeilen nicht mehr zweifeln, daß diese Aenderung des Planes stattgefunden.[153] Aus denselben ist zugleich zu entnehmen, daß die Priorität auf Seite Webers ist, da Sie diesen früher als Henningers für Mitarbeit an einem Grammatikunternehmen zu gewinnen gesucht haben. Es kann daher nicht zweifelhaft sein, daß, wenn die Identität der beiden Pläne festgestellt sein wird auch für die Gebr. Henninger, Schritte gethan werden müssen um den jüngeren Plan zu redressiren; denn Sie haben ganz recht, daß aus vielen Gründen

---

151 Vgl. *[Bericht über die] Sitzungen der Berliner Gesellschaft für das Studium der neueren Sprachen*, Archiv für das Studium der neueren Sprachen und Literaturen 57 (1877), 87–88 (hier wird zwar Prof. Goldbecks hohe Meinung von Carolina Michaëlis wiedergegeben, auch ist von ihren Diez-Studien die Rede, nicht jedoch von der Neuausgabe der Diez'schen Grammatik).

152 Die Verlagshandlung Gebrüder Henninger wurde am 1. 10. 1874 von Hermann (1840–um 1910) und Albert Henninger (1853–1917) gegründet; der Bruder Paul (1851–1892) fungierte als Prokurist. 1878 erwarb der Verlag einen großen Teil des Sortiments der Zimmer'schen Buchhandlung in Frankfurt a. M. Der Verlag stellte jedoch um 1890 seine Produktion ein, Hermann verzog nach Mannheim, die beiden anderen Brüder nach Straßburg (freundl. Auskunft von Frau Annette Geissler, Stadtarchiv Heilbronn). Die Gründe für die Verlagsaufgabe waren vermutlich finanzieller Natur. Dafür spricht ein Vorgang aus dem Landesarchiv Baden-Württemberg, Abt. Generallandesarchiv Karlsruhe, 233 Nr. 36172 von 1904, eine Anklage wegen Konkursvergehen gegen Hermann Henninger. Leider wurden keine Archivalien des Verlags gefunden.

153 Vgl. Foerster (Rom, 6. 11. 1878) an Ascoli: «Was den Plan des Henninger in Heilbronn anlangt, so hab ich auch vor kurzem davon erfahren. Es ist eine Idee Gröbers in Breslau, der die *provenz.* Grammatik übernommen hat (F. Neumann die *französische*). Dieses Unternehmen kann nur als Concurrenz gegen das unsere betrachtet werden, da Gröber wenigstens seit 2 Jahren weiß, daß ich eine altfranz. u. hist. fz. Grammatik im Pulte habe. Die Verhandlungen wegen der neuen Diezschen Auflage mit Umarbeitung usf. datiren seit *October 1877* u. der Contract wegen *Walachisch* mit Schuchardt war bereits im Mai 78 unterzeichnet. Allein der Diez'sche Verleger will keinen Prospect versenden, sondern dies erst mit der Ausgabe des *1. Bandes* der neuen Auflage thun» (Hirdt 1993, II, 1009).

die Ausführung beider Pläne nicht wünschenswerth ist. Diese Schritte werde ich, sobald die Erkundigungen eingelaufen sind unverzüglich thun, nicht ohne Bedauern darüber, daß mit der nothwendigen Aufgabe des Henningerschen Planes mir die Gelegenheit genommen ist, an Ihrer Seite zu arbeiten, – denn hier wäre Ihnen der bedeutendste Theil der Arbeit zugefallen.

Wenn es nicht indiscret ist, würde ich mir die Bitte um eine Mittheilung darüber erlauben, wann Sie für den Weberschen Plan gewonnen wurden,[154] ob eine Art Programm für denselben besteht, und seit wann er datirt.

Recht beklage ich, daß mir Ihr Artikel über Böhmer-Foersters Aufsätze[155] entzogen bleiben soll, aber ich weiß, daß Sie darum nicht mit sich handeln lassen, sonst würde ich mich aufs Bitten legen und Sie ersuchen von Ihrem Grundsatz bez. langer rectificirender Abhandlungen zum Vortheil der «Zeitschrift» einmal abzugehn. Dafür eine andre Bitte, die Sie vielleicht noch in der Lage sind zu erfüllen: |3| Sie würden mich zu größtem Danke verpflichten, wenn Sie mir ein Ex. Ihrer Keltischen Briefe aus der Augsb. Allg. Zeitung,[156] die ich mit dem größten Genusse, aber nur theilweise gelesen, – wofern Sie noch Ex. davon haben, zugehn lassen würden.

Mit den besten Grüßen
Ihr ergebenster
GGröber.

[Original Graz, HSA 04026].

25 Pio Rajna

Breslau, 8. Decbr. 1878
[Al sign. professore Pio Rajna, Mailand/Italien]

Verehrter Herr College.

Herr Prof. Dziatzko hat mich beauftragt Ihnen seinen wärmsten Dank für Ihre freundlichen Bemühungen um Feststellung des Verbleibs der Pizzolpasso'-

154 Auch dieser Plan einer Sammlung romanischer Grammatiken, der über die Neuauflage der Diez'schen Grammatik hinausging, scheint nicht realisiert worden zu sein. Ursprünglich wollte Julius Flittner, Leiter des Eduard Weber's Verlag in Bonn, eine Neuauflage der Diez'schen Grammatik herausgeben, der in Anhängen, von Foerster betreut, einzelsprachliche Grammatiken zur Seite gestellt werden sollten.

155 Vgl. Graz, HSA, Lfd.Nr. 04023 (Gröber an Schuchardt, Breslau 6.5.1878).

156 Schuchardt, *Keltische Briefe III–V*, Beilage zur Allgemeinen Zeitung (Augsburg, München), 2305 f., 2322–2324, 2433–2435, 2537–2539, 2554–2556, 2562 f.

schen Handschriften auszudrücken,[157] und Ihr freundliches Erbieten zu weiterer Auskunft in dieser oder anderer Angelegenheit ermuthigt mich noch zwei Fragen Ihnen vorzulegen, über die belehrt zu werden Herr Prof. Dziatzko Ihnen gleichfalls sehr verdanken würde. Zu welchen Stücken des Terenz nämlich enthalten die 3 Donathandschriften der Ambrosiana den Commentar, und in welcher Reihenfolge treten die Stücke darin auf; enthalten die 3 Codices oder einer von Ihnen die griechischen Stellen des Commentars oder sind dafür Lücken gelassen; sind in den Codices die Namen früherer Besitzer eingetragen oder ist über ihre Provenienz etwas bekannt; wäre es möglich eine Mittheilung über Anfang und Ende der drei Donate zu erhalten?

Die Notiz, und eine ganz zuverlässige, darüber, dass Pizzolpasso[158] eine Donathandschrift besessen fand sich in einem von Prof. Dziatzko im British Museum entdeckten Briefe an Pizzolpasso, irre ich nicht, von Johannes Aurispa geschrieben und 1439 c. datirt.[159] Dass diese Donathandschrift unter den 3 der Ambrosiana sei, ist nach Ihren Mittheilungen unmöglich; nicht unmöglich scheint jedoch, dass eine von ihnen in Beziehung zu derselben stehen könnte, – dies der Grund zu der Bitte um eine gütige nähere Nachricht über die 3 Hand-

---

157 Davon ist bereits in einem Brief Gröbers an Rajna vom 23.11.1878 die Rede. – Als Annex zum vorliegenden Brief findet sich die folgende Notiz von der Hand Dziatzkos, die Gröber an Rajna weiterleitete: «1. Sind Handschriften aus dem Besitz des Franciscus Pizolpassus, Erzbischof von Mailand, nach dessen Tode in eine der öffentlichen Bibliotheken Mailands oder etwa in die Erzbischöfliche Bibliothek oder in das Archiv daselbst gelangt? 2) Befindet sich darunter ein Manuscript des Ael. Donatus, Commentarii in Terentii comoedias? 3) Welches ist Alter, Herkunft, Inhalt u.s.w. dieser Handschrift? Eine Copie einer Seite vom Anfang des Commentares zu den Adelphoe würde sehr erwünscht sein». Darauf erfolgte in einer hastigen, schwer lesbaren Kursive diese Antwort, die Rajna wohl bei einem Bibliothekar der Ambrosiana eingeholt hatte: «Il Pizzolpasso lasciò la sua bibliot. al capit. Il Card. Fed. fond. l'Ambros., si mise d'accordo con q.to, ed ebbe ciò che più poteva val. In capitol. poi andò dispersa alla fine del secolo pass., e la presente è si può dire raccolta di nuovo, con nuovi lasciti. Pochi mss.: forse mss. di roba lass. (Mons. Vitali bibliot.)».

Rajna nennt sodann die drei in der Ambrosiana vorhandenen Kodizes des Aelius Donatus, *Commentum Terentii*, die sich heute noch dort befinden: A 144 sup.; T 114 sup.; D 70 sup. Keiner davon gehörte jedoch Francesco Piccolpasso (Pizolpasso). Dieser soll den Kommentar an Pier Candido Decembrio weitergegeben haben (heute Roma, Biblioteca Angelica, Ms. 1368 [T.5.5]).

158 Gröber schreibt beständig *Pizzolbasso*.

159 Hier irrt Gröber: es handelt sich um einen Brief des Petrus Candidus an Pizolpasso, der sich in Oxford, Bibl. Bodl., Canon. Lat. 95 findet, vgl. Dziatzko 1879, 691–693. Vgl. weiterhin Poggios Hinweis an Francesco Filelfo (London, BL, Harl. 2268, f. 70), abgedruckt bei August Wilmanns, *Aus humanistischen Handschriften I. Ueber die Briefsammlungen des Poggio Bracciolini*, Zentralblatt für Bibliothekswesen 30 (1913), 289–331; 443–463, hier 459–460.

schriften.[160] Hoffentlich werden Sie, indem ich Ihnen diese neue Bitte vorlege und durch Erfüllung derselben nicht allzu sehr bemüht; gestatten Sie mir jedenfalls die Versicherung hinzuzufügen, dass ich sowohl als mein Freund erfreut sein würden, wenn sich recht bald die Gelegenheit darbieten würde, Ihnen unseren Dank durch einen Gegendienst thatsächlich zu beweisen.[161] Mit ergebenstem Grusse

Ihr
GGröber.

[Abs. Prof. Dr. Gröber BRESLAU Alexanderstr. 32.].

[Original Florenz, Biblioteca Marucelliana, Carteggio Pio Rajna 739, Brief 7].

26 Carolina Michaëlis de Vasconcelos

Breslau, 23. Februar 1879

Hochgeehrte Frau.

Auf mein Ersuchen haben die Gebr. Henninger in Heilbronn Sie von dem Unternehmen einer Sammlung romanischer Grammatiken aus historischem Gesichtspunkte, unter Beifügung eines Prospectes darüber, unterrichtet[162] und Ihnen die Ausführung der Spanischen Grammatik angetragen, zu meiner Freude mit dem Erfolge, dass Sie sich gütigst bereit erklärten dem Antrage Folge zu leisten. Die Vorbereitungen für das Unternehmen sind nun soweit gediehen, dass die Verlagshandlung in der Lage ist mit den Bearbeitern der einzelnen Grammatiken Vereinbarungen über Honorar, Bogenzahl, Termin der Uebergabe des Manuscripts zu treffen, weshalb auch Sie freundl. gebeten werden sich

---

160 Vgl. Charles H. Beeson, *The text tradition of Donatus «Commentary on Terence»*, Classical Philology 17 (October 1922), 283–305.

161 Vgl. Dziatzko 1879, 639–640 Anm. 1: «In Folge der freundlichen Vermittelung des Herrn Prof. Gröber hatte Herr Prof. Rajna in Mailand die grosse Güte, nach dem Verbleib der von P. Candidus erwähnten Donathandschrift des F. Pizolopasso besonders in der Ambrosiana umfassende Nachforschungen anzustellen, jedoch leider ohne Erfolg. Möge diese Abhandlung dazu beitragen, auch anderwärts den Nachforschungen nach älteren Donathandschriften die gebührende Aufmerksamkeit zuzuwenden, wobei vor Allem auf die Reihenfolge der Stücke, auf einige bezeichnende Stellen, wie sie oben behandelt wurden, sowie darauf zu achten wäre, ob die griechischen Stellen von erster Hand ausgeschrieben oder durch Lücken bezeichnet, bez. später aufgefüllt sind».

162 Gröber kam mit diesem Prospekt, von dem leider kein Ex. gefunden werden konnte, Wendelin Foerster in Bonn in die Quere, der einen analogen Plan verfolgte, vgl. Brief 24.

hierüber zu aeussern. Zu diesem Zwecke wird Ihnen vielleicht folgende Anhaltspunkte zu erhalten nicht unerwünscht sein. 1) Mitarbeiter sind ausser Ihnen für das

Französische: Privatdoz. Dr. Neumann; Provenz. Prof. Stengel.
Italienisch: ich. Portugies. Prof. Coelho.
Räthoroman. Dr. Gartner – Wien.[163] Rumänisch: evtl. Dr. Gaster.[164]

2) Je nach dem muthmasslichen Absatze, der bei den einzelnen Grammatiken verschieden sein wird, wird die Höhe der Auflage bestimmt. Bei 1500 Aufl. bewilligte die Verlagsbuchhandlung bis jetzt 45 Mark pro Bogen; bei 1000 Aufl. 30 Mark. Sie würden sich mit Herrn Gebr. Henninger jedenfalls leicht über eine Auflage von wenigstens 1200 Ex. vereinigen können und danach Ihren Honoraranspruch geltend machen, im übrigen auch nach eigenem Ermessen einen Antrag stellend Schwierigkeiten nicht begegnen, da die Verlagshandlung auf Ihre Mitarbeit |2| an dem Unternehmen grosses Gewicht legt. Zur Ausführung der einzelnen Grammatiken sind 3) den Mitarbeitern bis jetzt 2 – 4 Jahre concedirt, auch in dieser Beziehung hängt die Entscheidung völlig von Ihnen ab.

Endlich bin ich ermächtigt Ihnen über jedwedes Détail bez. der Anlage der Grammatiken u. der Grundsätze, die für dieselben massgebend sein sollen, falls der Prospect Ihnen in dieser Hinsicht nicht eingehend genug erscheint, Auskunft zu geben, – eine Verpflichtung, der ich mit dem grössten Vergnügen nachkommen werde, wenn Sie die Güte haben werden sich an mich zu wenden.

Da der Verlagshandlung daran liegt, recht bald die Verhandlungen bez. der Grammatikensammlung zu Ende zu führen, so erlaube ich mir Sie ergebenst zu bitten, durch eine gef. recht baldige Antwort auf diese Zeilen an mich oder die Verlagshandlung, deren Wunsch gütigst erfüllen helfen zu wollen, und spreche Ihnen dafür im Voraus meinen ergebensten Dank aus.[165]

---

163 Als einziges Werk der Reihe erschienen: Theodor Gartner, *Raetoromanische Grammatik*, Heilbronn, Henninger, 1883.

164 Vgl. Gasters Brief (52.11.1878) an Hugo Schuchardt (Graz, HSA 1-3571) und Gröber (29.11.1878) an Schuchardt (Graz, HSA 04029): «Erst gestern habe ich Gaster sprechen können und darum erfolgt meine Antwort so spät. Ich habe ihm die Lage der Dinge mitgetheilt und ihm die Zweckmäßigkeit seiner Vereinigung mit Jarník bez. der Bearbeitung der rumänischen Grammatik nahe gelegt. Er wird sich die Sache überlegen und Ihnen und Jarník, wie ich denke, in den nächsten Tagen schreiben».

165 Die Adressatin hat zugesagt, denn in einem Brief der Gebr. Henninger an Hugo Schuchardt (Graz, HSA 04558) vom 12.10.1878 heißt es: «Durch die jetzt erfolgte Zusage der spanischen Grammatik von Frau Michaëlis, welche gleichzeitig für die portugies. Vorschläge macht, hat die Entwicklung unseres Unternehmens inzwischen erwünschte Fortschritte gemacht». Dem gleichen Brief kann man entnehmen, dass der Leipziger Verlag Breitkopf & Haertel die Henninger'schen romanischen Grammatiken als Fortsetzung seiner Indogermanischen Gram-

Ich hoffe, dass die bis jetzt erschienenen Hefte der Romanischen Zeitschrift sich Ihres Beifalls zu erfreuen gehabt haben, und dass Sie derselben ferner freundlichst gedenken.[166]

Hochachtungsvoll ergebenst
GGröber.

[Original Coimbra, NL Prof. Dr. Paulo Quintela, Doc. 009].

27 Theodor Auracher

Breslau, 21. April 1879

Geehrtester Herr.

Für das im Druck beinahe vollendete 1. Heft des 3. Bandes der Rom. Zeitschrift hat H. G. Baist einen Artikel über Blanquerna geliefert,[167] in dem Stücke aus Münchner Hss. abgedruckt sind. Die Correctur mit dem Manuscript ist vor ca. 3–4 Wochen H. Baist übersandt worden, aber bis jetzt noch nicht zurückgekommen; auch hat er über ihren Verbleib auf eine vor mehreren Tagen an ihn gerichtete Anfrage keine Auskunft ertheilt. Da mir nun mehrere Stellen im catal. wie im lat. Text seines Artikels fraglich sind, und es gewagt ist dieselben ohne Kenntniß der Hss. zu berichtigen, der Druck des betr. Bogens der Zeitschr. aber nicht länger aufgeschoben werden kann, so erlaube ich mir Sie um die Freundlichkeit zu ersuchen die Textstücke auf einliegenden Seiten freundlichst mit den beiden Hss. vergleichen zu wollen, was Ihnen gewiß in wenigen Stunden möglich ist. Der Catal. Text ist, wie Sie sehen werden, aus Cod. hisp. 97, der lateinische aus Cod. lat 10553, fol. 36 ff. oder 10525, fol. 40 ff. genommen. Da es sich in den ausgezogenen Stücken nur um Reproduction der Hss. handelt, wäre nur die Lesart derselben in den beiliegenden Abzug einzutragen, wo derselbe eine Abweichung bietet. Ich würde Sie danach freundlichst bitten die

matik betrachtete und einen eigenen Plan zurückstellte. Zugleich machten sie uns den Vorschlag, uns in Format, Druckausführung etc. an ihre Sammlung anzuschließen, da auch wir dieselbe Ansicht über Concurrenz hierbei haben; daß eine solche [sc. der Plan Foersters] nach inzwischen uns zugegangenen spärlichen Mittheilungen nun doch nicht zu vermeiden scheint, ist zwar recht bedauerlich, doch können wir daran nichts ändern». Vgl. weiterhin Brief 34.

166 Die Adressatin wird ab Bd. 4 (1880) eine zuverlässige Mitarbeiterin und liefert bis 1905 insgesamt 22 Beiträge zur portugiesischen und spanischen Sprachgeschichte, vgl. Baldinger 1995, 178.

167 Gottfried Baist, *Zur Blanquerna*, Zeitschrift für romanische Philologie 3 (1879), 90–96. Baist (1853–1920) war zu diesem Zeitpunkt 26 Jahre alt und noch nicht habilitiert. Er wohnte meist bei seinen Eltern im Pfarrhaus von Döckingen (Mittelfranken).

Correctur gef. umgehend an H. E. Karras Druckerei in Halle [a]/ Saale senden zu wollen. Meines Dankes und meiner Bereitheit zu jeder Gegengefälligkeit dürfen Sie sich versichert halten.

Ihr ergebenster
GGröber.[168]

Am oberen und am unteren Rand:
M. H. Vermuthend, daß es Ihnen nicht angenehm wäre, wenn ein Anderer die Hand in Ihrer Arbeit hat, überlasse ich dasjenige, was Hr. Gröber von mir wünscht, völlig Ihrer Verfügung, indem ich mir erlaube Ihnen seinen Brief mitzutheilen.[169]

Da aber Hr. Gröber von mir zu wissen wünschen wird, wie ich seinen Auftrag vollzogen habe, so werde ich mir erlauben in kürzestem wieder bei Ihnen vorzusprechen, um die beruhigende Versicherung mündlich oder schriftlich von Ihnen entgegen zu nehmen, daß ich vor Hrn. Gröber nicht als unzuverlässig darzustehen brauche.

Hochachtungsvollst
Ihr ergebenster
Theodor Auracher

[Original München, BSB Hofmanniana 9].

---

168 Dem Brief ist der Fahnenabzug von Baists Artikel beigelegt, der einige Verbesserungen, offensichtlich von der Hand Aurachers, enthält, die jedoch nur z. T. in die definitive Druckversion eingegangen sind. *Blanquerna*, ein Liebesroman, ist der erste umfangreichere Text, der auf Katalanisch überliefert ist. Sein Verfasser ist Ramon Llull; ein erster (lat.) Druck erfolgte in Paris 1505: *Libellus Blaquerne de Amico et Amato*, eine katal. Ausg. 1521 in Valencia. Vgl. die Hinweise von Alfred Morel-Fatio, *Katalanische Literatur*, in: *Grundriss* II, 2 (1897), 106.

169 Wenn dieser Zusatz an Baist gerichtet ist, stellt sich die Frage, wie der ganze Vorgang in den NL Hofmann geraten ist. Möglicherweise hat Auracher Hofmann, der sein und Baists Doktorvater war, eingeschaltet und um Rat gefragt. Hofmann hat im übrigen auch Aurachers substantielle Beiträge (z. B. Zeitschrift für romanische Philologie 1 [1877], 259–336 [*Der sog. poitevinische Pseudo-Turpin. Nach den Hss. mitgeteilt*] bzw. 2 [1878], 438–457 [*Der Brandan der Arsenalhandschrift BLF 283*] usw.) an Gröber vermittelt, wie wir seiner Korrespondenz mit Hofmann entnehmen können. – Auf der ersten Seite des Fahnenabzugs findet sich in Blaustift der Hinweis Impr. Gr., offensichtlich das Imprimatur Gröbers. Der Abzug ist demnach aus der Druckerei an Hofmann zurückgegangen. – Sehr herablassend und ungerecht urteilt übrigens Paul Meyer über Auracher (Postkarte an Hermann Suchier vom 13. 9. 1888): «Je n'ai pas cité la publication d'Auracher (*Der sogenannte poitevinische Pseudo-Turpin.* Nach den Handschriften mitgeteilt von Th. A., Halle a. S. 1877, Ausz. aus Zeitschrift für romanische Philologie 1, 1877, 259–336) parce que j'en ignorais absolument l'existence. Je ne crois pas y avoir perdu beaucoup si j'en juge par ce que je connais d'ailleurs du personnage. Il est probable qu'il n'a rien su de ce qu'il y avait à dire sur le

28 Karl Dziatzko

Paris, 15. August 1879.

Lieber Freund,

Auf beiliegender Nota finden Sie eine Anzahl altfranzös. Texte verzeichnet, die in einem hiesigen Antiquariat zu den beigesetzten Preißen zu haben sind.[170] Ich bin nicht ganz sicher, ob sich nicht das eine oder andre schon auf der dortigen Bibliothek befindet. Dies, und ob die Preiße annehmbar sind, können Sie vielleicht ohne große Mühe feststellen; dem Buchhändler wäre es lieb eine Entscheidung darüber, ob auf die Bücher reflectirt wird oder nicht, recht bald zu erhalten, da er meint nicht dafür stehen zu können, daß das eine oder andre zu höheren Preißen inzwischen gesucht würde; er könne es dann nicht wohl reserviren. In der That scheinen dergleichen Bücher sich selten in hiesigen Antiquariaten vorzufinden; ich habe in vielen nachgeschaut und in den meisten gar nichts gefunden. Dabei haben diejenigen Antiquare, die wissenschaftliche Bücher führen, horrible Preiße.

Nun, hier bietet sich sogleich Gelegenheit Ihnen über meine Reise zu berichten. Ich bin programmmäßig in Paris angelangt (über Köln-Erquellines[171]), leider erst am Dienstag Abend (5. Aug.) was zur Folge hatte, daß ich beim Botschafter[172] mir doch ein Empfehlungsschreiben an Delisle[173] ausbitten mußte; denn der Cerberus der Bibliothek ließ mich am Mittwoch weder in die Bibliothek noch in die Administration, da ich keine Karte besaß, und um eine solche in der Administration zu erhalten, im Besitz einer Empfehlung des Botschafters sein müßte. Am Dienstag ist die Bibliothek für die Schaulustigen offen; bei dieser Gelegenheit könnte ich unversehens in die Administration gelangen; und wahrscheinlich hätte man mir hier geringere Schwierigkeiten gemacht, denn ich erhielt den Eindruck, daß die Beamten an die Umschweife durchaus nicht gewöhnt seien, mittelst deren ich in die Lage gebracht war mir

---

sujet. Du reste toutes vos dissertations de doctorat ou d'habilitation ne valent pas – sauf de rares exceptions – le temps qu'on passe à les lire» (Berlin, SBB PK NL Suchier, Paul Meyer).

170 Die Paris-Briefe Gröbers an Dziatzko aus dem Jahr 1879 dokumentieren seinen einzigen nachweisbaren Frankreich-Aufenthalt. Er wertete mittelalterliche Handschriften in den verschiedenen Pariser Bibliotheken aus und durchstöberte Antiquariate, wobei er dem Breslauer Freund und Bibliotheksdirektor für die Romanistik einschlägige Titel zur Anschaffung vorschlug. – Die erwähnte «Nota» ist nicht erhalten.

171 Stadt in Belgien (Hennegau), Grenzbahnhof. (Gröber schreibt «Erquelinnes»).

172 Zu diesem Zeitpunkt Chlodwig Carl Viktor Fürst zu Hohenlohe-Schillingsfürst (1819–1901), der spätere (1885–1894) Statthalter in Elsaß-Lothringen.

173 Léopold Victor Delisle (1826–1910), franz. Historiker, von 1874–1905 *administrateur général* der Bibliothèque Nationale de France.

eine Karte zu verschaffen. Dadurch habe ich wenigstens 2 Tage verloren. Zum |2| Unglück waren alle meine Fachgenossen, die mit der Bibliothek in Beziehung stehen von G. Paris herab bis auf Morel-Fatio,[174] seit Ende des vorigen Monats verreist, und so war der Zeitverlust auf keine Weise abzuwenden. Nun, der Schaden an Zeit muß durch doppelten Fleiß einzubringen gesucht werden, was wohl angehen wird, wenn ich noch etliche Tage, wie bisher, die vollen 6 Stunden auf der Manuscriptenabtheilung täglich arbeite.

Die unfreiwillige Muße habe ich natürlich benutzt um mich möglichst genau in Paris umzusehen; schon am Ende der ersten Woche hatte ich es nach allen Himmelsrichtungen durchstreift bis an die ersten Festungswälle (im Bois de Boulogne), und war bereits da so orientiert, daß ich des Planes ganz entrathen konnte. Der Eindruck, den ich von der Nordseite erhielt war ein überaus günstiger: ebenso schmucke Straßen, wie Leute auf denselben; das gemüthliche behagliche Treiben auf den Boulevards am Abend, die geschäftige Hast auf denselben am Tage, der Glanz der Verkaufsläden u.s.w. hatten für mich etwas ungemein Anziehendes. Denselben günstigen Eindruck machte auf mich der südwestliche Theil der Stadt vom Jardin du Luxembourg an; der Osten aber, das Lateinische Viertel, dazu alles, was hinter dem Bastillenplatze liegt, die Vorstadt Monmartre (im N.) übrigens dazu, entsprechen doch zu wenig meinen Begriffen von Sauberkeit und neutralen Gerüchen, als daß der Totaleindruck der Stadt mir ebenso günstig hätte sein können. Doch entschädigen hierbei wiederum die monumentalen Bauwerke, die gerade in jenem nordoestlichen Theilen der Stadt in großer Menge sich befinden und die ich alle hoffe noch recht genau studieren zu können.

Bis auf diesen Tag habe ich erst mit einem deutschen Kellner, sonst mit keiner deutschen Menschenseele öfters verkehrt. Fachgenossen aus Deutschland scheinen nicht hier zu sein, oder sind mir noch nicht bekannt geworden. Ich bin daher in der Lage, |3| nachdem auch der deutsche Kellner bald entschwunden ist, meine Bedürfnisse mittelst meines Französisch zu decken. Und das geht recht gut, obgleich die Speisekarte und die Cigarrengröße nicht selten Discussionen provociren. Diese Pariser Speisekarte ist geradezu abgeschmackt zu nennen, denn sie vermeidet so sehr die Dinge mit ihrem Namen zu bezeichnen, daß es unmöglich ist, sich auch nur irgendeine Vorstellung von dem Bezeichneten zu machen: Potage à la Julienne = eine Suppe mit Rüben, Blumen-

---

174 Zu Gaston Paris und Alfred Morel-Fatio vgl. *Verzeichnis der Briefempfänger*. Vgl. auch Francesc Bernat i Baltrons/Patrick Heinzer, *La història de la literatura catalana d'Alfred Morel-Fatio al «Grundriss der romanischen Philologie» (1893)*, in : Actes del Dissetè Col·loqui Internacional de Llengua i Literatura Catalanes: Universitat de València, 7–10 de juliol de 2015, a cura de Manuel Pérez Saldanya i Rafael Roca i Ricart, 2017, 215–225.

kohl etc., da muß man noch mehr als Rätsel auflösen verstehn. Übrigens ist die Küche überaus schlecht. In den theuren Speisehäusern, wie in den billigeren bietet man mehr oder weniger gut zubereitete Leckerbissen statt eines normalen Bratens oder Gemüses, und die Dinge kommen unter allerlei Zuthaten gewöhnlich so verschrumpft und verbrutzelt an, daß es schwer ist sie wiederzuerkennen, oder auch sie schmackhaft zu finden. Der größte Leckerbissen den ich bis jetzt genossen (Boulevard des Poissonnières) war ein Lammcotelett mit Spargelspitzen, das Ganze – wenn nicht zu zäh – auf einen Bissen zu verzehren, und zum Preise von 2 ½ Franken feil. Ein einfacher Kalbsbraten sieht hier ganz anders aus als in Schlesien oder anderswo, wo noch Treue und Glauben auf der Speisekarte herrschen; das Schweinerne fehlt dem hiesigen Speisezettel gänzlich und doch sind die Juden hier weniger auffällig wie in Breslau. Kurz die Speisekarte und die Cigarren sind mir mißvergnügliche Dinge hier geworden. Aber was hilft's?

Ich bin in einem Hôtel abgestiegen: Hôtel de Valois, Rue de Richelieu 69, gerade über von der Bibliothek, auf deren Zinnen ich so ziemlich blicke, da ich mich nahe unter dem Dach meines Gasthauses, in einem kleinen einfenstrigen Stübchen (monatlich 40 frcs), befinde. Mit 10 Schritten von der Hotelthüre bin ich in der Bibliothek. Das hat auch sein Gutes. Ich wohne genau in der Mitte der Stadt und habe keine Zeit auf die Geschäftsgänge in Folge dessen zu verwenden, Bibliothek wie Speisehaus (gewöhnlich Palais Royal) liegen mir gleich nahe, die Boulevards erreiche ich, um |4| einen Abendspaziergang zu machen, in 3 Minuten; auf meinen Ausflügen in die Stadt und Außerhalb habe ich nicht nöthig dieselbe Strecke wiederholt zu durchlaufen. Die Hotelbediensteten lassen sich bis jetzt sehr anständig an. Hoffentlich kann ich bis ans Ende meines Pariser Aufenthalts hier bleiben.

Doch nun ists genug, insbesondere bei dieser Sorte Schrift, deren Entzifferung Ihnen leider wohl ebenso viel Mühe machen wird, als mir das Schreiben des Briefes auf einer etwas schwankenden Schreibtischklappe, das nächste Mal schreibe ich besser.

Den Meinigen geht es in Leipzig recht gut. Dasselbe meldete Weinhold[175] meiner Frau über Sie und die Ihrigen. Lassen Sie sichs auch Ferner gut gehen und geben Sie bald eine Nachricht bez. der auf der Anlage bezeichneten Bücher.

Ihnen und Ihrer Frau Gemahlin die besten Grüße von
Ihrem GGröber

[Original Göttingen, NSUB NL Dziatzko (Cod_Ms_K_Dziatzko_69_4_63_150), Brief 64].

175 Zu Weinhold vgl. *Verzeichnis der Briefempfänger*.

29 Karl Dziatzko

Paris, 30. Sept. 1879

Lieber Freund,

Es freut mich daß mein Brief mit meinen Glückwünschen so zur rechten Zeit eingetroffen ist, vor allem aber, daß es Ihrer Frau Gemahlin gut geht und daß das Mädchen, – ich hab's immer gedacht, daß der Fritz wieder eine Schwester bekommen würde! – so wohl vorbereitet und mit solcher Gewichtigkeit seinen ersten entscheidenden Schritt in diese Welt hinein gethan hat. Das verspricht etwas, und Fritz und Therese kann um die Oberhand bange werden. Die starke Stimme wird wohl bald genug in Gebrauch genommen werden, – nur die natürliche Verstellung des weiblichen Geschlechts wird das bisher widerrathen haben, und Vater Mutter u. Schwiegermutter und alles was laufen kann, wird Beine machen um dem weiblichen Simson zu Diensten zu sein.[176] Ich wünsche ihm dauernd einen vorzüglichen Appetit, er wird sich dabei zunächst am besten befinden. – Meine Frau, der ich sofort das freudige Ereigniß gemeldet habe, wird nicht versäumen Ihnen umgehend ihre Glückwünsche zu übersenden, wozu sie nun sehr Grund hat, als sie sich durch die Wahl des Rufnamens für die neue kleine Dziatzkrin nun geschmeichelt fühlen kann. Bei dieser Gelegenheit wird sie hoffentlich nicht versäumen ihrem Versprechen nachzukommen von sich eine Nachricht nach Breslau gelangen zu lassen. Ich habe natürlich dem Ereignis mein Fläschchen gespendet und dabei sinnig der Eltern und des Kindes gedacht, allen das Behagen wünschend, dessen ich mich im Momente erfreute.

Um Sie schnell zu vergewissern, daß ich Ihre Nachricht erhalten, heute nur noch wenige Zeilen. Ich begreife nicht, daß ich nicht bemerkt habe, daß der Cuvelier ein Bd. der Doc. Inédits ist.[177] Bitter[178] würde das Buch zurücknehmen, aber ich ziehe vor es für mich zu behalten, bitte daher mir das Opus zurückzulegen und den Betrag anzurechnen. Das ist |2| das einfachste. Machen Sie dabei eine Abrechnung, so bitte ich doch gleich die von Martha geborgten 6 Mark hinzuzunehmen, da die Angelegenheit doch jedenfalls zwischen Mar-

---

176 Karl Franz Otto Dziatzko war mit Helene Charlotte Moebius (1847–1927), einer Enkelin des Dichters und Danteforschers Karl Streckfuss (1778–1844), verheiratet. Aus der Ehe gingen vier Kinder hervor: Ernst (1873–1874), *Therese* Ottilie Helene (1874–?), *Fritz* Gustav (1876–?), *Elisabeth* Dorothea Helene (1879–?). Die Letzgenannte wurde am 25. September geboren.

177 *Chronique de Betrand du Guesclin* par Cuvelier. Publ. par Ernest Charrière, 2 Bde., Paris, Didot, 1839 (Collection de documents inédits sur l'histoire de France). Vermutlich hatte Gröber den Band für die Breslauer Universitätsbibliothek erstanden.

178 Name einer Breslauer Buchhandlung.

tha und meiner Frau geregelt werden, und die Ihrige sich nicht mit Martha über die Materie auseinandersetzen kann. Daß ich außer der Nat.-Bibliothek mich auch noch genauer auf der Arsenal-Bibl., Bibl. St. Geneviève und wohl auch Mazarin[e] umsehen muß, habe ich Ihnen vielleicht noch nicht geschrieben. Natürlich werde ich mit dem höchsten Vergnügen Ihren Wunsch bez. des Donat erfüllen. Der Donat in Marginalnoten, von dem Sie früher sprachen, ist ja wohl auch hier auf der Bibliothek?[179] Handelt es sich um ein Specimen oder sonst etwas, was sich in einer Sitzung von 6 Stunden machen läßt, so stehe ich Ihnen natürlich auch in dieser Beziehung zur Verfügung; soll ich mich nach einem zuverlässigen Copisten des Ganzen erkundigen, so werde ich auch hierin Ihnen nützlich zu sein suchen. Bitte um nähere Nachricht. Auch in Turin würde ich gern für Wilmanns[180] einen kleinen Auftrag übernehmen, wenn er sich in einigen Stunden ausführen läßt; ich denke allerdings nur etwa eine halbe Woche dort zu sein.

Wenn Sie Foerster in Rostock einmal schreiben, so bitte ich nicht zu versäumen ihn von mir zu grüßen, und ihm mitzutheilen, daß sein Zambeccari in der Romanischen Zeitschrift besprochen ist (von Körting) im 3., wenn nicht schon im 2ten Heft; erstres soll dieser Tage ausgegeben werden.[181]

Ich habe in vergangener Woche einer Sitzung des Institutes[182] beigewohnt, und dabei Gaston Paris kennen gelernt, – ein vortrefflicher Mann, der mir außerordentlich sympathisch ist; am Freitag werden wir nebst Darmesteter (Arsène) eins zusammen bechern;[183] – die Sitzung war z. Th. mit Vorträgen in Anspruch genommen, von einer Art, wie sie bei uns auch ein |3| Docent im

179 Dziatzko war ein anerkannter Terenz-Herausgeber; vgl. seinen Aufsatz *Zum Terenzkommentar des Donat*, Rheinisches Museum 29 (1874), 445–462; 511–512 bzw. *Zur Kritik des nach Aelius Donatus benannten Terenzcommentars*, Jahrbücher für classische Philologie, X. Supplbd. (1879), 659–696. Es dürfte sich um BnF, cod. lat. 7920 handeln (Cod. membr., primum Jacobi Augusti Thuani, posteà Colbertinus. Ibi continetur *Donati* commentarius in Publii Terentii comoedias. Is codex saeculo undecimo videtur exaratus).

180 August Wilmanns (1833–1917), deutscher Altphilologe, Professor und Bibliothekar in Freiburg i. Br., Kiel, Königsberg, Göttingen und Berlin.

181 Zeitschrift für romanische Philologie 3 (1879), 408–409 (Rez. von Richard Förster, *Francesco Zambeccari und die Briefe des Libanios. Ein Beitrag zur Kritik des Libanios und zur Geschichte der Philologie*, Stuttgart, A. Heitz, 1878). Richard Foerster (1843–1922), nicht mit dem Romanisten Wendelin Foerster (1844–1915) verwandt, war Klass. Philologe, Archäologe und Kunsthistoriker und bekleidete nacheinander Professuren in Rostock (1875–1881), Kiel (1881–1890) und Breslau (1890–1922).

182 Gaston Paris war seit 1872 Professor am *Collège de France* (Teil des *Institut de France*). Gröber stand schon seit 1869 mit ihm in schriftlichem Kontakt, vgl. Brief 3. – Arsène Darmesteter (1846–1888), Schüler Paris', war zu diesem Zeitpunkt Maître de conférences.

183 Gaston Paris schreibt über diese (oder eine andere zeitnahe) Begegnung am 10.10.1879 an Paul Meyer: «J'ai dîné l'autre jour avec Gröber, qui est peu brillant, mais instruit et sérieux,

Colloquium fertig zu bringen im Stand ist; sie wurde übrigens mit geringer Aufmerksamkeit von den Mitgliedern gehört, und in nichts weniger als oratorischer Weise zu Gehör gebracht. Ich war schließlich, da ich am längsten aushielt, allein das gesammte Publicum; und der Präsident, der Mitleid mit mir zu haben schien, veranlasste dann endlich nach zwei Stunden einen vortragenden Astronomicus, der Gott weis über welchen Planeten was zu reden hatte, für dies mal einen Punkt zu machen, und den Besuchern der nächsten Sitzung etwas von seinem Vortrag übrig zu lassen, welcher Mahnung er dann, nicht ohne einiges Widerstreben, zu meiner Freude auch Folge leistete.

Bis Sonnabend war Settegast mit Frau hier.[184] Seitdem bin ich nächst einem ehemaligen Schüler von Schuchardt, wie es scheint, der einzige Deutsche auf der Bibliothek, die jetzt übrigens bedeutend schwächer besucht ist als von Anfang August bis Mitte September.

Nun leben Sie für heute wohl u. nehmen Sie für die Ihrigen und für sich die herzlichsten Grüße von

Ihrem getreuen
GGröber

[Original Göttingen, NSUB NL Dziatzko (Cod_Ms_K_Dziatzko_69_4_63_150), Brief 67].

30 Eduard Wölfflin

Breslau 17. Juni 1880

Werthester Herr College.

Wenn auch die Schrift Tillmanns über den Dat. Graec., die Sie die Freundlichkeit hatten mir zu senden, nicht eine Antwort auf die Frage enthält wie im Franz. Ital. etc das pronominale Verb diese zusammengesetzten Zeitformen mit *esse* bilden kann, so ist es mir doch sehr werthvoll gewesen, Kenntniß von dieser Schrift zu erhalten, da sie überzeugend darthut, daß die Lösung der Frage auf anderm Weg zu suchen ist.[185] Ich werde sie, da sie immerhin ein

---

par exemple très entêté» (zit. von Bähler, ed. *Correspondance Karl Bartsch-Gaston Paris*, 2015, 113 Anm. 4).

184 Franz Gustav Settegast (1852–1931), zu diesem Zeitpunkt a. o. Professor der Romanistik in Zürich, später in Leipzig.

185 Heinrich Tillmann, *De dativo verbis passivis linguae Latinae subiecto, qui vocatur Graecus*, Acta Seminarii Philologici Erlangensis 2 (1881), 70–39. Tillmanns (1852–1939) Arbeit war bei Wölfflin, der von 1875–80 in Erlangen lehrte, im Jahr 1880 als Dissertation eingereicht worden.

Thema der roman. Philologie berührt, wenigstens in die «Bibliographie» der Rom. Zeitschr. aufnehmen,[186] wie ich Ihre und Ihrer Schüler werthvollen Arbeiten über lat. Sprachgebrauch regelmäßig an jenem Orte aufgeführt habe, wenn ich sie kennen lernte. Sie fördern direct oder indirect in erheblichster Weise unsre Studien; ich werde Ihnen stets dankbar sein, wenn Sie mich in die Lage versetzen, die Fachgenossen auf solche Untersuchungen aufmerksam machen zu können.

Ich bin inzwischen wirklich nach Straßburg gerufen, und habe den Ruf für das nächste Semester angenommen, mich in Straßburg auch bereits orientirt. Die Verhältnisse sehen in der Nähe durchaus günstig aus, sodaß ich ohne die geringsten Besorgnisse hingehen kann. Böhmer wird sich seine Stellung verscherzt haben;[187] von dem collegialen Verkehr habe ich die besten Eindrücke empfangen. Auch werden von mir keine Leistungen andrer Art gefordert, wie hier, – ich konnte also keinen Augenblick zögern den in vielen Beziehungen für die Romanistik günstigen Ort für Breslau einzutauschen. Ich hoffe mich dort schnell einzurichten. Sollten Sie auf einer Reise mal Straßburg berühren, so hoffe ich, daß Sie an meiner Thüre nicht vorübergehen: ein hübsches Landhäuschen mit großmächtigem Garten wird Sie empfangen.

Mein Brief mußte sich schon darum verzögern, weil Sie mir mittheilten, daß Sie |2| März und April auf der Reise sich befänden und danach, in Folge der Verhandlungen mit Straßburg etc. eine bedeutende Vermehrung meiner Correspondenz eintrat. Ich hoffe, Sie nehmen mir den lange verzögerten Dank für Ihre freundl. Sendung nicht übel. Mit freundlichen Grüßen

Ihr stets ergebener
GGröber

[Original Basel, UB NL 93 : 80, 257].[188]

---

186 Zeitschrift für romanische Philologie, Suppl. IV, Bibliographie 1879, Halle 1882, 10 (Nr. 122).

187 Vgl. oben Anm. 20.

188 Wiedergabe mit freundl. Bewilligung der Eduard Wölfflin-Thesaurus-Stiftung, Basel, vom 6. November 2017.

31 Hermann Suchier

Breslau, 1 August 1880.

Lieber Freund.

Ihre beiden Beiträge zur Zeitschr. habe ich dankbarst empfangen. Die beiden Miscellen werde ich, wenn nöthig, für IV, 4 reservieren, die Besprechung der beiden Bücher von K. bringt Heft IV$^{2/3}$ sicher.[189] Ich lege Ihnen Mussafias Anzeige[190] hier bei, bitte Sie aber fr. mir sie wieder zurückzusenden. Bis jetzt konnte ich sie und Ihr Manuscript noch nicht lesen; ich freue mich darauf sehr; sie werden beide wohl reinen Tisch mit Charlemagne gemacht haben.

Ich bin hier schon in großer Unordnung. Frau und Kind haben mich im Stich gelassen, ich sitze unter Kisten und eingepackten Meubeln. Mitte August komme ich aber hier erst los. Studenten und Collegen haben mir den Abschied möglichst schwer gemacht. Die Studenten brachten mir bei einem Commers, den sie mir veranstalteten, ihre Huldigungen dar und überreichten mir zur Erinnerung ein Album mit den Bildern von ca. 60 Schülern, sowie trefflichen Ansichten der Universitätsgebäude von Breslau etc. Mit den Wegessen[191] bin ich nun endlich, ich hoffe es wenigstens, auch fertig.

Die Wiederbesetzung der rom. Professur hier macht Schwierigkeiten. Mall,[192] der an erster Stelle vorgeschlagen war, hat abgelehnt; von 2 andren, die nach ihm genannt wurden, wünscht das Ministerium abzusehen, weil dieselben zugleich das Englische vertreten und durch ihre Berufung 2 Lücken entstehen würden, da eine Vereinigung von Rom. u. Engl. in derselben Person jetzt nicht mehr anzutreffen sei. Wir müssen also neue Vorschläge machen, und sind angewiesen auf solche Fachgenossen, für die ich mich absolut nicht interessiren kann, die Vorschläge nunmehr zu lenken.

|2| Kleinerts Dissertation ist in der That in meinem Besitz; ich weiß nicht mehr wann ich sie mir erbeten hatte.[193] Ehe ich weg gehe, schließen noch 3 aeltre Zuhörer ab, deren Arbeiten wahrscheinlich noch nicht zu Ende geführt

---

189 Suchier, Bespr. von *Sechs Bearbeitungen des altfranzösischen Gedichts von Karls des Großen Reise nach Jerusalem und Constantinopel*, hrsg. v. Ed. Koschwitz. Heilbronn 1879. – *Karls des Großen Reise nach Jerusalem und Constantinopel*, hrsg. v. Ed. Koschwitz. Heilbronn 1880, Zeitschrift für romanische Philologie 4 (1880), 401–415.

190 Mussafia, Ztschr. f. d. österr. Gymnasien 31 (1879), 195–200.

191 Gemeint sind «Abschiedsessen» bei Kollegen und Freunden.

192 Eduard Mall (1843–1892), in Breslau romanistisch habilitiert, war zu diesem Zeitpunkt Professor in Würzburg.

193 Gustav Kleinert, *Ueber den Streit zwischen Leib und Seele: ein Beitrag zur Entwicklungsgeschichte der Visio Fulberti*, Halle a. S., 1880 (Phil. Diss.).

sein würden, wenn ich hier geblieben wäre. Der Boden ist hier undankbar und schwer zu bebauen. Die Themata sind, 1. Sprache von Paris etc. im 13./14. Jhrh.[194] 2. Marbods Lapidar, Alters- und Heimathsbestimmung,[195] 3. Gemination im Altfranz.[196] Außerdem werden vermuthlich noch in diesem Jahr fertig werden 4) eine Arbeit über den reichen Reim im Franz. (historisch)[197] 5) Ueber die Sprache der provenzal. Liederdichter. 6) Ueber die gelehrten Wörter im Roland mit Verwerthung derselben für die Lautchronologie[198] 7) Gebrauch des Artikels im Altfz. 8) Gebr. des Personal- u. (Possessivpron. im Altfz.).[199] Einiges davon wird in Göttingen eingereicht,[200] weil den Herren mein Examen und das meiner Collegen nicht leicht genug erschienen war.

Die Frage bez. der Destruction werde ich in Erwägung ziehen.[201] Den von mir gegebenen Text halte ich für nichts weniger als abschließend; – wenn nur unser Publicum die Berechtigung des Wiederdrucks anerkennt! Daß meine Ausführungen bez. Hausknechts These[202] Ihre Zustimmung gefunden haben, freut mich sehr. Der Engl. Ferumbras ist mir nach der Correctur der Recension vor Augen gekommen, ist aber noch nicht in meinem Besitz. Zu Schwans Arbeit

---

194 Ernst Metzke, *Der Dialect von Ile-de-France im XIII. und XIV. Jahrhundert. Th. 1: Vocalismus*, [Breslau 1880 Archiv für das Studium der Neueren Sprachen und Literaturen 64 (1880), 385–412; 65 (1881), 57–96].

195 Paul Neumann, *Ueber die älteste französische Version des dem Bischof Marbod zugeschriebenen Lapidarius*, Breslau, L. Köhler, 1880.

196 Oswald Faulde, *Ueber Gemination im Altfranzösischen*, Breslau, 1881.

197 Émile Freymond, *Über den reichen Reim bei altfranzösischen Dichtern bis zum Anfang des XIV. Jahrh.*, Halle a. S., Karras, 1882.

198 Hermann Flaschel, *Die gelehrten Wörter in der Chanson der Roland*, Neisse, A. Letzel, 1881. Flaschel (1857 Neisse – ?) wurde in Göttingen promoviert. Im Vorwort der Diss. dankt er Gröber, «welcher mir zu meiner Arbeit die Anregung und seinen freundlichen Rath gab, so wie Herrn Prof. Dr. *Kölbing*». Aus seinen Unterlagen (BBF, *Archivdatenbank*) geht kein Studienaufenthalt in Göttingen hervor. Möglich wäre, dass Eugen Kölbing (1846–1899), der 1895 einen Ruf nach dort ablehnte, die anglistische Professur zuvor vertrat und in dieser Zeit einige Breslauer Doktoranden promovierte.

199 Einige Titel konnten nicht im Druck nachgewiesen werden.

200 Der Göttinger Romanist war Theodor Müller (1816–1881), der wohl nicht gemeint ist, sondern Eugen Kölbing, vgl. Anm. 198.

201 Vermutlich hatte Suchier nach dem Sinn des folgenden Aufsatzes gefragt, da der Gegenstand von Gröber bereits in der Dissertation behandelt worden war: *La Destruction de Rome: Première branche de la chanson de geste de «Fierabras»*, Romania 2 (1873), 6–48. Gröber argumentiert, dass die Hs. IV 578 der Stadtbibl. Hannover ein wichtiges Unikat darstelle.

202 *The romaunce of the Sowdone of Babylone and of Ferumbras his sone who conquerede Rome*/re-ed. from the unique ms. of the late Sir Thomas Phillipps, with introd., notes, and glossary, by Emil Hausknecht, London, Trübner, 1881. Hausknecht (1853–1927) war ein umtriebiger Philologe.

über Philippe de Remi[203] sandte mir ein Schüler Mussafias, der Blonde d'Oxford herausgeben wird, eine Anzeige.[204] Falls Sie eine solche zu geben nicht behindert gewesen wären, hätte ich Ihnen das Manuscript jener Anzeige zugeschickt zur Einsichtnahme.

Nun leben Sie wohl. Ich finde Sie und die Ihrigen hoffentlich wohl und gesund Ende dieses Mts. in Halle.

Herzlichst grüßend
Ihr G.Gröber.

[Original Berlin, SBB PK, NL Suchier: Gröber, Brief 71, Bl. 141–142].

32 Karl Dziatzko

Ruprechtsau-Strassburg ^{i}/E. 23. Sept. 1880

Lieber Freund.

Wenn nicht 14 Tage nöthig gewesen wären um Haus und Hof dafür soweit in Stand zu setzen, daß Frau und Kind ihren Einzug halten konnten; wenn dann nicht diverse Handwerksleute an die beschädigten Meubel und sonstigen Umzugsstücke eine weitere Woche die bessernde Hand zu legen gehabt; wenn ferner die «Tante»[205] nicht 14 Tage dagewesen und ihr Schwager die Verpflichtung gefühlt hätte ihr alle Schönheiten in Haus, Hof und Garten, vom Straßburger Münster bis zum bewunderten, von uns in 20 Minuten erreichtem Rhein zu zeigen, wenn endlich das Wetter nicht gar so schön gewesen und weniger zum Genießen alles Neuen, was uns umgiebt, eingeladen und wenn meine Nachricht an Sie aus Straßburg sich nicht auf die Meldung von allgemeinem Wohlbefinden beschränken sollte, so werden Sie zugeben, daß ein nach fünf Wochen eintreffender Brief Bürgschaft für das Vorhandensein der allerbesten

---

203 Eduard Schwan, *Philippe de Remi, Sire de Beaumanoir, und seine Werke*, Straßburg 1880, Phil. Diss. [Auszug aus Romanische Studien 4 (1880), 351–400].

204 Alois Seeger, Zeitschrift für romanische Philologie 4 (1880), 465–466: «Der Unterzeichnete, der durch seinen verehrten Lehrer, Herrn Prof. Mussafia, gleichfalls zur Ausführung einer Untersuchung wie die hier vorliegende angeregt worden war, gestattet sich in dieser Anzeige der vorzüglich durchgeführten Arbeit Schwans auf drei Punkte derselben näher einzugehen; sie betreffen 1. die Heimath der Romane Manequine und Blonde d'Oxford, 2. die Abfassungszeit, 3. den Verfasser derselben» (465). Die Arbeit Seegers, später Gymnasialprofessor in Währing, ist im Druck nicht nachweisbar.

205 Schwester von Gröbers Frau und zugleich Ehefrau eines seiner Brüder.

Gesinnungen und treuer Anhänglichkeit leistet, – ist er doch der erste, den ich über unsere neue Häuslichkeit schreibe.

|2| Fasse ich nun die Situation, in die uns die Versetzung nach hier gebracht hat, in ein Wort zusammen, so kann ich sagen, daß bisher alle unsere Erwartungen übertroffen wurden. Häuschen, Hof und Garten sind ein wahrer Genuß; der Besitzer hat weit über seine Versprechungen hinaus die Vervollkommnung der Einrichtungen des Grundstückes sich angelegen sein lassen und mir bei der Uebersiedlung die weitgehendste Unterstützung gewährt. Bis jetzt zeigt sich nirgends etwas, was zu Ausstellung oder Mißbehagen Anlaß gäbe, – des Grases ist weit weniger in dem 290 Schritte langen, 90 Schritt breiten Garten, als mir nach dem Besuch im Mai in Erinnerung war: denn von dem vorhandenen wird eine Kuh in einem Tage nicht satt; statt dessen Blumen, Buschwerk, Ziersträucher in Menge und herrliche hohe, schattige Bäume! Blumen und Ziersträucher genug um das 300 Töpfe wenigstens fassende Glashaus reichlich zu besetzen. Dabei ist das Wohnhaus innen wie außen fast mehr als elegant, prächtige Decken und Parquett, geschmackvolle Tapeten – alles verblichene Farbenwerk aufgefrischt. Das Taubenhaus hat bereits einige Insassen aufzuweisen, der Hühnerhof wird demnächst bevölkert werden – Enten, Gänse, etliche |3| Schweine ließen sich in den für sie vorhandenen Behältnissen ebenso wohl unterbringen, wie im Stall ein paar Reit- und einige Wagenpferde, und werden diese Räumlichkeiten auch lange oder z. Th. wohl für immer sich ihrer freuender Insassen zu entbehren haben, so wird wohl demnächst ein prächtiger schwarzhaariger Hund in seinem nicht unbequemem Quartier Einzug halten, und Haus und Hof sind in guter Hut.

Kommt nun noch dazu, daß die Verpflegung in Ruprechtsau unter Zuziehung von Straßburg eine wohl zusagende und durchaus, wie meine Frau constatirt, nicht theure ist; stellt sich heraus, daß meine Wirksamkeit in Straßburg und die collegiale Eintracht gleichfalls den gehegten Erwartungen und Versicherungen entspricht, – so haben wir in unserem Alter die Fülle dessen was wir in der – Jugend gewünscht. In Straßburg habe ich erst Barack[206] kennen gelernt und einige Beamten der Bibliothek; Collegen sind so gut wie keine in Straßburg anwesend; kurz vor Beginn des neuen Monats werde ich mich dem Curator[207] vorstellen und werden wir allmählich die Besuche danach ausfüh-

206 Karl August Barack (1827–1900), deutscher Bibliothekar, 1871 zum Wiederaufbau der im Krieg zerstörten Bibliothek nach Straßburg berufen, 1872 Oberbibliothekar und o. Prof., machte die im Krieg zerstörte Bibliothek innerhalb kurzer Zeit zur drittgrößten des Deutschen Reichs. Vgl. Karl August Barack/August Schricker, *Die Neugründung der Straßburger Bibliothek und die Göthe-Feier: am 9. August 1871*, Straßburg, Schmidt, 1871.

207 Karl Ledderhose (1821–1899), seit 1872 Kurator der Universität Straßburg, 1880–87 zugleich Unterstaatssekretär im preuß. Ministerium für die Reichslande.

ren. – Ueber die Bibliothek schreibe ich Ihnen gelegentlich[208] |4| etwas, wenn ich sie erst besser kenne. Barack ist mir sehr freundlich entgegengekommen, obwohl er von Natur verschlossen scheint, wenn nicht, worauf sein Aussehen wohl schließen läßt, körperliches Befinden ihm seinen Habitus giebt.

Meine Frau schreibt gleichzeitig und wird das Rahmenwerk dieser Zeilen mit Détails aus Haushalt und Familie füllen. Wir gedachten neulich als sich das Wetter trübte unserer Leseabende, und werden oft, wenn der Aufenthalt im Freien sich verbietet und wir vom Spätnachmittag an in unserm stillen Haus sitzen müssen, unserer traulichen Zusammenkünfte in Breslau gedenken, Sie herbeiwünschend. Nun wir glauben und hoffen, daß wir Sie bald einmal zu sehen bekommen, und daß Sie das Verlangen empfinden sich bald selbst von den Herrlichkeiten zu überzeugen, die wir Ihnen preißen. Haus, Hof und Garten, Küche und Keller (jetzt allerdings noch ohne Weinlager) steht dann zu Ihrer Verfügung.

Auf Ihrer Reise haben Sie sicherlich gutes Wetter gehabt, wir wünschen, daß sie eine genußreiche gewesen ist. Die besten Glückwünsche nehmen Sie zum Geburtstag Ihres jüngsten Töchterleins & herzliche Grüße für sich, Ihre Frau und Schwiegermama von

Ihrem getreuen
GGröber

[Original Göttingen, NSUB NL Dziatzko (Cod_Ms_K_Dziatzko_69_4_63_150), Brief 72].

33 Karl Dziatzko

Ruprechtsau-Strassburg i/E. 23.XII. 1880

Lieber Freund!

Ich habe leider auf die ersten Weihnachtsferientage die Beantwortung der Briefe unserer Breslauer Freunde verschieben müssen, da ich seit Semesterbeginn mit Arbeit sehr in Anspruch genommen war; dachte ich nun aber Ihnen die gewünschte Nachricht aus Rom in meinem zweiten Ruprechtsauer Schreibbrief zu senden und Sie dadurch mein langes Schweigen vergessen machen zu können, so war diese Voraussicht eitel, da Monaci,[209] trotzdem ich ihn erinnert, noch nichts von sich hören lassen will. Ich habe vor c. 8 Tagen ihm nochmals

208 Vgl. oben Anm. 26.
209 Zu Ernesto Monaci s. *Verzeichnis der Briefempfänger*.

geschrieben und rechne nun bestimmt darauf in Kürze die von Ihnen gewünschte Auskunft zu erlangen.

Meine Frau war fleißiger im Schreiben – die Frauen haben eben immer Zeit – und hat zu Ihrer Kenntniß gebracht, daß in unserem Wohlbefinden sich nichts geändert hat, daß wir uns hier so wohl wie anfangs fühlen. Zwar hatten wir, mit der Stadt Straßburg, Wassersnöthe zu bestehen, unser Garten war in seinem hinteren Theile in Folge Austritts unseres Teiches ein kleiner See geworden, in den Gebäuden stieg, im Kellerraum, das Wasser bis zu 95 in dem einen, im anderen bis zu 75 Centimeter, allein wir konnten noch, ohne die Füße naß zu bekommen, ein gutes Stück Erde umwandeln. Der heurige Winter ist hier sehr wasserreich; die Ill ist schon wieder zum Nachtheil der Schifffahrt angeschwollen; diesmal sitzen wir aber noch völlig im Trockenen, es ist immer noch paradiesisch hier; Sie werdens eingestehen, wenn |2| Sie im nächsten Jahre zu uns kommen.

Mit der Universität, Collegen und Studenten bin ich nun natürlich schon völlig vertraut. Unter den Collegen ist die Jugend stark vertreten, daher herrscht in den häufigen und langen Sitzungen der philos. Facultät auch ein etwas leichterer Geist. Studemund[210] ist mir in derselben am meisten sympathisch; er ist der rührigste in der gesammten Facultät und eine energische, praktische und liebenswürdige Natur zugleich. Seine junge, höchst liebenswürdige Frau, die schon längere Jahre leidend ist, ist gegenwärtig schwer erkrankt, sodaß unser Verkehr leider unterbrochen werden mußte.[211] Nächstdem habe ich am meisten Zutrauen zu Michaelis[212] und Ten Brink[213] gefaßt; Familienverkehr mit Letzterem verbot sich durch Trauer in seinem Hause (sein Schwiegervater starb in den großen Ferien). Ueber die Studenten weis ich weniger Rühmendes zu sagen. Im Allgemeinen scheint mir unter ihnen ein etwas rüder Geist zu herrschen; Studentenvereine sind in Menge vorhanden und alle pflegen die stud. Biergemüthlichkeit. Speciell meine Zuhörer gehören zu mehr als der Hälfte einem solchen Verein an; Realschüler[214] scheinen in Masse darunter zu sein; ich scheine etwas strengere Anforderungen an sie zu stellen als

---

210 Wilhelm Studemund (1843–1889), bedeutender Klass. Philologe, seit 1872 Straßburger Ordinarius, 1885 Wechsel nach Breslau, wo er nach nur vier Jahren einer Krebserkrankung erlag.

211 Kurz vor seinem Straßburger Dienstantritt hatte Studemund in Stuttgart die Kaufmanns-Tochter Marie Springborn geheiratet, die am 27.12.1880 verstarb. Er ging 1882 eine zweite Ehe mit Marie geb. Wurster (1859–1941) ein.

212 Adolf Michaelis (1835–1910), Klassischer Archäologe, seit 1872 Straßburger Ordinarius.

213 Bernhard ten Brink (1841–1892), deutsch-niederländischer Anglist, 1872 von Marburg nach Straßburg berufen.

214 Absolventen von Realgymnasien, an denen neuere Sprachen und Naturwissenschaften stärker gepflegt wurden als an den Humanistischen Gymnasien.

sie gewöhnt sind. Die große Zahl der neuere Sprachen hier Studirenden (ca 50) schreibt sich wahrscheinlich davon her, daß die romanist. Vorlesungen und Uebungen sich bisher an der Oberfläche hielten und daß vor der am 1. October erfolgten Einführung eines veridischen Promotionsreglements der philos. Doctorgrad schon auf Grund einer schriftlichen Arbeit und einer mündlichen Prüfung im Französ. und Englischen erlangt werden konnte.[215] Daß hierin Wandel geschafft worden, ist den Leuten sehr unbehaglich, |3| mir aber sehr gelegen. Nächst Böhmer hat hier sein Vicar Koschwitz[216] nicht weniger nachtheilig auf die Studenten eingewirkt: wie recht Sie hatten, als Sie sagten, daß er Ihnen nicht zum academischen Lehrer tauglich scheine, habe ich nun bestätigt gefunden. Ich habe ihn deshalb auch nicht unterstützen mögen, als er, gleich nach meiner Installirung an der Universität, die Facultät bestürmte ihn zum Extraord. zu befördern. Er hat sich in Folge ablehnenden Bescheids nun genöthigt gesehen aus der hiesigen Facultät auszuscheiden, und geht nach Münster zu seinem Freund Körting.[217] Möge er dort seine Doctorenpresse weiter in Thätigkeit setzen.[218]

Ein angenehmeres Vorkommniß in der Facultät ist, daß wir letzter Tage Alwin Schultz als Nachfolger von Woltmann vorgeschlagen haben. Hoffentlich läßt sich das Curatorium auf diesen Vorschlag ein.[219] Er ging in der Facultät nicht ganz glatt durch; ich habe einiges Verdienst an dem Zustandekommen einer Majorität. Ob Sch. hierher kommen wird?[220]

Auch auf der Bibliothek[221] bin ich nun vollkommen orientirt.[222] Der Reichthum der Bibliothek ist erstaunlich, in meinem Fache finde ich vieles Niegese-

215 Vgl. Heinrich Hoseus, *Die Kaiser-Wilhelms-Universität zu Straßburg, ihr Recht und ihre Verwaltung*. Eine Festschrift zum 1. Mai 1897, Straßburg, Friedrich Bull, 1897 (Promotionordnung der Phil. Fakultät, 95–99).

216 Zu Eduard Böhmer und Eduard Koschwitz vgl. die Anm. 218 u. 386.

217 Gustav Körting/Koerting (1845–1913), wie Gröber Schüler Eberts in Leipzig, nach einer Tätigkeit im Schuldienst 1876–1892 als Nachfolger von Hermann Suchier Ordinarius für romanische und englische Philologie in Münster. Vgl. auch Anm. 24.

218 Zu Koschwitz vgl. Kaluza/Thurau 1901 (mit Schriftenverzeichnis Koschwitz'). Die Spannungen mit Gröber, Suchier u. a. werden ausgeblendet. Sie könnten möglicherweise auch damit zusammenhängen, dass Koschwitz überzeugter Katholik war.

219 Gröber, der Schultz von Breslau her kannte, unterliegt hier einer Fehleinschätzung, denn berufen wurde Hubert Janitschek.

220 Vgl. auch Brief 63, der von einer späteren, wieder nicht geglückten Berufung handelt.

221 Zur Baugeschichte der Bibliothek, die die im Krieg 1870/71 zerstörte ersetzte, vgl. Sebastian Hausmann, 1897, 34–35, Abb. b. Seite 32; Christlieb Gotthold Hottinger, *Die Kaiserliche Universitäts- und Landesbibliothek Strassburg. Ein Vortrag*, Strassburg i. E., 1875; vgl. auch Anm. 206. Andre Publikationen betreffen den alphabetischen Zettelkatalog, die Bibliotheks- sowie die Benutzungsordnung, die Handbibliothek des Lesesaals und den Zeitschriftenkatalog.

222 Dziatzko war als Bibliotheksdirektor an derartigen Fragen interessiert und publizierte in der Folgezeit Einschlägiges, z. B. *Instruction für die Ordnung der Titel im Alphabetischen Zettel-*

hene. Wenn ich einmal wieder nach Breslau gehen sollte, würde ich es nicht thun ohne daß das Ministerium 2000 Thaler wenigstens bewilligte zur Ergänzung der Lücken im rom. Fach. Die Aufstellung der Bücher weicht hier etwas von der Ihrigen ab. In der Philologie gibt es gewöhnlich 7 Abtheilungen zB. Italienisch: A. Allg. B. Grammatik u. Lexicogr. C. Metrik D. Litteraturgeschichte. E. Ausgaben – Erläuterungsschriften F. Dialekte etc. Innerhalb der Abtheilungen ist aber nur noch eine Scheidung bei den Texten vorgenommen, a) Sammlungen b) Einzelausgaben. In jeder Abtheilung ist die Ordnung alphabetisch, bei den Ausgaben also auch nicht chronologisch. Formate werden 2 geschieden: 1) fol. u. 4° 2) 8° etc. Ein gemeinsames Verwaltungsbüreau |4| giebt es nicht. Die Bibliotheken haben jede ihr eigenes, von Corridoren aus erreichbares Zimmer, das in der Abtheilung liegt der sie vorgesetzt sind. Der Prof. Reussner[223] zB. steht der gesamten Philologie vor; er hat die Catalogisirung u. Einrichtung zu besorgen, ist zur Durchprüfung der antiquar. Cataloge über Philologie verpflichtet u.s.w. Ein Zettelkatalog ist gleichfalls vorhanden; er scheint mir aber weniger praktisch angelegt als der Ihrige, namentlich darin, daß zu kleines und dünnes Papier dafür verwandt ist. Das Lesezimmer ist ziemlich elegant eingerichtet, aber eng. Die Benutzung der dort in Glasschränken aufgestellten Bücher ist etwas schwer; namentlich übersieht man nicht leicht das Vorhandene. Das Ausleihzimmer ist ebenfalls des Instituts nicht recht würdig. Freilich soll in Folge des Bestehens zahlreicher Seminarbibliotheken, die Bibliothek nicht allzu sehr benutzt sein. Der Docent findet ein sehr freundl. Entgegenkommen bei den Beamten; Lücken auszufüllen zeigt man den größten Eifer; der Zutritt zur Bibliothek ist uns gestattet. Man kann nur wünschen, daß der Landesausschuß[224] den Fonds der Bibliothek nicht verkürzt, wie er gegenwärtig wieder im Schilde führt: Universität und Bibliothek kosten dem Ländchen die schmerzhafte Summe von 2,000,000 Mark, und da nach Landesausschußansicht diese Summen blos zum Vortheil der Eingewanderten ausgegeben werden (der Elsässer braucht diese Universität und Bibliothek nicht), so macht er jedes Jahr Monita sie stark zu verkürzen. Was diesmal ge-

---

katalog der Königlichen Universitäts-Bibliothek zu Breslau, Berlin, Asher, 1886; *Entwickelung und gegenwärtiger Stand der wissenschaftlichen Bibliotheken Deutschlands mit besonderer Berücksichtigung Preussens*, Leipzig, Spirgatis, 1893.

223 Friedrich Reussner (1823–1895), von Hause aus Theologe, geborener Straßburger, Oberlehrer am Protestantischen Gymnasium, seit 1872 Universitätsprofessor und Zweiter Bibliothekar der Universitäts- u. Landesbibliothek.

224 Der am 28. 10. 1874 durch kaiserlichen Erlass eingerichtete Landesausschuss, dessen Mitglieder von den Bezirkstagen benannt wurden, wurde nicht vom Volk gewählt und hatte nur beratende Funktion. Erst mit der Verfassung des Reichslandes Elsass-Lothringen vom 31. 5. 1911 wurde er durch einen direkt gewählten Landtag ersetzt.

schieht, weis man noch nicht; mit einer Reduction der Gehälter beschäftigt sich der heurige Landesausschuß auch: hoffentlich klopft man ihm regierungsseitig etwas auf die Finger. –

Daß Müller[225] nach Hamburg gewünscht wurde, aber abgelehnt hat, schrieb mir Hertz.[226] |4| Heines interessante Veröffentlichung in der Rundschau habe ich s. Zt. gelesen.[227] Daß Frau Bruck gestorben erfuhren wir durch ihn selbst, und daß Frau Dorn wieder recht krank gewesen, deutete Frau Weinhold neulich in einem Briefe an. Die Invaliden aus der Turnzeit, Giercke und Partsch, werden hoffentlich wieder hergestellt sein. In die Breslauer Universitätsunfallschronik waren seitdem doch nicht neue Eintragungen zu bemerken? Veränderung im Lehrkörper werden seither auch nicht weiter erfolgt sein.[228] Mit Gaspary ist die Fakultät hoffentlich zufrieden.[229] Ihm gefällt es, wie er mir schrieb, in Breslau recht gut; schmerzlich haben ihn die Lücken der Bibliothek in der rom. Abtheilung berührt. Daß Ihre Tatrareise ganz nach Ihren Wünschen von Statten gegangen, hat uns gefreut von Ihnen zu hören. Dem edlen Waidwerk haben Sie seit Ihren Ferien gewiß noch öfter obgelegen und sind ein glücklicher beutebeladener Schütze heimgekehrt; die Pariser Patronenleibbinde hat dabei wohl einige Verdienste gehabt.

Hoffentlich ist bei Ihnen alles wohl auf. Die Kinder werden schon in der Weihnachtsstimmung sein. Wir wünschen Ihnen ein recht frohes Weihnachtsfest. Die Ihrigen grüßen Sie recht herzlich von uns, an die Bekannten (Hertz's, Reifferscheids etc.)[230] richten Sie recht freundl. Empfehlungen von uns; ich bin, wie immer

Ihr treu ergebener
GGröber.

[Original Göttingen, NSUB NL Dziatzko (Cod_Ms_K_Dziatzko_69_4_63_150), Brief 73].

---

225 Carl Friedrich Wilhelm Müller (1830–1903), von 1872–1897 Direktor des Johannes-Gymnasiums in Breslau; 1896 Honorarprof. d. Klass. Philol. in Breslau (Kössler, *Personenlex.*).

226 Martin Hertz (1818–1895), seit 1862 Klass. Philologe in Breslau.

227 Wolfgang Heine (1861–1944), Jurist (Studium in Breslau), SPD-Reichstagsabgeordneter, 1919–1920 preuß. Innenminister, 1933 Flucht in die Schweiz.

228 Die hier mitgeteilten Personalia, die nicht die Universität betreffen, werden nicht weiter kommentiert.

229 Adolf Gaspary (1849–1892) wurde 1880 Romanistikprofessor in Breslau, von wo er 1891 nach Göttingen berufen wurde, eine Berufung, deren Realisierung sein früher Tod verhinderte.

230 Zu Hertz vgl. Anm. 226; zu August Reifferscheid s. *Verzeichnis der Briefempfänger*.

34 Carolina Michaëlis de Vasconcelos

Ruprechtsau-Strassburg i/E., 10. 3. 81.

Hochgeehrte Frau.

Verzeihen Sie meine späte Antwort auf Ihre Zeilen vom 13.1. und meinen verspäteten Dank für die zwei weiteren Beiträge zur Rom. Zeitschr., die darum nicht weniger schnell zum Druck befördert worden sind: Heft V, 1 wird diese,[231] wie die Fortsetzung der Recension von Storcks Camões enthalten.[232] Auch diese Recension ist von beträchtlichem Umfang; allein jeder aufmerksame Leser wird Ihnen dankbar sein für die Ausführlichkeit mit der Sie litteraturgesch., bibliograph. und textkritische Fragen darin behandeln; den meisten wird erst durch Sie der Weg durch die Camões-Litteratur gewiesen sein, und je weniger man dieselbe kennt und besitzt, um so erwünschter sind alle Ihre Détails, Angaben und Schätzungen, die sich darauf beziehen. Auch daß Sie namentlich mit Bragas Arbeiten über und für Camões sich dabei beschäftigen,[233] ist nur gerechtfertigt; außerhalb Portugals ist B. doch ein bekannter Name von gewisser Autorität, auf den man recurrirt; den Grad der Verlässlichkeit dessen, was er als Thatsachen anzusehen nöthigt, bestimmt zu sehen, ist von Wichtigkeit. Dabei fällt noch besonders ins Gewicht, daß den Wenigsten seine Bücher zugänglich sind. Obgleich ich die romanistische Litteratur verfolge, ist mir unbekannt, daß mehr als 7 Bände von Bragas Litteraturgesch. erschienen sind;[234] von seinem Camões habe ich gleichfalls nichts zu sehen be- |2| kommen. Der Vorwurf der Unbekanntheit mit diesen und ähnlichen Arbeiten Portugals trifft freilich weniger das Ausland als den portugiesischen Buchhandel. Mit

231 Michaëlis de Vasconcelos, *Zum Cancionero General de Nagera*, Zeitschrift für romanische Philologie 5 (1881), 77–79; *Zum Cancioneiro Geral*, ebd., 80–85.

232 Zu Wilhelm Storck vgl. Brief 13. Die hier angesprochene Rez. ist: Luis de Camoens' *Sämmtliche Gedichte*. Zum ersten Male deutsch von Wilhelm Storck, Paderborn, Druck und Verlag von Ferdinand Schöningh, 1880. Erster Band: *Buch der Lieder und Briefe*. Zweiter Band: *Buch der Sonette* (Bd. II), Zeitschrift für romanische Philologie 5 (1881), 101–136. Der I. Band von Storcks Ausg. wurde in Zeitschrift für romanische Philologie 4 (1880), 591–609 besprochen. Dort heißt es gleich zu Beginn, Storck habe die «schönste und werthvollste» von allen Camões-Übersetzungen vorgelegt und sei der «feinste Kenner seiner Muse». – Im Jahr 1880 wurde weltweit des 300. Todestags Camões' gedacht. – Die Rezensentin war mit Storck befreundet, vgl. ihren umfangreichen Briefwechsel mit ihm in Münster, UA, NL Storck.

233 Bes. 102, 103, 107 usw.

234 Bragas mehrbändige *História da literatura portuguesa* ist ein «Klassiker», dessen Entstehungsgeschichte jedoch unübersichlich ist; Klarheit schafft Carolina Michaëlis in: *Grundriss* II, 2 (1897), 141. Demzufolge erschien die *Introducção* 1870, der sich bis 1892 weitere Bände anschlossen.

Deutschland scheint derselbe keine regelmäßige Verbindung zu unterhalten, obgleich eine solche sein Absatzgebiet nur erweitern könnte. Es wäre durchaus wünschenswerth, daß eine Firma von europäischem Ansehen, wie zB. Brockhaus, Verbindung mit den hervorragendsten Verlegern Portugals (und Spaniens) suchte, damit wenigstens unsere großen Bibliotheken und die Bedürfnisse der Specialisten gedeckt würden. Natürlich gehört dazu das Entgegenkommen von portugiesischer Seite.

Wenn ich mir auch eine Bemerkung bez. der beiden kleineren, der Ztschr. gesandten Artikel gestatten darf, von denen Sie fürchten, daß sie Anderen zu unbedeutend erscheinen möchten, so möchte ich darauf hinweisen, daß, nachdem solche Zaghaftigkeit gegenüber Fragen der franz., provenzal. und ital. Philologie glücklich überwunden ist, die Zeit gekommen sein dürfte auch das Spanische und Portugies. aus ihrer Aschenbrödelstellung zu befreien: es kann dies nur dadurch geschehen, daß Jemand den Muth hat mit der Tradition von der Zulässigkeit der Vernachlässigung des Span. und Portug. zu brechen, unbekümmert darum, ob man im Augenblick dem Specialismus auf hispan. Gebiete eine geringere Berechtigung zuerkennt als dem auf den übrigen rom. Gebieten. Vor 10–15 Jahren war es auf diesen Gebieten nicht anders; die Initiative Einzelner hat es dahin gebracht, daß sich jetzt die Discussion der kleinsten sie berührenden Frage ans Licht wagen darf. Ein muthiges Vorgehen auf dem Gebiete span. u. portug. Litteraturgeschichts- und Sprachforschung wird ähnliche Erfolge erzielen und ein allgemeines Interesse an ihnen wecken. Unter den jün- |3| geren Fachgenossen in Deutschland sind doch wenigstens einige schon vorhanden, die die Neigung zeigen Ihnen zu secundiren: die Romanische Zeitschr. stellt sich Ihnen für alle portug.-span. Specialia zur Verfügung.

Ich würde hiernach Ihre Mittheilungen aus portug. Handschriften in der Rom. Ztschr. nur willkommen heißen können; auch eine Besprechung der neuen Ausgabe von Bragas Parnasso[235] würde ich mit Vergnügen acceptiren.

Eine Anzahl Hefte der Bibliotheca para o povo,[236] sowie eine Reihe von Dichtungen von Tiburcio Pedra[237] habe ich in der That von Herrn Dir. Gold-

235 Michaëlis, Rez. von *Edição Ferreira de Brito. Parnaso de Luiz de Camões. Edição das Poesias Lyricas consagrada á commemoração do Centenario de Camões*. Com uma Introducção sobre a Historia da Recensão do Texto Lyrico por Theophilo Braga. Porto, Imprensa Internacional. Bomjardim 489, 1880. 3 voll. in 8°. I pp. XXX e 191 Os Sonetos, II pp. 175 Canções, Sextinas, Odas e Outavas. – III pp. 269 Elegías e Eglogas, Zeitschrift für romanische Philologie 5 (1881), 393–402.

236 Diese Reihe erschien in Porto im Verlag João E. da Cruz Coutinho. Die verlegten Titel lassen an die in Deutschland verbreiteten «Volksbücher» denken. Vgl. auch *Grundriss* II, 2 (1897), 307 mit Hinweis auf die *Romanische Bibliographie* 1878, 85, wo einige Titel verzeichnet sind; weiterhin *Revista Lusitana* 1 (1887–1889), 256.

237 Tibúrcio Pedra (um 1875), Verf. von Lyrik und Theater.

beck[238] zugesandt erhalten; meinen an denselben gerichteten Dank erlauben Sie mir auch Ihnen nun dafür auszusprechen. Mit der Veröffentlichung solcher Stücke der Bibliotheca, deren Originale nicht sofort erkennbar oder die frei und originell behandelt sind (wie wohl zB. Malicia e maldade etc; Magalona; Imperador Carlos Magno; Theodora; Catharina; Aleixo, etc.),[239] sowie solchen, die selbst Originale sind, würden Sie den Fachgenossen gewiß einen Dienst leisten. Diese würden schon ein anthologisches Buch zusammensetzen, besonders wenn sie mit litterargeschichtlichen Beigaben versehen würden. Oder sind auch für jene Texte die Originale in einem verbreiteten Legendar (Pseudoturpin?) u.s.w. gegeben? Woher stammen die Contos das Fadas ou Lobishomems? etc. Die aus modernen Werken (D. Quichote, Paul et Virginie, Gil Blas u.s.w.) könnte man natürlich nicht wohl reproducieren. – Bei sparsamer Raumbehandlung würde eine «Sammlung portug. Volksbücher» wohl nicht zu theuer werden, auch ein Verleger dürfte in Deutschland zu finden sein, der Dank der Fachgenossen dürfte nicht fehlen.

Gestatten Sie mir schließlich noch einem Wunsch der Gebr. Henninger in Heilbronn Ausdruck zu geben, die mich kürzlich ersuchten, bei den Bearbeitern der historischen Grammatiken Erkundigungen über den Stand ihrer Arbeiten |4| einzuziehen.[240] Anfragen von vielen Seiten über den Zeitpunkt der Veröffentlichung der einen und andern der angekündigten Grammatiken lassen sie wünschen hierüber unterrichtet zu werden. Sie würden Ihnen daher sehr verbunden sein, wenn Sie die Güte hätten eine Nachricht nach Heilbronn oder an mich in Kürze über den Fortgang Ihrer Arbeit an der spanischen Grammatik gelangen zu lassen.

Indem ich diesem Wunsche Ausdruck gebe, bitte ich freundl. die Länge dieses Briefes zu entschuldigen und die Versicherung der vollkommensten Hochschätzung entgegenzunehmen.

Ihr ergebenster
GGröber.

[Original Coimbra, NL Prof. Dr. Paulo Quintela, Doc. 003].

---

238 Zu Goldbeck vgl. Brief 24.

239 Vgl. neuerdings z. B. *Verdadeira Tragédia do Marquez de Mantua e do Imperador Carloto Magno*, ed. António Bárbolo Alves, Miranda del Douro, 2007.

240 Vgl. Brief 26.

35 Karl Dilthey

Ruprechtsau-Strassburg i/E. 2. Mai 1881

Lieber College.

Im Nachstehenden versuche ich Ihrem Verlangen umgehend und in weitrem Umfange, als Ihnen vielleicht nöthig scheint, nachzukommen, und erkläre mich gern bereit, falls, was ich im Moment beibringen kann, Ihnen nicht genügt, auch noch ausführlicher über Diesen oder Jenen auf Ihren Wunsch zu referiren.[241]

Ich würde, alle mobilen Fachgenossen ins Auge gefaßt, folgende, auf das wissenschaftliche Verdienst des Einzelnen gegründete Rangordnung aufstellen:[242]

1. Wendelin Foerster in Bonn, geb. 1844, Oesterreicher, Prof. ord. der rom. Phil, seit 1876; Extraord. in Prag 1875, Dienstantritt 1874.
2. Hermann Suchier in Halle, geb. 1846, Hesse ... seit 1875, vorher in Münster; Docent in Marburg 1873, Extraord. in Zürich 1874.
3. Eduard Mall in Würzburg, geb. 1842, Westphale ... + engl. Philologie, seit 1874; Docent in Breslau 1871
4. Gustav Körting in Münster, geb. 1845, Sachse ... seit 1875, vorher Oberl. am Kreuz-Gym. in Dresden.
5. Edmund Stengel in Marburg, geb. 1843 Anhaltiner ... 1872, Docent in Basel 1869.
6. Karl Vollmöller in Erlangen, Prof. extraord: geb.1848, Schwabe ... 1877, Docent in Straßburg 1874.
7. Albert Stimming in Kiel, 1846, Pommer? ... ord. ... 1880, Kiel 1873

---

241 In der gleichen Angelegenheit gibt es ein Gutachten von Wendelin Foerster vom 15.5.1881, das jedoch nur noch die folgenden Romanisten begutachtet: Eduard Mall, Eduard Koschwitz, Karl Vollmöller und Alfred Morel-Fatio. Vermutlich hatte die Göttinger Kommission diese Vier in die engere Wahl gezogen; das Rennen machte Vollmöller, der von beiden Gutachtern nur als eher mittelmäßig eingestuft wurde. Allerdings setzte ihn Foerster an die Spitze der vier zu Beurteilenden: «*Vollmöller* ist ein braver, fleißiger u. bes. die Studenten sehr anregender Mann. Er ist kein Talent 1. Ranges, aber unter den zu habenden nimmt er die 1. Stelle ein. Er hat in Erlangen eine schwere Arbeit vorgefunden, da Kissner, s. Vorgänger, das Fach völlig ruiniert hatte» (zit. nach Hirdt 1993, II, 1010–1012, hier 1011). Sowohl Gröber als auch Foerster unterschätzten wohl Vollmöllers Organisationstalent, denn die Fachwelt verdankt ihm die Gründung der Romanischen Forschungen (1883 f.) und die Herausgabe der Kritische[n] Jahresbericht[e] über die Fortschritte der Romanischen Philologie (1892 f.).

242 Aus Platzersparnis wird auf nähere bio-bibliographische Angaben verzichtet und stattdessen auf die entsprechenden Einträge im http://lexikon.romanischestudien.de verwiesen.

8. Adolf Gaspary geb. ? – Breslau, Prof. extraord., Berliner, judaeus baptizatus ... rom. " 1880 ... Berlin 1878
9. Fritz Neumann, geb. 1853 Mecklenburger, Heidelberg, Docent der rom. & engl. Phil., seit 1878
10. A. Birch-Hirschfeld, c. 1848, Sachse, Leipzig Docent der. rom. ... 1878.
11. Eduard Koschwitz, geb. 1857 Schlesier, in Münster ... rom. + engl. Phil., seit 1877 in Strassburg.
12. H. Andresen
13. Franz Settegast, geb. 1852. Schlesier, Prof. extr. der rom. Phil. in Zürich, seit 1878, Docent in Leipzig 1877.
14. Hermann Varnhagen, geb. 1850 Oldenburger, in Greifswald, Docent der rom. u. engl. Phil. seit 1878.

|2| Nicht genannt ist Cornu (Ord.) in Prag, weil, wenn auch tüchtig, doch französisch gesinnter Schweizer; Schuchardt, weil ihm Preußen verleidet ist, Kissner in Königsberg, weil er nichts bedeutet, die jüngsten Privatdozenten, weil die Liste schon groß genug erscheint.

1. Foerster ist extensiv und intensiv der bedeutendste; vorzüglicher Editor, grammatischer Kopf, immense Arbeitskraft; bei Behandlung linguistischer Fragen hat er sich ebenso schöpferisch als unfehlbar bis jetzt bewiesen, die Disciplin dankt ihm zahlreiche gesicherte Resultate, neue und weite Ausblicke, vielfältige Anregung. Seine Arbeiten bewegten sich bis jetzt auf dem Gebiete des (Alt)-Französ.; dazu Ital., Provenzal., Catalanische Publicationen. Außer seinen Beiträgen zu meiner Zeitschrift, die zu dem besten gehören, was dieselbe enthält, außer Aufsätzen in Böhmers Romanischen Studien, Bd. III–IV, und höchst lehrreichen Recensionen von größerer Ausdehnung in der Zeitschr. f. oesterr. Gymnasien 1874 ff. sind folgende größere Publicationen von ihm vorhanden:

Altfz. Richard li Biel, Wien 1874. – (Text des 13. Jahrh.)
Dialoge lo pape Gregoire, Halle 1875 (Text des 12. Jahrh.)
Chevalier as 2 epees, " 1877 (... 13. Jahrh.)
Venus la deesse, Bonn 1879 (... 13. Jahrh.)
Roman de Girard de Rossillon, Bonn 1879 (... 13. Jahrh.)

Ein Aufsatz von ihm im Rhein. Museum, 1878, wird Ihnen bekannt sein. Einige Dissertationen sind von ihm in Bonn, seit 1879 veranlaßt worden. – Verträglichkeit zählt nicht zu den entwickeltesten unter seinen Tugenden. F. war ursprünglich classischer Philolog.

2. Suchier nächst F. der rührigste unter den jüngeren Gelehrten, ohne Zweifel ein sehr anregender Docent, nach den zahlreichen romanist. Dissertationen zu urtheilen, die seit 3 Jahren von Halle ausgehen, und unter denen die Hälfte

wenigstens ungetheilte Aner- |3| kennung verdient. S. ist hervorstehend scharfsinnig und ein reicherer Geist als F., mit dem Trieb nach Originalität, und darum fehlbarer als F. Seine Arbeiten zeigen wie er enge Auffassungen, die seine neben germanistischer allmählich und ohne sichre Leitung erworbene romanistische Bildung mit sich brachte, schnell zu überwinden weis. Er ist zuerst mit ein paar in das Gebiet litteraturgesch. Kritik gehöriger Germanistischer Abhandlungen aufgetreten, hat eine ähnliche Arbeit aus dem altprovenz. Litteraturgebiete (Ueber Marcabrun, 1875), ein paar grammat. Untersuchungen (altfranz., in meiner Zeitschr.) geschrieben und zwei kleinere, mit vorzüglicher Akribie ausgeführte und mit scharfsinnigen Emendationen ausgestattete Editionen (meist erste) besorgt: Aucassin et Nicolette, Paderborn 1878, 2. Aufl. 1881).

Normannische Reimpredigt, Halle 1879. Wenig besagen seine Mariengebete (Altfr. provenzal., portugies.), Halle 1877.

Im persönlichen Verkehr ist S. urban, in der Polemik läßt er sich zur Arroganz und zu Fechterkünsten hinreißen. Er arbeitet schwerer als F.

3. Malls litterarisches Gepäck besteht aus:

Dissertation: über Marie de France 1867 (aufgegebene These); Selbstwiderlegung in einem Zeitschriftaufsatz 1879

Habilitationsschrift «Das altenglische Drama The Harrowing of hell» (1872)

(Altfranz. Edition) Philippe de Thaun, Strassburg 1874 –

letztre, die Hauptarbeit, eine kritische Edition (nicht prim.) hat M. wegen der besonnenen Sorgfalt des grammatischen Commentares, allgemeine Anerkennung eingetragen. Seit Jahren bereitet er eine Ausgabe der Dichtungen der Marie de France (12. Jahrh.) vor; die letzten 7 Jahre waren die mageren seiner litterarischen Thätigkeit, die fetten in Bezug auf seine körperliche Entwickelung: er soll in Bayern nämlich sehr dick geworden sein, so dick, daß seine Collegen eine – Luftveränderung in seinem Interesse hielten, |4| und ihm gewünscht hätten, daß er die Berufung auf den von mir verlassenen Sitz in Breslau angenommen hätte (so sehr sie auch mit ihm zufrieden sein sollen). Durch die Form der Ablehnung des Rufes soll er sich in Berlin nicht eben einen Stein ins Brett gesetzt haben; ein halber Landsmann von ihm, der ihn kennt, und ein College, der nicht gerade durch zarte Umgangsformen sich auszeichnet, meinte dabei: «da sieht man den westphälischen Flatz» (wohl Koseform von Flegel?).[243] Ich mache mich anheischig zu beweisen: M. ist sehr wenig gedankenreich, sehr wenig vielseitig, sehr wenig schaffensfreudig, – und wenn er hören wird, daß in Göttingen 120 wissensdurstige Jünglinge der Sättigung

243 Jacob und Wilhelm Grimm, *Deutsches Wörterbuch* 3 (Flätz, Flötz), col. 1734: «m. *scurra, homo impudens* [...]; hallunke, schurke, schuft und knecht, flötz, flegel und canaille!»

durch ihn sich versehen, – so wird ihm das vermuthlich einen sehr schlechten Eindruck machen. – Dissertationen fehlen.[244]

4. Körting, las als Gymnasiast in Prima in 10–12 alten und neuen Sprachen, übersetzte den ganzen Sophokles ins Deutsche als Primaner, sowie etliche Dekaden des Livius, lernte auf der Universität in noch etwa einem Dutzend Sprachen lesen (darunter natürlich Sanskrit, auch Arabisch, Syrisch, ferner Russisch), war bei Ritschl, Klotz im Seminar, bei Curtius in den Uebungen, studirte nebenbei mit spielender Leichtigkeit Romanisch, promovierte mit einer Schrift über die Quellen des Norman. Reimchronisten Wace (12. Jahrh.) – 1867, die gesicherte Resultate bietet. Darauf folgten

2 altfzös. (schlechte) Editionen von Bearbeitungen v. Ovids Ars amandi und remedia am. 1868/71; sodann: 1 französische Grammatik für Gymnasien (c. 600 Seiten) 1873, die nicht zur Einführung gelangt ist; 1 Abhandlung über Dictys und Dares mit Bezug auf den altfzös. Reimchronisten Benoit 1874, die einen Nachtrag in einem Dresdner Programm erhielt (dagegen Dunger etc.);[245] 1879 kam sodann der erste Band einer Geschichte der ital. Litteratur im Zeitalter der Renaissance; |5| 6–700 Seiten ausschließlich Petrarca gewidmet; 1881 2ter Band auf ebenso vielen Seiten Boccaccio geweiht. Ich habe mancherlei Kritiken über beide Bücher gelesen; ich selbst vermochte «an den Büchern» nur diese 50 ersten (Quellenresume) zu lesen und hier und da im tiefen Innern eine Seite, ein Blatt, denkwürdig wird mir ewig S. 648/9 des Boccaccio und die Discussion über den Zibaldone im Eingang des Buches bleiben! Aber Andre haben andren Geschmack und, wenn man per majora abstimmen [Text: abstimmt] würde, so ergibt sich daß die 1500 Seiten aller Achtung werth sind, wenn's auch Bartoli, Scartazzini öffentlich nicht zugeben mögen und ich, obgleich K's Freund, trotz endloser Bemühung es nicht kann. Und so sage ich denn: K. ist ausgebreitet unterrichtet, aber sein Geist schafft nichts Neues; Combinationsgabe, Beweisvermögen, Gedankenstrenge, Schärfe der Auffassung suche ich umsonst, wo sie sich beweisen sollten, und prätendirt wird, daß sie vorhanden seien. Doch, Manchem schmeckt auch ein dünner Wein. K. soll in Münster bei den Studenten beliebt und ein angesehener College sein. 1 Dissertation aus dem Jahre 1880, um so mehr schreibt er selber.[246]

244 Unverständlich, dass Gröber ihm dennoch den 3. Listenplatz zuerkennt.

245 Hermann Dunger (1843–1912), Germanist und Volkskundler, *Dictys-Septimius*, Dresden, Teubner, 1878.

246 Vgl. zu Körting und seinem *Boccaccio* einen Brief von Adolf Gaspary (4. 7. 1881) an Bonaventura Zumbini, wiedergegeben von Homeyer 1989, 31–32.

5. Stengel. Nichts vergleicht sich der Art der Rührigkeit dieses geehrten Fachgenossen: er leitet nämlich in Marburg ein Dissertationgroßinstitut; Realschulabiturient, Volksschullehrer, alles wird daselbst zum Doctor herausgebildet; es ist auch gestattet, daß der heutige Doctorand dieses, der nächste das Entgegengesetzte lehrt. St. ist am besten in Deutschland unterrichtet über die altfranz. Handschriften franz. engl. ital. Bibliotheken; seit 1875 edirte er vielerlei, entweder nur diplomatisch oder liefert Beschreibungen von Handschriften, nachdem ihm eine umfangreiche editio princ. (Durmart, 1873) nicht besonders gelungen war. Textkritik, Linguistik ist nicht seine Sache. Eine kleine descriptiv-grammat. Arbeit über den Rhätoroman. Vocalismus (1868) bildet seine Dissertation. Seine Kritiken (Jen. Litzeitg; Dtsche Litzeitg) sind gewöhnlich etwas dünn. Wer ihn kennt, behauptet, er sei ein auffälliges Gegenstück zum Adonis und nicht auffällig proper.

[6] 6. Vollmöller, braver, liebenswürdiger Mensch; arbeitet solid, aber nichts Bedeutendes; er hälts mit dem Beschreiben, weil dabei nichts riskirt wird. Arbeiten:

Über Kürenberg und die Nibelungen.
Münchener Brut, mit Conrad Hofmann in München, Halle 1877/andere haben daran mitgeholfen.
Spanisches Steinbuch; – diplomat. Text; Heilbronn 1879
Poema del Cid. Text diplomatisch; Halle 1880; u. einiges andre in Ztschr.
Sonst Handschriftenbeschreibungen. – 1 Dissertation. Arbeitsgebiet: Spanisch u. Altfranz.

7. Stimming. Dissertation über: François Villon (1873?)
Ausgabe der Lieder des Jaufre Rudel; 1873.
" " " Bertran de Born, Halle 1879 (Hauptbuch).
Außerdem kleinere Beiträge zur altfranz. Syntax. – Arbeitsgebiet: Altfranz. u. Neufz.; Provenzalisch, Edition u. syntakt. Untersuchung. Vorwiegend receptiv, hält sich gern an eine Schablone. Schärfe und Entschiedenheit des Urtheils zu vermissen. – Beliebter Docent. – Dissertationen fehlen.

8. Gaspary: Ich kenne nur: die sicilische Dichterschule, 1878, eine Kenntnisse, Besonnenheit, Selbständigkeit des Urtheils in nicht gewöhnlichem Grade bekundende Arbeit. Außerdem kürzere Aufsätze in: Im Neuen Reich – recht geschickt; ferner kleinere, recht hübsche Artikel in meiner Zeitschrift. – Italiener und Franzose.

9. Neumann. Linguist: Dissertation: Ueber den Vocalismus German. Wörter im Franz. u. Provenzal. (fleißig)
Habilitationsschrift: Beiträge zur altfranz. Lautlehre – Findig.
Soll gut dociren. Verspricht etwas.

10. Birch-Hirschfeld: Dissertation: Ueber die Gralsage (Buch); 1877
Habilitationsschrift: Die den Provenzalen bekannten epischen Stoffe, 1878.
|6| Gut gewählte Aufgaben/Themata. Ausführung läßt zu wünschen übrig.

11. Koschwitz, mein erster Breslauer Schüler. Er glaubte deshalb hier mit meinem Kalbe pflügen zu können und meine Vorlesung an der hiesigen Universität halten zu müssen. Intelligenter-industriöser Mensch, keine ansprechende Persönlichkeit, hat persönlich den Collegen hier keine Sympathie einzuflößen vermocht, weshalb ihn hier Niemand befördert zu haben wünschte; auch ich nicht, weil ich meine Collegien selber halten möchte. Ob er selbstthätig Besseres produciren kann, weis ich nicht. Auch er hatte hier ein Dissertationengroßinstitut. Da ihm aber selber nicht die rechten Themata einfielen, so bezog er sie von mir halbdutzendweis. Auf solche Weise sind dann eine größere Zahl Dissertationen hier zu Stande gekommen.[247] Die von ihm gestellten Aufgaben hatten ihre Schablonen. Weil er den Studenten möglichste Concessionen machte, war er unter ihnen nicht unbeliebt. Arbeiten:
1875: Ueber die Voyage de Charlemagne (Vorformenfiliation; Grammatisch.)
1877: Sprache u. Ueberlieferung der Voyage de Charlemagne (Ebenso; Ergänzung)
1879: 6 Bearbeitungen des Voyage de Charlemagne (Edition)
1880: Ausgabe der Voyage (kritische Ausg.) – methodisch.
1878: Uebersetzung eines Theiles der altnordisch. Karlomagnussage.
– Recensionen:
1879: Les plus anciens monuments de la langue franç. (diplomat. Edition)

12. Andresen. Selbständigkeit des Urtheils in nicht allzuhohem Maaße. Tüchtige Arbeitskraft.

13. Settegast: zweiter Breslauer Schüler von mir; Nicht unbegabt, aber langsamer Arbeiter. Arbeiten 1) über Hartmanns Iwein und seine Quelle, 1875;
|7| Ueber Benoit de St. More (Leipziger Habilitationsschrift) – gut (1877). Einige. Zeitungsartikel. – Gebiet: Altfranzösisch.

14. Varnhagen; rührig; als Engländer und Romanist thätig; verspricht ein nützlicher Arbeiter zu werden. Nur Zeitschriftenartikel, und eine Edition anständig gemacht:
Ital. Prosa der Weisen Meister, Berlin 1880. – (Altfranzösisch u. Italienisch).

---

247 Vgl. Kaluza/Thurau 1904, 49–50, wo «IV. Verzeichnis der auf Anregung von Koschwitz entstandenen Doktorschriften» 48 Dissertationen vermerkt werden, die in den Jahren 1881–1904 angenommen wurden.

Vielleicht genügen Ihnen diese Andeutungen vorläufig. Am Tone nehmen Sie nicht Anstoß; auch bez. der Schrift bitte ich um Entschuldigung, da ich stark in Anspruch genommen bin. Für meine Charakteristiken trete ich natürlich ein, doch bitte ich um discrete Behandlung.

Einen Engländer dürften Sie, wenn auch vielleicht nicht sogleich, nach Göttingen unschwer als Extraordinarius bekommen; von hier dürfte in einiger Zeit Dr. Kluge (Germanist und mit englischen Vorlesungen betraut)[248] hinreichend präparirt sein, um das Englische zu vertreten; doch hat er einen Ruf als Prof. der germanischen Sprachen nach Amerika. Varnhagen wird vielleicht auch in nicht allzuferner Zeit reif, oder die Berliner Schule wird den Engländer einmal liefern. Wenn Ihr Romanist etwas leisten soll, ist ihm die Befreiung vom Englischen nöthig. Die Ueberweisung wissenschaftlicher romanischer und englischer Vorlesungen an einen Docenten, und die Uebertragung praktischer Uebungen auf einen Lector vermindert nicht die Bürde für ersteren. Ich halte von den Lectoren nichts; sie fördern den Studenten wenig, da ihre Bildung gewöhnlich eine geringe ist. Fertigkeit im schriftlichen und mündlichen Gebrauch einer fremden Sprache anzuerziehn ist noch keinem der mir bekannten Lectoren gelungen. Soviel, als davon erworben werden kann an einer Universität, kann jeder Docent leisten, der einmal im Ausland war und es leisten will.

Ich muß abbrechen, aber befehlen Sie weiter über mich. Ich grüße Sie herzlichst und ergeben

GGröber.

[Original Göttingen, NSUB, NL Karl Dilthey Ms._K_Dilthey_137_306].

36 Karl Weinhold

Ruprechtsau-Straßburg ^{i}/E 8. 8. 81

Lieber Freund.

Wie gut könnten Sie's bei der Hitze jetzt haben, wenn Sie, statt der deutschen Frau im MA den schönsten Theil der ersehnten Ferien zu widmen, ihr noch einige Zeit des Schlummers im Schreibtisch gegönnt hätten,[249] o. in ihrer Be-

---

248 Friedrich Kluge (1856–1926), 1880 Priv.-Doz. Straßburg, 1883/84 Englandaufenthalt, 1884 a. o. Prof. Jena, 1893 o. Prof. f. german. Philol. Freiburg i. Br.

249 Karl Weinhold, *Die deutschen Frauen im Mittelalter. Ein Beitrag zu den Hausalterthümern der Germanen*, Wien, Gerold, 1851 (danach überarbeitet und mehrfach wieder aufgelegt, z. B. 1882; 2 Bde.).

gleitung zu uns für einige Wochen übergesiedelt wären? Wer weis auch, ob Ihrer nachschaffenden Arbeit das Anschauen der hiesigen noch stellenweise sehr mittelalterlich zugeschnittenen Weiblichkeit nicht zu Gute gekommen wäre! Und wie mancherlei Annehmlichkeiten, die unsre Ländlichkeit Ihnen bieten konnte, opferten Sie auf: der Schatten, nach dem jetzt alles lechzt, ist in Fülle vorhanden; der Keller ist gefüllt mit kühlenden und anregenden Getränken, auf dem Hofe spazieren die Backhändln und die noch ungefüllten Tauben zu Dutzenden, und verlangte Ihr Herz nach einem saftigen Stück Entenbraten mit Rothkraut, so erreicht es die Rechte und die Linke mit einem Griffe. Wollten Sie Berge steigen: sie sind da; wollten Sie turnen: auch dafür war gesorgt, denn die schlimme Windsbraut hatte uns einen der schönsten Bäume unsres Gartens gefällt, und es war eine Lust auf dem schlanken Stamme zu voltigiren. Oder wollten Sie sich nützlichster Leibesübung widmen, so wartete Ihrer eine erfrorene Platane, die Sie mit scharfer Säge für den winterlichen Ofen zurechtschneiden konnten. |2| Das alles und mehr, opfern Sie dem, was nicht mehr ist. Wir werdens nun alleine genießen; ich werde selbst das niedliche Roßhaarkopfpolster mir zueignen, das meine Frau kunstvoll für Sie vorbereitet hatte u.s.w. Schnellstens sollten wir uns nun auf die Eisenbahn setzen und nach der Schweiz fahren: denn wir dachten Sie dahin zu begleiten. Wir wollen indessen nicht zu streng sein und die Reise auf das nächste Jahr verschieben in der Hoffnung sie dann gemeinsam mit Ihnen von hier aus machen zu können. Es soll statt dessen in diesem Jahr nach dem Norden zu gehen. Wir wollen Reifferscheids in Menzenberg[250] besuchen und dabei den Rhein gründlich befahren. Noch warten wir indessen auf das Signal zur Abreise. Auf die erneute Einladung Reifferscheids nach Mzbg. erbat ich mir Auskunft über den schicklichsten Termin für unseren Besuch und bin noch ohne Nachricht von ihm. Wahrscheinlich wird er von Menzenberg schreiben und ist noch nicht dort: Man liest ja in Breslau wohl etwas länger als hier.

Meine Ferienmuße ist bereits 10 Tage alt, meine Frau sieht ungeduldig der Abreise entgegen. Sie hat im Semester etwas vom Schwarzwald und den Vogesen gesehen, sie verlangt nach mehr: auch ein Beweis, daß ihr die Uebersiedlung nach Straßburg gut bekommen ist, denn ihr wesentlich gebessertes phys. Wohlbefinden macht sie unternehmend. Auch unser Hans[251] war immer mun-

250 Der aus Bonn stammende Klassische Philologe August Reifferscheid (1835–1887) war zunächst Breslauer, ab 1885 Straßburger Kollege Gröbers. Im Jahr 1869 heiratete er Anna Maria Simrock (1846–1905), die Tochter des Dichters und Philologen Karl Simrock (1802–1876), der in Menzenberg bei Bad Honnef ein Weingut besaß und dort das Haus Parzival errichtete, das zum Treffpunkt zahlreicher Gelehrter und Dichter wurde.

251 Kosename für die Tochter Johanna, hinter dem sich vielleicht der Wunsch nach einem «Stammhalter» verbirgt, der sich mit dem Sohn Paul (1885–1965), welcher ein bekannter Geologe wurde und nach Argentinien auswanderte, vier Jahre später erfüllte.

ter – während die Kinder der Collegen in der Stadt an allerlei bösartigen Krankheiten litten – nur ist er gewaltig unfolgsam geworden: es wird Zeit, daß die väterliche Erziehung Platz greift: (daß Nöldeke ein Kind verloren hat, werden Sie erfahren haben).[252] Ihrer |3| gedenkt er noch oft,[253] und heute beim Milchtrinken zeigte er mir, wo die Tante Weinhold den Löffel beim Trinken in der Tasse läßt. Füge ich nun auch ein Wörtchen bez. meiner hinzu, so sage ich, daß ich in jeder Beziehung unverändert bin – wie ich es meinen Freunden wünsche. Das Semester ist mir freilich sauer geworden: der Realschüler wuchert hier so, daß ich für ihn die neuere Französ. Litteraturgesch. (16. 17. Jahh.) zuschneiden muß; nicht ein Viertel Gymnasiasten unter den 57 lernbegierigen, allerdings sehr fleißigen Jünglingen, die in diesem Semester meine Privatvorlesung besuchten. Das macht Kummer; noch zehrte er aber nicht an mir, wie mich mein alter väterlicher Freund, Prof. Fick aus Zürich,[254] versicherte, der uns dieser Tage hier auf der Reise ins Seebad überraschte, wo er seine neuralgischen Leiden abzubaden gedenkt. Einigen Verdruß hat mir auch die Nichtberufung Schultz's bereitet, wesentlich darum, weil ich mit andren (auch Sie waren ja dabei) unnütz bemüht wurde.[255] Janitschek, der anfänglich abgelehnt hatte, wird nun Woltmann[256] ersetzen; J. hat erfreulicher Weise den Agitatoren gegen Sch. selbst klar gemacht, daß nur an Sch. noch hätte gedacht werden können, und angekündigt, daß er ihn zu seinem Nachfolger in Prag vorschlagen würde. (Das scheint um so nöthiger, als, wie hier bemerkt wurde, Sch. niemals an einer preuß. Universität von Göppert[257] angestellt werden würde – warum nicht?) Sonst hat sich an der Universität nichts von Interesse ereignet. Martin,[258] der sehr wenig Verkehr hat, und mit dem es nicht leicht ist, in engern Verkehr zu treten, – er ist etwas mißtrauischer Natur – läßt an seinem Renart

---

252 Theodor Nöldeke (1836–1930), seit 1872 Straßburger Professor der Orientalistik, Vater von zehn Kindern, von denen einige früh starben.

253 Gem. ist «Hans», die Tochter Johanna.

254 Adolf Fick (1829–1901), bedeutender, aus Kassel stammender Physiologe, von 1856–1868 Professor in Zürich, danach in Würzburg.

255 Alwin Schultz (1838–1909), Kunsthistoriker, zeitweise provisorischer Leiter der Universitätsbibliothek Breslau, 1872–1882 a. o. Professor in Breslau, danach (1882–1903) Lehrstuhlinhaber in Prag und München (1903–1909); vgl. *Verzeichnis der Briefempfänger*.

256 Hubert Janitschek (1846–1893), österr. Kunsthistoriker in Wien und Prag, 1881 als Ordinarius nach Straßburg berufen; Alfred Woltmann (1841–1880), deutscher Kunsthistoriker, 1874 Ordinarius in Prag, 1878 in Straßburg; er verstarb bereits zwei Jahre später an einem Lungenleiden.

257 Heinrich Robert Göppert (1838–1882), Juraprofessor in Breslau, seit 1874 vortragender Rat im Preußischen Ministerium der geistlichen, Unterrichts- und Medizinalangelegenheiten.

258 Ernst Martin (1841–1910), seit 1877 Germanistikordinarius in Straßburg.

drucken, wagt aber die Zeit der Ausgabe noch nicht zu bestimmen.[259] Der liebliche Henning hat seine Hähnin im Anfang d. Sem. |4| nach Straßburg geführt und wird zunächst im Hause trachten die dominirende Stellung zu erhalten, die er in der deutsch. Litt. Gesch. hier einzunehmen berufen ist.[260] Einstweilen imponierte er den Studenten dadurch, daß er in den heißen Julitagen das Collegium in Hemdsärmeln las und anzuhören gestattete. (Natürlich alles schon dagewesen; die Theologen des Thomasstiftes[261] gingen in der Franzosenzeit im Schlafrock und in Pantoffeln ins Colleg). Die schon halbveraltete und wohl mit Gras überwachsene Affaire Scherer contra Bartsch ist Ihnen natürlich bekannt.[262] Eine neue zierliche Blüthe der Frechheit trieb natürlich das Rödigerische Blatt in Zimmers Recension von Windischs irischen Texten:[263] Zimmer, Schüler Windischs! Wie muß Ihnen das vorkommen, dem solche immer häufiger werdende Rohheit während des größten Theils seines Lebens im Stande seiner Collegen gewiß nie begegnet ist. Man wird zweifelhaft, ob man es noch als eine Ehre betrachten soll, seinem Stande anzugehören.

Den großen Zuwachs, den Ihre Facultät im vergangenen Semester erfahren hat, bringt neue Elemente in die academischen Kreiße: Sie waren in der wenig beneidenswerthen Lage, die Herren Landwirthe in die Facultät aufzunehmen.[264] Eine Trennung der Facultät wird wohl die unausbleibliche Folge sein. Wir befinden uns hier sehr gut ohne die naturwissenschaftliche Section, und

---

259 *Le roman de Renart*, publ. par Ernest Martin, 3 Bde., Strassburg, Trübner, 1882–1887.

260 Rudolf Henning (1852–1930), germanistischer Mediävist, seit 1881 Nachfolger Erich Schmidts in Straßburg, im gleichen Jahr Eheschließung mit Adele Virchow, der Tochter von Rudolf Virchow.

261 Die Thomaskirche war nach der Rekatholisierung des Münsters 1681 die lutherische Hauptkirche in Straßburg geworden. Das Kollegiatstift blieb jedoch erhalten und sicherte den Pastoren der Kirche wie den Theologieprofessoren der alten Straßburger Universität ein Einkommen. Vgl. Friedrich Carl Heitz, *Die St. Thomas-Kirche in Strassburg: ein Beitrag zur Geschichte unserer Vaterstadt*, Strassburg, Heitz, 1841.

262 Vgl. Rainer Kolk, *Berlin oder Leipzig? Eine Studie zur sozialen Organisation der Germanistik im «Nibelungenstreit»*, Tübingen, Niemeyer, 1990 (Studien und Texte zur Sozialgeschichte der Literatur; 30), 70 f.

263 Der Germanist Max Roediger (1850–1918) gab eine Zeitlang die Deutsche Litteraturzeitung heraus. In Nr. 30 (1881), Sp. 1188–1191 erschien ein «Verriss» von Windischs *Irische Texte* durch Heinrich Zimmer (1851–1910), der wie folgt endet: «Die mir bekannte philologische Litteratur der letzten 30 Jahre hat kein Beispiel aufzuweisen, dass eine Arbeit bei so mangelhafter Vorbereitung unternommen und so kritik- und methodelos zu Ende geführt wurde, wie dies mit W.s ‹Irischen Texten mit Wörterbuch› der Fall ist. Ich habe dies in einer besonderen Schrift ‹Keltische Studien I› Punkt für Punkt zu erweisen gesucht».

264 Die Breslauer Universität erhielt 1881 ein landwirtschaftliches Institut, das aus der höheren landwirtschaftlichen Lehranstalt in Proskau hervorgegangen war.

weder Examina noch sonst etwas bereitet Schwierigkeiten. Wem sein Frieden lieb ist, muß für die Trennung stimmen.

Lassen Sie es sich in den Ferien recht gut gehen. Wir grüßen Sie und Ihre liebe Frau alle aufs Herzlichste

Ihr treuer
GGröber
Straßburg

[Original, Berlin BBAW, Sammlung Karl Weinhold, Nr. 462].

37 August Reifferscheid

[Postkarte]
[Poststempel STRASSBURG I. ELS. 28–9–81][265]

Lieber Herr College. Soeben, Mittwoch früh 10 Uhr, erhalte ich Ihre Karte. Die meinige wird Sie wohl kaum noch erreichen. Die N° der Hs. ist: 23284 des Fonds franç. [alt. Sorb. 392];[266] Inhalt angeblich: Histoire et chronique du règne

---

265 Die Karte ist adressiert À M[r]. le professeur A. Reifferscheid, Paris, rue Richelieu 63, Hôtel de Malte. Vermutlich hatte Groeber von Reifferscheids Parisreise erfahren und ihn um die Beschreibung einer Handschrift gebeten. – Am unteren Rand steht von fremder Hand [vermutlich Reifferscheid]:

1[b] Cronique et histoire faite et composee par feu messire/phelippes de cõmynes cheuallier seigneur dargenton contenant/les choses aduenues durant le Regne du Roy Loys vnzeiesme, tant/en France, Bourgogne, Flandres u.s.w.

2 Briefve recollection des matieres contenueç en ceste pñte histoire/et cronique. Et premierement Le prologues de lacteur

f. 6 Conclusion de lacteur .c.lxix.

fin de la table

|| Adressenseite || fut acheuee d'imprimer le septiesme Jour du moys de nouembre mil cinq cens vingt cinq.

6[b] Prologus de lacteur/Monseigneur larcheuesque de vienne pour satisfaire a la requeste/le sagement particulier/Fin de lhistoire et cronicque du feu Roy loys vnzeisme de ce nom faicte et composee par feu – Darquenton. [= Der hier beschriebene Druck wurde von Pierre Gaudoul, vermutlich in Paris, ausgeführt].

266 Während der *Catalogue général des manuscrits français* par Henri Ormont. *Anciens Petits Fonds Français* II, N°s 22885–25696 du Fonds Français par C. Couderc et Ch. de la Roncière, Paris, Ernest Leroux, 1902, 108 diese Hs. (ehemals Sorbonne 392) zwar beschreibt, sie aber als Kopie der Druckausgabe vom November 1525 bezeichnet, fehlt sie in: https://www.arlima.net/mp/philippe_de_commynes.html, vermutlich weil sie nur eine Abschrift ist. Aus der BnF werden nur die folgenden Hss. genannt: Ms. franç. 3879, 5063, 10156, Nouv. acquis. franç. 20960 u. 23086 sowie drei weitere mit «localisation actuelle inconnue».

de Louis XI de Philippe de Commines; Anfang: A M^r^ l'arcevesque de Vienne pour satisfaire à la requeste qu'il vous a pleu me faire de vous excripre et mettre par memoire ce que j'ay sceu et congneu ... etc.[267]

Meine Frau schrieb dieser Tage nach Menzenberg.[268] Von Schlettstadt erwarte ich dieser Tage Nachricht. Bei Ihnen ist hoffentlich alles wohlauf. Herzlichst grüßend

Ihr GGröber

[Original Berlin, BBAW, NL August Reifferscheid, Nr. 34].

38 Karl Dziatzko

Ruprechtsau-Straßburg 9. 4. 83

Lieber Freund.

Die Correctur Ihres ersten (hoffentlich nicht einzigen) Beitrags zur Rom. Zeitschr.[269] ist Ihnen dieser Tage vermuthlich zugegangen oder wird Ihnen diese Woche zugehen. Brauchen Sie eine größere Anzahl Separatabzüge als 10, die Sie gratis erhalten, so bitte ich dies auf der Druckprobe zu bemerken.

Bei uns hat sich seit Ihren letzten Briefen, für die ich Ihnen herzlich danke, nichts geändert. Daher mein langes Schweigen. Jetzt sind Vorbereitungen für das neue Semester zu treffen; da müssen die Briefschulden noch abgetragen werden. Der Frühling ist bei uns noch nicht entschieden aufgetreten; kalte Tage gibt es noch viele, wenngleich das Thermometer 17° R. im Schatten[270] und mehr gezeigt hat. Trotzdem ist der Garten bereits in Stand gesetzt. Die Veilchen sind reichlich aufgeblüht, trotzdem der Schnee in die Blüthe fiel, die ersten Wiesenblümchen mischen ihr weis und gelb und blau in die noch matte Farbe des Grases in reichlicher Menge; Birnen und Aprikosen erschließen ihre

267 Warum sich Gröber überhaupt für Commynes interessierte, bleibt offen. Möglicherweise war ihm die Ausgabe der Memoiren Commynes' in der soeben (1881) bei Didot erschienenen Ausg. von Régis de Chantelauze, Nouv. éd., revue sur un ms. ayant appartenu à Diane de Poitiers et sa famille de Montmorency-Luxembourg (Les chefs-d'oeuvre historiques et littéraires du moyen-âge) zur Rezension angeboten worden. Diese Ausgabe wurde zwar mehrfach rezensiert, nicht jedoch in der Zeitschrift für romanische Philologie.

268 In Menzenberg, einem Ortsteil von Bad Honnef, wohnte Reifferscheids Schwiegervater Karl Simrock. Vgl. Brief 36 an Karl Weinhold vom 8. 8. 1881.

269 Dziatzko, *Die Entstehung der romanischen Participialpräpositionen*, Zeitschrift für romanische Philologie 7 (1883), 125–130.

270 21,25° Celsius.

Blüthen, und hoffentlich haben wir des Frostes nun genug gehabt, so daß das Obst nicht wieder zu Grunde geht.

Unsere Hanna hat zu Ostern ein sehr gutes Zeugniß nach ihrem erst halbjährigen Schulbesuch mit nach Hause gebracht. Das Gesammtprädicat lautet zwar noch auf II–I, aber in den meisten Gegenständen erlangte sie bereits eine reine Eins. Ihre Fortschritte sind auch im Zeugnis ersichtlich; sie wird sich noch weiter heraufarbeiten. Sie ist der Liebling der Classe. Im Wachsen läßt sie noch nicht nach; ich maß dieser Tage 1 Meter 29; das Turnen dient ihr hoffentlich dazu, den Körper zu kräftigen. Ueber unser Kindermaskenfest schrieb wahrscheinlich bereits meine Frau.

Da ich vom Kind rede, fällt mir die Fruchtbarkeit der philosophischen Facultät in diesem Frühjahr ein: Nöldeke erhielt zu ca. 8 Kindern noch männliche Zwillinge; |2| eine Leistung, um die das kleine Männchen furchtbar beneidet wird von Studemund, welcher Riese Vater eines Töchterchens wurde. Windelband rühmte sich nach drei Töchtern des ersten Knaben in diesem Januar, Schöll sieht seinem ersten Sprößling in wenigen Wochen entgegen.[271] Daneben hat nun Studemund das Land mit einem neuen Gymnasiallehrplan u. Reglement beschenkt, das dieser Tage durchberathen wurde, und als Schwergeburt das Licht der Welt erblickte.[272] Bei Studemund brachte ich neulich auch einige Abende

---

271 Theodor Nöldeke; Wilhelm Friedrich Adolf Studemund; Wilhelm Windelband, Rudolf Schöll.

272 Vgl. Leopold Cohn, Allgemeine Deutsche Biographie 36 (1893), 721–731, hier 726: «Als Vorsitzender der wissenschaftlichen Prüfungscommission erhielt St. maßgebenden Einfluß auf die Gestaltung des höheren Schulwesens in Elsaß-Lothringen. Das Prüfungsreglement für die Schulamtscandidaten vom 28. October 1872 ist zum größten Theil sein Werk. Seinen Bemühungen gelang es durchzusetzen, daß eine Anzahl deutscher Regierungen sich zu gegenseitiger Anerkennung der von den Prüfungscommissionen ausgestellten Zeugnisse verpflichtete. Welch hohen Werth St. darauf legte, kann man daraus ersehen, daß er im J. 1877 einen sehr ehrenvollen Ruf nach Heidelberg bloß aus dem Grunde ablehnte, weil die Anerkennung der badischen Prüfungszeugnisse durch die preußische Regierung damals nicht erreicht werden konnte. Das große Geschick, das er bei der Einrichtung der höheren Schulen in den Reichslanden gezeigt hatte, bewog auch fremde Nachbarregierungen, sich an ihn zu wenden. Die luxemburgische und die belgische Regierung zogen ihn bei der Reorganisation ihres höheren Schulwesens zu Rathe und ehrten seine verdienstvollen Bemühungen durch Verleihung hoher Orden, die niederländische Akademie der Wissenschaften in Amsterdam ernannte ihn zu ihrem auswärtigen Mitgliede. In Elsaß-Lothringen erstreckte sich sein Einfluß auf alle Zweige der Unterrichtsverwaltung. Als im April 1882 der Oberschulrath für Elsaß-Lothringen errichtet wurde, ward St. ordentliches Mitglied desselben und nahm an allen wichtigen Arbeiten, die ihm oblagen, hervorragenden Antheil. Nicht nur die *Allgemeinen Vorschriften für die höheren Schulen Elsaß-Lothringens* vom 20. Juni 1883 entstanden unter seiner Mitwirkung, auch den Berathungen über die Töchterschulen und das Elementarschulwesen kam seine Einsicht und Erfahrung in schultechnischen Din-

und Nachtstunden mit Wölfflin[273] zu, der die Vorbereitungen zu einem Thesaurus linguae latinae trifft; er wird über diese Vorbereitungen nächstens von sich hören lassen.[274] Aus Facultät u. Universität sonst nichts Neues. Janitschek[275] hat sich noch immer nicht eingerichtet und wird, wie die Berufung Hennings,[276] als ein entschiedener Fehlgriff immer mehr erkannt. Dagegen findet Windelband sehr Anklang, und wir sind froh, daß er Breslau ausschlagen konnte.[277] (Die philosophische Professur in Breslau kommt allmähllich in der Leute Mund; ich höre, daß man Ihre Vorschläge in Berlin mit eigenthümlichen Augen ansieht). Brentano,[278] den Sie vielleicht in Breslau in den Ferien gesehen haben, hat hier schon seine öffentliche Activität bewährt, indem er einen Kunstverein ins Leben rief, der seine Thätigkeit (Bilderausstellung, Kunstblatt etc) demnächst beginnen soll. Ich glaube, die Sache wird Unterstützung finden.

Was hört man denn von dem Berliner Bibliotheksdirectorium? Dem Lepsius[279] wird gewaltig eingeheizt, die Grenzboten brachten neulich einen Artikel gegen die Einrichtungen der unter seiner Leitung stehenden k. Bibliothek, es sollen schon Anfragen an event. Nachfolger ergangen sein; Barack war vor einiger Zeit (auf einer Reise nach Halle, wo er die auf 6 Kisten sich belaufende Dantebibliothek Wittes in Empfang nahm)[280] in Berlin; – man vermuthet einen Zusammenhang dieser Reise mit der Lepsius'schen Stelle, ist aber fest überzeugt, daß B. ausschlagen würde. Ja, – denn man schwatzt hier von allem – es soll schon |3| auf Sie an maaßgebender Stelle hingewiesen sein; für den Fall, daß aus der Sache etwas zwischen diesem u. meinem nächsten Brief wird, – wie ich Ihnen natürlich wünsche – schließe ich gleich meinen aufrichtigsten Glückwunsch an.

---

gen zugute». – Exemplare der 60 S. umfassenden *Allgemeinen Vorschriften*, Straßburg, Schutz, 1883 finden sich in diversen Bibliothekskatalogen vermerkt.

273 Eduard Wölfflin, s. *Verzeichnis der Briefempfänger*.

274 Wölfflin, *Die neuen Aufgaben des Thesaurus linguae latinae*, SB d. Bayer. Akad. d. Wiss., Phil.-Philol. Kl. 1894, 3, 29–123.

275 Vgl. Brief 36, Anm. 256.

276 Rudolf Henning (1852–1930), deutscher Neugermanist, von 1881–1895 Nachfolger Erich Schmidts in Straßburg.

277 Wilhelm Windelband (1848–1915), von 1882–1903 Straßburger Philosophie-Ordinarius.

278 Ludwig Joseph (Lujo) Brentano (1844–1931), als Nachfolger Gustav Schmollers von 1882 bis 1888 Straßburger Ordinarius für Nationalökonomie; vgl. seine *Elsässer Erinnerungen*, Berlin, Erich Reiß, 1917. Das Buch bietet einen vorzüglichen Einblick in die elsässische Geschichte und die Fehler der preußischen Verwaltung des «Reichslandes» nach 1871. Die Universitätsverhältnisse werden auf S. 49 f. behandelt. Interessant sind S. 56 f. die Hinweise auf das soziale Leben der Professoren, S. 67 f. Brentanos Aktivitäten im Kunstbereich.

279 Richard Lepsius (1810–1884), deutscher Ägyptologe, ab 1873 kgl. Oberbibliothekar in Berlin.

280 Dort (Bibliothèque Nationale et Universitaire de Strasbourg) befindet sich die Bibliothek des Halleschen Danteforschers Karl Witte noch heute.

Von Hertz[281] erhielt ich neulich sein Gelliusprogramm, sowie einige romanistische Dissertationen der dortigen Universität. Die Themata waren sehr einfach und stellen keinerlei Anforderungen an das Nachdenken der Verfasser, aber sie waren verständig angelegt und fleißig ausgeführt. Von ganz andrem Fonds ist zB. die bei Weinhold ausgeführte Dissertation von Warnatsch,[282] der hoffentlich das germanistische Parteitreiben die schuldige Anerkennung nicht vorenthält. Daß in voriger Woche wieder einer meiner Schüler (der sechste), Dr. H. Flechtner, der mit mir hierhergegangen war von Breslau, gestorben ist, haben Sie möglicherweise in der Zeitung gelesen.[283] Ebenso wird Ihnen bekannt sein, daß Dr. E. Freymond nach Heidelberg übergesiedelt ist, um sich dort zu habilitieren:[284] ich empfahl ihn Bartsch, der einen von meinen Schülern zur Habilitation in Heidelberg auffordern wollte. – An Hertz richten Sie wohl gelegentlich meinen Dank aus für seine Zusendungen;[285] – im vergangenen Semester gab es hier gar keine philologische Dissertation (die Presse wird jetzt hier etwas seltener in Thätigkeit gesetzt); er soll sich also nicht wundern, daß ich nichts gesandt habe.

Für die Zusendung Ihrer Recension von Ribbecks Ritschl sage ich ebenfalls meinen Dank.[286] Ihre Anfrage bez. des Pariser Terenzcodex[287] konnte ich noch nicht besorgen. Hübschmann,[288] den ich mit der Aufgabe betrauen konnte, beabsichtigte Anfang April nach Paris zu gehen, zog es aber vor sich nach Italien zu begeben. Dieser Tage ist, wie ich nachträglich erfahre, Martin[289] nach Paris gereist; kann ich seine Adresse erhalten, so werde ich ihn oder seine Vermittlung in Anspruch nehmen. Ich wüßte mich sonst nur an einen der Be-

---

281 Martin Hertz (1818–1895), Klass. Philologe in Breslau, Herausgeber der kritischen Gellius-Ausgabe in zwei Bänden (1883–1885).

282 Otto Warnatsch, *Der Mantel: Bruchstück eines Lanzeletromans des Heinrich von dem Türlin, nebst einer Abhandlung über die Sage vom Trinkhorn und Mantel und die Quelle der Krone*, Breslau, Koebner u. Marcus, 1883 (Germanistische Abhandlungen; 2).

283 Hermann Flechtner, *Die Sprache des Alexander-Fragments des Alberich von Besançon: Abhandlung*, Breslau 1882 (Diss. Strassburg 1882).

284 Émile Freymond (1855–1918) war Breslauer, studierte dort, in Berlin und Straßburg, wo er 1882 promovierte; bereits am 31. 7. 1883 habilitierte er sich in Heidelberg, wo er ein Jahr später a. o. Prof. wurde und 1889 nach Bern, 1901 nach Prag berufen wurde.

285 Hertz war Priscian-Spezialist.

286 Rez. von Otto Ribbeck, *Friedrich Wilhelm Ritschl, ein Beitrag zur Geschichte der Philologie*, Leipzig, Teubner, 1879–1881.

287 Dziatzko war einer der führenden Terenz-Spezialisten seiner Zeit. Gemeint ist vermutlich Bibliothèque de l'Arsenal, Ms-664 (*Les comédies de Térence*). In Frage kämen aber auch BnF, ms. lat. 7903, 7907A u. a.

288 Heinrich Hübschmann (1848–1908), Orientalist in Straßburg.

289 Ernst Martin (1841–1910), Germanist in Straßburg.

amten der Hss. Abtheilung der Nat. Bibl., Marius Sepet,[290] zu wenden, da ich andre Bekannte gegenwärtig nicht in Paris habe; oder an Suchier, der im Laufe des Monats einen mehrmonatlichen Aufenthalt in Paris nimmt, wenn Ihnen |4| die Sache nicht eilt. Ich denke Suchier wird mir seine Adresse angeben. Er würde die Arbeit selbst am genauesten und mit größter Bereitwilligkeit machen.

Für heute leben Sie wohl, nehmen Sie unsre Grüße für sich und alle lieben Ihrigen und behalten Sie in gutem Angedenken

Ihren getreuen
GGröber

[Original Göttingen, NSUB NL Dziatzko (Cod_Ms_K_Dziatzko_69_4_63_150), Brief 86].

39 Ludwig Lemcke

Ruprechtsau-Straßburg, 29/6 83

Hochgeehrter Herr College.

Herr K. Trübner hier hat die Absicht nach beigefügtem Plane[291] eine Encyclopädie der Romanischen Philologie von deren Hauptvertretern ausführen zu lassen, in der den Studenten wie allen für Romanische Philologie sich Interessirenden ein umfassender Überblick über das Wissenschaftsgebiet, seine einzelnen Disciplinen und über die Haupterkenntnisse in ihnen, über Ziele und Methoden der rom. Philologie dargeboten werden. Er hat mich beauftragt für die einzelnen Theile des Werkes die competentesten Bearbeiter auszuwählen und durch ihre Beihilfe ein Werk zu stande zu bringen, das den romanischen Studien Vorschub zu leisten und ihnen Ehre zu machen im Stande wäre. Ich erlaube mir deshalb an Sie die ergebene Bitte zu richten das Werk unterstützen zu wollen durch Uebernahm des Abschnitts «Spanische Litteratur», für die 6 Bogen des Formates dieses Briefes (approximative Ziffer) vorgesehen sind. Es kann sich dabei natürlich nur um eine compendiarische Darstellung – im Sinne des ganzen Buches – handeln, die aber darum nicht eine blose Nomenclatur zu sein braucht, die vielmehr bei Gediegenheit der Darstellung, recht wohl

290 Marius Sepet (1845–1925), von 1866–1912 Bibliothekar an der Handschriftenabt. der BnF.
291 Der Plan ist mehreren Korrespondenzen beigefügt, vgl. den Anhang zu Brief 42 an Hugo Schuchardt. Gröber geht zu diesem Zeitpunkt offenbar noch von einem einbändigen Werk aus, denn die Abschn. 2 (*Romanische Metrik u. Stilistik*) und 3 (*Litteraturgeschichte der Romanischen Völker*) von Teil II, erweitert um *Grenzwissenschaften* (hier noch als *Hilfswissenschaften* bezeichnet), werden später Hauptstücke des 2. Bandes werden.

über alles Wichtige auf diesem Raum sich orientiren lassen dürfte. Für spanische Volkslitteratur würde event. Frau Vasoncellos heranzuziehen sein.

Herr Trübner bietet den Mitarbeitern 75 Mk pro Bogen bei der ersten Auflage, 50 Mk bei jeder folgenden an. Der Druck soll Anfang 1884 beginnen. Das Ms. des Abschnittes Spanische Litteratur braucht nicht vor März nächsten Jahres in meinen Händen zu sein. – Zu jeder wünschbaren Auskunft über das Werk u. die Ausführung im Einzelnen stehe ich natürlich zur Verfügung.

Sie würden mich im höchsten Grad verpflichten, wenn Sie durch Uebernahme |2| jenes Abschnittes ein Werk zu fördern sich entschlössen, das vom besten Einflusse auf die romanischen Studien sein, und der Mithilfe nicht entbehren kann.

In der Hoffnung auf eine baldige freundl. Zusage[292] zeichnet

Hochachtungsvoll u. ergebens
GGröber

[Original Nieders. Landesarchiv – Staatsarchiv Wolfenbüttel, 298 N Nr. 330].

40 Hermann Suchier

Ruprechtsau – Straßburg i/E., 18. 10. 83

Lieber Freund.

Von dem Plane einer «Encycl. d. Romanischen Philologie», den ich auf Wunsch Trübners hier entworfen – (ursprünglich war ein «Grundriß der Culturgeschichtsforschung der germanischen u. romanischen Völker» in Aussicht genommen – womit der Versuch gemacht werden sollte germ. u. rom. Philologie incl. mittellat. Philologie und die Disciplinen der mittelalt. u. neueren Historik der germ. u. rom. Völker – um einen kurzen, wenn auch ungenauen Ausdruck zu gebrauchen – unter einen Hut zu bringen) hätte ich Ihnen schon, wie manchem andern Collegen, vor den großen Ferien Kenntniß gegeben, wenn ich Ihren Aufenthaltsort gekannt hätte. Ihr Brief mit der uns hocherfreuenden Geburtsanzeige[293] – aus

---

292 Lemcke, Verf. eines dreibändigen *Handbuch[s] der spanischen Litteratur*, Leipzig 1855, hat sich vermutlich nicht verpflichten lassen (vgl. den folgenden Brief). Sein am 21. 9. 1884 erfolgter Tod hätte Gröber ohnehin genötigt, einen Ersatzmann zu suchen; diesen fand er in der Person von Gottfried Baist (1853–1920), der nach einer Tätigkeit im Bibliotheksdienst ab 1891 in Freiburg i. Br. die Romanistik vertrat.

293 Wolfram Suchier, geb. am 25. 7. 1883 in Halle; später Jurist und Bibliothekar in Halle a. S. und Erfurt; er starb 1964 in seiner Heimatstadt.

Halle – traf mich in Loth bei Brüssel,[294] wo ich mit den Meinigen in einer befreundeten Familie einen Theil der Ferien verbrachte; dort aber hatte ich die gedruckte Vorlage, die ich für diesen Brief verwende,[295] nicht bei mir, und konnte Sie somit nicht über den «Grundriß» benachrichtigen. Natürlich war von vornherein an Ihre Beihilfe gedacht; und ich hoffe, sie wird der Sache nicht fehlen. Beabsichtigt ist ein Werk, das den angehenden Romanisten über sein Studienfach mit möglichster Genauigkeit und Zuverlässigkeit orientiert, das der Einseitigkeit in unsren Studien steure, Freunde der romanischen Philologie und Vertreter der angrenzenden Erscheinungsgebiete über den Gegenstand der romanischen Philologie in der Gegenwart unterrichte, und den romanistischen Studien Anerkennung in weitren Kreißen gewinne. Um diesen Zweck zu erreichen soll die Mitarbeit der Besten im Fach in Anspruch genommen werden. Tobler, Schuchardt, D'Ovidio u. a. sind der Sache bereits gewonnen; andre wie Mussafia, Ebert, Lemcke u.s.w. sprechen ihre wärmste Theilnahme für das Werk aus und bedauerten, aus voraus bekannten Gründen, so gern sie möchten, nicht mithelfen zu können, drangen aber dafür um so inständiger in mich den Plan zur Ausführung zu bringen. Ich möchte deshalb bei Ihnen anfragen, ob Sie von Theil II, Abschn. 1. B 5, Provenzalische Sprache, etwa Th. 1 Abschn. 3. A. Inschriften etc. und was sonst noch zu übernehmen bereit sein würden.[296] Der Umfang dieser Artikel ist durch die im Plane angegebenen Ziffern bezeichnet. Das Format ist das dieses Briefes. Zu jeder |2| nähren Auskunft bez. der Ausführung des ganzen Werkes wie der einzelnen Artikel bin ich selbstverständlich bereit. Der Termin der Einlieferung der Mss. ist Ende 1884, ein Termin, der jedoch streng einzuhalten wäre. An Honorar bietet Hr. Tr. bei der ersten Auflage 75 Mk pro Bogen, 50 Mk bei jeder folgenden. Eine contractliche Vereinbarung würde Hr. Trübner Ihnen alsbald nach Eingang Ihrer Zusage vorlegen. – Kleinere Abänderungen im Plane sind selbstverständlich noch zulässig; ich bin auch Ihres Rathes und etwaigen Wünschen, die Sie in einem Gr. d. R. Ph. erfüllt zu sehen wünschen, gewärtig.

Sie würden mich durch eine recht baldige zusagende Antwort sehr erfreuen. Hoffentlich steht es gut um Ihre Augen und herrscht bei Ihnen allgemeines Wohlbefinden.[297] Mit herzlichen Grüßen

Ihr GGröber.

[Original Berlin, SBB PK, NL Suchier: Gröber, Brief 74, Bl. 147–148].

---

294 Vermutlich Lot in der Provinz Brabant, zwischen Brüssel und Halle gelegen.

295 Gem. ist der Plan des *Grundriss'*, vgl. Brief 42 (Anhänge).

296 Die Kapitelnummern werden immer wieder verändert.

297 In *Grundriss* I[1] (1888), 561–668 bzw. I[2] (1904–06), 712–840 ist Suchier mit *Die französische und provenzalische Sprache und ihre Mundarten* vertreten. Wie späteren Briefen zu entnehmen, war die Zusammenarbeit zwischen ihm und Gröber nicht spannungsfrei.

41 Hermann Suchier

Ruprechtsau – Straßburg ⁱ/E., 3. 11. 83.

Lieber Freund.

Ihre mich hoch erfreuende Zustimmung zu dem Plan des «Grundrisses» wird mich vollständig rechtfertigen, wenn ich Sie so schnell nicht loslasse und meine Bitte wenigstens bez. der Provenzal. Partie erneuere. Der Nothfall, der, wie Sie andeuten, Sie bewegen könnte der Sache Ihre Unterstützung nicht zu entziehen, liegt wirklich vor. Chabaneau,[298] den ich zunächst anging, hat abgesagt, Foerster[299] will wenigstens das Provenzal. nicht übernehmen, Tobler hat den französ. Abschnitt;[300] daß Sie viel besser für «Prov. Sprache» als ich vorbereitet sind, beweisen Ihre Arbeiten,[301] – überdies habe ich mich für mehrere andere Abschnitte schon verpflichten müssen; wohin sollte ich mich wohl noch wenden? Wenn Sie ein Jahr lang den Gegenstand im Auge behalten, dafür sammeln und successive das Material zusammentragen können, was auf dem in Aussicht genommenen Raum verarbeitet werden kann, so sollte ich meinen, würde Ihr Arbeitspensum für das nächste Jahr keine Sie allzu belastende Erweiterung erfahren. Denken Sie auch, daß es auffallen würde, wenn Sie im Buche vermißt werden würden. Wir müssen uns darin würdig präsentieren und den ersten Besten kann ich deshalb nicht für den einzelnen Artikel wählen. Lassen Sie deshab Ihr Wort nicht das letzte sein, – Ihr Gedanke Abschnitt 3 A (Inschriften etc.) des 1. Theiles von Ihrem Collegen Schum bearbeiten zu lassen, dessen Ex. cod. ich vor kurzem kennen lernte, ist ein höchst glücklicher und ich ergreife ihn mit Begier.[302] In der That ist zur Ausführung des Artikels ein Romanist nicht unbedingt erforderlich. Inwiefern lat. Inschriften u. Urkun-

---

298 Camille Chabaneau (1831–1908), französischer Provenzalist und Privatgelehrter; Gröber beteiligte sich an seiner FS (*Mélanges Chabaneau*).

299 Wendelin Foerster (1844–1915) trat nach dem SS 1883 eine längere Kur in Tarasp (Schuls), Kanton Tessin, an.

300 Von Adolf Tobler stammt letztlich der Beitrag *Methodik der philologischen Forschung*, in: *Grundriss* I^1 (1888), 251–280 bzw. I^2 (1904–06), 318–360, hier erweitert um *Methodik der litteraturgeschichtlichen Forschung*, 361–368.

301 Insbes. *Denkmäler provenzalischer Literatur und Sprache*. Zum ersten Male hrsg. von H. S. Erster Band. Mit einer Untersuchung von Paul Rohde: *Ueber die Quellen der romanischen Weltchronik*, Halle, Niemeyer, 1883.

302 Wilhelm Schum, *Die Quellen der Romanischen Philologie. Die schriftlichen Quellen*, in: *Grundriss* I (1888), 157–196. Schum (1846–1892) war Historiker und lehrte in Halle und (ab 1889) in Kiel; er ist der Verf. von *Exempla codicum Amplonianorum Erfurtensium saeculi 9–15*, Berlin, Weidmann, 1882. In *Grundriss* I^2 (1904–06), 205–253 wurde sein Beitrag von Harry Bresslau (1848–1926) überarbeitet.

den Quellen der Rom. Sprachforschung sind, wird auch Schum zu sagen wissen, und auf romanische Handschriften zur Exemplification wird auch er hinzuweisen wissen, besonders wenn Sie ihn auf unsre Bedürfnisse aufmerksam machen. Ich würde Ihnen sehr dankbar |2| sein, wenn Sie die Freundlichkeit hätten sich bei ihm für mich zu verwenden. Ich lege für ihn 1 Ex. des «Planes» bei, und würde ihn über die Anerbietungen Trübners und die sonstigen Bedingungen nach Erklärung seiner Bereitwilligkeit uns zu helfen sofort unterrichten.

Erfreuen Sie mich recht bald mit Nachrichten in dem gewünschten Sinne: daß Sie an unserem, allgemein geschätzten Collegen Jacobsthal Gefallen gefunden freut mich und wird ihn freuen. Er ist noch jetzt in Paris; er kann sich im Sammeln nicht genug thun u. wird vor Ostern kaum zurückkehren.[303]

Mit den besten Grüßen
Ihr treu ergebener
GGröber

[Original Berlin, SBB PK NL Suchier: Gröber, Brief 76, Bl. 151–152].

42 Hugo Schuchardt

Ruprechtsau – Straßburg i/E. 11. 11. 83.

Lieber Herr College.

Lassen Sie mich nun nochmals Ihnen mit der Bitte um Uebernahme wenigstens des Artikels «Creolisch» für den Grundriß der Rom. Phil. nahen. Die größte Zahl der Artikel des Planes hat ihre Bearbeiter gefunden (Italien vertreten zB. in *D'Ovidio* u. *Graf*; Deutschland zB. in *Tobler*, *Foerster*, *Suchier*, Frau *Mich. de Vasconcellos;* Oesterreich in *Cornu*, *Jarník* etc. etc. etc.);[304] Frankreich lehnte ab, – *Coelho* bleibt stumm); *Mussafia*, *Lemcke*, *Köhler*, *Ebert*,[305] die ich anging, wären, wie ich aus dem Ton ihrer Briefe entnehmen kann, entschieden bereit

303 Vgl. Jacobsthals Brief an Heinrich Bellermann (Strassburg i./Els., den 8. Juni 1884), ed. Sühring, 2012, 600: «Nun bin ich wieder ganz im alten Geleise, vor allem andern bin ich tüchtig mit dem Übertragen der von mir gesammelten Compositionen in moderne Notenschrift beschäftigt. Ein schönes Stück Arbeit, die aber nothwendigerweise allen anderen vorangehen muß. Außerdem erwarte ich täglich eine Handschrift hierher, die ich copiren muß. Es kann aber, wie das mit Manuscriptsendungen so geht, auch noch einige Zeit dauern, ehe sie kommt». – Im NL Suchier ist Jacobsthal vertreten (bei Sühring nicht vermerkt).

304 Von den Genannten sind nur Franesco D'Ovidio, Hermann Suchier und Jules Cornu im I. Band mit eigenen Beiträgen vertreten.

305 Francisco Adolfo Coelho, Adolf Mussafia, Ludwig Lemcke, Reinhold Köhler, Adolf Ebert.

das Buch zu unterstützen, fühlten sie sich nicht durch Gesundheitsrücksichten oder durch ältere Verpflichtungen genöthigt, zu verzichten. Um so eifriger sind sie, mich zu ermuntern, die Sache durchzuführen. Das Creolische nun ist das Wenigste, worum ich Sie bitten kann; und, da der Termin der Einsendung der Mss. bis Ende des Jahres 1884 verschoben ist, schmeichele ich mich mit der Hoffnung, daß in dieser langen Frist Ihnen ein Stündchen kommen wird, wo Sie, wenn nicht die Verpflichtung fühlen, die andern etwas Zuverläßiges über jenen Gegenstand wissen zu lassen, in der Ueberzeugung momentan nichts Bessres thun zu können zur Feder für den «Grundriß» greifen. Aber ich möchte gern noch einiges mehr von Ihnen. Der Abschn. I 4 A, Methodik der sprachgesch. Forschung etc., den ich werde übernehmen müssen, wenn Sie es nicht thun, verdiente gerade wegen des «Junggrammatismus», obwohl wir noch nicht besonders daran leiden, und weil Sie schon im «Vocalismus» hier Bausteine zusammengefügt, Ihre besondere Berücksichtigung.[306] Und wer sollte über II 1 B ‚Latein in den rom. Ländern' – aeußre Geschichte – Vulgärlatein – etc. – mit größerer Autorität unterrichten als Sie?[307] Daß II 1 A u. II 1 B zusammengehören, darüber bin ich ganz Ihrer Meinung; die Trennung ist nur erfolgt im Hinblick auf die Möglichkeit, daß nicht *ein* Bearbeiter für beide Theile gefunden würde. Dann würde II 1 A (Keltisch – Iberisch – Italische Sprachen) wesentlich descriptiv gehalten und wären die sprachgeschichtlichen Probleme, die sich aus dem Contakt jener Sprachen mit dem Latein ergeben, nur aufzustellen unter Hinweis auf die vorhandenen Lösungsversuche. Auch die Möglichkeit einer Cooperation bei diesen beiden Artikeln sollte offen gehalten werden. Wie würde ich Ihnen danken, wenn Sie sich zur Ausführung derselben entschlössen?

Durch die Rubrik II 2 B (Stilistik) war beabsichtigt einen Ueberblick zu geben über die den romanischen Litteraturen (bes. des MA.) gemeinsamen Stilformen, um Wiederholungen in den einzelnen Abrissen |2| der romanischen Litteraturgeschichte zu vermeiden: einen Bearbeiter dieses Abschnittes habe ich noch nicht, und werde ich schwerlich finden. Er wird daher nur zu Stande kommen können, wenn die Verfasser der litteraturgeschichtlichen Abschnitte gestatten würden, die in ihren Darstellungen begegnenden Bemerkungen zur romanischen Stilistik von gemeinsamem Character zusammenzufassen und auf diese Zusammenfassung in den von ihnen [zu] behandelnden Abschnitten hinzuweisen. Geschähe es nicht, so würde der Abschnitt fallen, und das wäre kein Unglück.[308]

---

306 Der dann von Gröber verfasste Beitrag *Methodik und Aufgaben der sprachwissenschaftlichen Forschung* hat in der Ausg. 1888 (S. 209–250) die Gliederungszeichen II 2 A, 209 f.

307 Wilhelm Meyer-Lübke verfasste Abschnitt III I A 4: *Die lateinische Sprache in den romanischen Ländern*, 351–382.

308 Vgl. *Grundriss* II, 1 (1902), v («Vorwort»): «Allerdings blieb auch in dieser Abteilung eine Lücke, da durch den frühen Tod ten Brinks die Bd. 1 S. 152 in Aussicht genommene Romanische Stilistik nicht zur Ausführung kam».

Hier haben Sie also von Neuem meine Wünsche, zu denen ich die Bitte um eine recht baldige Benachrichtigung füge, damit wir endlich ans Werk gehen können. Der längere Termin für Ausführung der Artikel, den anzusetzen sich als nothwendig erwies, gibt Raum auch für andere Arbeiten, die Sie im Laufe des nächsten Jahres sich vorgenommen haben, und läßt mich hoffen, daß Sie mich nicht ganz im Stiche lassen werden. Oder wenn es geschähe, was sollte ich dann der Kritik sagen, die sich des Buches bemächtigen und den Beruf des Bearbeiters der einzelnen Abschnitte zu ihrer Ausführung prüfen wird? Wenn sie dabei findet, dieser und jener Artikel ist nicht in die richtigen Hände gelegt worden, Sch[uchardt] fehlt hier und fehlt dort, – soll ich dann sagen: Ganz recht Ihr Herren, aber Sch. wollte nun einmal nicht? Sie sehen, ich gehe daran, wenig in der Ueberredungskunst geübt, die stärksten Trümpfe gegen Sie auszuspielen, ohne es erst mit schwächrer Karte zu versuchen. Lassen Sie mich ein Aß gewinnen.

Mit herzlichen Grüßen
Ihr ergebenster
GGröber.

[gedruckte Anlage]

Grundriss der Romanischen Philologie.

Titel der einzelnen Theile und Abschnitte	**Umfang nach Bogen**
I. Formaler Theil.	
Geschichte, System, Quellen u. Methodik der Romanischen Philologie.	
1. Abschnitt. Geschichte der Romanischen Philologie, mit Anhang: Geschichte der Lat. Philologie des M.-A.	2
2. Abschnitt. System und Aufgaben der Romanischen Philologie.	1
3. Abschnitt. Quellen der Romanischen Philologie.	1
A. Inschriften, Urkunden, Handschriften, Bücher, Bücherwesen, Paläographie (schriftl. Quellen)	1
B. Ungeschriebene (Volks-) Litteratur, Mundarten (orale Quellen).	1
4. Abschnitt. Methodik der sprach- und litt.-gesch. Forschung.	
A. Methodik der sprachgesch. Forschung (gramm., lex. u. hist. etc.)	2
B. Hermeneutik und Kritik der schriftl. und oralen Quellen.	2

(fortgesetzt)

Titel der einzelnen Theile und Abschnitte	Umfang nach Bogen
II. Realer Theil.	
1. Abschnitt. Romanische Sprachwissenschaft.	
A. Die Sprachen der Autochthonen der Rom. Länder.	1 ½
B. Die Latein. Sprache in den Rom. Ländern.	1 ½
C. Die Germanischen etc. Sprachen in den Rom. Ländern.	1
D. Die Romanischen Sprachen: ihre Gliederung und äussere Geschichte; Charakteristik der Rom. Hauptsprachen und Dialekte.	2
1) Die Italien. Sprache u. ihre Dialekte.	4
2) Die Ladinische Sprache.	1
3) Die Rumänische Sprache	1
4) " Franz. Sprache u. ihre Dialekte	4
5) " Provenz. " " " "	2
6) " Catalan. " " " "	1
7) " Spanische " " " "	2 ½
8) " Portug. " " " "	2
Anhang: Creolisch.	1
2. Abschnitt. Romanische Metrik u. Stilistik.	
A. Metrik der Romanischen Sprachen (einschl. Mittellatein).	3
B. Stilistik der Romanischen Sprachen.	2
3. Abschnitt. Litteraturgeschichte der Romanischen Völker.	
A. Die Latein. Litteratur des M.-A. (und der Neuzeit) nach Inhalt, Formen stilistischer Seite etc.	3
B. Die Litteraturen der Romanischen Völker, einschl. Volkslitteratur.	
1) Die Italienische Litteratur.	10
2) " Ladinische "	1
3) " Rumänische "	1
4) " Französische "	12
5) " Provenzalische "	2
6) " Catalanische "	1
7) " Spanische "	6
8) " Portugiesische "	3

(fortgesetzt)

Titel der einzelnen Theile und Abschnitte	Umfang nach Bogen
III. Theil.	
Hilfswissenschaften.	
A. Geschichte der Romanische Länder.	1
B. Culturgeschichte der Romanischen Länder.	
1) Mittelalter.	1
2) Neuzeit.	1
C. Kunstgeschichte der Romanischen Völker.	1
Musik.	1
Bildenden Künste.	2
D. Die Wissenschaften bei den Romanischen Völkern.	2

[Anmerkung (FRH)]:
Im NL Hugo Schuchardt (UB Graz) ist der mit ihm geschlossene Verlagsvertrag für den *Grundriss* überliefert, den vermutlich jeder Mitarbeiter erhalten hat. Die kursivierten Passagen sind im Original handschriftlich mit Tinte eingetragen:[309]

Verlagsvertrag für die Mitarbeiter

Zwischen *Herrn Prof. Dr. H. Schuchardt. Graz* als Verfasser einerseits und Herrn Buchhändler Karl J. Trübner zu Strassburg ^{i}/E. als Verleger andererseits, ist heute folgender Verlagsvertrag abgeschlossen worden, dessen Rechte und Pflichten auch auf die Rechtsnachfolger beider Teile übergehen sollen.

1) Herr Prof. Dr. H. Schuchardt übernimmt die Ausarbeitung des Abschnittes *Creolisch*

für den unter Mitwirkung einer Anzahl Fachgenossen von Herrn Prof. Dr. Gröber zu Strassburg herauszugebenden Grundriss der romanischen Philologie und verpflichtet sich denselben bis Ende des Jahres 1884 zu Händen des Herrn Prof. Dr. Gröber zu Strassburg druckfertig abzuliefern. Angesichts der grossen Zahl Mitarbeiter ist die Verpflichtung der rechtzeitigen Ablieferung besonders dringend zu nehmen.

309 Graz, HSA 11868.

2) Der Verleger gewährt dem Verfasser für jeden Druckbogen im Format und in der annähernden Satzeinrichtung der Beilage ℳ 75 – für die erste Auflage von 3000 Exemplaren und ℳ 50 – pro Druckbogen der folgenden Auflage von je 2500 Exemplaren, zahlbar bei Erscheinen der jeweiligen Auflagen.

3) Der Verleger gewährt ferner dem Verfasser ein vollständiges Exemplar des «Grundrisses der Romanischen Philologie» sowie 12 Separatabzüge seiner Arbeit von jeder Auflage.

4) Den Schutz und die Wahrung des Eigenthumsrechtes, besonders der Uebersetzung in fremde Sprachen, übernimmt der Verleger. Derselbe führt die etwaigen Verhandlungen mit fremden Verlegern und verpflichtet sich, den Erlös aus der Abtretung des Uebersetzungsrechtes zur Hälfte an die Herren[310] Verfasser pro rata ihrer Beiträge baar auszuzahlen.

5) Grössere Nachcorrekturen während des Satzes sind zu Lasten der Verfasser.

Mit vorstehenden Punkten einverstanden, haben beide Theile diesen in zwei gleichlautenden Exemplaren ausgefertigten Vertrag eigenhändig unterschrieben.

Graz und Straßburg ⁱ/E. 5. Januar 1884 Karl I. Trübner[311]

– – – – – – – –

Die Restakten des Trübner-Verlags sind heute Teil des Depositums des de Gruyter-Verlags in Berlin, SBB PK. Dort gibt es ein (undatiertes und unsigniertes) Oktavheft mit dem Titel *Karl J. Trübner. Alte Verträge über Sammelwerke*, das auf S. 1–2 eine Liste der mit den Beiträgern von Gröbers Grundriss. geschlossenen Verträge enthalt:[312] „[Teófilo] Braga, Portugiesische Literatur, 12.5.86**; [Harry] Bresslau, Romanische Völker, 8.12.92**; [Tommaso] Casini, Italienische Literatur, 2.11.92**; [Jules] Cornu, Portugiesische Sprache, 5.I.84*; [Wilhelm] Deecke, Italienische Sprachen, 22.3.84*; [Caspar] Decurtins, Rätoromanische Literatur 5.I.84**; [Moses] Gaster, Slavische Sprachen, 5.I.84***; [Gustav] Gröber, Roman. Philologie, 5.I.84*; Gröber, Herausgebervertrag, 5.I.84; [Hubert] Janitschek, Bildende Künste, 5.I.84⁺; [Friedrich] Kluge, Germanische

310 Dies ist «gendermäßig» ungenau, da mit Carolina Michaëlis auch eine Frau Mitarbeiterin wurde!

311 Exemplar Schuchardts; das Zweitexemplar wurde vermutlich unterschrieben an Trübner zurückgesandt. Schuchardt hat seinen Beitrag jedoch nicht geliefert; vgl. insbes. Gröbers Briefe an Schuchardt, Graz, HSA 04046 u. 04051.

312 Die Vornamen werden ergänzt; ein Asterisk besagt, daß der Betreffende im I. Band des *Grundriss'* vertreten ist, zwei Asteristke im II. [dabei variieren die definitiven Titel meist], drei Asteriske im ersten oder zweiten, aber mit anderen Themen, ein ⁺, dass er gar nicht geliefert hat.

Sprachen, 5.I.84*; [Gustav] Meyer, Albanesische Sprache, 26.7.86*; [Wilhelm] Meyer[-Lübke], Lateinische Sprache, 20.5.85*; [Alfred] Morel-Fatio, Catalan. Spr. u. Lit., 12.5.86*; [Francesco] d'Ovidio, Italien. Sprache u. Dialekte, 5.I.84*; [Martin] Philippson, Neue Gesch. d. rom. Völker, 15.X.86+; [Kristian] Sandfeld Jensen, Neulateinische Elemente des Französischen, 11.6.04+; [Alwin Schultz], Culturgesch. d. roman. Länder, 5.I.84**; [Wilhelm] Schum, Schriftl. Quellen, 5.I.84*; [Christian Friedrich] Seybold, Arabische Sprache, 28.II.85+; [Edmund] Stengel, Metrik und Stilistik, 17.I.85**; [Albert] Stimming, Provençal. Lit., 15.8.87+; [Hermann] Suchier, Provençal. Spr. u. Dialekte, 5.I.84*; Suchier, Provençal. Grammatik, 3.6.02*; [Heimann Hariton] Tiktin, Rumänische Sprache, 17.12.85*; [Adolf] Tobler, Kritik d. schriftl. Quellen, 5.I.84*; [Francesco] Torraca, Italienische Literatur, 17.12.85+; [Carolina Michaëlis] de Vasconcellos, Spanische Sprache, 5.I.84***; [Ernst] Windisch, Keltische Sprache, 5.I.84*.

43 Ernst Windisch

Ruprechtsau-Straßburg i/E. 11.11.83.

Hochgeehrter Herr College.

Vielen Dank für Ihre freundl. Benachrichtigung. Sie gestatten mir einige Andeutungen über das, was nach meiner Meinung, in dem Abschnitt II 1 A des «Grundrisses der Rom. Phil.» über das Keltische zur Sprache gebracht werden müßte. So sehr eigne Forschungen und neue Resultate für das Werk gewünscht werden müssen, so kann es doch nur in erster Linie beabsichtigen die Summe der Erkenntniß im Gebiete der Rom. Phil. in der Gegenwart vorzuführen, und die Probleme anzudeuten, wo eine begründete Einsicht noch nicht erreicht ist. Nothwendig muß in der Rom. Encycl. der in die Rom. Phil. Einzuführende darauf hingewiesen werden, daß es auch die Frage zu beantworten gilt, ob und in welchem Grade die einstige keltische Bevölkerung romanischer Länder bei Aneignung des lateinischen Idioms umgestaltend auf dasselbe eingewirkt hat oder einwirken konnte. Da diese Frage zu den schwierigsten der linguistischen Forschung gehört und erst wenig, was auf Billigung Anspruch hätte, darüber geäußert worden ist (cf. Schuchardt in Besprechung Ihrer Irischen Gram., Ascoli Lettera glottologica),[313] so darf man sich genügen lassen das Problem zu statuiren. Es würde daher genügen, mitzutheilen 1) was man über die Dichtigkeit und Zusammensetzung der Kelten in einstigen keltischen Gebieten weis

313 Hugo Schuchardt, Rez. von Ernst Windisch, *Kurzgefasste Irische Grammatik mit Lesestükken*, Zeitschrift für romanische Philologie 4 (1880), 124–155; G. I. Ascoli, *Una lettera glottologica*, Torino, Loescher, 1881, 18, 41, 44, 68, 70.

2) was über den Lautbestand ihrer Sprache auf sprachvergleichendem Wege und mit Hilfe der ältesten Documente für die Zeit erschlossen worden ist, wo keltische und lateinische Sprache in Berührung treten, 3) worin sich in morphologischer und flexivischer Beziehung beide Sprachen unterscheiden. Bei 1) wäre der Nachrichten zu gedenken, und Gebrauch von den Indicien zu machen, die man für die äußere Geschichte des keltischen Idioms in den romanischen Ländern während des Bestehens des Römischen Reiches hat. Das Fehlen bestimmter Laute und Lautverbindungen, das eigenthümliche Verhalten keltischer Laute bei ihrer Berührung gegenüber der lateinischen Phonologie unter 2) hervorgehoben, würde dem Romanisten Fingerzeige geben, wo er keltische Einwirkung auf die rom. Sprachgestalt zu erkennen versuchen könnte. Von Casus, Tempus u. Modus, von der Bedeutung neuer Worte aus Stämmen oder mit Hilfe von Präfixen und Suffixen, den Redetheilen etc. ließe sich unter 3) das Charakteristische herausheben. Der ganze Artikel brauchte also nur descriptiv zu sein u. dürfte ganz von einer Lösung des Problems Umgang nehmen; es würde genügen der Litteratur über das Problem zu gedenken, u. zurückzuweisen, was an unhaltbaren Lehren darüber ausgesprochen wurde. – Da in ähnlicher Weise noch, auf 1½–2 Bogen, |2| über das Iberische und die Italischen Sprachen gehandelt werden soll, für die Keltische Sprache also höchstens ¾ Bogen zugestanden werden könnte, scheint mir nur die Möglichkeit geboten, sich wesentlich berichterstattend zu verhalten: und ich kann nicht glauben, daß Ihnen daraus erhebliche Mühe erwachsen könnte; ich kann auch nicht glauben, daß ein anderer mit größerer Autorität über jene Dinge zu sprechen vermöchte. Ich kann daher nur meine Bitte, die Sie ja zu meiner größten Freude nicht ganz zurückgewiesen haben, erneuern indem ich Sie zugleich versichere, daß das ganze Werk an der Ablehnung der Ausführung eines solchen einzelnen Artikels scheitern kann, wie wir ihn von Ihnen erbitten. Nur noch einzelne Mitarbeiter, und die Sache ist gesichert; entziehen Sie ihr darum nicht Ihre freundliche Theilnahme und Ihre thätige Beihilfe.[314] Einer recht baldigen Entscheidung entgegensehend bin ich

Ihr hochachtungsvoll ergebener
GGröber.[315]

[Original Leipzig, UA, NL Ernst Windisch (NA_Windisch_2_195_1)].

---

314 Windisch, *Keltische Sprache*, in: *Grundriss* I^1 (1888), 283–312 bzw. I^2 (1904–06), 371–494; Georg Gerland, *Die Basken und die Iberer*, ebd., 313–334 bzw. 405–430; Wilhelm Deecke, *Die italischen Sprachen*, 335–350 bzw. 431–450. Gerland und Deecke waren Straßburger Kollegen Gröbers. Wilhelm Meyer-Lübke hat Deeckes Beitrag für die 2. Aufl. überarbeitet.

315 Am Ende findet sich der gedruckte Plan des *Grundriss'*, s. o. Brief 42.

44 Reinhold Köhler

Ruprechtsau-Straßburg i/E. 26.11.83.

Hochgeehrter Herr Dr.

Auf Ihren freundl. Rath mich bez. der zwei von Ihnen für den Grundr. der Rom. Phil. erbetenen Abschnitte[316] an Nyrop[317] zu wenden, richtete ich vor c. ¼ Jahr eine Anfrage an ihn, die ihn erst vor wenigen Tagen in Rom erreicht hat, und die er leider in der Lage ist ablehnend zu beantworten, da er sich auf einer Reise durch die romanischen Länder für 1 Jahr befindet, die es ihm zur Unmöglichkeit machen Arbeiten der fraglichen Art auszuführen.

Ich nehme mir deshalb die Freiheit mich mit meiner Bitte nochmals an Sie zu wenden; ich glaube es um so mehr thun zu dürfen, als die Sachlage in Jahren ein wenig sich verändert hat, als der Termin für Einlieferung der Mss. auf Ende 1885 hat verlegt werden können. Ich glaube hierauf die Hoffnung gründen zu können, daß Sie die Frage Ihrer Theilnahme an dem Werk nochmals freundl. in Erwägung ziehen und ihm Ihre Unterstützung doch vielleicht noch fr. zuwenden.

Der Umfang der beiden Abschnitte müßte nicht einmal je einen Bogen erreichen. In dem Artikel «Quellen» brauchte nur von den litterarischen Quellen

---

316 *Grundriss* I[1] (Kap I 3 B *Ungeschriebene [Volks-]Litteratur, Mundarten [orale Quellen]*). Um die Übernahme dieser Kapitel hatte Gröber Köhler mit Brief vom 25.6.1883 gebeten: «Ich erlaube mir deshalb die ergebene Anfrage, ob Sie geneigt sein würden Abschnitt 3 B des Formalen Theiles, ‹Orale Quellen› ganz oder die litteraturgeschichtliche Seite dieses Abschnittes – und sonst Ihnen convenirende Theile – zu übernehmen. Es würde in jenem Abschnitte darauf ankommen, die Phasen und Arten der oralen Litteratur, nach ihrer Entstehung, Entwicklung u.s.w., nach ihrem Einfluß auf die geschriebene Litteratur, ihren Hauptquellen in großen Zügen zu beschreiben, die Bedeutung der an das histor. Ereigniß sich anknüpfenden Sage, von der Anekdote, den Märchen, der ungeschriebenen Legende u.s.w., zu handeln und die hauptsächlichste Litteratur über die orale Litteratur, Sammlungen von Märchen, Sagen, Volksliedern etc. für die Romanischen Sprachgebiete anzuführen. [...] Die Benutzung dieser oralen Litteraturquelle für die Litteraturgeschichte käme in Theil A Abschnitt 4 B «Kritik der schriftl. u. oralen Quellen» zur Sprache; allgemeine Principien über die Benutzung des oralen Litteraturmaterials behufs Feststellung der Provenienz eines Stoffes, einer Gattung der oralen Litteratur etc. müssen in diesem Zusammenhang nothwendig dargelegt werden: Niemand wird besser hierüber zu belehren vermögen als Sie, und Ihre Mitarbeit auch hierfür in Anspruch zu nehmen, muß mich die von mir durchaus gebilligte Idee des Trübnerischen Werkes bestimmen, das von segensreichem Einfluß auf unsere Studien sein kann, und der Wunsch, diesem Werke die größtmöglichste Vollkommenheit zu geben zu helfen» (Original Weimar, GSA 109/289).

317 Kristoffer Nyrop (1858–1931), dänischer Romanist, von 1894 bis 1928 Prof. f. franz. Sprache und Literatur in Kopenhagen. Leider konnte keine Korrespondenz Gröbers mit ihm gefunden werden.

der Volkslitt. die Rede sein, nicht über die Mundarten gehandelt zu werden. Eine Versichrung der verschiedenen Arten der Volkslitt., die in den einzelnen rom. Ländern vorhanden sind, eine Nachricht über die Art und Weise, wie man Volkslieder und Volkserzählungen etc. gesammelt und herausgegeben hat, welche Hauptwerke man für die rom. orale Litteratur besitzt, würde beim ersten Artikel schon genügend über den Gegenstand orientieren. Im andern Abschnitt würde es ja ebenfalls hinreichen, wenn die Aufgaben, die sich die volkslitteraturgeschichtliche Forschung stellt, ausgesprochen, wenn die Art, wie dafür die vorliegenden Publicationen zu verwerthen sind, wie Kritik und Vergleichung geübt werden müssen, dargelegt u. an einzelnen Beispielen dargethan wird, welche Bedeutung die Volkslitteratur für die ältere rom. Litteratur gehabt hat, wie sie z. Th. internationalen Charakter [hat] z. Th. Ausdruck des Nationalgeistes ist etc.

Da es gelungen ist für den Grundriß die besten Kräfte zu gewinnen, Tobler, Schuchardt, Suchier, D'Ovidio, Baist, Frau Michaëlis u.s.w., würde es geradezu befremden, wenn Sie in dem Werk |2| vermißt würden, an einer Stelle, wo Sie Ihr europäischer Ruf zum Wortführer bestimmt. Es handelt sich nur noch um Besetzung einiger weniger Abschnitte des G's, und das Zustandekommen des Buches, dem Sie zu meiner Freude, (wie auch Mussafia, Tobler, Ebert, Lemcke, Paris etc.), Ihre gütige Zustimmung zu Theil werden lassen, ist gesichert. Möchte es sich fügen, daß es sich Ihrer Beihilfe erfreuen dürfte.[318]

Hochachtungsvoll ergebenst
Ihr GGröber.

[Original Weimar, GSA 109/289].

45 Alwin Schultz

Ruprechtsau Straßburg i/E. 9 Dec. 1883

Lieber Herr College.

Herr Buchhändler Trübner hier beabsichtigt nach umstehenden Plan[319] einen Grundriß der Romanischen Philologie zu veröffentlichen, der bestimmt ist, Stu-

318 Köhler hat nicht am *Grundriss* mitgearbeitet. Mit Postkarte vom 15.11.1885 hatte Gröber noch einmal nachgefragt; vermutlich antwortete Köhler wiederum abschlägig, denn in der nachfolgenden Korrespondenz ist vom *Grundriss* nicht mehr die Rede. Ein zusammenhängender Beitrag zur «Volksliteratur» fehlt im *Grundriss*.

319 Der angehängte Plan ist identisch mit dem als Anhang zu Brief 42 mitgeteilten. Die im vorliegenden Brief nachgefragten Kapitel wurden erst im 2. Teil verwirklicht.

dierenden der Romanischen Phil. einen Ueberblick über das Gesamtgebiet ihrer Wissenschaft zu gewähren, sie mit den Aufgaben der R. Phl. im weitesten Umfange und mit der erlangten wissenschaftlichen Einsicht in ihren einzelnen Disziplinen bekannt zu machen, sowie der rom. Phil. in weitren Kreißen Anerkennung & Verständniß zu verschaffen. Die einzelnen Abschnitte sollen, um dem ganzen Werke womöglich einen monumentalen Charakter zu verleihen und um in jedem seiner Theile die zuverlässigste Belehrung zu gewähren, von den competentesten Fachgenossen ausgeführt werden. Da von der Rom. Phil. in diesem Gr. in vollstem Umfange gehandelt und auch die Grenzwissenschaften, denen sie zu geben und zu entnehmen hat, berücksichtigt werden sollen, so darf Abschnitt B im dritten Theile Culturgeschichte der Rom. Länder I. Mittelalter nicht fehlen.[320] Es ergeht deshalb an Sie die ergebene Anfrage, ob Sie geneigt wären auf dem vorgesehenen einen Bogen (überschreitbar!) diesen Abschnitt zu behandeln. Da wir die ma. rom. Culturgeschichtsforschung nicht als einen Theil der Rom. Phil. zu betrachten uns erdreisten dürfen, kann es sich im projektirten Werk nur um eine sehr compendiarische Behandlung des Gegenstandes handeln, bei dem die hauptsächlichste Litteratur für die einzelnen Zweige der Culturgeschichtsforschung und ihre Quellen vorzuführen wären unter Skizzirung ihrer Aufgabe, unter Begrenzung dessen, was die philolog. Forschung zur culturgesch. Kenntniß beitragen kann u.s.w., und unter Hervorhebung ihrer Bedeutung für das Verständniß der malt. Litteratur. Sie haben ja in Ihrem Buche den Gegenstand schon in einer Weise behandelt, daß Sie nur einen Extrakt daraus zu nehmen brauchten um den Bedarf der Rom. Encycl. zu decken.[321] Ich hoffe, Sie werden mir Ihre unentbehrliche Mithilfe nicht versagen.

Das Format des Buches wird das dieses Briefes (nur 1 Finger breit breiter) sein. Die Zeit für Einreichung des Ms. ist Ende 1884. An Honorar zahlt Herr Tr. bei der ersten Aufl. 75 Mk pro |2| Bogen, bei jeder folgenden 50 Mk. Eine contraktliche Vereinbarung nebst Mitarbeiterliste würde Ihnen Herr Tr. alsbald nach erfolgter Zusage unterbreiten. Zu jeder Auskunft über das Buch und über den Artikel bin ich natürlich bereit.

Hoffentlich gefällt es Ihnen wie den Ihrigen in der neuen Heimath mindestens so gut wie in der alten. Warum Sie nach Prag, Janitschek aber nach Straß-

---

320 In der Druckversion von *Grundriss* II, 3 (1901) umfassen die «Grenzwissenschaften» nur vier Kapitel: Harry Bresslau, *Quellen und Hilfsmittel zur Geschichte der romanischen Völker im Mittelalter*; Schultz, *Zur romanischen Kulturgeschichte*; Schultz, *Zur romanischen Kunstgeschichte*; Wilhelm Windelband, *Zur Wissenschaftsgeschichte der romanischen Völker*.

321 Schultz, *Einführung in das Studium der neueren Kunstgeschichte*, 2 Bde., Leipzig, G. Freytag, 1884.

burg gehen mußten sieht man eigentlich nicht ein. Ich habe mir zur Zeit hier viel Mühe um Ihre Berufung nach Str. gegeben; es ist aber nicht geglückt.[322] Ich habe jedoch die Genugthuung zu sehen, daß die Facultät jetzt meiner Meinung ist, und daß, wenn die Frage wieder auftauchte man vorurtheilsfreier entscheiden würde.

Lassen Sie mich noch die Bitte um eine recht baldige Antwort beifügen. Die Mitarbeiterliste soll in einigen Tagen abgeschlossen werden. Ich wünschte sehr, Sie darauf anführen zu können.[323] Wen würden Sie wohl für «Culturgeschichte Neuzeit» mir vorschlagen können?

Mit besten Grüßen
Ihr ergebenster
GGröber.[324]

[Original Nürnberg, GNM DKA_NLSchultzAlwin_IC171-1883-9a-d].

46 Wilhelm Meyer (aus Speyer)

Ruprechtsau, Straßburg i/E., 30. Dez. 1883.

Hochgeehrter Herr.

Gestatten Sie mir noch einmal auf meine Bitte zurückzukommen den Gr. d. Rom. Phil. durch Uebernahme des Abschnitts Lat. Lit. zu unterstützen. Sie haben die Aufgabe durchaus im Sinne des Planes des Buches in Ihrem werthen Schreiben dargelegt. In der Zeit der Renaissance kann nur die neulateinische Litteratur, weil z. Th. die Brücke bildend zwischen den antiken Mustern und den modernen romanischen Litteraturen berücksichtigt werden. Die lat. Litteratur des MA. dagegen soll in ihrer Gesammtheit geschildert werden: allerdings ebenfalls nur in großen Zügen, wie es bei dem zur Verfügung stehenden Raume nicht anders sein kann. Daher ist es nicht auf den einzelnen Autor und das einzelne Werk dabei abgesehn. Der Romanist soll nur erfahren, daß Untersuchungen über die rom. Litteraturen des MA. im Hinblick auf die Lateinische Litteratur zu führen sind, daß ein Zusammenhang zwischen beiden besteht. Er wird dies aus dem Werk auch dann erfahren, wenn im Abschnitt «Lat. Litteratur» nicht nur wirklich auf ihre Einwirkung auf die rom. Litteratur im be-

322 Zu Hubert Janitschek vgl. Anm. 256.
323 Alwin Schultz, *Zur romanischen Kulturgeschichte*, in: *Grundriss* II, 3 (1901), 516–532; *Zur romanischen Kunstgeschichte*, ebd., 533–549.
324 Am Ende ist der Plan des *Grundriss*' angefügt; vgl. Brief 42.

stimmten Falle hingewiesen ist, und die lat. Litt. gleichsam an sich behandelt wird. Und ich glaube, es würden am deutlichsten jene Beziehungen der Mittellat. Litt. zur romanischen hervortreten, wenn, da der Autor und seine litterargeschichtliche Stellung nicht selbst in dem Grundriß interessirt, der Ueberblick über die mittellat. Litteratur nach den Gattungen gewährt würde: (a) Prosa b) Poesie; 1) gelehrte Prosa α) historiogr. Litteratur; β) theol. etc. etc. 2) Prosadichtung etc, etc. –). Hierbei ließe sich, ohne daß Wiederholungen zu befürchten wären, der behandelten Stoffe und der Stoffgebiete zugleich, wie auch einzelner, in der Entwicklung einer litterarischen Gattung maßgebend gewordener Werke gedenken. Bibliographische Nachweise würden speciellerer Beschäftigung den Weg weisen.

Ich würde daher meinen, daß, so gefaßt, die Aufgabe sich, ohne neue und eingehendste Detailstudien zu fordern und zwar im Sinne des Werkes lösen ließe. Ja es würde sich der, der den scheinbar ungefügten |2| und vernachlässigten Stoff zu überblicken helfen würde, ein Verdienst erwerben, das vielseitige Anerkennung finden würde. Mit Prof. Ebert hatte ich schon früher einmal verhandelt.[325] Da er jedoch bei seinem vorgerückten Alter sich auf sein Werk zu concentriren wünscht, ist er, wie ich bestimmt weis, für die Arbeit nicht zu gewinnen. Mit um so mehr Berechtigung darf ich meine Anfrage und Bitte bei Ihnen erneuern. Ich hoffe, wenn Sie die Unerläßlichkeit des Abschnittes «Lat. Litteratur» in einem Grundriß der rom. Philologie anerkennen und der dafür zur Verfügung stehenden Bearbeiter gedenken, Sie meine Bitte nochmals freundlichst in Erwägung ziehen und mich durch eine recht baldige zusagende Nachricht erfreuen werden.[326]

In vorzüglicher Hochachtung
ergebenst
GGröber.

[Original Göttingen, NSUB Cod_Ms_W_Meyer_2_55_58].

325 Zu Adolf Ebert vgl. *Einleitung* und Brief 1.

326 Meyer hat die Übernahme dieses Kapitels aus Gründen, die wir nicht kennen, abgelehnt; Gröber hat ihn wohl oder übel selber verfasst: *Grundriss* II,1 (1902), 97–432. Die Kriterien, die er Meyer im vorliegenden Brief mitteilt, hat er selber umzusetzen versucht.

47 Hugo Schuchardt

Ruprechtsau-Straßburg i/E. 19. 1. 84.

Lieber College.

Ich habe bis jetzt unterlassen Ihnen für Ihr liebenswürdiges Eingehn auf meinen Aufsatz im Wölfflinschen Archiv[327] zu danken, – aus purem Zeitmangel, wenn der Familie gewidmete Weihnachtsferien, wo bei mir die Feder zu ruhen pflegt, als solche und als eine Abhaltung von Pflichterfüllungen entschuldbaren Characters betrachtet werden dürfen.

Ich durfte jedoch ein paar Zeilen der Erwiderung auf Ihr Schreiben auch verschieben, weil ich Ihnen fast überall zuzustimmen habe, und die simple Bejahung Ihrer Bemerkungen Aussicht hatte, bei einem andern Anlasse ausgesprochen zu werden, der sich allerdings zufällig bis heute nicht dargeboten hat.

Der Aufsatz über Sprach- und Wortquellen, war ein, in Kürze zu erledigender Auftrag. Daher fehlt ihm das, was Sie die Beleuchtung nennen. Er ist im Ganzen lichtlos, weil er das Bedürfniß die Frage zu beantworten viel zu wenig betont, nicht an einer bestimmten Stelle der Einsicht classischer Philologie entschieden einsetzt, nicht entschieden genug bestimmte Auffassungen zur Geltung bringt. So mag es bei der Betrachtung des Schriftlateins speciell der Fall gewesen sein, das Sie noch mehr als ich, als Kunsterzeugniß fassen: von Ihrem Standpunkte würde, wie mir scheint, eine präcisere Antwort auf die Frage nach dem Aufhören des Schriftlateins sich haben geben lassen. Die Anordnung der Sprachen S. 42 (germ. kelt. iber. arab.) ist natürlich ein schlechter Parallelismus; ich beabsichtigte, wie Sie verlangen, die chronologische Aufführung: arabisch sollte vor germanisch stehn: die Verdrehung ist bei der Correctur erst herausgekommen. – Was den chronologischen Einfluß der Barbarensprachen auf |2| das Vulgärlatein angeht, so denke ich mich darüber bei andrer Gelegenheit einmal zu äußern. Der Ausdruck Lautsubstitution will nur eine Andeutung sein, in welcher Richtung ein phonolog. Einfluß von Seiten der Barbarensprachen auf das Latein ausgeübt wurde, oder genauer, in welcher Richtung er beweisbar erscheint. Ich scheide, wie ich glaube, strenger, als üblich ist, zwischen mechanischen Lautveränderungen, und nicht-mechanischen, d. h. nach meiner Auffassung, auf Lautunterschiebung beruhendem Lautwechsel, der Laute an Stelle von Grundlauten setzt, zu denen von diesen aus keine Brücke führt, die nicht wirkliche (dem Articulationsmechanismus nach) Lautverwand-

327 Gröber, *Sprachquellen und Wortquellen des lateinischen Wörterbuches*, Archiv für Lateinische Lexikographie und Grammatik 1 (1884), 35–67; Ders., *Vulgärlateinische Substrate romanischer Wörter*, ebd., 204–254, 539–557.

te des Grundlautes sind, die nicht auf dessen möglicher (lautmechanischer) Entwicklungsbahn liegen u.s.w. So scheint mir eine mechanische Entwicklung von n zu r unbeweisbar, obwohl angeblich nichts leichter ist, als die Vertauschung der Dauerlaute unter einander (z. B. *diacre* – *diaconus* u. dgl.); und in gewissen Sprachen ist selbst der Uebergang gleichartig articulirter Laute nicht einmal immer nothwendig ein mechanischer Vorgang (z. B. *l* zu *r*: fz. *epistle* zu *epître*). Mechanische Lautveränderung hat immer den Character der Allgemeinheit; – aber nicht alle durchgreifenden Lautänderungen sind mechanisch erfolgt; nicht-mechanische (Lautsubstitution) tritt z. Th. sporadisch auf – z. Th. durchgreifend. In beiden Fällen steht (abgesehn von Dissimilation u. dgl.) ein, den zu recipirenden fremden Wörtern, ungeübtes, in seinen Idiomatismus gebanntes Sprechorgan und Ohr gegenüber, das den fremden Lauten nur unvollkommen gerecht zu werden vermag und die relativ ähnlichsten (in der gegebenen, recipirenden Sprache) Laute den nachzubildenden Lauten unterschiebt; im erstern Falle handelt es sich gewöhnlich um Fremdwörter, im letztren um Lautdefekte einer, ein fremdes Idiom zu bewältigen suchenden Sprache. Diesen letztren Fall nenne ich speciell «Lautsubstitution durch Idiomatismus». Ein nahe liegendes Beispiel dafür ist die Unterschiebung des tön. *s* bei fzös. anl. *s*, wie man sie bei Norddeutschen wahrnimmt; ein andres, die Articulation der Media fremder Sprachen im Munde der Mitteldeutschen u.s.w. Der Lautwechsel in diesem Falle fußt auf einem Defekt des Lautsystems der recipirenden Sprache (die Sache ist Ihnen ja, nicht erst seit den kreolischen Studien geläufig). – Solche Defekte des Lautsystems und dadurch bewirkte (allg.) idiomatische Lautsubstitution, glaube ich nun viel häufiger auf romanischem Sprachgebiet zu |3| erkennen, als Andere (Ascolis *Lett. glott.*[328] kenne ich übrigens bis jetzt erst aus Anzeigen); ja ich glaube sogar, daß sie aufs Innigste zusammenhängt mit der mundartlichen Spaltung auf rom. Gebiete, daß ein verhältnißmäßig gleichartiges (wesentlich nur chronologisch verschiedenes) Vulgärlatein durch den Idiomatismus der Veneter, Gallier Norditaliener, Ligurer etc. zur verschiedenartigen Entwicklung gebracht ist und so die venetische, galloital. ligurische Mundart etc. zustande gekommen ist, die mehr oder weniger streng sich halten innerhalb der Grenzen, die jene das Latein annehmenden fremden Völker einschlossen. (Ich möchte bez. dieses Punktes auf Nissens Landeskunde Italiens[329] hinweisen, die im letzten Abschnitt diesen Gegenstand berührt, und meinen privatim ihm gemachten Angaben hierüber von der histor. Seite aus

328 *Lettere glottologiche di G. I. Ascoli. Prima lettera, Rivista di filologia e d'istruzione classica* 10,1, Turin, 1882, online [https://archive.org/stream/rivistadifilolo04unkngoog#page/n15/mode/2up].

329 Heinrich Nissen, *Italische Landeskunde*. Bd. 1: Land und Leute, Berlin, Weidmann, 1883.

Stützen zu gewinnen sucht.* [* am unteren Rand der Seite: Ich bemerke eben in Ihrem Briefe den Satz: «die starke Differenzierung des Lateins gerade in Italien selbst scheint mir mit der bunten ethnographischen Gestaltung dieses Landes in römischer Zeit zusammenzuhängen». Also lautliche Differenzierung parallel der lautlichen Verschiedenheit der Völker in Italien.] Aller Lautwechsel (durchgreifender Art) ist mir des Idiomatismus verdächtig, der sich nicht in eine mechanische Entwicklungsreihe eintragen läßt, besonders dann, wenn er bestimmt localisirt [ist,] ist in den romanischen Sprachen öfters mechanischer Lautwandel; aber natürlich nur dann, wenn mir die recipirende Sprache und ihr Lautsystem bekannt ist und gleichartige Lautverhältnisse darin entgegen treten. Oder auch, wo die Lautlehre Sprünge in der Lautentwicklung statuiren muß, fand idiomatische Einwirkung statt u.s.w. Einzelne Fälle, die mir gegenwärtig sind, hier vorführen und begründen, würde Ihnen Bekanntes sagen heißen; nur dies hier, zur Deutung des von mir gebrauchten Ausdruckes, zu sagen, wollte ich nicht unterlassen. – Den idiomatischen Einfluß, den die Barbarensprachen auf die rom. Sprachen ausübten, halte ich nun nicht für ein Element, das die rom. Sprachen als Mischsprachen aufzufassen gestattet; denn die lautliche Seite ist nur ein secundäres Moment in der Sprache, da der Laut auch in der Berührung mit fremden Idiomen nicht ausgesetzten Sprachen, kein Constantes ist. Constant geblieben aber sind in den rom. Sprachen die Flexionsmittel, die Mittel der Wortbildung, der sprachliche Habitus. Daß analytische Casus- u. Passivbildung an Stelle der lat. flexivischen Decl. u. Passivformen im Rom. getreten ist, mag, wie Sie andeuten, |4| mit der Vielheit der Idiome, die mit dem Lat. in Berührung traten, zusammenhängen; diese Frage aber hat die lat. Grammatik zu entscheiden, denn die Analyse tritt uns nicht nur in der röm. Volkssprache, sondern auch im Schriftlatein entgegen; sie vollzog sich daher schon auf italischem Boden in römischer Zeit und kann nicht von den Barbarensprachen in den rom. Sprachen veranlaßt worden sein; ein morphologischer Idiomatismus ist mir darum etwas zweifelhaft in den rom. Sprachen; jedenfalls scheint er mir weniger beweisbar, als der lautliche, und das Lateinische selbst schon genügt die so auffaßbaren Erscheinungen der rom. Sprachen zu deuten. – Aber ich breche hier ab; das Dargelegte ist nicht vollständig, nicht zusammenhängend, nicht stringent und soll nur als eine gesprächsartige Mittheilung gelten.

Mit *caricta*, S. 60, wollte ich nur darauf hinweisen, daß Virgilius Kenntniß der volksmäßigen Aussprache des Wortes (*carępta*) verräth;[330] ich legte ihm

---

330 Vgl. Gröber, *Sprachquellen* (wie Anm. 327), 60: «die Anführung von circulus (it. circolo, frz. cercle etc.), das das alte circus verdrängt habe; oder die als jünger wie (Vergilisches) carecta bezeichnete Form caricta, deren Fortleben im Italien. carętta [...] ihre Zugehörigkeit zur Volkssprache beweist».

die Auffassung unter, *carecta* bei Virgil sei mit ę gesprochen worden. Das ist vielleicht auch richtig; denn ich kann mir nicht denken, daß *i* in *caricta* je *i̱* gesprochen worden sei und Virgilius einen andern Gegensatz als den zwischen ę und ę hier habe andeuten wollen. Aber ich habe mich jedenfalls mißverständlich ausgedrückt und den Schein erweckt, als unterschiede ich nicht zwischen *tẹ̄ctum* und *lẹ̆ctum*.

Nehmen Sie diese, in Eile und unter Unruhe in meinem Hause geschriebenen Zeilen als ein Zeichen meines Dankes für Ihr freundliches Eingehen auf meinen Aufsatz mit Nachsicht auf. Der Artikel über «Vulgärlat. Substrate aus rom. Wörtern»[331] wird im 2. Hefte des Archives erscheinen; möge er sich Ihrer Billigung ebenfalls zu erfreuen haben.

Ein Paket Dissertationen sandte ich Ihnen vor c. 14 Tagen; meist Bruchstükke von Dissertationen, die vollständig bei «KuK fzös. Studien»[332] erschienen sind. In der Dissertation von Franz[333] hätte öfter auf den «Vokalismus des Vlglateins»[334] verwiesen werden sollen; ich bin erst später, nach Prüfung der Arbeit, auf die betr. Stellen aufmerksam geworden. Mit herzlichen Grüßen

Ihr ergebenster
GGröber

[Original Graz, HSA 04043].

48 Alwin Schultz

Ruprechtsau-Straßburg i/ E. 16. 6. 84.

Lieber Herr College.

Ich konnte wegen allerlei Abhaltung Ihren Brief vom 5. d. M. leider nicht sogleich beantworten. Ich hoffe Sie dadurch nicht in der Arbeit aufgehalten oder Ihr Arbeitsprogramm gestört zu haben.

Die «Culturgeschichte» im «Grundriß f. Rom. Philologie» figurirt unter den Hilfswissenschaften, oder (wie ich sie im Buch selbst bezeichnen werde) den «Grenzwissenschaften» der R. Phil., nachdem wir sie nicht als einen Bestandtheil der Philologie auffassen dürfen: Das Recht dazu würde uns streitig ge-

331 Gröber, Archiv für Lateinische Lexikographie und Grammatik 2 (1885), 276–288; 3 (1886), 188 f., 264 f., 507–531.

332 Körting/Koschwitz (Hrsg.), *Französische Studien*.

333 Wilhelm Franz, *Die lateinisch-romanischen Elemente im Althochdeutschen*, Strassburg 1884 (Phil. Diss.). Doktorvater war Kluge; Gröber fungierte als Korreferent.

334 Schuchardt, *Der Vokalismus des Vulgärlateins*, 3 Bde., Leipzig, B. G. Teubner, 1866–1868.

macht werden, da sie, wie die andren unter den «Hilfswissenschaften» vertretenen historischen Disciplinen, als ältre Wissenschaft gilt. Es kann sich daher im Gr. für Rom. Phil. nur handeln:

I a) um eine Bestimmung der Aufgabe der Culturgeschichtlichen Forschung;
b) um eine kurze Darlegung dessen, was man unter Culturgesch. Forschung in Betreff der roman. Länder zu verstehen hat, und
c) welchen Seiten der Cultur der rom. Völker im MA, den rom. Philologen insbesondere angehen. –
(Der Bearbeiter der Culturgesch. der Rom. Länder in der Neuzeit (seit der Reformation) hat hier anzusetzen, und sich in gleicher Weise über diese Epoche zu äußern).

II. Im Anschluß an c) wäre sodann darzulegen, welches die Quellen sind, aus denen culturgeschichtliche Erkenntniß über die rom. Völker in der mittelalterlichen Epoche (mit Ausschluß des rein kunstgeschichtlichen Elements u. der Wissenschaften, die unter C. D. besondre Behandlung erfahren)[335] genommen wird. Diese Quellen werden monumentale und schriftliche sein. Von den monumentalen muß der Rom. Philolog Kenntniß sich zu verschaffen suchen, da sie ihn die schriftlichen Quellen, die seine Domäne sind, verstehen und benutzen, im kulturgeschichtlichen Konnex lehren. Hier hätte nun eine Uebersicht, bibliographisch-räsonnirend, über die monumentalen Quellen, oder genauer, über |2| das Werk, in dem über monumentale Quellen der Culturgeschichte in umfassender Weise gehandelt wird, in denen sie verwerthet oder verzeichnet sind (zB Essenweins culturgesch. Atlas;[336] Werke über Burgenbau; über Bewaffnung, Kleidung etc) zu folgen. Dann erst folgte der Haupttheil

III, in dem gezeigt würde, inwieweit auch die schriftlichen Quellen (die Sie ja so vorzüglich für Ihr Werk verwerthet haben)[337] culturgeschichtliche Resultate zu gewähren vermögen. Die Art dieser schriftlichen Quellen (romanische, bez. literarische; unter den erstern die Dichtungen mehr als die Prosawerke) wäre mehr zu charakterisiren. Hierauf endlich hätte zu folgen: Mittheilung des hauptsächlichsten Inhalts Ihres Buches, der Proben, aus denen ersichtlich wird, wie die schriftlichen Quellen culturgeschichtlich verwerthbar sind, u. welche Einsichten sie zu bieten vermögen, insbesondere in das bürger-

---

335 Gemeint sind *Kunstgeschichte der Romanischen Völker, Musik, Bildende Künste*; *Die Wissenschaften.*

336 August von Essenwein, *Atlas der Architektur*, Leipzig, Brockhaus, 1875.

337 Schultz, *Schlesiens Kunstleben im dreizehnten und vierzehnten Jahrhundert*, Breslau, Max, 1870; Ders., *Schlesiens Kunstleben im fünfzehnten bis 18. Jahrhundert*, Breslau, Max, 1872.

liche, ritterliche, das heimliche u. öffentliche Leben der Zeit, in Gebräuche, Sitte u. dgl.

Ich hüte mich absichtlich Ihnen eine bestimmte Form für III in Vorschlag zu bringen. Sie kann sehr verschiedenartig gedacht werden. Der Zweck, der erfüllt werden soll, ist, daß der Leser sieht, daß andre Culturfactoren im MA bestanden als in der Gegenwart. Vielleicht ist die Form der Schilderung (in Hauptzügen) die beste; die heuristische, die von den Quellen ausgeht, und das Resultat zu finden lehrt, wird die Beschränktheit des Raumes nicht zu wählen gestatten; sonst ließen sich zB. um die ritterlichen Epen, um die Satiriker u. dgl. einzelne culturgeschichtliche Thatsachengruppen ordnen. Ueber diesen Punkt können wir überdies ja noch verhandeln, wenn es Ihnen nöthig scheint.

½ Bogen mehr, als angesetzt, steht Ihnen übrigens zur Verfügung. – Die Bestimmung der Aufgabe der Culturgeschichtsforschung, der m[ittel]alterlichen, u. romanischen insbesondre, werden Sie wohl leicht zusammendrängen können; denn es wird wohl hier mit feststehenden Begriffsbestimmungen operirt werden können. Wie weit Sie auf Ital. Span. Portug. Cultur einzugehen gedenken, überlasse ich Ihnen. Die Quellen sind hier so dürftig, daß man ungescheut bekennen darf, es bestünde hier eine klaffende Lücke, u. Niemand hat die zugänglichen Quellen schon verwerthet.

|3| Meine Unterhandlungen mit Falcke[338] in Wien wegen der Culturgeschichte der Neuzeit haben sich zerschlagen. Ich habe noch Niemand für dieses Capitel in sichrer Aussicht. Wenn Sie es übernähmen, würden Sie mich zu größtem Dank verpflichten. Wie gut, wenn die Culturgeschichte in einer Hand wäre! An Erschöpfung des Themas wäre natürlich nicht zu denken.

Zu jeder weiteren Nachricht gern bereit.

Ihr hochachtungsvoll ergebener
GGröber

NB. Ein Werk, das als Probe dienen könnte ist mir nicht bekannt. In ähnlicher Weise sind die Materien der Rechtswissenschaft in Holtzendorffs Encyclopädie der Rechtswissenschaft behandelt.[339]

[Original Nürnberg, GNM DKA_NLSchultzAlwin_IC171_1884-06_16a–c].

---

338 Jacob/Jakob von Falke (1825–1897), Kultur- und Kunsthistoriker, zeitweise am Germanischen Nationalmuseum Nürnberg, dann Museumsleiter in Wien.

339 Franz von Holtzendorff, *Encyclopädie der Rechtswissenschaft: in systematischer und alphabetischer Bearbeitung*, Leipzig, Duncker & Humblot, ^{2}1873, 2 Teile.

49 Wilhelm Hertz

Ruprechtsau-Straßburg i/E 21.XII.85

Hochgeehrter Herr College.

Ich bestätige Ihnen den Empfang des mir in Ihrem Auftrage von der Buchhandlung Kröner in Stuttgart behändigten Exemplars Ihres «Spielmanns-Buches»,[340] das mir z. Th., in der Uebersetzung der Lais der «Marie de France» und in Ihren Veröffentlichungen in Journalen schon ein lieber und vertrauter Bekannter gewesen ist. Für Bücher wie das Ihrige, das mit solcher Formgewandtheit, Treue im Ausdruck und im Ton, in geschmackvoller Auswahl, einige der schönsten Blüthen altfranzösischer Dichtung[341] dem größeren Publicum nahe bringt, kann Ihnen die altfranzösische Philologie in Deutschland nicht Dank genug wissen: denn nur auf solchem Wege kann sie sich die Begünstigung in weitren Kreißen zu erwerben hoffen, ohne die sie ihre Berechtigung verliert, und ihre Zukunft in Frage gestellt sieht. Aus den reichhaltigen und belehrenden Anmerkungen wird nicht nur der Leser, sondern auch der Forscher Gewinn ziehen.

Gern würde ich in meiner «Zeitschrift für Rom. Philologie» der Verdienstlichkeit und Trefflichkeit Ihrer Veröffentlichung der altfranzösischen Erzählungen gedenken, wenn ich nicht die Abtheilung «Besprechungen» darin einstellen müßte, für die neben den immer zahlreicher einlaufenden Abhandlungen, Texten u.s.w. der Raum zu mangeln begonnen hat.[342]

---

340 *Spielmanns-Buch. Novellen in Versen aus dem zwölften und dreizehnten Jahrhundert*, übertragen von Wilhelm Hertz, Stuttgart, Kröner, 1886; Stuttgart, Cotta, ²1900.

341 Das Werk genügt durchaus wissenschaftlichen Ansprüchen und hat einen ca. 150 S. umfassenden Anmerkungsapparat. Im Zentrum stehen *Lais* der Marie de France. Am Ende der 70seitigen Einleitung heißt es: «Ich habe in den folgenden Blättern ein Spielmannsbuch zusammengestellt, wie es etwa ein normannischer *Parleor* des 13. Jahrhunderts bei sich führen mochte. Die einzelnen Novellen sind nicht nach der Chronologie ihrer Abfassung, sondern nach der Art der behandelten Gegenstände geordnet. Den Reigen eröffnen die Feen- und Elbensagen, unter denen ‹Herr Orfeo› wegen seiner litterargeschichtlichen Einleitung voransteht. Dann folgen andere Lais, Legenden und Fableau, und den Schluß bildet ein kleiner Roman» (70). Folgerichtig zit. Lucien Foulet, *Marie de France et les lais bretons*, Zeitschrift für romanische Philologie 29 (1905), 19–56; 293–322 das Buch mehrfach.

342 Diese Aussage entspricht nicht ganz den Tatsachen (vgl. jedoch den folgenden Brief an Suchier); Gröbers Hinweis diente möglicherweise als Ausrede, keine Besprechung zu bringen, da eine Übersetzung altfranzösischer Texte nicht als philologische Kernaufgabe betrachtet wurde. – Die Bibliographie der *Zeitschrift für romanische Philologie* für 1886 (ersch. 1887) weist S. 61, Nr. 1036 immerhin acht Rezensionen in zumeist germanistischen Fachzeitschriften nach.

Mit der Versicherung herzlichsten Dankes und ausgezeichneter Hochachtung bin ich

Ihr ergebenster
GGröber

[Original München, BSB, Hertziana 129].

50 Hermann Suchier

Ruprechtsau-Straßburg[i]/ E.
23.5.86.

Lieber Freund,

Die Frage bez. Fortführung der Redaction der Rom. Ztschr. hatte ich nächst Ihnen Tobler vorgelegt u. ihn gebeten meine an Sie gerichtete Bitte zu befürworten. Seine Antwort lautete ungefähr wie die Ihrige. Er erklärt sich entschieden gegen einen Redactionswechsel; er fürchtet, daß ein Redactionswechsel die gute Zuversicht des Publicums auf einen gedeihlichen Fortgang der Ztschr mächtig erschüttern würde, und bezeichnet die Vortheile, die die Verlegung der Redaction nach Halle in Aussicht stellen: pünktliches Erscheinen u. größere Correctheit als nicht erheblich genug um meine Bitte bei Ihnen zu befürworten. Er räth dringend, wie Sie, den Gedanken an einen Wechsel in der Leitung der Ztschr. aufzugeben; er wünscht auch, die alte Einrichtung: Recensionen und Berichte über Ztschr.-Artikel (Romania u.s.w.), beibehalten zu sehen und sagt weitgehendste Unterstützung zu. Er schlägt eine Zusammenkunft derjenigen vor, auf die die Rom. Ztschr. sich bisher verlassen durfte, um zu berathen, wie für mich dadurch eine Arbeitserleichterung herbeigeführt werden könnte, daß sich die Freunde der Ztschr. von vorn herein bereit erklärten Berichterstattungen über gewisse Gebiete ein für alle Mal zu übernehmen u.s.w. Sie gedenken noch des Leides, das ich Niemeyer zufügen würde, wenn ich mich von der Ztschr. losmachte: das reicht allerdings hin, um mich Anstand nehmen zu lassen, mein Verhältnis zur Z. zu lösen.

Sicher ist mir jedoch, dass dies nur eine Frage der Zeit sein kann, wenn |2| die Unterstützung derjenigen Fachgenossen, von deren Charakter u. Haltung die Ztschr. abhängt, so wenig ausgiebig bleibt, wie sie in den letzten Jahren gewesen ist. Eine bibliographische Liste zum Poitevinischen Folklore,[343] oder

343 Henri Gaidoz/Paul Sébillot, *Bibliographie des traditions et de la littérature populaire du Poitou*, Zeitschrift für romanische Philologie 7 (1883), 554–571. Vgl. dazu Claudie Voisenat,

Ergänzungen zu Fräul. Michaelis Ital. Wörterbuch[344] u. manches andre was die «Zschr.» nicht zieren kann, u. ihr nichts weniger als die Bedeutung eines Wegweisers in unseren Studien verleiht, stehen nicht darum in den Heften der Rom. Ztschr., weil sie mir in ihrem Sinne zu sein geschienen, sondern weil die Fachgenossen, die einen in Academieschriften (wie Mussafia, Schuchardt; Tobler – den treuesten Freund der Ztschr. nehme ich aus), die andern in Concurrenzzeitschriften (wie Rom. Forschungen u. dgl.) (Hofmann, Baist, auch Foerster) u. dgl., das veröffentlichten, was die Ztschr. nicht nur zu füllen, sondern ihr auch Ansehen zu geben geeignet ist. Hier muss entschieden Wandel geschafft werden; ich habe nicht Lust mir mit meinen Mühen noch Unehre zuzuziehen; denn die kleine Zahl der Einsichtigen, die ein Verständnis für die Sachlage haben, macht die Verurtheilung der Uneinsichtigen nicht wett, die die Ursachen der kümmerlichen Haltung der Ztschr. nicht zu erkennen vermögen. Und je geringer das Material ist, über das bei der Zurückhaltung der berufensten Mitarbeiter die Ztschr. verfügt, desto mehr steigert sich die Arbeitslast der Redaction. An Zurücksendung nicht entsprechender Mss. kann ich nur in seltenen Fällen denken weil ich kein überflüssiges Material habe; ich muß also Etymologien, grammatikalische Aufsätze u.s.w. durcharbeiten, mit den Verfassern correspondiren, sie zu Änderungen bewegen, – u. opfre so ein Quantum von Amts freier Tageszeit, das ich, weis Gott, besser zu |3| verwenden wüßte. Wenn ich dann, von allen Seiten bedrängt, eine solche Dummheit niederschreibe, wie die Ableitung des chanceler von cheance, wo ich doch auch das Rol. Lied gelesen habe oder statt selme di = selmedi, das ich richtig im Sinn hatte, sept midis setze,[345] – im ersten Falle bieten sich ja Beispiele für den zu illustrirenden Satz in größerer Fülle dar – so kommt das natürlich auf das Conto meiner Insuffisance, und nicht auf das meiner Opfer für fremde Interessen.

Ich kann daher, wo Sie und Tobler in so liebenswürdiger Weise zureden und kräftige Unterstützung in Aussicht stellen, das Opfer, das die Unterhaltung eines Organs für die Fachgenossen mir auferlegt, wohl noch einmal auf mich

---

Quand les archives font des histoires. La polémique entre Henri Gaidoz et Paul Sébillot (1912–1913), Bérose, Encyclopédie en ligne sur l'histoire de l'anthropologie et des savoirs ethnographiques, Paris, Lahic-iiac, UMR 8177 (2007).

344 Henriette Michaelis, *Dizionario completo italiano-tedesco e tedesco-italiano: con riguardo speciale alle espressioni tecniche del commercio, delle scienze, dell'industria, della guerra e della marina, della politica ecc.; in due parti*, 2 Bde., Leipzig, Brockhaus, 1879–1881. – Die Verfasserin war die Schwester der bekannteren Caroline/Carolina Michaëlis de Vasconcelos. – Wilhelm Dreser, *Nachträge zu Michaelis' vollständigem Wörterbuch der italienischen und deutschen Sprache*, Zeitschrift für romanische Philologie 8 (1884), 63–81; 9 (1885), 375–395; die angekündigte Fortsetzung scheint nicht erschienen zu sein.

345 *Grundriss* I^1 (1888), 245.

zu nehmen versuchen; aber allerdings nur in dem Falle daß mein Appell an die Collegen u. Fachgenossen nicht erfolglos bleibt. Zu einer Zusammenkunft vor den Ferien habe ich keine Zeit; ich glaube auch nicht, wofern Tobler die Sache nicht in die Hand nimmt, daß mehr als ein paar Collegen, mit denen schriftliche Verständigung möglich ist, einer Aufforderung Folge leisten würden. Bis eine solche vereinbart wird, will ich brieflich die Angelegenheit fördern. Im Sinne Toblers bitte ich Sie dem gemäß freundl. mir anzugeben, ob Sie die wichtigeren Werke, Abhandlungen und Zeitschriftenaufsätze immer gleich nach ihrem Erscheinen, unaufgefordert, nach Maßgabe ihrer Wichtigkeit, in der Ztschr. (Wir beginnen mit 1886.), zu besprechen geneigt sind. Und da Sie andeuten, daß Sie einiges für die Ztschr. Geeignete im Pulte liegen haben, so füge ich die Bitte bei, mir wenn möglich für X, 2 etwas davon zu senden, da ich für dieses Heft vorläufig nur Miscellen erhielt.[346]

|4| Wegen Ihres Beitrags zum «Grundriß», – es freut mich aufrichtig, daß Sie von ihm angesprochen wurden – schrieb ich nicht, weil Trübner die Erinnerungen besorgt. Der Druck geht insofern nicht in raschem Tempo vor sich, als die Contracte für den 1. Band (einschließlich Metrik und Stilistik) bereits abgelaufen sind. Das große Kapital, das in das Buch gesteckt wird, macht eine möglichst prompte Ausgabe der Hefte nöthig. Der Satz ist beim 28. Bogen angelangt. Ihre provenz. u. französ. Grammatik wird ungefähr das 3te Heft eröffnen,[347] an dem in den großen Ferien gedruckt werden soll.

Von Herzen wünschend, daß es den Ihrigen und Ihnen aufs beste ergehe, sende ich Ihnen die herzlichsten Grüße

Ihr ergebenster
GGröber.

[Original Berlin, SBB PK, NL Hermann Suchier: Gustav Gröber, Brief 78, Bl. 155–158].

346 Wie die Eingangsdaten belegen, gingen zahlreiche Arbeiten ab Ende Mai bei Gröber ein, so dass der Band qualitätsvoll zusammengestellt werden konnte.

347 Suchier, *Die französische und provenzalische Sprache und ihre Mundarten*, in: *Grundriss* I[1] (1888), 561–668.

51 Michael Richard («Michel») Buck

Ruprechtsau-Straßburg ⁱ/E. 26. 9. 86

Hochgeehrter Herr,

Mit Vergnügen werde ich Ihre beiden etymologischen Miscellen in der Rom. Zeitschr. (ev. Bd. X, 3)[348] zur Veröffentlichung bringen.[349] Zu der Erörterung von -tubus tufus etc. erlaube ich mir in Erinnerung zu bringen, daß Tobel mit tief in Verbindung gebracht zu werden pflegt (vgl. zB. Kluge, Etym. Wtbch) und in einer Anmkg., falls Sie von der Richtigkeit dieser Herleitung sich nicht überzeugen können, auf die Bedeutung, die Sie gegen die deutsche Abstammung hegen, eingegangen werden dürfte.[350]

Sehr dankbar bin ich Ihnen für das Eingehen auf meine Fragen bez. Montavon u.s.w. Mont d'avon = Montana d'ab ante meinten auch, wie ich weiß, Steub, Pfister u. a.[351] Diese Wortfügung scheint mir aber romanisch ohne Beispiel, und für das bezeichnete Thal scheint sie ungeeignet. Gut romanische Bedeutungsweise würde dagegen Mons (B)Abonis darstellen [gestatten Sie mir auf das beiligende – aber ich muß bemerken völlig uncorrigierte Blatt aus meinem „Grundriß f. Rom. Philologie' hinzuweisen;[352] ein Reinabzug des ganzen Abschnitts steht Ihnen, falls er Sie interessiert, nachdem er in meinen Händen, zur Verfügung]. Aber man müßte (B)Abbo am Orte nachweisen können. Ebenso wäre es bei Buin wenn es = Albuinum gesetzt wird, was dazu stimmt, daß der Name auch Piz Albuin lauten soll.

Was Sie über das Hineingreifen rätorom. Ortsnamen ins Züricherische bemerken,[353] ist mir von großem Interesse, u. ich hätte gewünscht aus Ihren Bemerkungen für das beiliegende Blatt Nutzen ziehen zu können. Glär-nisch u. glar-ea hängen einleuchtender Weise zusammen. Eine Zusammenstellung der rom. Ortsnamen im Züricher Canton wäre jedenfalls dem Historiker wie dem Sprachforscher willkommen. Einer meiner |2| Zuhörer bestimmt nach den auf beiliegendem Blatte gegebenen Andeutungen das Gebiet der fränki-

---

348 Buck, *Das romanische Ortsappellativum tubus, tufus, tovo und seine Derivate*, Zeitschrift für romanische Philologie 10 (1886), 568–571; *Rätoromanische Ortsappellativa der Endung – itium, itia*, ebd., 571–573.

349 Vgl. auch Buck, Rez. von: Theodor von Grienberger, *Über romanische Ortsnamen in Salzburg*, Salzburg 1886, Zeitschrift für romanische Philologie 10 (1886), 596–597.

350 Vgl. ebd., Anm. 2, 569.

351 Ludwig Steub (1812–1888), Jurist und Heimatforscher; Johann Christian von Pfister (1772–1835), schwäbischer Theologe und Regionalhistoriker.

352 *Grundriss* I[1] (1888), 422 (mit Verweis auf Buck).

353 Buck, *Rätische Ortsnamen*, Alemannia 12 (1884), 209–290.

schen Niederlassung im Gallorömischen Gebiete, wobei auch die sprachlichen Veränderungen der urkundlichen Namensformen ganz besonders eingehend geprüft werden sollten. Hoffentlich wird die Arbeit eine solche, die sich zeigen kann.[354] –

Der Zusendung Ihrer Arbeit über die wallgauer Urkunden sehe ich entgegen.[355] Sie dürfte noch in der Ztschr. Bd. X, 4 Platz finden.

Hochachtungsvoll
Ihr ganz ergebener
GGröber.

[Original, Marbach, DLA A: Buck 15022].

52 Graziadio Isaia Ascoli

Ruprechtsau-Straßburg i/E. 25. 11. 86[356]

Hochgeehrter Herr College,

Eine Woche Sitzungen und Berichte, dazu Besuche (Prof. Moguel aus Madrid, der auch nach Mailand kommen wird),[357] Gesellschaften, und die sonstigen anstrengenden Amtsobliegenheiten des Semesters verhinderten mich zu meinem grossen Bedauern Ihren liebenswürdigen Brief vom 14. d. M. sogleich zu beantworten. Erst heute kann daher die gütigst mir übermittelte Bemerkung zu soif mit dem Ausdruck meines herzlichen Dankes an Sie zurückgegeben werden.[358]

Selbstverständlich haben mir Ihre Zeilen mit der Versicherung, dass Sie den Inhalt meines neulichen Schreibens in Erwägung ziehen würden, eine grosse Freude und Genugthuung, bereitet und ich versäume deshalb nicht auch zu den Bemerkungen in Ihrer Erwiederung einiges zur Aufklärung nachzutragen.

---

354 Ernst Kornmesser, *Die französischen Ortsnamen germanischer Abkunft*, Strassburg: Trübner, 1888 (Diss.).
355 Buck, *Die rätoromanischen Urkunden des VIII.–X. Jahrh.*, Zeitschrift für romanische Philologie 11 (1887), 107–117.
356 Vom Datum ist der zweite Teil abgeschnitten; die Jahreszahl 1886 lässt sich im Vergleich mit den übrigen Briefen aus diesem Jahr erschließen.
357 Antonio Sánchez Moguel (1847–1913), span. Philologe und Historiker.
358 Der angesprochene Problemkreis ist zusammenfassend dargestellt von Gustaf Karsten, *The F in French soif, bief, moeuf, etc.*, Modern Language Notes 3, 4 (1888), 85–89 mit bes. Hinweisen auf Ascoli, Archivio Glottologico X, 2 (1886–1888), 260–272, bes. 267 Anm. 1 (*Il tipo gallo-romano* seuv-SEBŌ) und Gröber, Zeitschrift für romanische Philologie 11 (1887), 287–288.

Was den ersten Theil derselben betrifft, so unterlasse ich nicht nochmals zu betonen, dass es mir bei der Besprechung von neptia in der «Miscellanea» nicht darauf ankam, Ihren cisalpinischen Freunden Stellen für neptia im lat. Schriftwerken nachzuweisen,[359] sondern auf meine Art vielmehr die Entwicklung des ie aus dem ĕ in geschlossoner[360] Silbe zu deuten. Ebenso gebe ich die Versicherung, dass es mir nicht neu ist, dass Sie durch gesperrten Druck im Indice des Arch. glott. postulierte latein. Wortformen anzeigten, die dem lat. Lexikon fehlen. Ich habe jedoch dazu restringierend beizufügen, dass jene postulierten Wortformen |2| von mir gehandelt würde[n], nicht zur Hand. Denn sonst müsste Ihnen, wie auch aus Zeitsch Bd. X,[361] deutlich geworden sein, dass ich bei der Erklärung des «lauten» f in soif von dem graphischen Bedürfnis des Lesenden ausgehe, für den es so gut nöthig war zu wissen, ob soi = sitim, se oder soit sei, sui = je sui oder suif, wie für den deutschen Leser, dem man mit «dass das», «wider wieder» zwei gleichlautende Wörter durch die Schrift in ihren Bedeutungen zu charakterisieren suchte, woraus sich dann die Aussprache dās (= dieses) und dăss (= sodaß) geschlossen hat! Die graphische Gewöhnung soif (= sitim) soi (se), soit (sit); suif (zoetum), sui (= sui) zu schreiben, rief ebenso das längst verstummte auslautende f in suif – sebum, und das, nach falscher Analogie geschriebene f in soif, durch den Einfluss der Grammatiker des 16. Jahrh. auf die Aussprache der gebildeten Classen und die Schule, wieder zum Leben (vgl. Thurot).[362] Dass suif die correkte Form aus sebum ist, weis ich sehr wohl; aber auch, dass schon das 12. Jahrh. f nicht mehr darin sprach. Dass der moderne Dialect oft eine wichtigere Aussage über Entwicklung eines Wortes machen kann, als eine vieldeutige Schreibung aus alter Zeit, ist mir eine ebenso geläufige Anschauung. Aber ich meine, die volle Erkenntniss könne sich hier nur aus der vereinigten Betrachtung der Mundart und afrz. Schrift- und Reimüberlieferung gewinnen lassen.

Ich wünsche von Herzen, dass es Ihnen gelingen möge Ihre, auf Gewöhnung an das Erlauschen der feinsten Regungen des Sprachlebens gegründete

---

359 Gröber, *Etymologien*, in: *In memoria di Napoleone Caix e Ugo Angelo Canello. Miscellanea di filologia e linguistica*, per G. A. Ascoli u. a., Florenz, Le Monnier, 1886, 39–49, hier 46, Eintrag 13. Frz. NIÈCE; vgl. auch die Sammelbesprechung in Zeitschrift für romanische Philologie 11 (1887), 266–278. Auf S. 278 bespricht Gröber wohlwollend Ascolis Beitrag *Due lettere glottologiche*, 425–471.

360 Es folgt ein wegen Überschreibung unlesbares Wort.

361 Zeitschrift für romanische Philologie 10 (1886), 300–301 (*«Beischrift» zu H. Varnhagen, «Afrz. Glossen in Ælfric-Hss.»*, 296–300. Gröber widerlegt Varnhagens Beweis, dass «*f* aus zwischenvokalischem *d, t* eine kontinentalfranzösische Lautentwicklung sei»).

362 Charles Thurot, *De la Prononciation française depuis le commencement du XVIe siècle, d'après les témoignages des grammairiens*, 2 Bde., Paris 1881–1883; Genf 1966 [fertiggestellt unter Mitwirkung von Émile Chatelain; mit Vorwort von Gaston Paris zum Indexteil in Bd. 2].

Theorie von der Einwirkung des nachtonischen u zur Geltung zu bringen,[363] und schliesse mit der Versicherung, dass ich mich gern zu Ihrer bekennen möchte, erregten mir nicht die streitigen Wörter die Ihnen vorgelegten Bedenken.

In Hochachtung u. Ergebenheit
GGröber.

[Original Rom, Biblioteca dell'Accademia nazionale dei Lincei e Corsiniana, Biblioteca – Fondi moderni, carteggio G. I. Ascoli].

53 Graziadio Isaia Ascoli

Ruprechtsau, Straßburg i/E. 5. 12. 86.

Hochgeehrter Herr College.

Die freundliche Zusendung der beiden Schriftchen von Flechia und Salvioni, für die ich Ihnen herzlich danke und die ich wohl Gelegenheit finde, in der Rom. Zeitschr. zu erwähnen,[364] gibt mir willkommenen Anlass Ihnen meine aufrichtigen Wünsche zu der ruhmreichen Vollendung eines ersten Vierteljahrhunderts Academischer Lehrtätigkeit,[365] und die Hoffnung auszusprechen, dass Ihre linguistischen Forschungen noch lange der Arbeit auf dem Gebiete der romanischen Sprachen vorleuchten mögen, und Ihrer bahnbrechenden Thätigkeit die Romanistik sich noch lange zu rühmen habe.

Ihre Mittheilung über clopa u. seine Verbreitung,[366] aus der Sie auf «wahrscheinlich hohes Alter» der Form schließen, bestärkt mich in der Überlegung, dass meine Vulgärlat. Substrate etwas andres sind, als eine grosse Zahl Ihrer in den Indices zum Archivio gesperrt gedruckten erschlossenen Wortformen. Da ich den Begriff des «Vulgärlateinischen», wie ich ihn fasse, ebenso den Begriff «Romanisch» definirt habe (Wölfflins Archiv I 206, 210 ff., def. S. 44 ff.),[367] so

363 Vermutlich bezieht sich Gröber auf Ascolis Beitrag *Due lettere glottologiche* in der Caix-Canello-Gedenkschrift, hier 432 f.

364 Es handelt sich um die Beiträge der Genannten aus *In memoria di Napoleone Caix e U. A. Canello* (Anm. 359), die Gröber gemeinsam mit Adolf Gaspary und Wilhem Meyer-Lübke in der Zeitschrift für romanische Philologie 11 (1887), 266–278 besprach, obwohl er selber an dieser Gedenkschrift mitgewirkt hatte; vgl. auch die Beiträge von Giovanni Flechia, *Etimologie sarde*, ebd., 199–208, und Carlo Salvioni, *Antichi testi dialettali Chieresi*, ebd., 345–355.

365 Ascoli hatte seine akademische Laufbahn 1860 als Professor für Sprachwissenschaft an der *Accademia scientifico-letteraria* in Mailand begonnen.

366 Nicht im Druck identifiziert, möglicherweise brieflich.

367 Gröber schreibt dort S. 42: «Daß eine Einwirkung der Nationalsprachen der römischen Provinzen auf die Lautentwicklung des Vulgärlateins in ihnen (Lautsubstitution pflege ich den

kann hier kein Missverständnis obwalten. Danach ist für mich clopa, als eine nicht vor der Zeit des Untergangs des Röm. Nationalgefühls, – oder gar vor der Zeit der Verpflanzung der Römischen Volkssprache nach Dacien und Misien, als existirend erwiesene Form, romanisch, aber nicht vulgärlateinisch. Ebenso betrachte ich als romanisch, nicht als vulgärlateinisch, die Verbindung von |2| de avorso (denn, da der Index auch avorso aufführt, so durfte ich annehmen, daß jene Verbindung der beiden Wörter in Frage stand), – selbstverständlich ist vorsus = versus mir hinlänglich als lateinisch bekannt. «Davos» u. dgl. Wörter versuchten die Roman. Sprachen z. Th. aus den Elementen de + avorsus selbst zu bilden. – Im übrigen kann Niemand weiter davon entfernt sein, als ich, zu verkennen, dass unter den gesperrt gedruckten Formen der Indices des Archivio sich nicht wenige finden, die auch nach meiner Auffassung vulgärlateinisch sind: In diesem Falle ist von mir in den «Vulgärlat. Substraten» stets das Archivio angegeben worden, wie sich leicht controliren lässt.

Ich hoffe demnach, dass in diesem Punkte ein Missverständnis zwischen Ihnen und mir ferner nicht mehr bestehen wird.

Bezüglich nièce[368] nehme ich gern die im vorigen Briefe geäusserte Auffassung zurück, als ob Ihr Brief erst ie unter Mitwirkung des j in der Verbindung tg erstehen liess, und nicht schon davon in der «Poscritta» gesprochen worden wäre. Ich hatte bei Abfassung meines 2ten Schreibens nur die Stelle im Sinn, S 84, die besagt: «petia, dava *peçe, che dittonga l'e»; da ç = stimmloses s im Archivio ist, so war in diesem Satze von spontanem Entstehen des ie aus e die Rede. Ich bitte trotzdem für mein Versehen um Entschuldigung. Was die materielle Seite der Frage angeht, so bleibt mir völlig dunkel, wie zwar bei pę-tja ij die Wirkung haben soll vor ę ein i hervorzurufen, nicht aber bei ĭlje d. i. ẹlja. Mit andern Worten: die Frage ist für mich noch die: giebt es ausser nièce tierce etc. sonst noch irgend ein Beispiel, wo tj oder Cons. + į einen i-Laut vor dem vorangehenden Vocal ins Leben treten lassen? Auf französ. Boden wird Cons. + į allgemein |3| is (palatium : palais, moriar altf. muire u. dgl.) oder Sibilant (pla-tea : pla-ce, ĭlia – esse) oder moullierter Laut (veniam : vegne altfz.) u.s.w., nicht aber i Voc. Cons. Ferner modus. Wir sprechen bisher von dem Substantiv modus (friaul. mûd etc.); nicht vom Adv. modo. Die Popularität des letzten in den Romanischen Sprachen habe ich mit nichten in Frage ge-

Vorgang zu nennen) in weit größerem Umfange, als Schuchardt und neuerdings Ascoli annehmen, stattgefunden hat, ist allerdings, wie ich glaube, nicht in Abrede zu stellen».

368 S. o., Anm. 359. Ascoli hatte sich in *Archivio glottologico* X (1886–1888), 84, 106, 267 mit Gröber auseinandergesetzt, worauf Gröber hier z. T. antwortet. Alle Anspielungen seines Briefs sind damit jedoch noch nicht geklärt. Vgl. auch den Abschnitt *nièce* in Gröbers Beitrag zu den *Miscellanea*, 46.

stellt. Da in modánt = frz. or-ains, das Adverbium modo enthalten ist, in çe mūd latein. quo-modo abgeändert erscheint, so dient keines der beiden Wörter dazu zu erkennen, dass das friaul. Substant. mud nicht vom ital. Subst. modo stammt, oder mit anderen Worten Lehnwort ist, geradeso wie das fzös. chapitre, trotz seines ch, zu den Fremdwörtern in der französ. Sprache zählt.

Endlich wiederhole ich, dass mir Ihre Theorie von der Wirkung des o (sebum: seub siu sui) das höchste Interesse einflösst, und dass danach soif, neben soit, soi als Analogiebildung angesehen werden kann. Allein ich muss auch bekennen, dass mir die Beweisstücke für diese Theorie noch nicht auszureichen scheinen. Anderseits tritt an mich die Forderung heran, wenn ich meine Erklärung von soif etc. aufrechterhalten will, s[üd]it. sef, ebenso niu und was Sie sonst, in so dankenswerther Weise, ans Licht gezogen haben, in denen eine Wirkung des o bemerkbar zu sein scheint, auch diese Wörter in ihrer eigenthümlichen Gestaltung zu erklären. Gern gäbe ich mich sogleich dem Studium der Frage hin, in der Sie so willig mir Ihr Ohr geliehen, hätte ich mich nicht vorerst anderer dringender Pflichten zu entledigen. Ich würde dann des Vorzugs geniessen, der ich mich in vielen Dingen Ihren Jünger weiss, mich mit dem Meister in Einklang setzen zu können auch in diesem Falle, und werde mich bemühen recht bald dahin zu gelangen, dass der Widerstreit der Meinungen verschwinde.

In steter Hochachtung
Ihr ergebenster
GGröber

[Original Biblioteca dell'Accademia nazionale dei Lincei e Corsiniana, Biblioteca – Fondi moderni, carteggio G. I. Ascoli].

54 José Leite de Vasconcellos

[s. d.; s. l., ca. Ende 1887/Anfang 1888][369]

Hochgeehrter Herr. Ich würde sehr gern bereit sein die «Romanische Zeitschrift» mit Ihrer verdienstlichen «Revista Lusitana» zu tauschen, die ich in

369 Die Datierung beruht auf den folgenden Überlegungen: Bd. 11 (1887) der Zeitschrift für romanische Philologie muss bereits erschienen sein; Gröbers Empfehlung von Leites Publikationen hat den Eingangsvermerk 1.12.1886. Die ersten Hefte von *Grundriss* I, der zwar das Datum 1888 aufweist, wurden jedoch bereits im Lauf des Jahres 1887 ausgegeben; die Revista Lusitana. Archivo de estudos philologicos e ethnologicos relativos a Portugal dirigido por J. Leite de Vasconcellos erschien erstmals 1887. Sie nimmt sich übrigens etablierte Zeitschriften wie Romania oder die Zeitschrift für romanische Philologie zum Vorbild, wie z. B. die Zeitschrif-

der Zeitschrift f. rom. Philologie 1887 S. 152 empfahl, unter Hinweisung zugleich auf Ihre interessante Abhandlung «Lingoas raianas de Tras-os-Montes».[370] Leider stellt mir der Verleger der Romanischen Zeitschrift nur eine beschränkte Anzahl Exemplare zur Verfügung, die seit mehreren Jahren gegen andere Zeitschriften in Tausch gegeben werden. Ich könnte einen Tausch der Zeitschrift mit der «Revista» nur für einen zukünftigen Zeitpunkt in Aussicht stellen, für den Fall nämlich, dass der Tausch mit einer der bisher ausgewählten Zeitschriften aufhörte. Dieser Fall könnte in der That in Kürze entstehen. Ich werde mir erlauben Ihnen seiner Zeit davon Nachricht zu geben.

Für die freundliche Anerkennung, die Sie dem «Grundriss der Roman. Philologie» |2| ausgesprochen haben,[371] sage ich nachträglich noch meinen verbindlichen Dank. Möge der «Grundriss» sich in Portugal einer recht weiten Verbreitung zu erfreuen haben.

Hochachtungsvoll
Ihr ergebenster
G.Gröber.

[Original verloren; Kopie Lissabon, Biblioteca do Museu Nacional de Arqueologia, Archivo José Leite de Vasconcelos, CoR JLV 1515/9713].

---

tenumschau lehrt. Bereits in H. 1 (S. 290) wird auf die Zeitschrift für romanische Philologie, das Litteraturblatt, aber auch auf die Romania und Modern Language Notes verwiesen.

370 Zeitschrift für romanische Philologie 11 (1887), 152: «J. Leite de Vasconcellos, *Lingoas raianas de Tras-os-Montes*. 15 SS. Kurze lautliche Kennzeichnung der Mundarten von Riodonor, Guadramil und Sendim im N. O. Portugals, die in dem größeren Werke des um die portug. Mundartkunde verdienten Verf.'s (*O dialecto Mirandez*, 1882) von ihm nur berührt worden waren. Als ein weiteres Anzeichen der renovação intellectual in Portugal auf philologisch-historischem Gebiete ist das Unternehmen einer Revista Lusitana zu begrüßen, die von L. de V. vom Januar 1887 an bei Lopes & C^a in Porto in vierteljährlichen Heften von 6 Bogen (Jahrespreis 12 frs.) herausgegeben, und der port. Sprach- und Volkskunde gewidmet sein wird».

371 Vgl. Revista Lusitana 1 (1887), 191: «Por carta recebida do meu amigo J. Cornu, soube que este illustre profesor da Universidade de Praga, a quem a nossa lingua deve tanto, está trabalhando numa *Gramatica portuguesa* destinada a fazer parte de uma grande collecção de trabalhos de philologia romanica publicados sob a direcção de Gröber em Strassburgo. Seria razão para folgarem as lettras patrias, se, com excepção de meia duzia de individuos, ou poucos mais, houvesse em Portugal quem se interessasse pelo estudo da nossa lingua». – Eine ausführliche Rezension von Cornus Grammatik aus der Feder von L. d. V. findet sich in Revista Lusitana 2 (1888), 359–364. Ihr Resümee lautet: «Em summa: o trabalho do distincto professor de Praga constitue um dos mais notaveis que se tem escrito sobra a lingua portuguesa; ninguem que se occupe d'esta poderá dispensar·se de o consultar: e nelle encontrará sempre abundante lição e proveito».

55 Karl Dziatzko

Ruprechtsau-Strassburg i/E. 22.4.88

Lieber Freund.

Unsere Neujahrsbriefe haben sich gekreuzt. Jetzt naht das Som. Sem.; es ist hohe Zeit, daß wieder einmal eine Nachricht von Straßburg nach Göttingen[372] gelangt.

Freilich ist Besondres nicht passiert. Im Hause geht alles aufrecht; Hanne gedeiht, der Junge wächst und ist munter, meine Frau und ich sind guter Dinge, nur die Kuh hat ihre Schuldigkeit nicht gethan, indem sie nicht das erwartete Kalb zur Welt brachte, ein Ausfall in der Oekonomieverwaltung meiner Frau, der sich, bei Berücksichtigung der nur mangelhaft vorhandenen Milch, auf 100 und mehr Mark beläuft.

An unsrer Universität haben ziemlich zahlreiche Veränderungen stattgefunden; mehrfacher Todesfall und Weggang von Professoren. Reifferscheids Nachfolger, Leo,[373] ist bereits eingetroffen. Man merkt ihm den Juden wenig an; er tritt bescheiden auf, ist überlegt und urtheilt besonnen. Über Reifferscheids[374] plötzlichen Tod habe ich, glaube ich, Näheres in meinem Neujahrsbrief schon mitgetheilt. Wir sammeln hier und anderwärts zu einem Denkstein für ihn. Die Familie wird im Juli nach Bonn übersiedeln. Bisher stand Frl. Simrock[375] der Familie beständig zur Seite. R's Bruder[376] kam neulich aus Greifswald, um den litt. Nachlaß R's zu prüfen, scheint aber wenig gefunden zu haben. Daß Brentano[377] schließlich doch nach Wien, wenn auch sehr ungern, übergesiedelt ist, wissen Sie schon. Er hatte sein schönes Haus nur 3 Vierteljahr bewohnt; |2| sein Nachfolger Sartorius-Waltershausen (Zürich)[378] hat es für einen guten Kaufpreis zu Brentanos Freude an sich gebracht. Von Göttingen erhielten wir, wie Sie wissen Solms-Laubach,[379] der ein charmanter Mann zu

---

372 Dziatzko war am 1.10.1886 zum Direktor der Universitätsbibliothek Göttingen ernannt worden und hatte Breslau verlassen. Er wohnte in Göttingen in der Bühlstr. 26, nahe am alten Botanischen Garten.

373 Friedrich Leo (1851–1914), deutscher Klass. Philologe, nach Professuren in Kiel und Rostock kam er 1888 nach Straßburg, wechselte aber bereits ein Jahr später nach Göttingen.

374 Zu August Reifferscheid s. *Verzeichnis der Briefempfänger.*

375 Agnes Simrock (1835–1904), ledige Tochter des Dichters Karl Simrock, führte in Menzenberg den Haushalt.

376 Alexander Reifferscheid (1847–1909), von 1876–1904 Germanistik-Professor in Greifswald.

377 Zu Lujo Brentano vgl. Brief 38.

378 August Sartorius von Waltershausen (1852–1938), deutscher Nationalökonom, wechselte 1888 von Zürich nach Straßburg, wo er 1913/14 als Rektor der Universität amtierte.

379 Hermann (Graf) zu Solms-Laubach (1842–1915), deutscher Botaniker, 1872 Straßburger Extradordinarius, 1879 Direktor des Botanischen Gartens in Göttingen, ab 1888 wieder in Straßburg.

sein scheint, dem ersten Eindruck zu Folge, den ich von ihm erhielt. Naunyn/ Königsberg[380] für Kussmaul,[381] Kohlrausch (Würzburg) für Kundt[382] sind mir noch unbekannt zur Stund.

Vom «Grundriß» ist nun der erste Band fertig, zu dem ich nur noch eine Sprachkarte beizutragen hatte.[383] Es sind 54 Bogen geworden und das Ganze nimmt sich stattlich aus. Wir haben über 1000 feste Abnehmer; viele Bestellungen gehen auf den ganzen ersten Band ein, da einzelne Grammatiken darin für Vorlesungen in Betracht kommen. GParis nannte mir neulich das Werk als mein «grand monument».[384] Wenn daher mein ehemaliger Schüler Koschwitz, der sonst in Dank und Verehrung für mich überfloß, in einer Anzeige in der Zeitschr. f. Gymnasialschulwesen 88 Febr. März, die Sie vielleicht angesehn haben, die Arbeit schmäht,[385] so wird er sich selbst einen schlechten Dienst geleistet haben, wie alle diejenigen, die die Wahrheit verschweigen oder sie beugen. Daß ich ihn weder in Breslau noch in Straßburg vorwärts schob, und ihm hier bemerklich machen mußte, daß es unstatthaft sei, daß er meine Vorlesungen aus seinen stenographierten Heften holte, kann er mir nicht vergeben: das der Dank eines Schülers, der nach eigenstem mündlichen und schriftlichen Eingeständniß fast

---

380 Bernhard Naunyn (1839–1925), deutscher Internist, kam im Dreikaiserjahr 1888 als Nachfolger von Adolf Kußmaul (1822–1902) von Königsberg nach Straßburg.

381 Wilhelm Friedrich Kohlrausch (1855–1936), Physiker, Schüler von August Kundt (s. Anm. 382) in Würzburg, folgte diesem nach Straßburg, wo er 1884 a. o. Professor wurde.

382 August Kundt (1839–1894), deutscher Physiker, baute ab 1872 das Physikalische Institut in Straßburg auf; 1888 Wechsel nach Berlin.

383 Am Ende des Bandes finden sich eine drei Buchseiten umfassende Karte *Ausbreitung der Romanischen Sprachen in Europa* und noch einmal zwölf halbseitige Karten über spezifisch französische Lautwandelphänomene, die zu Suchiers Kapitel *Die französische und provenzalische Sprache und ihre Mundarten* gehören und wahrscheinlich von ihm selbst gezeichnet wurden.

384 Vermutlich in einem verlorenen Brief.

385 Zeitschrift für das Gymnasialwesen 42 (1888), 154–160: «Die Fachgenossen werden dem Werke ohne Ausnahme zahlreiche Anregungen und Belehrungen entnehmen, den Vertretern verwandter Fächer wird es, wie der Herausgeber voraussetzt, manchen gewünschten Aufschluß ertheilen. Dennoch erweckt seine Lektüre ein gemischtes Gefühl. Zur Einführung in das Studium der romanischen Philologie ist es nicht geeignet. Der darin angeschlagene Ton ist für den Anfänger zu hoch, der Voraussetzungen sind für diesen zu viele, die Gedrängtheit des Stoffes macht ihm denselben in vielen Fällen unverständlich. Ein Anfänger wird daher besser thun, sich an Körtings Encyklopädie der romanischen Philologie zu halten, die seinen Bedürfnissen mehr entgegenkommt. Wie dem Anfänger wird es häufig dem das Werk konsultierenden Vertreter eines anderen Faches ergehen. Der Fachmann selbst aber kann sich bei der Lektüre des Werkes des Gefühles nicht entschlagen, daß ihm hier von erprobten Genossen unvollständige Extrakte und Abrisse gegeben werden, wo ihm erschöpfende Darstellungen viel lieber wären, daß er sich mit Knochengerüsten begnügen soll, wo ihm am ganzen Körper so viel liegt» (159). Diese Quintessenz ist nicht ganz falsch, wird aber der Pionierleistung Gröbers nicht gerecht.

alles von mir, und von mir im Übrigen die größte Förderung erfahren hat. In seiner Polemik sind keine 2 der Wahrheit gemäße Sätze; auch Tobler schreibt mir, daß der böse Wille einem |3| jeden Leser unverkennbar entgegentritt. Ich werde event. später mit dem dankbaren Schüler abrechnen, falls ich sehe, daß ihm Leute ins Garn gelangt sind, an deren Urtheil etwas gelegen ist.[386]

Neben dem Decanat, das mir viel Last auferlegt hat, habe ich nur einige Journalaufsätze, darunter einen größeren in der Zeitschr.[387] ausführen können. Jetzt, sowie ich den Rest der «Substrate» für Wölfflin aufgearbeitet habe, muß ich die lat. Litteraturgeschichte des MA fortführen für das erste Heft des 2ten Bandes des «Grdß»; worauf dann noch die Darstellung der franz. Litteratur zu folgen hat; für c. 2 Jahre Arbeit. Ich freue mich darauf, dann aller Verpflichtungen ledig zu sein, und mich einmal der Herr meiner Zeit zu fühlen.

Wie geht es nun Ihnen, was macht Familie und Haus? Haben Sie auch Hühner und eine Kuh angeschafft? Oder ist das Haus noch nicht so weit in Bau und Einrichtungen vorgeschritten, daß es bezogen werden kann? Ich wünsche Ihnen jedenfalls bei den gärtnerischen und landwirtschaftlichen Unternehmungen besten Erfolg.

Sie haben in Göttingen wahrscheinlich ebenso lange, wie wir hier, auf die Frühlingstage zu warten gehabt. Endlich macht hier der Sommer voran, aber kein Tag vergeht noch ohne Wind, bedeckten Himmel oder Regen. Die Natur ist indessen überall im Aufblühen. Der Garten wird grün, der Aufenthalt im Freien möglich. Ich wünsche Ihnen in Ihrem neuen Heim recht ausgiebigen Naturgenuß.

---

386 In der Gröber 1899 von seinen Schülern gewidmeten *Festgabe* ist Koschwitz jedoch vertreten! Allerdings sind nur wenige seiner zahlreichen Arbeiten in der Zeitschrift für romanische Philologie besprochen worden. Die ihm nach seinem frühen Tod mit 52 Jahren gewidmete Gedenkschrift von Kaluza/Thurau, 1904, blendet den Konflikt aus: «Nachdem Böhmer Strassburg verlassen und Gröber im Oktober 1880 die dortige Professur für romanische Philologie übernommen hatte, hielt ihn nichts mehr in Strassburg zurück, und er wollte sich an der Akademie zu Münster habilitiren, vermutlich, um in der Nähe seines Freundes G. Körting, des Mitherausgebers der *Zeitschrift für neufranzösische Sprache und Literatur* zu sein. Die üblichen Habilitationsleistungen wurden ihm durch Schreiben der Münsterschen philosophischen Fakultät vom 7. Dezember 1880 erlassen. Seine Strassburger Schüler, zu denen u. a. die späteren Universitätslehrer Behrens – Giessen, Franz – Tübingen, †Schwan –Jena, Wetz – Freiburg i. B. gehörten, sahen ihn nur ungern scheiden. Sie veranstalteten ihm zu Ehren am 20. Dezember 1880 einen Abschieds-Kommers, und einige von ihnen folgten ihm sogar später nach Greifswald. Der Akademisch-Neuphilologische Verein zu Strassburg, dessen Ehrenmitglied er war, überreichte ihm einen schönen Pokal» (5–6).

387 Gröber, *Zu den Liederbüchern von Cortona*, Zeitschrift für romanische Philologie 11 (1887), 371–394.

Grüßen Sie die Ihrigen bestens von mir und meiner Frau, die mit mir auch Ihnen herzliche Grüße sendet.

Ihr treu ergebener
GGröber

[Original Göttingen, NSUB NL Dziatzko (Cod_Ms_K_Dziatzko_69_4_63_150), Brief 108].

56 Carolina Michaëlis de Vasconcelos

Ruprechstau- Strassburg i/E. 23. Sept. 1888

Hochgeehrte Frau.

Im Namen zugleich des gegenwärtig hier mit dem Witte'schen Nachlaß[388] sich bekannt machenden jungen Schweizers Täuber, der eine Untersuchung über die sämtlichen vorhandenen Hss der Div. Commedia auf Bartolis[389] Anrathen in Angriff genommen hat,[390] sage ich Ihnen herzlichen Dank für die Vermittlung der Collation des Lissaboner Textes[391] und für die Mühe, die Sie sich weiterhin gegeben haben, die Wünsche des Herrn T. zu befriedigen. Die Collation wird den Bedürfnissen des Herrn T. entsprechen.

Mit Freuden höre ich, daß Ihr Befinden Ihnen wieder erlaubt der wissenschaftlichen Arbeit sich zu widmen. Umso mehr bedaure ich, daß der Grundriß hat auf Ihre Unterstützung verzichten müssen,[392] und daß der Zeitpunkt der

388 Zu Einzelheiten vgl. Brief 39.

389 Adolfo Bartoli (1833–1894) war Professor am Istituto di Studi Superiori di Firenze. Täuber widmet ihm, Pio Rajna und Gröber seine Dissertation. Von Bartoli heißt es (S. 6) «che guidò l'impresa mia quando feci i primi tentativi di una classificazione nel novembre 1887».

390 Täuber 1889 (Phil. Diss. Zürich; Betreuer Heinrich Morf, 1890). – Zum Verf. (1864–1945) vgl. *Historisches Lexikon der Schweiz* (online). Der Name Morfs wird in der Druckfassung nicht erwähnt. Nach dem Dank an Bartoli und Rajna heißt es: «Di consimile ajuto ringrazio il Prof. Dr. G. Groeber di Strasburgo, che mi largheggiò ottimi consiglj ed incoraggiamenti, ed in ispecie mi procurò una lunga serie di collazioni alle quali rendo pure i più sentite grazie» (genannt werden dann als Gewährsleute Gröbers Adolfo Mussafia, Adolf Gaspary, Rudolf Zenker, Eduard Schwan, Theodor Paur, Paul Piper, Friedrich Ebrard, Zygmunt/Sigismund Celichowski, Camille Chabaneau, José Leite de Vasconcellos, Auguste Schéler, Petit). Zu weiteren Einzelheiten vgl. Brief 57 (Gröber an Monaci, 13. 1. 1889). Das Buch wurde in der Zeitschrift nicht rezensiert, jedoch in Romania 19 (1890), 344–347 (Cesare De Lollis).

391 Ms. Bat 476, vgl. Täuber 1889, S. VIII; möglicherweise identisch mit Biblioteca pública, Ms. D.4.30 (14. Jhdt.).

392 Der Beitrag *Geschichte der portugiesischen Literatur*, in: *Grundriss* II, 2 (1897), 129–382, vermerkt zu Recht beide Verfassernamen (Braga und Michaëlis), so dass diese Briefpassage

Einsendung der portug. Litteraturgeschichte es hauptsächlich gewesen ist, der Sie verursachte sich vom «Grdß» zurückzuziehen. Freilich konnte ich nicht voraussehen, daß die Termine für Einsendung der Beiträge zum «Grdß» so schlecht eingehalten würden. Cornu's Ms.[393] ging ¾ Jahr später ein, und brauchte ¾ Jahr sein Druck. Für den 2ten Bd. des «Grdß» fehlen mir noch wichtige Beiträge. Herr Trübner möchte den Druck des 1. Heftes nicht früher beginnen lassen, als wenigstens noch für das II./2. Heft das Material vorliegt: vor ½ Jahre werden wir daher nicht beginnen können. Bragas Ms. wird daher etwa noch 1 Jahr (längstens) Ausstand haben dürfen.

So wäre es Ihnen jedenfalls möglich gewesen, den auf Braga übertragenen Antheil am |2| «Grdß» zur Ausführung zu bringen: Sie dürfen glauben, daß wir stolz darauf gewesen wären, Sie im «Grdß» vertreten zu finden. Die lange Verzögerung beim Druck des 1. und der Verschiebung des Druckes des 2ten Bandes auf verhältnismäßig so lange Zeit konnte ich aber leider nicht voraussehen und Sie so nicht hindern die Theilnahme am Buche aufzugeben.

Daß Ihnen das Werk einen guten Eindruck gemacht hat, hat mich gefreut zu vernehmen. Es ist nicht gelungen überall das richtige Verhältniß herzustellen: aber der Leser wird doch dabei seine Rechnung finden, und eine Arbeit wie die Cornus gereicht dem Buche zur Zierde. Neulich hat sich Tobler in der dtschen Literaturzeitung (1888 N° 36) sehr vortheilhaft über den «Grdß» geäußert;[394] eine ähnliche Besprechung folgt von Mussafia, den ich in den Ferien in Ischl sprach (er ist noch rüstiger als ich dachte, trotz seines Rückenmarkleidens u. der Erblindung auf dem einen Auge).[395] Der Diezpreis war von Ascoli,

---

keine endgültige Aussage enthält. Auf S. 344 Anm. 5 heißt es: «Hier erst ergreift Theophilo Braga das Wort, und nicht schon in der dritten Periode, wie in § 14 gesagt ist. Seinen portug. Text habe ich frei wiedergegeben, und mit einigen Daten sowie den nachfolgenden Anmerkungen für den deutschen Leser versehen. – C.M.d.V.» Vgl. dazu ihre Ausführungen auf S. 140, wo sie ihre Dankesschuld Braga gegenüber abträgt. Allerdings könne nicht von «einfacher Verdeutschung» durch sie die Rede sein, da «selbst erworbene Resultate, der eigene Standpunkt, meine Ideen, Auffassungn und Urteile» zur Geltung kämen.

393 Jules Cornu, *Die portugiesische Sprache*, in: *Grundriss* I[1] (1888), 715–803.

394 Adolf Tobler, Deutsche Litteraturzeitung 36 (1888), 1287–1289: «Möge dem Werke, das bestimmt scheint, auf den Gang der romanistischen Studien eine so tiefe und nachhaltige Wirkung zu üben, wie sie seit manchen Jahren kaum ein anderes geübt hat, eine baldige glückliche Vollendung beschieden sein. Es ins Leben gerufen und durch umfangreiche und gediegene eigene Mitarbeit zu seiner Ausführung mitgewirkt zu haben, ist ein Verdienst, das freudig anerkennen wird, wem das Gedeihen der romanistischen Studien am Herzen liegt» (Sp. 1289).

395 Zeitschrift für die österreichischen Gymnasien 39 (1888), 1098–1107: «Wer der bisherigen Inhaltsangabe des Grundrisses gefolgt ist, wird die Überzeugung gewonnen haben, dass durch das einmüthige Zusammenwirken ausgezeichneter Gelehrten ein Werk von bleibendem Werte geschaffen wurde, von dem eine befruchtende Wirkung auf die weitere Entwicklung der romanischen Philologie mit Fug und Recht zu erwarten ist» (1107).

Paris und Ebert für den «Grdß» beantragt, wurde ihm aber nicht verliehen, weil am Ende des Jahres 1887 der erste Band noch nicht abgeschlossen vorlag, und nur abgeschlossene Bücher oder Bände in Betracht kommen.[396] Von J Leite de Vasconcellos[397] erhielt ich neulich eine Anzahl seiner Schriften zugesandt, für die ich allen Grund habe ihm dankbar zu sein. Man lernt so wenig auf Buchhändlerweg von der Romanistik auf der span. Halbinsel kennen. Freilich sind ja auch dort die Arbeiten auf diesem Gebiete spärlich. Ich weis nicht, ob es sich Ihnen noch lohnt, Aufzeichnungen für die «Bibliographie» zu machen. Wir werden dieses Jahr, wo mit verdoppelten Kräften gearbeitet worden ist, mit der rückständigen Bibliographie fertig;[398] 1884 ist gedruckt, 1886 in der Druckerei, 1885 und 1887 sind im Ms. beinahe fertig. Etwaige Titel, die span. port. cat. Sprache u. Litteratur betreffend, die Sie sich angemerkt haben, und die in der Span. Bibliographie, die in Madrid erscheint,[399] nicht verzeichnet sind, wären den Bearbeitern |3| jedenfalls willkommen. Sie haben auch nur eine einzige «Revista» zur Verfügung.

In der vorigen Woche kam Dr. Baist, auf der Reise nach Paris, hier durch. Er will dort weitres Material sammeln für eine neue Untersuchung des arabischen Elements im Spanischen.[400] Mit dieser Arbeit denkt er endlich sich in Erlangen, wo er Custos der Bibliothek ist, zu habilitieren.

Aber ich werde ausführlich, und bitte für die Plaudereien um Entschuldigung.

In Hochachtung u. Ergebenheit
GGröber.

[Original Coimbra, NL Prof. Dr. Paulo Quintela, Doc. 004].

---

396 Die Entscheidung fiel zu Gunsten des ersten Bandes der *Geschichte der italienischen Literatur* (Berlin 1885) von Adolf Gaspary.

397 José Leite de Vasconcel(l)os; vgl. *Verzeichnis der Briefempfänger*.

398 In allen genannten Bänden der Bibliographie gibt es Angaben zum Portugiesischen, allerdings nur wenige; z.B. in Suppl. 11 (1887), 109 (17 Titel); Suppl. 12 (1888), 111–113 (35 Titel) usw.

399 Eduart Toda y Güell, *Bibliografía española de Cerdeña*, Madrid, Tipografía de los huérfanos, 1852–1941.

400 Gottfried Baist, *Die Arabischen Hauchlaute und Gutturalen im Spanischen*, Habil.-Schr. Erlangen, Druck d. Univ.-Buchdr. v. Junge & Sohn, 1889, 68 S.

57 Ernesto Monaci

Ruprechtsau-Strassburg i/E
13. Jan. 1889.

Lieber Herr College.

Ihre Mittheilung in Betreff Ihrer umfassenden Veranstaltungen für eine Classification der Hss. der Div. Com.[401] haben mich lebhaft interessirt. Aus der mir bekannten Liste der von Herrn Taeuber[402] gewählten Varianten habe ich auf dem mir gütigst von Ihnen gesandten [Verzeichnis der] Lesarten des Inferno diejenigen bezeichnet, die sich in Ihrer Auswahl ebenfalls finden; es sind im Ganzen 4 gemeinsame Varianten. Danach scheint Bartoli sich also für andere Lesarten entschieden zu haben,[403] und deshalb ist es für die Fachgenossen vielleicht sogar erfreulich, wenn die von Ihnen unternommene und die von Bartoli veranlasste Arbeit Taeubers ans Licht tritt, da der Unterbau für eine kritische Ausgabe der Div. Com. dadurch nur fester sich gestalten kann. Freilich ist Bartoli's Verfahren, bei seinem gänzlichen Schweigen Ihnen gegenüber, etwas eigenthümlich und ein unter so nahe stehenden Collegen wohl kaum übliches; denn nach Ihrer Darlegung ist es augenscheinlich, dass es sich um eine Modification Ihrer Idee von seiner Seite handelt, und er, wie Sie zu sagen pflegen, mit Ihrem Kalbe pflügt.[404]

Um so mehr freut es mich, dass Sie mit einem so bedeutenden Beitrag, wie es Ihre Erhebungen über die Römischen Hss. sind, der von Bartoli angeregten

401 Monaci, *Sulla classificazione dei manoscritti della Divina Commedia*, Roma, Tip. della R. Accademia dei Lincei, 1888.
402 Täuber 1889, vgl. Brief 56. – Die ganze Sache ist insofern seltsam, als Täuber Monaci dankbar erwähnt, der ihn angespornt und ermutigt habe. Täuber untersucht ca. 100 Passagen der *Divina Commedia*, die er mit ca. 400 Hss. vergleicht. – Auf einer Postkarte vom 4.1.1889 hatte Gröber Monaci bereits Folgendes mitgeteilt: «Verbindlichen Dank für Ihre Abhandlung über die Classification der Hss. der Divina Commedia. Es wird Ihnen unbekannt sein, dass ein junger Schweizer, der eine Zeit lang bei Bartoli hörte, die Classification sämtlicher Hss. der Div. Com. nach ähnlichen Grundsätzen, wie Sie, in Angriff genommen, und etwa ¾ Jahre dafür in Italien gesammelt hat. Er denkt im Laufe dieses Jahres seine Untersuchung zu veröffentlichen, nachdem ihm Material aus den übrigen europäischen Ländern zugegangen ist. Nur glaube ich, dass er bei weitem noch nicht alle Hss. Italiens angesehen hat. Es wird ihm daher Ihre Veröffentlichung in hohem Grade nützlich sein, denn gerade aus Rom fehlt ihm, wie ich glaube, noch allerlei» (Rom, Sapienza Università di Roma, Fondo Ernesto Monaci, Nr. 27). – In der Zeitschrift für romanische Philologie ist Täubers Buch nicht besprochen worden.
403 Adolfo Bartoli, *La Divina Commedia*, Firenze, Sansoni, 1887–89, 2 Teile.
404 «arare col vitello d'altrui» (ital. Sprichwort).

Arbeit zuvorgekommen sind;[405] ich möchte nur wünschen, dass die ja immerhin verdriessliche Concurrenz Sie nicht bestimmt, die Verfolgung der Sache aufzugeben; und wenn |2| ich Ihnen etwa durch Beschaffung von Collationen der ja nicht zahlreichen Hss. der Div. Com. in Deutschland etc. nützlich sein kann, so würde ich von Herzen gern mich Ihnen zur Verfügung stellen.[406]

Besten Dank zugleich für die Zusendung einer neuen Gabe, der interessanten «Gemma purpurea».[407]

Dass Wittes handschriftlicher Nachlass sich auf der Strassburger Bibliothek befindet, ist Ihnen wohl bekannt.[408] Auch zur Auskunft darüber werden Sie mich jederzeit bereit finden.

Mit herzlichen Grüssen
Ihr ergebenster
GGröber.

[Rom, Sapienza Università di Roma, Fondo Ernesto Monaci, Nr. 26].

58 Konrad Hofmann

Ruprechtsau-Strassburg i/E 13. Nov. 1889.

Hochgeehrter Herr College.

Gestatten Sie auch mir, wenigstens brieflich unter denjenigen Fachgenossen heute vor Sie zu treten, die heute, wegen Ihres vollendeten 70sten Lebensjahres bei Ihnen erscheinen, um Sie zu beglückwünschen.[409]

---

405 Gem. ist die Arbeit Carl Täubers.

406 Marcella Roddewig, *Dante Alighieri, Die göttliche Komödie. Vergleichende Bestandsaufnahme der Commedia-Handschriften*, Stuttgart, Hiersemann, 1984, lieferte erst viele Jahre später ein Verzeichnis aller bekannten Dante-Handschriften.

407 *Su la Gèmma Purpurea e altri scritti volgari di Guido Fava o Faba maestro di grammatica in Bologna nella prima metà del secolo 13*. Nota del socio Ernesto Monaci, Rendic. d. R. Acc. Naz. dei Lincei, v. 4, 2. sem., fasc. 12 (seduta del 16 dicembre 1888), 339–405.

408 Vgl. Brief 39.

409 Hofmann wurde am 14.11.1819 in Kloster Banz geboren. Vgl. auch die ihm überreichte FS, bei der Paul Heyse die Federführung hatte: *Festschrift Konrad Hofmann zum 70sten Geburtstag 14. November 1889 gewidmet von seinen Schülern*, Erlangen und Leipzig, Andr. Deichert'sche Verlagsbuchhandlung Nachf. (Georg Böhme), 1890. (Es handelt sich um einen Separatabdruck der *Romanische[n] Forschungen* und beginnt mit einem Gedicht Heyses «Wollt' ich Euch preisen, Meister Konrad, wär's / Vermessenheit und brächte mich zu Fall. / Quar tant est rics vostre pretz e tan val, / Sobr'els melhors es eyssausatz et ers» usw.).

Ich müsste mir weniger bewusst sein aus Ihren vielseitigen Arbeiten jederzeit gelernt und Förderung gewonnen zu haben,[410] wenn ich unterlassen wollte, mich gern bei diesem freudigen Anlass dazu zu bekennen, und den Wunsch zu äussern, dass Ihnen, dem Nestor der romanischen Philologie, noch lange die reich bewährte rüstige Arbeitskraft erhalten bleiben möge, der wir so viele Leistungen Licht verbreitenden und wunderbar hellsehenden Scharfsinns zu danken haben, die jedem jüngeren Forscher vorbildlich geworden sind.

Ihr aufrichtig ergebener
GGröber.

[Original München, BSB, Hofmanniana 3b].

59 Hartmann Caviezel

[Postkarte]
[Poststempel STRASSBURG RUPRECHTSAU 28/10/90]

Sehr geehrter Herr. Wenn Sie mit der Veröffentlichung Ihres Berichtes über die Rätor. Kalender nicht allzu sehr eilen, bin ich gerne erbötig denselben in der Rom. Zeitschr. zum Abdruck zu bringen.[411] Gegenwärtig liegen mir allerdings bereits soviele Beiträge vor, daß die 3 nächsten Vierteljahreshefte so gut wie gefüllt sind. Die Veröffentlichung Ihres Beitrags im Laufe des nächsten Jahres kann ich Ihnen jedoch bestimmt zusagen. Sind Sie hiermit einverstanden, so bitte ich um gef. Benachrichtigung. Andernfalls würde ich das Ms Ihnen wieder zustellen.[412]

Hochachtungsvoll u. ergebenst
GGröber.

[Original Staatsarchiv Graubünden, NL Hartmann Caviezel, B/N 1341/16–33].

---

410 Mit Schreiben vom 27.9.1876 hatte Gröber Hofmann um Mitarbeit an der Zeitschrift für romanische Philologie gebeten (München, BSB Hofmanniana 9). Dieser hat daraufhin zweimal für die Zeitschrift für romanische Philologie rezensiert: 4 (1880), 156–159 (beide Male Publikationen Karl Vollmöllers).

411 Caviezel, *Räto-romanische Kalender-Litteratur*, Zeitschrift für romanische Philologie 16 (1892), 128–164.

412 Gröber räumte der rätoromanischen Sprache und Literatur in beiden Bänden des *Grundriss'* angemessenen Raum ein. Für die Darstellung der Literatur konnte er Caspar Decurtins gewinnen (*Grundriss* II, 3 [1901], 218–261). Arbeiten Caviezels werden auf den S. 220, 227 u. 249 zitiert, hauptsächlich zur Volksliteratur.

60 Adolf(o) Mussafia

[Postkarte
Poststempel STRASSBURG (ELS) 12-1-91

Herrn Hofrath Prof. Dr. A. Mussafia
Wien, VIII. Florianigasse 1]

Hochverehrter Herr College. Nehmen Sie meinen besten Dank für die Karte betr. Dr. Schürmann. Ich habe sie ihm sogleich nach M.Gladbach mitgetheilt.[413] Daß Versehen wie accorde stehen geblieben sind, liegt daran, daß ich, damals an das Krankenlager meines Vaters gerufen, der im August verstarb,[414] nicht jede citierte Stelle nachschlagen konnte. Sieno hat auch mir bedenken gemacht; ich habe früher selbst eine andre Ansicht als Sch. vertreten (netto – nitidus, nettato – nettare), mußte aber anerkennen, daß das Verhältniß von Part. wie detto – dictus, dettato – dettore die Möglichkeit der Anknüpfung der behandelten Erscheinung gewährt.

Andre als die von Ihnen genannten Bearbeitungen der Christoffle-Legende in Versen (Paris NA 1515, – 25549) kenne ich nicht.[415] Von Prosabearbeitungen sind mir bekannt:

1) Biblioth. Nat. Nr. 411/XV s., 413/XVs., 6447/XIVs., 20330/XIIIs., 23117/XIVs., Ste Geneviève, Fr. F fol. H5/XIV s., Brüssel N° 9225/XV.
2) (Jacobus de Voragine) Bibl. nat. Paris N° 988/XIVs., 1534/XVs., 1535/XVs. u.s.w.
3) Brüssel, N° 10295/XIV.[416]

---

413 Johannes Schürmann, *Die Entstehung und Verbreitung der sogenannten «Verkürzten Partizipien» im Italienischen*, Strassburg, Phil. Diss. 1890. Eine knappe Rez. findet sich in Kritischer Jahresbericht über die Fortschritte der Romanischen Philologie 2 (1896/87), 85 (Wilhelm Meyer-Lübke); Gröber erwähnt Schürmann in *Grundriss* I² (1904–06), 137.

414 Friedrich Gröber verstarb im August 1890.

415 *Vie de saint Christofle en quatrains d'alex. monorimes*; als «ms. de base» gilt BnF fr. 25549. Zu den Druckversionen vgl. G. A. Runnalls, *Le Mystère de saint Christofle*, Exeter, Univ. Printing Unit, 1973.

416 Im Jahr 1895 erschien: Adolf Mussafia/Theodor Gartner (Hrsg.), *Altfranzösische Prosalegenden aus der Hs. der Pariser Nationalbibliothek F^R^.* I. Teil, Wien u. Leipzig, W. Braunmüller, 1895, wo sich auf S. 169–185 ein Prosatext von *De la passion mon seignor saint Christofle* findet; zu Beginn der Anmerkungen S. xx heißt es: «Übersetzung der in den *Analecta Bollandiana*, XI, 395 ff., abgedruckten Legende, zu der ich Varianten aus einer Hs. von Montpellier in den Sitzungsberichten der Wiener Akademie, Bd. CXXIX, IX. Abh., S. 3 ff., mittheile».

Für Bestimmung des Verhältnisses der 3 Gruppen zu einander fehlen uns die Unterlagen bisher. Mit besten Grüßen

Ihr ergebenster
GGröber

[Original Florenz, Biblioteca Marucelliana, Carteggio Pio Rajna 739, Nr. 17].

61 Wilhelm Wetz

Ruprechtsau-Straßburg i/E. 11. 8. 91

Lieber Herr Dr.

Ihre Schrift[417] erhielt ich wenige Tage vor den Ferien, Ihr Brief traf mich hier nicht mehr an; ich war am 1. Aug. nach Zermatt gereist, u. fand vor der beschleunigten Abreise nicht mehr die Zeit Ihnen für die Zusendung Ihrer Schrift zu danken. Ich hole das nun unmittelbar nach meiner Zurückkunft nach, u. theile Ihnen mit, was sich mir bei einer ersten Lesung aufdrängt.

Daß Herr Prof. ten Brink[418] Ihre Ausführungen mit gemischten Gefühlen gelesen haben wird, finde ich begreiflich; wie er sich dazu stellen wird, weiß ich jedoch nicht; auch er ist am 1. oder 2. August von hier weggereist, und wird sich aus denselben Gründen wie ich, Ihnen noch nicht haben äußern können.[419]

---

417 Wetz, *Ueber Literaturgeschichte. Eine Kritik von ten Brinks Rede [Rekoratsrede] «Ueber die Aufgaben der Literaturgeschichte»*, Worms, Reiß, 1891. Wetz' Replik schlug damals hohe Wellen; da ten Brink ein Jahr später verstarb, wurde der Disput nicht wirklich ausgetragen, ging aber in die Annalen der Vergleichenden Literaturwissenschaft ein. Vgl. Susanne Schröder, *Deutsche Komparatistik im Wilhelminischen Zeitalter 1871–1918*, Bonn, Bouvier, 1979, 42 f.

418 Wetz' Polemik wurde als besonderer Affront empfunden, da der Stiftungstag (1. Mai) den Höhepunkt des akademischen Jahres bildete und der Selbstvergewisserung der gesamten Universität diente.

419 Vgl. dazu Haas/Hamm 2009, 205 Anm. 77: «Bestenfalls läßt sich ein Parteigänger der Elsässer anführen. Wilhelm Wetz, ein Bauernsohn aus einem Dorf nahe Alzey, der das Straßburger *lycée* besuchte, war mehr beeinflusst von Hippolyte Taine als von seinen deutschen Universitätsprofessoren, und als Straßburger Privatdozent für Vergleichende Literaturwissenschaft attackierte er öffentlich die Mängel von ten Brinks Literaturgeschichtskonzeption. Inwiefern die Kritik von Wetz mehr als ein neues Paradigma repräsentierte und eventuell elsässischen Widerstand spiegelte, würde jedoch eine eingehendere Untersuchung erfordern. Durch eine zweite Habilitation in Gießen mit *Shakespeare vom Standpunkt der Literaturgeschichte. I: Die Menschen in Shakespeares Dramen* gelangte Wetz auf eine Anglistikprofessur, blieb aber ein Außenseiter».

Mich haben Ihre Erörterungen sehr interessiert. Zustimmen kann ich Ihnen vollkommen in alledem, was Sie über den Werth der kritisch-analytischen Untersuchung von Dichtwerk und Dichter und über die Nothwendigkeit äußern, sie bei den Dichterheroen zur Anwendung zu bringen. Aber daß Sie sich hierin mit Ten Brink oder irgendwem in Widerspruch befänden, der sich über die Aufgabe der Littgesch. geäußert, kann ich nicht finden. Das Ergebniß Ihrer kritisch analytischen Untersuchung ist die litterarische (oder litterarisch-psychologische) Charakteristik eines Schriftstellers bzw. seiner Werke, aber nicht der Litteraturgeschichte schon selbst; sie bildet nur einen Theil dieser letzteren, und verhält sich zu ihr, wie zur biologischen Naturgeschichte z. B. die Beschreibung einer Pflanze, Pflanzen- |2| Art, Thier oder Thier-Art, nach der anatomischen, physiologischen u.s.w. Seite. Ten Brink hatte, soweit ich sehe, eine Darlegung der gesamten Aufgabe der litteraturgesch. Forschung im Auge und hat dabei die kritisch analytische Betrachtung der einzelnen litterarischen Erscheinung nicht vergessen; aber er hat sie nicht für das Ganze der Litteraturgeschichte erklärt, was Sie zu thun scheinen. Ich sehe daher zwischen Ihnen beiden keinen thatsächlichen Widerspruch, sondern nur eine Differenz in der Behandlung des Gegenstandes; Sie sprechen von Dingen unter dem Namen der Litteraturgeschichte, der für sie zu weit ist, und gehn von einer andern Definition der Litteraturgeschichte aus als ten Br.; Sie widerlegen daher nicht, wie es den Anschein hat, sondern plaidiren nur für die Pflege der Litteraturgeschichte im Sinne der kritisch analytischen Forschung, also in einem unnöthig engen Sinn. Der polemische Theil Ihrer Ausführungen scheint mir daher sein Ziel zu verfehlen; er hat mir zwar den Eindruck eines geschickt geführten Plädoyers für Ihre Sache gemacht, aber nicht den einer auf genauem Verständniß der Gedanken des Gegners beruhenden wissenschaftlichen Widerlegung. Ich gebe sogar zu, daß Sie mit einer gewissen Vollendung plädiert haben; die Form der Darstellung ist bisweilen glänzend und operiert geschickt mit Mitteln, die den Erfolg bei dem Leser an den Sie sich wenden, nicht verfehlen können, aber die Frage der Aufgaben der Litteraturgeschichte scheint mir damit nicht tangiert zu werden: Die Zulässigkeit einer mehrfachen Auffassung derselben werden Sie vielleicht zugeben; Sie wissen selbst gut genug, daß Litteraturgeschichte anfangs nur Bibliographie sein konnte (denken Sie an Heumann, Fabricius etc.),[420] daß erst spät

420 Christoph August Heumann (1681–1764), Theologe und Polyhistor, Verf. von *Acta philosophorum, Das ist, Gründliche Nachrichten aus der Historia Philosophica, Nebst beygefügten Urtheilen aus denen dahin gehörigen alten und neuen Büchern*, Halle, Renger, 1715–1727 (18 Hefte); Johann Albert Fabricius, *Bibliographia Antiquaria, sive Introductio in Notitiam scriptorum, qui antiquitates hebraicas, graecas, romanas et christianas scriptis illustraverunt; Accedit Mauricii Senonensis de S. Missae ritibus Carmen, nunc primum editum*, Hamburgi et Lipsiae, Christianus Liebezeit, 1713.

in Angriff genommene Litteraturen z. Th. diese Behandlungsweise noch jetzt erfahren müssen; daß ferner schon J. Laforgue und |3| D. Nisard[421] einer aesthetisirenden Litteraturgeschichte das Wort redeten, die mit Ihrer, schon von Ste Beuve[422] geübten litterar. Charakteristik in engem Zusammenhang steht, wenn sie auch verschiedene Tendenzen verfolgte. Sie wissen ebenso daß über litterarische Größen wie zB Calderón nicht schon in Ihrem Sinne gehandelt werden kann, weil die Verfasserschaft bei vielen unter seinem Namen gehenden Dramen noch zweifelhaft ist; Sie wissen weiterhin daß der 4te Theil der philologischen Forschung der Alexandriner, die κρίσις, die von Ihnen befürwortete litt. Charakteristik bedeutete, u. als die Krönung des Werkes der Philologen schon im Alterthum galt, – ich verstehe daher nicht, wie Sie alles, was sich vor Ihnen und neben Ihnen litteraturgeschichtliche Forschung nannte und nennt verwerfen, wie Sie Ihre Betrachtungsweise als neu, und als einzig berechtigte darzustellen suchen können, obgleich dieselbe auf nicht viel mehr als einige Dutzend Schriftsteller, dabei auch keinen einzigen des Alterthums oder des Mittelalters, gegenwärtig schon angewendet werden kann, und zB bei Shakespeare erst möglich geworden ist, nachdem die so sehr von Ihnen perhorrescirte philologisch-litteraturgeschichtliche Forschung die kritisch-analytische Betrachtung möglich gemacht hat. Ohnstreitig hat man bei der litteraturgesch. Forschung Stufen, höhere und niedre, anzuerkennen, die unterste Stufe mag die bibliographische, die oberste die kritisch-analytische Forschung darstellen; Sie wollen die letztre, ohne zu bedenken daß alle andern Stufen im einzelnen Falle begangen sein müssen, ehe die letzte Stufe betreten werden kann; Sie eilen der Zeit voraus, überspringen wissenschaftliche Voraussetzungen, wenn Sie blos von litt. analyt. Forschung wissen zu wollen erklären, wenn Sie die Umklammerung der litt. gesch. Forschung durch die Philologen verwerfen, die doch das Kind der litteraturgeschichtlichen Charakteristik erst groß ziehen und gepflegt haben muß, wenn es auf eignen Füßen soll stehen können.

|4| Möglich jedoch halte ich anderseits, u. hier kann ich Ihnen wiederum zustimmen, – daß, wenn alle Vorarbeit gethan ist, die Litteraturgeschichte als selbständig, und auf eigenen Füßen stehende Wissenschaft in Ihrem Sinne betrieben werden kann: Die Wissenschaften sind immer aus einander heraus gewachsen, u. so mag die Zeit einmal kommen, wo die Litteraturgeschichte, auch im evolutionistischen Sinne, der Philologie nicht mehr bedarf um wissenschaftlich begründete Urtheile zu fällen. Inzwischen wird sich die kritische

421 Jules Laforgue (1860–1887), franz. Symbolist und Zeitschriftenherausgeber; Désiré Nisard (1806–1888), franz. Literaturkritiker und Literaturhistoriker.
422 Charles-Augustin Sainte-Beuve (1804–1869), einflussreicher franz. Literaturkritiker.

analytische Betrachtung an den Stellen, wo sie für jetzt möglich ist, an den neuen und neuesten Litteraturerscheinungen, durchbilden, wo weder Sprach- noch Culturverschiedenheit die objectivere Auffassung des Gegenstands und seiner treibenden Kräfte Hindernisse in den Weg legen; aber lange Zeit wird noch vergehen, ehe aus den litterarisch-philologischen Charakteristiken eine Reihe wird gebildet werden können, die dem entspricht, was man gewöhnt ist, Geschichte zu nennen.

Sie hätten, glaube ich, Ihre Aufgabe sicherer gelöst, wenn Sie nicht polemisch verfahren und nicht Gegner hingestellt hätten, die nicht Gegner Ihrer Sache sind; Sie hätten besser gethan, die Begriffe Litteraturgeschichte u. litt. Charakteristik auseinander zu halten; Sie haben vielleicht auch Unrecht gethan ten Brinks Rede in dem Uebermaß zu zerreißen wie Sie es thun, da Sie wenig oder nichts davon bestehen lassen, und eine solche Folie den Glanz Ihrer Darlegungen nicht erhöhen kann. Ihre Mahnung, in das Ingenium des großen Dichters einzudringen, und diese Aufgabe neben dem litterargeschichtlichen Kleinkram nicht gänzlich außer Acht zu lassen, würde vielleicht dann unbedenklicher aufgenommen und schnelleren Erfolg gehabt haben, als es, wie ich fürchte, jetzt geschehen wird. Zeit wurde es allerdings wohl, der Goethe- Shakespeare u.s.w. Philologie entgegenzutreten, aber Sie gehen vielleicht auch hier zu weit, indem Sie völlig verwerfen, wo Mahnung zur Beschränkung geboten gewesen wäre. Mit besten Grüßen

Ihr GGröber[423]

Anhang:
Eppelsheim/Rheinhessen, d. 17/VIII.91[424]

Hochgeehrter Herr Professor!

Für Ihre frdl. Zeilen, aus denen ein so wohlwollendes und unbefangenes Eingehen auf das, was ich gewollt, hervorging, lassen Sie mich zunächst meinen herzlichsten Dank sagen. Ich habe nach Empfang derselben mehrere Tage verstreichen lassen und darauf meine Broschüre nochmals mit Berücksichtigung Ihrer Einwände durchgelesen. Fast fürchte ich, daß meine Darstellung nicht das Lob verdient, das Sie ihr so gütig spenden. Ich hatte mich bemüht, höflich

423 Auf diesen Brief folgt eine als Anhang mitgeteilte ausführliche Antwort Wetz', die noch einmal alle Argumente abwägt.

424 Der Brief weist mehrere Bleistiftüberschreibungen, z. T. in Kurzschrift, auf, die hier nicht mitgeteilt werden. Möglicherweise hat Wetz auf dieser Grundlage eine neue Abschrift angefertigt, die er Gröber sandte, so daß sein ursprünglicher Brief nicht abgeschickt wurde und in seinem Nachlass verblieb.

und conciliant zu sein und gerade im polemischen Theile nicht zu verletzen, |2| und nun scheint doch manches etwas wuchtiger heraus gekommen zu sein, als es beabsichtigt war. Gerne möchte ich auch das andere Lob ablehnen, daß ich in diesem Abschnitte sehr geschickt für meine Sache plädiert habe. Wenn meine Darstellung diesen Eindruck macht und etwas nach einem gewandten Advokatenkunststück aussieht, so ist das sicherlich unbeabsichtigt und thut mir selber herzlich leid. Ich glaube sagen zu können, daß ich beim Schreiben die höchsten Anforderungen in Bezug auf Wahrhaftigkeit an mich stelle. Ich spreche meine Ansichten mit rückhaltlosester Offenheit aus und bemühe mich hierbei durch keine Rücksichten auf Personen, die |3| diese Ansichten theilen oder verwerfen, mich beirren zu lassen und sollte ich hierbei an mir näher stehende Personen denken, so ist es immer mein Bestreben, eher der Person um der Sache willen zu nahe zu treten als der Sache um der Person willen etwas zu vergeben. Auch schreibe ich immer nur nieder, wovon ich in dem Augenblicke vollständig überzeucht bin. Wenn daher in der That meine Abhandlung theilweise den Eindruck eines advokatischen Plädoyers machen sollte, so kann das nur daher rühren, daß es mir vielleicht an Unbefangenheit fehlte und ich die Fragen zu sehr aus meinem Gesichspunkte betrachtete, wodurch sich manches etwas verschoben |4| haben kann.

In diesem Punkte kann ich Ihnen vollständig recht geben, sehr geehrter Herr Professor, daß die Differenz zwischen dem Standpunkte, den ich vertrete, und dem mancher anderer Fachgenossen nicht so groß ist wie es auf den ersten Blick scheinen könnte. Der ganze Unterschied läuft darauf hinaus, daß ich erkläre, die analytisch-kritische Forschung könne selbständig betrieben werden und besitze eine höhere Bedeutung als man ihr meist zugestehen wolle, und ferner fordere, diese Forschung müsse in methodischerer Weise betrieben werden als seither. Ich bin der Letzte, der das viele Bedeutende, das auf dem Gebiete der litterarischen |5| Charakteristik von *Herder* an in Deutschland geleistet wurde, verkennen will, nur glaube ich, daß wie bei den großen Denkern Goethe u.s.w., das Meiste der Intuition des Dichtergenies, bei den mehr rezeptiven Geistern nahezu Alles dem feinen ästhetischen Sinn und dem Geschmack der Forscher zu verdanken sei. Die Aufgabe, die eine auf Taines Spuren einhergehende litt-hist. Forschung zu lösen sucht, war also schon lange erkannt und auch fast immer anerkannt worden – nur ging man zu wenig methodisch an ihre Lösung und falls nur die Resultate sehr bedeutend waren, wie in dem was Goethe bietet, lagen sie in einer Form vor, die den wissenschaftlichen Anforderungen nicht genügen |6| konnte oder entbehrten der hinreichenden Entwicklung, Anwendung und Begründung. Meines Erachtens können wir durch Anwendung der Ergebnisse der neueren philosophischen und besonders psychologischen Forschung hier weiter kommen als man früher war und viele Behauptungen geradezu beweisen, während die meisten litt. Charakteristiken sich zu sehr in einer gewissen unbestimmten ungreifbaren Allgemeinheit hielten. Taine scheint mir nun hier zuerst den Grund gelegt zu haben, auf dem man weiterbauen muß, und zwar dadurch, daß er eine Reihe bestimmter spezieller Fragen aufwarf und zu beantworten suchte. Was alles hier geleistet werden kann und was |7| nicht, wird sich, glaube ich, erst besser entscheiden lassen, wenn erst mehr Arbeiten vorliegen werden, als jetzt durch theoretische Reflexionen. Ich halte die Forschung hier für viel leichter und die Ergebnisse scheinen mir mehr versprechender zu sein, als Mancher glauben mag. Ich habe in meinem «Shakespeare» einen sehr einfachen und eher nicht neuen Grundgedanken durchgeführt und glaube dadurch doch über ein paar Punkte definitive Klarheit geschafft zu haben, über die man früher hin und herredete, ohne doch vom Fleck zu kommen. Und ähnlicher Fälle gibt es meines Erachtens sehr viele.

Nicht beabsichtigt war es, wenn es den Anschein erweckt als ob ich die andern Arbeiten, die theilweise |8| der kritischen Analyse einhergehen müssen, niedrich stellte. Es kam mir hier allerdings nicht darauf an, alle Umstände, die für den Litthist. im einzelnen Falle oft in Betracht kommen, der Reihe nach hervorzuheben – das ist sonst schon mehrfach geschehen, ich glaubte mich hier mit einem Hinweise begnügen und viel nachdrücklicher auf eine wirkliche Lücke hinweisen zu sollen, die viel zu wenig beachtet war. Ich bin doch, Gottlob, in philologischen Dingen noch so gut zu Hause, daß ich den Werth einer gediegenen phil. Arbeit wohl zu schätzen weiß. Mich verdrießen nur die zahllosen Uebergriffe aus der philologischen Sphäre, die Ueberschätzung |9| der Bedeutung der eigenen Arbeit, der zu große Nachdruck, der auf Kleinigkeiten gelegt wird und die höhnische Art, wie man selbst gedankenreiche Leute abkanzeln zu können glaubt, wenn sie auch einmal über diese Dinge sprechen wollen, ohne Philologen zu sein. Darum hielt ich es für angebracht, hier gelegentlich Spott und Ironie anzuwenden, da die wirkliche Bedeutung der phil. Littgesch. nicht ganz der angemaßten entspricht. Im Uebrigen denke ich S. 50 u. 51 u. S. 55 m. vor allem an Scherer u. seine Schule.

Daß der Vorwurf, es kranke unsere gegenwärtige Litt.gesch. an großer Unklarheit der Prinzipien |10| unberechtigt sei, wird wohl Niemand mir entgegnen wollen. Einen frappanten Beweis für die Richtigkeit dieser Anklage lieferte *Erich Schmidt* in *München* bei einem Vortrag über «Faustphilologie».[425] Der Vortrag sollte vor der zu kleinlichen Behandung aller den Faust betreffenden Fragen warnen. Einzelne Fälle, die er anführte, waren seines Erachtens fehler-

---

425 *Aufgaben und Wege der «Faust-Philologie»: Vortrag, gehalten am 20. Mai in der Versammlung deutscher Philologen und Schulmänner zu München*, Allgemeine Zeitung (München)/Beilage, 1891, 119, 25.5., 1–6.

haft, anderen gestand er eine gewisse Berechtigung zu, niemals stellte er aber ein Prinzip auf, oder mehrere Prinzipien nach denen die Frage beurtheilt werden sollte. Ich hätte sehr gerne auf diesen Vortrag Bezug genommen, indeß lag er damals, als ich den betref- |11| fenden Abschnitt schrieb, noch nicht gedruckt vor, und auch bis heute habe ich ich ihn noch nicht auftreiben können.

Vieles erklärt sich in meiner Broschüre wohl daraus, daß ich in Opposition zu dem gerade Geltenden stehe, neben dem etwas Anderes ebenfalls seine Berechtigung finden soll. Es handelte sich daher vor allem darum, auf die Mängel geltender Disziplinen hinzuweisen und zu betonen, wie diese ihre Ergänzung, jene Mängel ihre Beseitigung finden können, aber nicht nur objective Würdigungen der litthist. Forschung u.s.w. Ob es klug war, durch solche Angriffe die Vertreter eines andern Standpunktes zu reizen und dadurch Gegenangriffe hervorzurufen durch die die sachliche Discussion nicht gefördert |12| wird, ist allerdings eine andere Frage. Meiner Natur ist jedoch in solchen Fällen die Offensive das einzig Gemäße.

Daß meine Schrift polemisch gegen t. Br. gerathen ist, hat einzig u. allein den Grund, daß ich diese Probleme wiederholt im Anschluß an t. B's Rede durchdachte, so daß diese für mich später der natürliche Anknüpfungspunkt wurde. Die üblen Deutungen, denen ich mich dadurch aussetze, lassen mich kühl, jetzt wo die Sache geschehen ist und ich mir sagen muß, daß ich nur ein fachliches Interesse, kein persönliches hatte. Im Uebrigen stelle ich t. Br. thatsächlich so hoch, wie ich es in meiner Broschüre gethan habe. Und nur so erklärt diese sich. –[426]

Augenblicklich lese ich Manches von Stendhal. Ueberrascht hat es mich, wie viel Taine ihm verdankt. Mir ist manchmal zu Muthe wie Jemand, der unerwartet die Bekanntschaft eines Großvaters macht.

Mit den besten Grüßen
Ihr ergebenster
W. Wetz.

[Original Freiburg, Universitätsbibliothek, NL Wilhelm Wetz (NL 41/87, Kasten 3].

426 Vgl. zusammenfassend Klaus Weimar, *Die Begründung der Literaturwissenschaft*, in: Jörg Schönert (Hrsg.), *Literaturwissenschaft und Wissensforschung*. DFG-Symposion 1998, Stuttgart-Weimar, Metzler, 2000 (Germanistische Symposien Berichtsbände, XXI), 135–149, hier bes. 135–136.

62 Wilhelm Streitberg

Postkarte
[Poststempel: STRASSBURG-ELSASS RUPRECHTSAU 14–9–91]

Sehr geehrter Herr Dr. Ihrer gef. Aufforderung,[427] der ich mich in anderem Falle nicht entziehen würde, zu entsprechen, bin ich dadurch verhindert, daß ich dem Verf. des LatRom. Wörterbuchs[428] persönlich nahe stehe,[429] und in Collision mit meiner persönlichen Stimmung ihm gegenüber geriethe, wenn ich das mancherlei Unvortheilhafte, was ich über das Wtbch zu sagen mich nicht enthalten könnte, öffentlich mittheilte. Darf ich Ihnen Jemand an meiner Stelle vorschlagen, so wäre dies, nachdem W. Meyer Lübke das Buch schon anderwärts angezeigt hat, und Schuchardt dafür nicht zu haben sein wird, Prof. G. Baist in Freiburg, der sich mit etymologischen Fragen hinlänglich beschäftigt hat um ein richtiges Urtheil hier abzugeben.[430]

Ihr ergebenster
GGröber

[Original Leipzig, UB NL 245/G/Gr/24 (Wilhelm Streitberg)].

---

427 Streitberg gab gemeinam mit Karl Brugmann und Ernst Windisch die Zeitschrift Indogermanische Forschungen heraus.
428 Es handelt sich um die 2. vermehrte und verbesserte Ausg. von Gustav Körting, *Lateinisch-romanisches Wörterbuch*, Paderborn, Schöningh, 1891.
429 Beide hatten fast gleichzeitig (Körting 1867; Gröber 1869) bei Adolf Ebert in Leipzig promoviert. – Körtings *Lateinisch-romanisches Wörterbuch* wurde in den Indogermanischen Forschungen Bd. 2 (1893), 31–37 von Adam Miodoński (Fribourg) positiv besprochen; die 3. Aufl. 1907 erfuhr jedoch von Max Niedermann in Bd. 23 (1909), 78–79 eine vernichtende Rezension, die dem Werk wissenschaftlichen Wert überhaupt bestritt.
430 Dessen Rez. erschien in: Zeitschrift für französische Sprache und Literatur 13 (1891), 179–192; andere Besprechungen finden sich in: Romania 19 (1890), 637 f.; Deutsche Literaturzeitung 11 (1891), 1539 f. (Jules Cornu); Berliner philologische Wochenschrift 10 (1891), 1249–1251 (Anton Funck); 11 (1892), 1560–1561 (Anton Funck); Wochenschrift für klassische Philologie 7 (1891), 1265 (Franz Körnig); Zeitschrift für die österreichischen Gymnasien 42 (1892), 763–778 (Wilhelm Meyer-Lübke); Archiv für Lateinische Lexikographie und Grammatik 7 (1891), 286–287 (Hermann Suchier); 602–603 (Jakob Stürzinger); Neue philologische Rundschau 1890, 269–270 u. 1892, 311–312; Archiv für das Studium der neueren Sprachen und Literaturen 87 (1892), 103–114 (Eduard Schwan); Franco-Gallia 8 (1892), 137 (Adolf Kressner); Modern Language Notes 7 (1892), 111–119 (Henry Alfred Todd). – Es fällt auf, daß in der Zeitschrift für romanische Philologie keine Rezension erschienen ist.

63 Alwin Schultz

Ruprechtsau-Straßburg/E. d. 11. 1. 92.

Lieber Herr College.

Die Angelegenheit der Berufung eines Kunsthistorikers nach Straßburg ist hier bereits vorige Woche erledigt worden. Man hat sich – was ich als ganz vertrauliche Mittheilung aufzufassen bitte – geeinigt Dehio[431] an erster Stelle, Schmarsow[432] an 2. Stelle vorzuschlagen, und zwar mit solchem Nachdruck den ersteren, daß wohl nicht zu zweifeln ist, daß er gerufen, und da man hörte, daß ihn an Königsberg nichts bindet, auch kommen wird. Die Commission setzte sich aus den beiden Kunsthistorikern[433] und zwei Historikern zusammen, die Zustimmung zu dem Gutachten der Commission war so einhellig, daß mit Gegenanträgen nichts auszurichten war. Von Ihnen ist in Vorbesprechungen die Rede gewesen, aber allen Einwendungen zum Trotz gab man den beiden genannten den Vorzug, mit dem Hinweis darauf, daß bei Ihnen das Culturgeschichtliche stärker im Vordergrund stehe, und die Thätigkeit jener mehr der Kunstgeschichte zugewandt gewesen wäre. Ich begreife nicht, daß Janitschek, dessen Nachfolger Sie in Prag sind,[434] die Sachlage nicht genauer aufgeklärt hat, und Sie wissen, wie schief die Stellung desjenigen in der Facultät wird, der gegen ein fachmännisches Gutachten aufzukommen sucht: in Personenfragen hält man den Opponenten in solchem Fall für betheiligt und unlauter, und er schadet bei Hartnäckigkeit nur seinem Candidaten selbst.

Ich bedaure daher lebhaft, daß bei der sich hier darbietenden Gelegenheit Ihr berechtigter |2| Wunsch in die Heimath mit den Ihrigen zurückzukehren,[435] nicht sich verwirklichen soll. Aber sollte die Berufung Dehios, die in Aussicht

---

431 Georg Dehio (1850–1932), seit 1883 Professor in Königsberg, nahm 1892 den Ruf auf den kunsthistorischen Lehrstuhl in Straßburg an; im Jahr 1919 ging er mit großen Teilen des Lehrkörpers nach Tübingen; vgl. Anke Dörner, *Die Auflösung der Reichsuniversität Straßburg im November 1918 und ihre Aufnahme durch die Universität Freiburg*, Freiburger Universitätsblätter 134 (September 1999), 131–141.

432 August Schmarsow (1853–1936), der in Straßburg promoviert worden war, lehrte danach in Göttingen, Breslau und Leipzig.

433 Es ging um Hubert Janitscheks Nachfolge, der 1892 nach Leipzig wechselte, aber bereits am 23. 6. 1893 dort verstarb. Er saß offenbar noch in der Straßburger Kommission; als zweiter Kunsthistoriker kommt nur der Privatdozent Franz Friedrich Leitschuh (1865–1924) in Frage, es sei denn, es wäre der im gleichen Institut das Fach Archäologie vertretende Adolf Michaelis (1835–1910) gemeint.

434 Vgl. Brief 45.

435 Gemeint ist «Deutschland», da Schultz als Prager Professor österreichischer Beamter war.

steht, Ihnen nicht doch den Weg nach dem Vaterland bahnen? Wurde die hiesige Facultät von der Commission ausreichend unterrichtet, so wäre ein großer Mangel an zur Bekleidung eines Ordinariats geeigneten Kunsthistorikern. Sollten Sie nun nicht nothwendig für Königsberg in Aussicht genommen werden müssen? Ist Ihre Stellung zu Dehio nicht auch eine solche, daß Sie bei ihm Ihre Ansprüche auf eine deutsche Professur geltend machen können? Es darf für den Fall der Erledigung der Königsberger Professur auf keine Weise unbekannt bleiben, daß Sie eine große Kunstgeschichte im Druck haben, da sie geeignet ist, die irrige Auffassung Ihrer Arbeitsrichtung endgiltig zu beseitigen.[436] Es ist hier weiter, gelegentlich von Erkundigungen über Schmarsow bekannt geworden, daß ihn die Breslauer Facultät bereits 2mal zum Ordinarius vorgeschlagen hat, und die Folge für Sch. noch schwebt. Sollte Sch. nicht Aussichten nach Königsberg haben, wenn Dehio hierher kommt, u. sollten Sie dann nicht Ihre Ansprüche in Breslau durchführen können, welcher Stadt Sie vielleicht, als der Vaterstadt, am liebsten sich wieder zuwenden würden? Schlüge Sie dann die Breslauer Facutät vor, so wäre doch wohl das Ordinariat in Breslau auf einmal gegeben, da man Sie ja nur als Ordinarius berufen könnte.

War es mir hier unmöglich Ihre Candidatur zu betreiben, so mochte ich um so weniger aus der mir bekannt gewordenen Sachlage ein Hehl machen. Vielleicht sind Ihnen die hier gegebenen Ausführungen, von denen Sie gewiß discreten Gebrauch machen werden, |3| und im rechten Zeitpunkt vielleicht erfolgreichen Gebrauch machen können, neu, und dienen dazu Ihnen rechtzeitig die Schritte ergreifen zu lassen, die verhindern, daß Sie weiterhin unter falschem Vorurtheil zu Schaden kommen. Kann ich Ihnen mit irgend welcher weitren Auskunft dienen, so werden Sie mich stets bereit finden.

Wiederholt muß ich Sie um Entschuldigung bitten, daß Ihr Beitrag zum Grundriß der Rom. Phil. II. Bd. noch immer nicht gedruckt ist:[437] es lag das an Aendrungen unter den Mitarbeitern an diesem Band, insbesondere daran, daß ich genöthigt wurde, die Latein. Litteratur darin ausführlicher zu behandeln als anfangs beabsichtigt war. Ich habe aber nun endlich [ein] druckfertiges Ms. Zu Ostern wird mit dem Satz begonnen, nach Erkundigungen bei den Mitarbeitern steht mir das Ms. für jeden Artikel in diesem Jahre zur Verfügung: wir werden also auch Ihren druckenswerthen Beitrag endlich unter Dach bringen.

---

436 Schultz, *Deutsches Leben im XIV. und XV. Jahrhundert*, 2 Bde., Wien, F. Tempsky, 1892.

437 Schultz, *Zur romanischen Kulturgeschichte*, in: *Grundriss* II, 3 (1901), 516–532. Zunächst war Schultz nur für dieses Kapitel zuständig. Nach Janitscheks Tod (21. 6. 1893), der offenbar die Kunstgeschichte übernommen hatte, trug Gröber Schultz auch dieses Kapitel an (Brief vom 5. 11. 1893), der es übernahm: *Zur romanischen Kunstgeschichte*, in: *Grundriss* II, 3 (1901), 533–549.

Bevor er in die Druckerei geht, werde ich mir erlauben ihn Ihnen nochmals zuzusenden, damit Sie etwaige Nachträge beifügen können. Sie werden glauben, daß nicht Nachlässigkeit der Redaction oder Unlust des Verlegers die lange Hinausschiebung der Fristen für das Erscheinen der einzelnen Hefte verursacht haben, sondern nicht schneller zu bewältigende Hindernisse die Ursache sind, daß wir so schlecht Wort halten: es ist so schwer 3–4 Professoren unter einen Hut zu bringen; diese Erfahrung macht man namentlich, wenn es sich um ein schriftstellerisches Zusammengehen handelt. Ich werde mich hüten, zum 2ten Mal eine Arbeit wie den «Grdß» zu übernehmen.

|4| Empfangen Sie schließlich meine besten Wünsche dazu, daß das Neue Jahr so manches was die vorangegangenen Ihnen vorenthielten, Ihnen zu Theil werden läßt und zugleich meine und meiner Frau beste Empfehlungen für Sie und Ihre liebe Frau.

Ihr ergebenster
GGröber.

[Original Nürnberg, GNM DKA_NLSchultzAlwin_IC171-1892_01_11a–d].

64 Karl Krumbacher

Postkarte
[STRASSBURG-ELSASS-RUPRECHTSAU 30. 12. 92]

Hochgeehrter Herr College. Empfangen Sie meinen verbindlichsten Dank für die gef. Zusendung Ihrer Untersuchung über das Wort Ziffer etc.[438] Ich finde sie völlig überzeugend. Der Vorgang, den Sie nachweisen (indischer Begriff, griechischer Name und Vermittelung beider im Abendland durch arabischen Handel) ist gerade durch seine Compliciertheit interessant, aber vielleicht nicht einmal vereinzelt, sodaß in Ihrer Untersuchung ein Weg betreten ist, der zur Aufhellung andrer etymologischer u. culturgeschichtlicher Probleme mit Erfolg weiter begangen werden kann.

438 Krumbacher, *Woher stammt das Wort Ziffer (Chiffre?)*, Bibliothèque de l'École des Hautes Études 92 (Études de philologie néo-grecque – Recherches sur le développement du Grec publiées par Jean Psichari), 1892, 346–356. Vgl. auch Karl Menninger, *Zahlwort und Ziffer: eine Kulturgeschichte der Zahl*, Göttingen, Vandenhoeck und Ruprecht, 3. Aufl., unveränd. Nachdr. d. 2., neubearb. u. erw. Aufl. von 1958, 1979.

Ihrer Zeitschrift[439] wünsche ich eine ausreichende Abonnentenzahl und eifrige Mitarbeiter. Es ist sehr erfreulich, daß Sie bei Psichari[440] den Abdruck Ihrer Ausführungen in deutscher Sprache durchsetzen konnten. So etwas ist neu in Frankreich. Mit bestem Gruße

Ihr ergebener
GGröber
30. 12. 92.

[Original München, BSB, Krumbacheriana I – Gröber].

439 Krumbacher begründete 1892 die *Byzantinische Zeitschrift* (Leipzig, B. G. Teubner), die er bis 1909 herausgab. In der lesenswerten Einleitung zum I. Band (S. 1–12) heißt es: «Das wahre Seitenstück der mittel- und neugriechischen Studien bildet die romanische Philologie. In der mittelalterlichen Sagen- und Erzählungslitteratur des Abendlandes spielen die Byzantiner als Urheber, Vermittler und Entlehner von Stoffen und Motiven eine sehr erhebliche Rolle. Die Erforschung der internationalen Wechselwirkungen bildet eines der wichtigsten Kapitel der allgemeinen Literaturgeschichte des Mittelalters, das nur durch die vereinten Bemühungen der auf jedem einzelnen Litteraturgebiete Kundigen aufgeklärt werden kann. Eine zweite Seite, auf welcher die romanische Philologie von der Byzantinistik neues Licht zu erwarten hat, ist die Sprachgeschichte; denn die romanischen Sprachen und das Vulgärgriechische haben denselben Entwicklungsgang durchgemacht, und viele Erscheinungen in beiden Sprachgruppen können nur durch eine vergleichende Betrachtung völlig begriffen werden. In der richtigen Erkenntnis dieser engen Beziehungen hat der Herausgeber des Jahresberichtes für romanische Philologie, K. Vollmöller, eine eigene, von J. Psichari übernommene Abteilung eingerichtet, in welcher die auf das Romanische bezüglichen Arbeiten über mittel- und neugriechische Sprache und Litteratur besprochen werden sollen. Besonders eng verknüpft ist mit der Byzantinistik die rumänische Philologie; denn die Rumänen sind infolge ihrer geographischen Lage von den Byzantinern so nachhaltig beeinflußt worden wie die Südslaven» (5). Der Hinweis auf Vollmöller ist berechtigt; im *Grundriss* fehlt ein eigener Beitrag zum Neugriechischen. Hariton Tiktins Beitrag *Die rumänische Sprache*, in: *Grundriss* I[1] (1888), 438–460, ist diesbezüglich wenig aussagekräftig; das ändert sich jedoch mit *Grundriss* I[2] (1904–06), in den ein neues Kapitel *Die nichtlateinischen Elemente im Rumänischen* von Kristian Sandfeld Jensen (524–534) aufgenommen wurde, das Tiktin ergänzt und S. 525 auf das Griechische eingeht. Sandfeld [Jensen] (1873–1942) war ein dänischer Romanist und Balkanologe. Im Nachruf von Alf Lombard (Zeitschrift für romanische Philologie 64 [1944], 441–448) fehlt ein entsprechender Hinweis.

440 Jean Psichari [Ioannis Psycharis] (1854–1929), aus griechischer Familie in Odessa stammend, war nach Frankreich gekommen, wo er, wie auch in Deutschland, studierte und ab 1885 an der École pratique des hautes études, ab 1902 an der École des langues orientales unterrichtete.

65 Karl Dziatzko

Ruprechtsau-Strassburg ^{i}/E. 12./5.93.

Lieber Freund

Ich danke Dir bestens für die schnelle Durchsicht des letzten Correcturbogens der Lat. Littgesch.[441] Ich konnte, da am selben Tag der Revisionsbogen von Darmstadt[442] eintraf, sofort das Imprimatur ertheilen. Nun bin ich endlich der großen Qual, die mir die Arbeit noch bei der Correctur bereitete, ledig. Am Kopf der Nachträge habe ich Dir nicht den verdienten öffentlichen Dank abgestattet, weil der Zusatz, der doch in einigen Zeilen wenigstens bestehen müßte, ein Umbrechen der letzten 4 Druckseiten, und damit eine weitere Revision nothwendig gemacht hätte. Auch scheint mir das Vorwort zum 2. Band, worin wohl noch mancherlei Privates zur Sprache zu bringen sein wird, geeigneter, als der versteckte Winkel hinter der Lat. Littgesch., um Deiner Mühe und Theilnahme gebührend zu gedenken.[443]

Deine Chicagoschrift habe ich erhalten.[444] Ich finde sie ebenso lehrreich, wie interessant zu lesen. Das deutsche Bibliothekswesen repräsentiert sich darin auf sehr vortheilhafte, uns andren Nationen überlegen darstellende Weise, da die Bureaukratie andernorts die Bibliotheken noch vielfach zu beschränken u. zu beherrschen scheint, während sie bei uns nach den wirklichen Bedürfnissen der Gelehrten eingerichtet und gelenkt werden. In dem Lexis'schen Univer-

---

441 Gröber, *Übersicht über die lateinische Litteratur von der Mitte des VI. Jahrhunderts bis zur Mitte des XIV. Jahrhunderts*, in: *Grundriss* II, 1 (1902), 97–432; Neue Ausg. München, Eidos (Wilhem Fink), 1963; 1974 (mit Nachwort von Walther Bulst). Andere Fachleute urteilten weniger positiv, z. B. Karl Strecker, *Einführung in das Mittellatein*, Berlin, Weidmann, ^{3}1939, 40 («unlesbar»); Joseph de Ghellinck, *L'essor de la littérature latine au XIIe siècle*, Paris, Desclée de Brouwer, 1954, 26 («illisible»).

442 Die Erstauflage des *Grundriss'* wurde von G. Otto's Hofbuchdruckerei in Darmstadt gedruckt, die Zweitauflage von Bogen 1 bis 58 von Friedrich Gröber in Leipzig, von Bogen 59 bis Schluss und Titelbogen von M. Du Mont-Schauberg in Straßburg, wo der Kölner Traditionsverlag eine Filiale unterhielt, die z. B. die Straßburger Post, ein Tochterblatt der Kölnischen Zeitung, herausgab.

443 Im Vorwort zu Bd. II, 1, v heißt es: «Um Entschuldigung hat der Herausgeber zu bitten für die auf S. 1248 ff. dieses Bandes verzeichneten zahlreichen Druckfehler in den beiden ersten Dritteln der Altfranzösischen Litteratur. Er hatte sich bei der Korrektur leider nicht einer Unterstützung zu erfreuen, wie sie ihm sein Freund, Geheimrat Dziatzko in Göttingen, bei der Lateinischen Litteratur zu teil werden liess, wofür ihm hier noch öffentlich sein Dank ausgesprochen werden möge».

444 Dziatzko, *Entwickelung und gegenwärtiger Stand der wissenschaftlichen Bibliotheken Deutschlands mit besonderer Berücksichtigung Preussens*. Mit 1 Tabelle. (Für die Deutsche Unterrichtsausstellung in Chicago 1893 bearbeitet.), Berlin, A. Asher & Co., 1893; 3 Bl., 55 S.

sitätenbuch für Chicago[445] habe ich bis jetzt Tobler (vorsichtig und gescheidt) Brandl (forsch), Weinhold (sauer) und Wilamowitz gelesen und von der Darstellung des letzteren den Eindruck bekommen, daß er auch objektiv und abgerundet darstellen kann. Weit instructiver, zur Anschauung in ganz anderem Maaße verhelfend, ist Dein Bibliotheksbericht.

Unser Hans [= Hanna, Johanna] ist noch nicht in Berlin; ein kleines Unwohlsein verhinderte die Reise. Jetzt |2| wissen wir nun gar nicht, wann er bei Weinholds antreten wird. Wir hoffen aber, daß er in dieser oder der nächsten Woche flott sein wird, u. in die Lage kommt zu zeigen, wie wohl es uns thut zu sehen, daß W.'s an der alten Breslauer Freundschaft festhalten. Weinhold wird dieses Jahr 70.[446] Etwas für ihn bei dieser Gelegenheit zu thun, wird nicht von uns angeregt werden können; aber wenn man was hört, kann man sich vielleicht anschließen?

Wir haben hier auch eine sehr schwache Immatriculation; in der Facultät überhaupt nur 10–12. 12 habe ich in der Privatvorlesung, ein Hauptcolleg, wo ich sonst bis 50 Zuhörer vorfand; Kießling[447] hatte nach der 2. Vorlesung wohl nur 10. Selbst die vielpoussierte Neuphilologie scheint zurückzugehen. – In Berlin scheint man jetzt voranzugehen mit der Betonung der frz. praktischen Unterweisung in den neueren Sprachen. An Stelle von Tobler u. Zupitza sind jetzt Wätzoldt und ein Lector in der Prüfungscommission.[448] T. u. Z., schreibt Weinhold, hätten Neufrzös. u. Neuenglisch an ihre Lectoren in der Prüfungscommission abgeben sollen, wonach T. u. Z. sich weigerten überhaupt in der Pr. Com. mitzuwirken, trotz dringender Bitten Althoffs.[449] Die Schuld mißt Jo.

---

445 Wilhelm Lexis, *Die deutschen Universitäten*: Für die Universitätsausstellung in Chicago 1893. Unter Mitw. zahlr. Universitätslehrer hrsg., 2 Bde., Berlin, Asher-Behrend, 1893; hier Bd. 1, bes. Adolf Tobler, *Romanische Philologie*, 496–506; Alois Brandl, *Englische Philologie*, 482–495; Karl Weinhold *Germanische Philologie*, 475–481; Ulrich von Wilamowitz-Möllendorff, *Klassische Philologie (mit Einschluss der alten Geschichte und Archäologie)*, 457–474.

446 Zu Karl Weinhold vgl. *Verzeichnis der Briefempfänger*. Der bekannte mediävistische Germanist hatte 1889, 44 Jahre nach Beginn seiner dortigen Studienzeit, einen Ruf nach Berlin angenommen. Er wurde am 26.10.1893 70 Jahre alt. Eine eigene Festschrift ist nicht nachweisbar, aber gedruckte Grüße von Erich Schmidt und Karl Dziatzko.

447 Adolf (Adolph) Kiessling/Kießling (1837–1893), seit 1889 Nachfolger des Klass. Philologen Friedrich Leo in Straßburg.

448 Adolf Tobler (Romanist), Julius Zupitza (Anglist), Stefan Waetzoldt (1849–1904), von 1889–1904 a. o. Prof. f. französ. Sprache u. Literatur an der Berliner Friedrich-Wilhelms-Universität, tätig auch im Schulverwaltungsdienst.

449 Friedrich Althoff (1839–1908), seit 1882 Universitätsreferent im preußische Ministerium der geistlichen-, Unterrichts- und Medizinalangelegenheiten, vorher in Straßburg Justitiar und Referent für Kirchen- und Schulsachen, dann auch o. Prof. für Rechtswissenschaft, vgl. *Aus Friedrich Althoff's Straßburger Zeit: Erinnerungen für seine. Freunde*/zsgest. von Marie Althoff, Jena, Diederichs, 1914.

Stauder[450] «dem Verderben des ganzen Unterrichtswesens» bei. Man sieht, je länger je mehr, wie wenig Weisheit im Cultusministerium vorhanden ist, u. wie's mit den humanistischen Studien bergab geht. Die classischen Philologen in Berlin finden, nach Weinhold, daß es sich bei der geringen Zuhörerschaft kaum lohnt, aufs Katheder zu steigen.

Für die Kießlingsche Professur ist neulich hier eine Commission ernannt; ich bin auch darin; durchzusetzen ist natürlich ein Mann nach Kaibels[451] Herzen. Da er mit dem zu Berufenden zusammenarbeiten muß, kanns auch kaum anders sein. Zu beklagen sind unsre Studenten der Classischen Philologie, die seit Studemunds Tode[452] nicht mehr dazu kommen unter einem u. demselben academischen Lehrer ihre Studien zu beenden. – Schöll[453] liest wieder, und sogar ein großes Colleg, wie mir |3| Wölfflin schrieb. In der ersten Stunde brachten ihm die (gegen 60) Zuhörer eine große Ovation dar. Wenn er's nur durchführt.

Ich habe jetzt mit der letzten Arbeit für den «Grdß», der Französ. Litteraturgesch., begonnen;[454] es ging mir ziemlich von der Hand; vorgearbeitet habe ich viel. Wiederholt bin ich von Fachgenossen dazu aufgefordert worden, die Sache so einzurichten, daß der französ. Philolog dabei seine Rechnung findet (Hss., Ausg. etc.); daher wird wohl die Darstellung wieder einen bibliographi-

---

450 Johann Stauder (1829–1897), Generalreferent im Preuß. Kultusministerium, zuständig für die Schulreform.

451 Georg Kaibel (1849–1901), Klass. Philologe in Breslau, Rostock, Greifswald, Straßburg (1886–1897) und Göttingen.

452 Wilhelm Studemund (1843–1889), von 1872–1885 Prof. der Klass. Philologie in Straßburg, danach bis zu seinem Tod in Breslau. Gröber meint hier wohl Studemunds Abgang nach Breslau.

453 Rudolf Schöll (1844–1893), Prof. der Klass. Philologie in Greifswald, Jena, Straßburg (1876–1885) und München.

454 Gröber, *Französische Literatur*, in: *Grundriss* II, 1 (1902), 433–1247. Dieses umfangreiche Kapitel beginnt mit einer programmatischen Bemerkung, die für viele Arbeiten Gröbers wegweisend ist: «Welche Art der Darstellung an dieser Stelle für die Geschichte der französischen Litteratur, des Schrifttums von künstlerischer Form in französischer Sprache, zu wählen sei, kann nicht zweifelhaft sein. Es ist hier nicht statthaft die französische Dichtung und Prosa nach Gegenwartswerten, vom künstlerischen, sittlichen oder religiösen Standpunkt aus abzuschätzen, oder nach persönlicher Überzeugung und Weltanschauung über Entwicklung und Art der französische Litteratur zu urteilen, oder die psychologische Analysierung der litterarischen Erzeugnisse in französsicher Sprache in Angriff zu nehmen, oder aus den Richtungen und Wandlungen des litterarischen Geistes in Frankreich und aus seinen Wirkungen Folgerungen auf geistige Zustände in der französischen Nation und bei den Nachbarvölkern zu ziehen, oder die sog. vergleichende Methode anzuwenden oder geistreiche Manier für den Stoff zu finden. Bei allen diesen Behandlungsweisen, wieweit sie berechtigt und auf die gesamte französische Litteratur anwendbar seien, bleibe dahingestellt, wird eine ausgedehntere Kenntnis des litterarischen Stoffes als hier angenommen werden kann vorausgesetzt, dessen Mitteilung zu den ersten Aufgaben des ‹Grundrisses› gehört» (433).

schen Charakter erhalten und gepreßt werden. Es würde aber die letzte derartige Arbeit sein, zu der ich mich herbeilasse. Es treibt mich, endlich einmal zur Ausführung von etwas Lesbarem zu schreiten; ich habe vielerlei dazu Geeignetes zurückgeschoben.

Die 11 Bogen, die von der Lat. Littgesch. für den Grdß. übrig geblieben sind, will Trübner insgesamt in einem Heft (im Mai) herausgeben, während nach anfänglicher Festsetzung die Halbhefte nur 8 Bogen halten sollten. Mir ist es natürlich lieb, daß nicht 3 Bogen zurückbehalten werden bis dahin wo ich mit dem Ms. für die frzös. Litteraturgeschichte die Druckerei speisen kann. So bekomme ich auch schneller die Separatabzüge der ganzen lat. Littgesch., von der Du natürlich ein Exemplar erhältst. Gleichzeitig wird ein Halbheft von 8 Bogen mit Stimmings Provenzalischer u. Morel-Fatios Catalan. Litgesch. ausgegeben werden.[455] Wir drucken bereits auch an der Portug. Littgesch. der Frau Michaelis u. Th'o Bragas in Lissabon.[456]

Kaibel hat an Kießlings Grabe eingehend, inhaltsreich, wenn auch nicht besonders wirksam gesprochen. Er wird veranlaßt die Rede irgendwo drucken zu lassen. Ich komme vielleicht dazu Dir einen Abzug zu schicken.[457]

Möge es Euch ferner gut gehen. Wir sind zufrieden. Mit herzlichen Grüßen

Dein treuer GGröber.

[Original Göttingen, NSUB Cod. Ms_K_Dziatzko_69_5_1_71_F, Brief 13].

66 Hugo Schuchardt

Straßburg, Ruprechtsau, den 18. Oct 94.

Lieber Freund.

Ueber die Stellung der Regierung zur Sprachenfrage im Reichsland liegt gedruckt nichts vor. Die beiden Schriften meines Schülers This über die Frz. dtsch. Sprachgrenze im Elsaß und Lothringen,[458] die auf meinen Antrieb und nach meinen Angaben ausgeführt und der Regierung Unterlagen für Entscheidungen

455 *Grundriss* II, 2 (1897), 1–69 (Stimming); 70–128 (Morel-Fatio).

456 Ebd., 129–382.

457 Nicht nachgewiesen.

458 Constant This, *Die deutsch-französische Sprachgrenze in Lothringen*, Strassburg, Heitz, 1887 (Beiträge zur Landes- und Volkeskunde von Elsass-Lothringen, H. 1); Ders., *Die deutsch-französische Sprachgrenze im Elsass nebst einer Kt. u. 8 Zinkätzungen*, Strassburg, Heitz, 1888 (Beiträge zur Landes- und Volkeskunde von Elsass-Lothringen, H. 5). – Zum Verf. vgl. http://lexikon.romanischestudien.de.

in Verwaltungsangelegenheiten geworden sind, – die Regierung ermöglichte die Feststellungen des *Dr. This* am Ort selbst durch ihre Beihilfe – sind Ihnen jedenfalls bekannt. An den auf dem beiliegenden Zettel[459] notierten Stellen finden Sie die allgemeinen Bestimmungen über die Anwendung des Französ. im Unterricht; ihre Application im einzelnen Fall liegt dem Kais. Oberschulrath ob. Gedruckt liegt nichts vor, was über die Applicationsweise dieser Bestimmungen in Lothringen oder Elsaß, in der öffentlichen oder Privatschule Aufschluß gäbe; sie ist nur in fremdsprachlichen Circularverfügungen niedergelegt, die bei den Behörden sich finden. Ich bin jedoch, gegenwärtig Mitglied des Oberschulraths als Vorsitzender der Kais. Prüfungskommission, in der Lage über das Französisch in der Schule des Reichslands einigen Aufschluß zu geben u. Ihnen noch weit[r]e Mittheilungen zu machen, wenn Sie dessen bedürfen.[460]

Unterrichtssprache im Elsaß wie in Lothringen ist das Deutsche in allen Höheren Schulen |2| (Gymnasien, Realschulen), desgl. in Privatschulen für Kinder im schulpflichtigen Alter, den Lehrerbildungsanstalten u. dgl. In den Volksschulen ist das Deutsche Unterrichtssprache in den deutschen Gemeinden, in den gemischten Gemeinden Dtsch. oder Französ. je nach dem Verhältnis der deutschen zu den Patois redenden frzös. Bewohnern; in den rein frz. u. gemischt-französischen Gemeinden aber ist Französisch die Unterrichtssprache in der Weise, daß die Anwendung desselben im Vortrag des Lehrers von den untern nach den obern Klassen zu abnimmt, sodaß anfangs das Frz. allein als Unterrichtssprache dient, in den (obern) letzten Klassen nur noch etwa 4 Stunden wöchentlich (besonders im französischen Unterricht) französisch ertheilt werden. Der Religionsunterricht wird in der französischen Volksschule französisch bis in die oberste Klasse ertheilt; in den gemischten Gemeinden ebenso in der Muttersprache des Schülers: es handelt sich bei französ. Religionsunterricht immer um katholische Gemeinden, bei denen der Geistliche den Religionsunterricht giebt. Schulräthe und Beamte des Schulraths stellen durch gelegentliche Revisionen fest, daß den von der Regierung getroffenen Bestimmungen entsprechend (auch in Privatschulen mit Kindern im schulpflichtigen Alter) verfahren wird. An diese Anordnung hat sich die Bevölkerung gewöhnt; sie werden nirgends als Zwang mehr empfunden.

In der Seelsorge richtet sich die Sprache nach der Gemeinde. In den Patoisgemeinden wird demgemäß Frzös. gepredigt, in gemischten frzös. u. deutsch entsprechend den Gemeindebedürfnissen u. der Sprachbildung des Seelsorgers. In Städten wie Straßburg mit rein deutscher Bevölkerung ist nur an gewissen

459 Nicht erhalten.

460 Vgl. auch Paul Lévy, *Histoire linguistique d'Alsace et de Lorraine. 2: De la Révolution française à 1918*, Paris 1929 (Publications de la Faculté des Lettres de l'Université de Strasbourg; 48).

kirchlichen Tagen, ab und zu |3| einmal frzös. Predigt zu hören (im Münster); eine französ.-reformierte Gemeinde in Straßburg hat ihren frzös. Geistlichen sich selbst gewählt, der dem gemäß Frzös.isch predigt. Die Beichte wird in der Sprache des Beichtkindes vorgenommen: sie ist nicht nur deutsch oder französisch, sondern auch deutsch-mundartlich und frzös.-mundartlich. Gebildete Straßburger deutscher Abkunft werden oft genug in der Weise wie vor Je ihre Beichte in frzös. Sprache ablegen, die ihnen als gebildete Umgangssprache geläufig ist.

Die Gerichtssprache ist allenthalben Deutsch; die Verständigung gewisser Richter u. Partei wird entweder durch Dolmetscher herbeigeführt, oder, wo der Richter es mit nur frzös. Verstehenden zu thun hat, auf fr[an]zösisch bewirkt, ohne Dolmetscher, wenn der Richter, was gemeinhin im westlichen Lothringen der Fall, das Französische sicher handhabt. Das Plädoyer dagegen ist überall deutsch. Die Erlasse der Regierung sind für gemischte und Frzös. Gemeinden zweisprachig, sonst deutsch. Ich wiederhole, daß als Frzös. Gemeinden nur Patoisgemeinden anerkannt sind, nicht zB. Ortschafen mit fr[an]zösischen Arbeitern, die auch Deutsch verstehen und unter Deutschen leben, oder Städte wie Mülhausen, wo die meisten Gebildeten fr[an]zösisch sprechen obgleich ihre Muttersprache Deutsch ist.

Vielleicht genügt Ihnen dies einstweilen. Bedürfen Sie noch ferner Mittheilungen, so bitte ich Fragen zu stellen, ich werde sie mit Unterstützung von Beamten der Regierung Ihnen beantworten können.

Herr Dodgson hat mir inzwischen selbst eine Karte unter Angabe seiner neuen Adresse (Sevilla) geschrieben u. ich habe ihm das Ms. mit Angabe der Gründe zurückgeschickt.[461]

|4| Die Idee einer Allg. sprachwissenschaftlichen Zeitschrift oder eines sprachwissenschaftl. Litteraturblattes konnte ich Herrn Trübner, der abwechselnd in Straßburg und in seinem Landhaus ist,[462] noch nicht vorlegen.[463]

---

461 Vgl. Graz, HSA, Lfd.Nr. 04083. Der Baskologe Edward Spencer Dodgson (1857–1922) hatte Gröber, möglicherweise auf Empfehlung Hugo Schuchardts, ein Ms. für die *Zeitschrift* eingereicht.

462 Trübner war seit 1878 mit Klara Engelhorn, der Schwester des Stuttgarter Verlagsbuchhändlers Karl Engelhorn (1849–1925), verheiratet. Das Ehepaar bewohnte ab 1904/05 eine Villa im Fachwerkstil in der Schweighäuser Straße (noch heute Rue Schweighaeuser), wo Trübner eine Gemäldesammlung alter Meister zusammentrug. Karl Engelhorn erbte dieses Haus. – Ihre Sommerwohnung befand sich in der Ill-Rhein-Kanalstr. 4, Ruprechtsau (*Adreßbuch von Straßburg 1904*, Straßburg, Wilhelm Heinrich, 1904, I, 400). Die Lage des Weinbergs konnte nicht ermittelt werden. – Nach Trübner ist heute die *Rue Trubner* in Straßburg benannt. Vgl. auch Rudolf Schmidt, *Deutsche Buchhändler. Deutsche Buchdrucker. Beiträge zu einer Firmengeschichte des deutschen Buchgewerbes*, Berlin/Eberswalde, Rudolf Schmidt, 1908, Bd. 6, 1076–1077.

463 Dazu schreibt Gröber Schuchardt (Graz, HSA, Lfd.Nr. 04083): «Daß es schwer hält Aufsätze, wie den vorliegenden zum Druck zu befördern, ist allerdings bedauerlich; eine nicht auf bestimmte Sprachgruppen sich beschränkende Ztschr., wie es die Techmers [= Friedrich Techmer

Heute war er abwesend um zu «herbsten». Daß Sie bei ihm Schwierigkeiten gefunden haben, wundert mich; er pflegt in allen Dingen weit entgegenzukommen. Ich werde, wenn ich ihn sehe, wegen jenes Planes mit ihm sprechen, natürlich in völlig unverbindlicher Weise.

Mit herzlichem Gruß
Ihr ergebener
GGröber.

[Original Graz, HSA 04084].

67 Francesco D'Ovidio

[Postkarte
Herrn Prof. Dr. Francesco d'Ovidio, Neapel]
Straßburg i/Els., Ruprechtsau, den 9.12.94.

Werther Herr College. Aus Ihren beiden gütigen Zusendungen[464] ersehe ich zu meiner Freude, dass Ihr Gesundheitszustand Ihnen wieder zu arbeiten und zu forschen erlaubt, und dass Sprach- und Litteraturforschung nun wieder auf Sie zählen dürfen: ich wünsche, dass sich Ihre Gesundheit wieder so befestigt hat, dass Sie ohne Unterbrechung sich der litterarischen Thätigkeit wieder hingeben dürfen.

(1843–1891), Begründer u. Hrsg. der Internationalen Zeitschrift für Allgemeine Sprachwissenschaft] war, ist thatsächlich ein Bedürfnis. Am meisten haben das Sie wohl selbst empfunden, dessen Studien sich über eine ganze Reihe von Sprachgruppen erstrecken und darum läge es eigentlich Ihnen ob, dem bestehenden Mangel abzuhelfen – durch Herausgabe und Leitung einer ‹Ztschr. für Sprachwissenschaft› überhaupt. Ein Verleger dafür würde sich finden. Ich glaube, daß es mir nicht allzu schwer werden würde Trübner, der sich für Sprachwissenschaft insbesondere interessiert, davon zu überzeugen, und ein Zeitschriftleiter, wie Sie, würde ihm hochwillkommen sein. Oder würden Sie selbst nicht die lästigen Redactionsgeschäfte auf sich nehmen mögen, so würde sich ein geeigneter Mitherausgeber finden lassen, dem dieser Theil der Arbeit übertragen werden könnte. Ihre[r] besondre[n] Auffassung von Sprachwissenschaft und ihren Aufgaben würden Sie durch eine solche Ztschr. nachdrücklicher Geltung zu verschaffen vermögen, als es durch gelegentliche da und dort veröffentlichte Erörterungen geschehen kann. Möchten Sie das erwägen. Der Artikel Dodgsons könnte auch ein Beitrag zu dieser Ztschr. werden».

464 Vgl. Anm. 465 u. 467, in denen Gröber erwähnt wird.

Eine Abhandlung über -(p)culus u.s.w. hat uns lange gefehlt,[465] – es handelte sich um eine der schwierigsten Aufgaben: ich konnte in Wölfflins Archiv nur eine Reihe Materialien zusammenstellen, Meyer-Lübke schob in der Rom. Ztschr. in seiner Untersuchung der Entwicklung der latein. Proparoxytona[466] die Frage noch zurück. Ich bekenne mich durch das, was ich bisher von Ihrer Abhandlung lesen konnte, reich belehrt. – Dagegen kann ich leider nicht bekennen, dass die weiteren Beispiele, die Sie anführen für die Beeinflussung der Form eines Ortsnamens durch ein davon gebildetes Patronymicum (Pesaro – Pesaresco) mich nun überzeugt haben; ich gebe gern zu, dass in gewissen Fällen lautliche Schwierigkeiten so gehoben werden; aber in der Annahme der Allgemeinheit der Verwendung von -ensis, fürcht ich, gehen Sie zu weit,[467] namentlich, was Frankreich anlangt. Aber ich werde mich nicht verstocken und versteifen auf meine erste Meinung und werde durch eigne Nachforschung versuchen mich weiter zu belehren. Herzlichen Dank für Ihre beiden schönen Gaben und beste Grüße von Ihrem GGröber.

[Original Pisa, Scuola Normale Superiore, Centro Archivistico, Fondo D'Ovidio].

---

465 Francesco D'Ovidio, *I. scoglio; II. maglia* e simili; *III.* veglia e simili; *IV. melo*, Archivio glottologico italiano 13 (1892–1894), 361–451; zu Gröber vgl. S. 374, 395, 442. D'Ovidio bezieht sich auf Gröbers Beitrag in Archiv für Lateinische Lexikographie und Grammatik V, 461 (scŏclus für scopulus): «Differisco dal Gröber in questo, che, mentre egli considera *scoglio* come del tutto indigeno, sul far di *speglio*, da *s c o c l u s , e per lo spagnolo si foggia uno *s c o b u l u s , donde *escollo* discendesse così come *enjullo* da i n s u b u l u m , io muovo unicamente da – c'l – e tengo per indigene e normali solo le forme galliche e la lusitana [...]» (374).

466 Wilhelm Meyer-Lübke, *Beiträge zur romanischen Laut- und Formenlehre*, Zeitschrift für romanische Philologie 8 (1884), 205–242.

467 D'Ovidio, *Postille fonologiche sui nomi locali ricordati dal Gamurrini a proposito della questione di Feschennio*, Rendiconti della R. Accad. dei Lincei, Seduta del 17 giugno 1894, 347–356, hier 355 f.: «Un solo, ch'io sappia, ha accolto con una cotal diffidenza la mia teorica, ed è stato il Gröber, a proposito di Pisaurum [= Verweis auf Archiv für Lateinische Lexikographie und Grammatik VI, 395]. Egli mi obietta che l'età della formazione Pisaurensis è dubbia; che l'ital. *Pesarese* non è necessario metta capo direttamente al tempo di Cicerone, quando l'importanza della città giustificava una derivazione in - e n s i s , propria soltanto di luoghi cospicui. [...] Nè l'aristocratica schifiltà che il Gröber attribuisce al suffisso - e n s i s è provata da nulla, e basti dire che i Cannenses erano i nativi di un borgo a cui solo il caso sfortunato diede una estrinseca celebrità».

68 Benedetto Croce

[Postkarte]
Al signore Professore Benedetto Croce Napoli. Italien
Straßburg, Ruprechtsau, den 10. März 1895.

Sehr geehrter Herr. Verzeihen Sie, dass ich Ihnen erst heute für den Empfang Ihrer Bücher über die litterarische Kritik[468] und für die 2 Abhandlungen aus der Rassegna Napolitana[469] danke, in denen Sie aufs Neue Beiträge zur Aufhellung der Beziehungen der spanischen zur italienischen Litteratur liefern. Man kann diese, namentlich von den Franzosen solange und so consequent vernachlässigten Studien über die litterarischen Einwirkungen der abendländischen Völker aufeinander,[470] nur willkommen heissen; – man wird im weitren Verfolg dieser Studien je länger je mehr einsehen, dass die abendländischen Culturvölker eine geistige Einheit darstellen, zu der jedes derselben, jedes zu seiner Zeit und jedes aus seiner Eigenart heraus, einen Beitrag geliefert hat, das eine in stofflicher, das andre in formaler Beziehung, ein drittes durch Gedanken u. Ideen, philosophisch, moralisch und künstlerisch, – ein Studiengebiet ist es, trefflich geeignet das gegenseitige Verstehen der Völker zu befördern, die ja alle in ihren geistigen Schöpfungen ihr bestes zu geben trachteten.

Mit großer Genugthuung hat mich erfüllt, daß Sie, und wie Sie für de Sanctis[471] eintreten, mit dem ich nur Vinet[472] zu vergleichen weiß, den ich

---

468 Diese Hinweise sind nicht vollständig zu verifizieren und vermutlich nicht ganz korrekt. Auch die Bibliographie der Zeitschrift für romanische Philologie hilft nicht weiter, da die Croce betreffenden Angaben ungenau sind. Folgende Titel könnten gemeint sein: Croce, *La critica letteraria; questioni teoriche*, Rom, Ermanno Loescher, 1895 (darin Kap. 5 «Di un giudizio intorno alle opere letterarie del De Sanctis e dello Zumbini»); *Intorno alla Critica letteraria. Polemica in risposta ad un opusculo del Dr. P. R. Trojano*, Neapel, Pierro, 1895.

469 Eine solche Zeitschrift gibt es nicht; gemeint ist möglicherweise Croce, *Intorno al soggiorno di Garcilasso de la Vega in Italia*, Rassegna Storica Napoletana di Lettere ed Arti I (1894), 3–16; in Frage kommt auch die Monographie Croces *La lingua spagnola in Italia. Appunti; con un'appendice* di Arturo Farinelli, Rom, Loescher, 1895.

470 Gröbers Verdikt ist in dieser Schärfe unberechtigt, denn bereits im Jahr 1830 wurde an der Sorbonne der erste Lehrstuhl für *littérature étrangère* eingerichtet und mit Claude Fauriel (1772–1844) besetzt, dem 1839 Frédéric Ozanam (1813–1853) folgte; 1896 erhielt Joseph Texte (1865–1900) in Lyon den ersten Lehrstuhl für *littérature comparée*; an der Sorbonne wurde ein solcher Lehrstuhl allerdings erst 1925 für Fernand Baldensperger (1871–1958) geschaffen.

471 Francesco de Sanctis (1817–1883), ital. Literaturhistoriker und Kritiker, von dessen Arbeiten Croce stark beeinflusst wurde.

472 Alexandre Vinet (1797–1847), Schweizer Theologe und Literaturkritiker, ab 1835 Professor in Basel, Verf. verschiedener Abhandlungen über unterschiedliche Epochen der französischen Literatur. Vgl. *Grundriss* I (1888), 70: «Von überlegener Schärfe des Umrisses sind die Bilder nicht minder, wie de Sanctis, wegen der Feinheit der Charakteristik und wegen des tiefen psychologischen Verständnisses für den Dichter und Schriftsteller bewundere u. hochschätze. Ich werde nicht versäumen die mir gütigst gesendeten Schriften in der «Bibliographie der Zeitschrift für Romanische Philologie» verzeichnen zu lassen.[473]

Hochachtungsvoll
GGröber

[Neapel, Fondazione Biblioteca Benedetto Croce, Archivio storico e Biblioteca].

69 Friedrich von Thudichum

Straßburg ⁱ/E., Ruprechtsau, den 25 Juni 1895

Sehr geehrter Herr College.

Ueber roture u. roturier den Lesern der Rom. Ztsch. Aufklärung zu vermitteln[474] würde ich mit um so größerem Vergnügen bereit sein, als Bedeutung und Form in der That Schwierigkeiten in mehrfacher Hinsicht darbieten, und insbesondere vom Rechtshistoriker die Geschichte dieser Wörter erläutert zu sehen, würde dem Romanisten angemessen sein. Sollte sich aber der Gegenstand nicht zu eingehenderer Ausführung eignen?[475]

Es geschieht mit vollem Recht, wenn Sie erklären, daß von *ruptura : routure* zu erwarten wäre, und daß das vom frz. *route* hergeleitete *rotte* im Vocal nicht zum frzös. Worte stimmt. Aber es wird hervorgehoben werden dürfen, daß sowohl altfrzös. (12. Jh.) wie in lebenden nördlichen Mundarten Frankreichs *rote* = Schaar, Rotte, und im südfrzös. als einzige Form im gleichen Sin-

des, in das Wesen der Litteratur des 18. und 19. Jahrhunderts [...] tief eindringenden Schweizers A. Vinet».

473 *Supplementheft XXI*. Bibliographie 1895/96, 349 führt sechs Titel Croces auf.

474 Vermutlich hatte Thudichum Gröber um nähere Auskunft gebeten. In seiner *Geschichte des Deutschen Privatrechts* (Stuttgart, Enke, 1894) handelt er in § 77, 397 von der *Roture*: Karl VI. habe im Jahr 1396 ein Gesetz erlassen, «welches der Roture (den Bauern und Bürgern der kleinen Städte) die Jagd allgemein, auch auf ihren eigenen Ländereien, verbot, unter dem Anführen, daß der gemeine Mann durch das Jagen zu sehr von seinen Geschäften abgezogen werde».

475 Weder ein eigener Beitrag Thudichums noch Gröbers zu diesem Thema konnte nachgewiesen werden, doch vgl. von seinem Schüler Dietrich Behrens, *Zur Wortgeschichte des Französischen. Beiträge zur Romanischen Philologie*, Halle a. S., Niemeyer, 1899, 149–170, hier 163 «pacant» (Flegel), der Teile der vorliegenden Ausführungen vertieft. Möglich, daß Behrens diese Idee von Gröber «aufgeschnappt» hatte.

ne rota begegnet, wie auch im 15. u. 16. Jh. in Nordfrankreich neben rout-ine (von route) rotine u. dgl. besteht. Ich verweise hierfür auf Godefroys *Dictionnaire de l'ancienne langue française, La Curne de Ste Palaye, Dict. Historique de la langue |2| française, Raynouard, Lexique roman* etc. Ferner zeigt sich, daß roture nicht erst im 18. Jh. das Volk im Gegensatz zum Adel bezeichnet, sondern schon Nicot im Wörterbuch von 1606[476] roture im Sinne von *status condicionis ignobilium* und der ältere Robert Stephanus in seinem frzös. Wörterbuch[477] *roturier* in dem von *Ignobilis, Plebeius* (1549) kennt. Danach gehört die aus dem 18. Jh. bekannte Bedeutung der beiden Wörter schon der altfranzösischen Zeit an und hier würden weitre Nachforschungen über die Bedeutungsentwicklung anzustellen sein. Würden Sie sich nicht dazu entschließen können? Daß trotz der langen Ausführung über route u. roture bei Ménage im etymolog. Wtbch der frzös. Sprache vom Jahr 1694, von route = Rotte (und nicht von route = Bruch, Neubruch) auszugehen sein wird, wie Sie thun, ist mir nicht zweifelhaft; aber ich glaube, es läßt sich das nicht nur vermuthen, sondern an der Hand alter Texte sogar beweisen. Ich möchte mir daher erlauben, Sie zu bitten dieser Mühe sich zu unterziehen; ich würde gern bereit sein, Materialien, die ich für die Beweisführung brauchbar erkenne, aufzusuchen und Ihnen zur Verfügung zu stellen – denn nur von rechtskundiger Hand, wird, meine ich, dieser Artikel des fzös. Wörterbuchs geschrieben werden können.

Hochachtungsvoll
GGröber.

[Original Tübingen, UB NL Friedrich von Thudichum (Md 718-7a)].

70 Philipp August Becker

15/9 95.

Lieber Herr College.

Ihre durchaus ansprechende Anzeige des Buches von Schneegans[478] habe ich erhalten. Nur zustimmen kann ich Ihnen auch, wenn Sie darauf hinweisen, daß Sch., indem er von der grotesken Satire handelte, das Thema verengerte. Des-

476 Jean Nicot, *Le grand dictionnaire françois-latin*, Genf, Stoer, 1606.

477 Robert Estienne, *Dictionaire Francois-latin. Contenant les motz & manieres de parler Francois, tournez en Latin*, Paris 1539 [1540].

478 Becker, Rez. von Heinrich Schneegans, *Geschichte der grotesken Satire*, Straßburg 1894, Zeitschrift für romanische Philologie 20 (1896), 123–125. Es handelt sich um Schneegans' Habilitationsschrift.

halb ist zB. von dem Grotesken bei Dante gar nicht die Rede u. eine religiöse Quelle grotesker Phantastik unbeachtet geblieben, die christlichen Teufelsvorstellungen. Es ist das ein von mir mit Sch. mehrfach besprochener Differenzpunkt, über den ich mich mit ihm nicht einigen konnte; aber ich bin immerhin froh zu einer so schönen Arbeit Veranlassung gegeben zu haben.

Ihr Brief berichtet von neuen Arbeiten und von der Ausführung einer richtigen Abhandlung größeren Umfangs, die ein rühmliches Zeugnis von Ihrem Fleiße ablegt, den in Pest bewähren zu können[479] man kaum für möglich hält, wenn man bemerkt, wie wenig Ihre Universität an der wissenschaftlichen Forschung bisher sich betheiligt hat. Niemeyer wird sich hoffentlich wegen Übernahme der Schrift über die Wilhelmsage nicht zu spröde erweisen.[480] Die weiterhin in Aussicht genommene Besprechung von Voretzschs Ogier zeigt Ihre Thätigkeit der alten fzös. Heldendichtung auch fernerhin zugewandt;[481] Grundgedanken jener Schrift hat Voretzsch in seiner Tübinger Antrittsvorlesung über die altfranzösische Heldensage 1894 wiederholt, die Ihnen wohl bekannt geworden sein wird.[482] Diese letztere Schrift hatte ich beabsichtigt kurz in der Rom. Ztschr. anzuzeigen;[483] sollten Sie sie in Ihre Besprechung einzubeziehen in der Lage sein und Ihre Besprechung der Rom. Ztschr. zugedacht haben, so könnte ich darauf verzichten. Die Schrift kann ich Ihnen zur Verfügung stellen.

Wie Sie bei der Verfolgung der Probleme der frzös. Heldendichtung zu Dhuodas liber manualis gelangt sind, ist kaum zu errathen; das steigert aber nur das Verlangen Ihre Ansicht über das merkwürdige Buch zu hören. Ich wollte in meiner in Bezug auf dasselbe gebrauchten Wendung «sie läßt ... unterrichten» ausdrücken, daß ich das Buch nur in ihrem Auftrage, und von ihr inspiriert erachte, aber immerhin ihrer Zeit zutraue. Aus Ihrer Aeußerung bez. der Echtheitsfrage scheint hervorzugehen, daß Sie auch in letzter Beziehung abweichender Ansicht sind. Ich bin begierig gelegentlich Näheres darüber von Ihnen zu hören.[484]

---

479 Becker war 1893 an die Universität in Pest berufen worden, die heutige Eötvös Loránd Tudományegyetem in Budapest, von wo er 1905 nach Wien wechselte.

480 Becker, *Die altfranzösische Wilhelmsage und ihre Beziehung zu Wilhelm dem Heiligen: Studien über das Epos vom Moniage Guillaume*, Halle, Niemeyer, 1896.

481 Becker, Rez. von Carl Voretzsch, *Über die Sage von Ogier dem Dänen und die Entstehung der Chevalerie Ogier. Ein Beitrag zur Entwicklung des altfranzösischen Heldenepos*, Halle 1891, Literaturblatt für germanische und romanische Philologie 16 (1895), 401–412.

482 Carl Voretzsch, *Die französische Heldensage. Akademische Antrittsvorlesung gehalten am 25. Januar 1894*, Heidelberg, Winter, 1894.

483 Hillen vermerkt: «Die Anzeige dieser Schrift befindet sich auf dem Buchrücken der Zeitschrift für romanische Philologie 19,1 (1895).» Die korrekte Titelaufnahme lautet: *Die französische Heldensage. Akademische Antrittsvorlesung gehalten am 25. Jan[uar] 1894 von Dr. Carl Voretzsch, a. o. Prof. der roman[ischen] Philologie an der Universität Tübingen.*

484 Becker, *Duodas Handbuch*, Zeitschrift für romanische Philologie 21 (1897), 73–101; Nachträge in: Zeitschrift für romanische Philologie 22 (1898), 392. Es handelt sich um das «Hand-

Mit der Berufung Ihres Concurrenten Haraszti nach Klausenburg[485] haben Sie |2| nun völlig freie Hand erlangt und gegründete Aussicht auf baldige Beförderung zum Ordinarius; Ihre für die nächste Zeit in Aussicht gestellten Publikationen werden Ihre Ansprüche darauf noch weiter zu begründen geeignet sein.

Ich habe in diesen Ferien den Verlust meines älteren Bruders[486] durch den Tod zu beklagen gehabt, an dessen Kranken- und Todesbett ich einen Theil der zur Reise u. Erholung bestimmten Zeit verbracht habe. Weiterhin steht mir am Ende dieses Monats ein Umzug bevor: das Grundstück, auf dem ich 15 Jahre wohnte, ist hinter meinem Rücken verkauft worden, und ich muß nun nach der Stadt (Poststr. 10) ziehen, – damit geht mir auch der Rest der Ferien, den ich der Arbeit am Grundriß widmen zu können hoffte, verloren, – ein recht unerfreulicher Uebergang vom Sommer- zum Wintersemester.

In der nächsten Woche findet die Kölner Philologenversammlung statt,[487] zu der ich dringlich von Foerster eingeladen wurde; die erwähnten Umstände hindern mich, der Aufforderung Folge zu leisten; übrigens bin ich auch kein Freund dieser gelehrten Jahrmärkte. Von hier aus wird die Versammlung nur schwach besucht sein. Prof. Brandl ist zum Nachfolger von Zupitza[488] in Berlin ernannt und wird dahin im October übersiedeln; wir bekommen also einen neuen Anglisten.[489] Sonst gehen die Dinge hier ihren Gang. Von Personenwechsel an andere Universitäten habe ich nichts gehört, auch diesseits der Leitha[490] ist alles ruhig.

---

buch» der fränkischen Adligen Dhuoda, Dodana, der Ehefrau von Bernhard von Septimanien. Vgl. dazu Gröber, in: *Grundriss* II, 1 (1902), 133: «Ihren jungen Sohn Wilhelm lässt ferner die Herzogin Dhuoda v. Septimanien (u. 843) über die Pflichten gegen Gott, sich und andere in einem religiös-ethischen Handbuch unterrichten, das von Gedichten in ungewöhnlicher Form begleitet, bei fehlerhafter Sprache, seltenen Hochsinn und religiöse Hingebung mit Klarheit und Weite des Geistes vereinigt».

485 Gyula/Jules Haraszti (1858–1921), ungarischer Romanist, gilt als Begründer der ungarischen Französistik.

486 Es handelt sich um Fritz (Friedrich) Gröber, s. *Einleitung* («Gustav Gröber, Leben und Werk»).

487 *43. Versammlung deutscher Philologen und Schulmänner, 1895, zu Köln*, vgl. Zeitschrift für romanische Philologie 19 (1895), 152.

488 Alois Brandl (1855–1940), von SS 1892 bis einschließlich SS 1895 anglistischer Ordinarius in Straßburg; in Berlin trat er die Nachfolge des am 6. 7. 1895 verstorbenen Julius Zupitza an.

489 Emil Koeppel (1852–1917), Schüler Hermann Breymanns in München, hatte lange Jahre als Kaufmann in London und Florenz gearbeitet und legte erst 1881 das Abitur ab, promovierte 1884 und wurde bereits ein Jahr später habilitiert.

490 Cisleithanien; von Wien aus betrachtet handelt es sich um Ungarn, da der Fluss Leitha streckenweise die Grenze zwischen Niederösterreich und Ungarn bildet.

Ich wünsche Ihnen viel Befriedigung vom bevorstehenden Wintersemester, das, bei Ihnen von besonders langer Dauer, Sie nicht allzu sehr strapazieren möge.

Schließlich noch eine Frage, – ob Sie sich etwa für Antoine du Saix (1505–79) interessieren, über den eine Pariser (lat.) These von Joseph Texte (126 S.) vor kurzem veröffentlicht worden ist; sie steht zu Ihrer Verfügung. Eine Besprechung derselben für die Zeitschrift wäre nicht allzu eilig.[491]

Und nun herzlichen Gruß von Ihrem ergebenen
GG.

[Abschrift Ph. A. Becker, Bonn, ULB, NL Curtius, E. R. IV; vgl, auch Hillen 1993, Brief XXIII, 182–185].

71 Hermann Paul

[Postkarte, Poststempel Straßburg 24. 11. 95]

Sehr geehrter Herr College. Empfangen Sie meinen aufrichtigen Dank für die gefällige Zusendung Ihrer Veröffentlichung in den SitzB. d. B. Acd.[492] Chronologisch paßt die Episode an die Stelle bei Thomas, wo Trist. im Wald von seinem Nebenbuhler überfallen wird,[493] ohne daß sie genau sich dort einfügen ließe. Aller Wahrscheinlichkeit nach ist sie wohl das selbständige Werk der Feder eines deutschen Dichters. Directe Anzeigen[494] französischen Ursprungs scheinen zu mangeln.

Freilich, da wir weder ein deutliches Bild vom Tristan des LiKievre besitzen, noch auch etwas von Crestiens v. Troyes Bearbeitung haben,[495] ist selbst ein Bezug auf die kleinen bei Michel publicierten französ. Episoden[496] fraglich,

---

491 Becker, Rez. von Joseph Texte, *De Antonio saxo (Antoine Du Saix)*, Paris 1895, Zeitschrift für romanische Philologie 20 (1896), 547–549.

492 Hermann Paul, *Tristan als Mönch, deutsches Gedicht aus dem 13. Jahrhundert (Vorgetragen am 15. Juni)*, SB d. philos.-philolog. Cl. d. k. b. Akad. d. Wiss. zu München 1895, 317–427 (2705 Verse).

493 Thomas d'Angleterre, *Tristan et Yseut*; nicht klar, welche Episode gemeint ist.

494 Sollte «Anzeichen» gemeint sein?

495 Vgl. dazu die Ausführungen Gröbers zur Französischen Literatur in: *Grundriss* II,1 (1902), 492–495 und bereits I^2, 1888, 430, Fn. **, wo er ein Mirakel des 13. Jh.s (Hs. Arsénalbibl.) zit.: «Gautiers d'Arras *qui fist d'Eracle Et* Guios *qui maint bel miracle Traita de cele damoisele ... Et* Crestiens, *qui molt bel dist ... Et li* Kievres, *ki rimer valt L'amour de Tristran et d'Isault*».

496 Francisque Michel, *Tristan: Recueil de ce qui reste des poëmes relatifs à ses aventures composés en françien anglo-normand et en grec dans les XII et XIII siècles*, London, Pickering, 1835.

ob sie nicht Theile größeres Ganzen gewesen u. eine Tristanepisodendichtung französ. überhaupt bestanden hat. Wenn von Ihrer Publication auf die beiden verlornen frzös. Tristanepen Licht gefallen wäre, wäre den Romanisten ein großer Dienst geschehen, die Ihre Veröffentlichung darum nicht weniger, selbstverständlich, erfreuen wird.

Mit den besten Grüßen
Ihr ergebener GGröber
24/11. 95.

[Ovaler Stempel: Prof. Dr. Gröber
Poststrasse 10
Strassburg i. E.]

[Original, München, UB, NL Hermann Paul].

72 Rufino José Cuervo

Strassburg i/Els. den 15. März 1896

Sehr geehrter Herr.

In meiner Zuschrift vom 22. December 1895 hatte ich Ihnen mitgetheilt, dass Ihre Auseinandersetzung mit Herrn P. de Mugica[497] diesem vorgelegt werden müsste, damit sein Rechtfertigungsversuch gleichzeitig mit Ihrer Kritik seiner Kritik in der «Zeitschrift» erscheinen könnte.[498] Herrn P. de Mugica's Rechtferti-

---

497 Pedro de/von Mugica Ortiz de Zárate (1854–1944), ab 1880 Lehrer für Spanisch am Orientalischen Seminar der FW-Universität in Berlin und an der Berliner Handelshochschule, ausgeschieden 1914. In der hier angesprochenen Auseinandersetzung geht es um seine Rez. der ersten beiden Bände von Cuervos *Diccionario de construcción y régimen de la lengua castellana*, Paris, A. Roger y F. Chernoviz, 1886 u. 1894, Zeitschrift für romanische Philologie 18 (1894), 552–555. Mugica lobt vordergründig, um dann Essig in den Wein zu mischen: «Cuervo está al corriente de la ciencia, bien preparado para escribir una obra de la trascendencia de un diccionario casi histórico (el titulo de «construcción y régimen», ó sea de flexiones, no le conviene). Lee las rivistas románicas alemanas y francesas, aunque dudo que en ellas haya aprendido que el P. del Cid sea del siglo XIII (pág. 191); si alguien se estraña de que no conozca las revistas españolas será por ignorar que no existen aún. Sabe al dedillo nuestra literatura, mucho mejor que la mayoría de los escritores peninsulares. Mas entremos en materia» (553).

498 In Zeitschrift für romanische Philologie 21 (1896), 428–431 (Cuervo, Paris 17 de Diciembre 1895) u. 431–432 (Mugica) finden sich die beiden Stellungnahmen in Briefform (Adressat ist Gröber). Die Differenzen zwischen den Protagonisten resultieren nicht zuletzt daraus, dass Mugica ein streng «kastilisches» Sprachverständnis (sein Bezugspunkt ist das *Diccionario de la Academia*) gegen Cuervos «lateinamerikanisches» geltend macht: «Es muy particular que el

gung ist seit dem 25. December 95 in meinen Händen; da nun aber die letzten Correcturbogen des Heftes der Rom. Zeitschrift, das am 1. Januar 1896 fällig war (Bd. XX 1), bereits den Mitarbeitern der Zeitschrift vorgelegt worden waren, und zwar bereits vor dem 15. December 95, so war selbstverständlich, daß Ihre Kritik und Herrn P. de Mugica's Antikritik nicht in jenem am 1. Januar 1896 fälligen Zeitschriftenhefte erscheinen konnten. Darüber wird Sie mein Brief auch nicht in Zweifel gelassen haben.

|2| Ihr und Herrn de Mugicas Artikel blieben demgemäss für das im Druck befindliche Doppelheft XX, 2/3, das am 1. Juli d. J. zu erscheinen hat, aufgespart. (Ich sende Ihnen natürlich einen Correcturabzug zu, der vermuthlich Anfang Juni in Ihre Hände kommen wird).

Sie ersehen hiernach, dass Ihre Entgegnung auf die Kritik des Herrn de Mugica in dem nächsten Hefte, das in Frage stehen konnte, in der That erscheinen wird. Nur unter der Bedingung, dass die beiden Zeitschriftenhefte des Bandes XX, 2 und 3 nicht hätten zusammengelegt werden müssen, hätte Ihre Entgegnung den Lesern der «Zeitschrift» schon am 1. April 96 (wo Heft XX 2 zu erscheinen hatte), mitgetheilt werden können. Die Nothwendigkeit jedoch, Heft XX 2 u 3 vereinigt zu veröffentlichen (untheilbare Beiträge von grosser Bogenzahl zwangen zu dieser Vereinigung), bringt eine Verschiebung der Publication Ihrer Entgegnung um ein Vierteljahr mit sich, die |3| Sie aber um so leichter einzuräumen geneigt sein werden, wenn ich Sie versichere, dass Herrn de Mugicas Kritik Ihrem und dem Ansehen Ihres Werkes Abbruch zu thun absolut ungeeignet ist. Für Niemand ist er bei uns eine Autorität. Seine Besprechung Ihres Buches habe ich nur sehr ungern angenommen, wie überhaupt alles, was die Rom. Zeitschrift aus seiner Feder gebracht hat.[499] Aber die «Zeitschrift» kann sich gegen jüngere Mitarbeiter nicht ganz abschliessen, sie würde dann sehr einförmigen Inhalts sein, u. ihr Programm nicht durchführen können, und sie verfügt nicht auf allen Gebieten, die sie vertritt, über Autoritäten.

Im Uebrigen möchte ich Sie versichern, dass Herr de Mugica seine, ja wesentlich unberechtigten Ausstellungen, wie ich nun selbst anerkennen muss, nach meinem Dafürhalten, in bescheidener Art vorgebracht u. die Bedeutung Ihres Werkes vollkommen anerkannt hat, so dass die Wirkung, die Sie von

---

censor de la crítica me eche en cara el fijarme para las equivalencias en el uso de Castilla. Que emplean mejor las preposiciones en la América española que en España. Enhorabuena. Pero eso no constituirá norma para el idioma, sino para el dialecto, ó los dialectos de allí» (432). Einen wirklichen Sieger gibt es in dieser Auseinandersetzung nicht.

499 Pedro de Mugica, *Supresión de la vocal enclítica de los pronombres en el Poema del Cid*, Zeitschrift für romanische Philologie 18 (1894), 540–545. Andere Artikel konnten nicht gefunden werden; dafür ist Mugica in Zeitschrift für romanische Philologie 30 (1906) mit fünf Rezensionen vertreten, S. 112, 254, 349, 608, 619.

seiner superklugen Kritik, befürchten, durch- |4| aus nicht von seiner Kritik ausgehen kann.

Hochachtungsvoll
Ihr ergebener
GGröber.

[Original Bogotá, Biblioteca del Instituto Caro y Cuervo, Correspondencia Cuervo-Gröber, GG. 1; Abdruck bei Schütz 1976, 607–609 (mit leichten Varianten)].

73 Karl Dziatzko

Straßburg i/E. den 19. April 1897.

Lieber Freund.

Diesmal hat mein Osterferienbrief lange auf sich warten lassen müssen; zwei Briefe von Dir liegen noch auf meinem Schreibtisch und für Deinen fabelhaft gelehrten Artikel «Bibliotheken» in Paulys Realencyclopädie[500] habe ich Dir auch noch nicht gedankt, aber den ganzen Monat März habe ich mit den Mitarbeitern am Grundriß u. an der Zeitschrift lästige Correspondenz gehabt und Correcturen für beide Publicationen in Menge mitlesen müssen, sodaß ich vor drei Wochen erst an die Fortführung der Reinschrift der fzös. Litteraturgeschichte für den Grundriß gehen konnte, von der ich 400 Seiten bereit, aber noch 100 Seiten herzustellen habe.[501] Du mußt daher verzeihen, daß ich so lange schwieg. Beim Grundriß ist jetzt endlich ein Ende abzusehen. Die ital. Litteraturgeschichte ist fertig, – der ital. Bearbeiter ließ mich oft monatelang auf sein Manuscript warten;[502] an Decurtins' Rhätor. Litteraturgeschichte, der ersten Darstellung ihrer Art, die existiert, wird gedruckt;[503] von der Rum. Litteraturgeschichte, die auch wesentlich neues bietet, aber freilich etwas roh gezimmert ist habe ich 2Drittel des Manuscripts;[504] |2| Baist hat den Rest seiner intelligenten, aber sehr knapp gehaltenen Spanischen Literaturgeschichte endlich auch eingeschickt, nachdem er dem Rechtsanwalt überliefert worden war;[505] jetzt fehlen nur noch die Grenzwissenschaften, die von den Collegen

500 *Paulys Realencyclopädie der classischen Altertumswissenschaft*, Band III, 1 (1897), Sp. 405–424.
501 *Grundriss* II, 1 (1902), 433–1250.
502 Tommaso Casini, *Italienische Litteratur*, in: *Grundriss* II, 3 (1901), 1–217.
503 Caspar Decurtins, *Rätoromanische Litteratur*, in: *Grundriss* II, 3 (1901), 218–261.
504 Moses Gaster, *Rumänische Litteratur*, in: *Grundriss* II, 3 (1901), 262–428.
505 Gottfried Baist, *Die spanische Litteratur*, in: *Grundriss* II, 2 (1897), 383–466.

hier gearbeitet werden, und die ich nach Bedarf der Druckerei werde einziehen können, – währenddem kann ich meine Frzös. Litteraturgeschichte bis zum Ausgang des 15. Jh. fortsetzen; dann wird endlich die vor 10 Jahren begonnene Arbeit unter Dach sein, – einige Jahre später als der Paulsche Grundriß,[506] vor dem der meinige in Druck ging. Ich hätte nicht gedacht, daß die Sache mit so viel Würgen verbunden wäre; ich hätte auch nicht gedacht, daß in gelehrten Kreisen sowenig Sinn für Erfüllung übernommener Pflichten bestünde, als ich es erfahren habe bei diesem Unternehmen, das, weil zum ersten Mal das Ganze der Disciplin darstellend u. so viel Gelegenheit bietend Theile derselben zum ersten Male systematisch darzustellen freudigere Hingabe von Seiten mehrerer, zur Mitarbeit Aufgerufener verdient hätte. Der buchhändlerische Erfolg ist ein großer, die Anerkennung der Fachgenossen eine ungetheilte, – aber meine Bemühungen kann ich, wenn ich die auch im Interesse Andrer darauf verwendete Zeit und den vielfachen Verdruß mitrechne, damit noch kaum für belohnt |3| erkennen. Freude hat mir bereitet, daß sich neulich Ludw. Traube über meinen Abriß lat. Litteratur durchaus anerkennend geäußert hat (in Vollmöllers Jahresbericht);[507] zwar sind es nur ein paar Zeilen, aber Tr. ist nicht nur Kenner, u. vielleicht der einzige, der die Sache im ganzen Umfang zu würdigen weiß, sondern auch Concurrent[508] (er äußerte, daß die Arbeit von dauerndem Werthe sei, eine große Herrschaft über den Stoff bekunde u. dgl.). Ich denke, man wird auch mit meiner frz. Litgesch. zufrieden sein, mit der ich hoffentlich Suchier noch etwas zuvorkomme, der für das Bibliogr. Institut den altfzös. Theil einer fz. Litgesch. auszuführen übernommen hat.[509]

An Elli,[510] die leider nur so kurze Zeit hier war, um etwas unternehmen zu können, haben wir alle große Freude gehabt; hoffentlich hat ihr die Nachtherberge, trotz der Beschränktheit unserer Räume einigermaßen genügt. Sie hat uns im Wesen ganz an Therese erinnert,[511] deren innere Liebenswürdigkeit sie

---

506 Hermann Paul, *Grundriss der germanischen Philologie*, 3 Bde., Straßburg, Trübner, 1891–1893; 2. Aufl., 1901–1909; 3. Aufl. 1911–1916.

507 Ludwig Traube, Kritischer Jahresbericht über die Fortschritte der Romanischen Philologie 3 (1897), 45: «G. Gröber hat mit weitem Blick und grosser Herrschaft über die unendlichen Stoffmassen in seiner Übersicht über die lateinische Litteratur von der Mitte des 6. Jahrhunderts bis 1350 unsern Studien ein Hilfsmittel von dauerndem Wert geschaffen».

508 Ludwig Traube, *Karolingische Dichtungen: Ædelwulf, Alchuine, Angilbert, Rhythmen*, Berlin, Weidmann, 1888.

509 Hermann Suchier/Adolf Birch-Hirschfeld, *Geschichte der französischen Litteratur; von den ältesten Zeiten bis zur Gegenwart*, Leipzig, Bibl. Institut, 1900.

510 Elisabeth Dorothea Helene Dziatzko (geb. 25. 9. 1879), jüngstes Kind von Karl und Helene Dziatzko.

511 Therese Ottilie Helene Dziatzko (geb. 19. 7. 1874), drittes Kind von Karl und Helene Dziatzko; der 1873 geborene Bruder Ernst verstarb früh, der Bruder Fritz wurde am 17. 3. 1876 geboren.

voll besitzt. Sie ist wahrscheinlich nun längst wieder bei Euch. Bald nach ihrer Abreise ging unser Hans nach Leipzig ab, um den Rest des Semesters bei den Schwiegereltern zu verbringen. In dieser Zeit verstarb die Mutter von Frau Geh. Heinze,[512] nahe 88 Jahre alt, die eine besondre Neigung zu unserm Hans seit der Verlobung in Briefen und beim Be- |4| such des Brautpaares in Naumburg, ihrem Wohnsitz, im vorigen Herbst an den Tag gelegt hatte. Ihr Lieblingsenkel, der zukünftige Schwiegersohn, wurde durch den Tod der von ihm nicht weniger geliebten Großmutter auf seiner griechischen Reise in große Trauer versetzt. Wir erwarten ihn grade dieser Woche zurück. Er ist vorige Woche in Italien gelandet und hat mit Ziebarth[513] noch einen giro durch den Peloponnes von 3–4 Wochen in Begleitung eines griechischen Dieners des Deutschen Instituts in Athen gemacht. Wir haben einen Theil seines Reisegenusses miterlebt, da er sehr ausführlich, die Woche einige Mal, regelmäßig geschrieben hat. Wir sind natürlich alle begierig ihn hier wiederzusehen.

Von Kaibel,[514] der wohl vor den Ferientagen in Göttingen eingetroffen ist, haben wir viele Male Abschied genommen. Auch in den Abschiedessen u. der studentischen Abschiedsfeier gab sich zu erkennen, daß man ihn ungern verliert. Schwartz[515] war vor mehreren Monaten hier um Wohnung zu suchen; ich habe ihn dabei kennengelernt. Es wird mit ihm auszukommen sein. Mit Reitzenstein[516] ist er eng befreundet; davon läßt sich Gutes für die Studenten hoffen.

Ich weiß nicht, ob ich Dir schon zum neuen Orden gratuliert habe; war es dritte Classe |5| oder ein andersfarbiger?[517]

Heinzes Buch habe ich mir auch verständlich zu machen gesucht; dann doch gefunden, daß ich mehr Zeit darauf verwenden müßte, als ich habe, um ein begründetes Urtheil abzugeben. Wenn es den Beifall der Fachgenossen findet, würde es eine große Genugthuung für mich sein. Die neuliche Recension im Centralblatt scheint mir die Absichten des Commentars keineswegs erkannt zu haben.[518]

---

512 Charlotte Wegmann, geb. Lepsius (1819–1897). Sie war bei ihrem Tod allerdings erst 78 Jahre alt.

513 Erich Ziebarth (1868–1944), deutscher Althistoriker.

514 Georg Kaibel (1849–1901), Klass. Philologe in Breslau, Rostock, Greifswald, Straßburg (1886–1897) und Göttingen.

515 Eduard Schwartz (1858–1940), Klass. Philologe in Rostock, Gießen, Straßburg (1897–1902), Göttingen, Freiburg i. Br., abermals Straßburg (1914–1918) und München (ab 1919).

516 Richard Reitzenstein (1861–1931), Klass. Philologe in Breslau, Rostock, Gießen, Straßburg (1893–1911), Freiburg i. Br. und Göttingen.

517 Dziatzko erhielt 1897 den Roten Adler-Orden III. Klasse mit der Schleife (vgl. *Centralblatt für Bibliothekswesen* 14 [1897], 152).

518 Rez. von T. Lucretius Carus, *De rerum natura*, Buch III, erklärt von Richard Heintze, Leipzig, Teubner, 1897 durch W., Literarisches Centralblatt für Deutschland 1897, col. 432–433. Die Abkürzung W. könnte für Ulrich von Wilamowitz-Moellendorff stehen.

Uns geht es gut; ebenso den Verwandten in Leipzig. Paul stellt seinen Mann in Quarta, ist abwechselnd erster oder zweiter, nachdem er einen von auswärts gekommenen, jetzt mit ihm sehr befreundeten u. gut vorgebildeten Concurrenten um den ersten Platz erhalten hat, der mit weniger Phantasie begabt, sein Schulpensum glatt zu bewältigen scheint. Mein Schlaf hat sich gebessert, seit den Ferien, wo ich das Rauchen auch fast ganz eingestellt habe. Vielleicht hing die Störung mit dem Rauchen zusammen.

Für diesmal lebe wohl. Wir grüßen Dich und die Deinen in alter Treue und Freundschaft

Dein GGröber.

[Original Göttingen, NSUB Cod. Ms_K_Dziatzko_69_5_1_71_F, Brief 45].

74 Carolina Michaëlis de Vasconcelos

Strassburg i/E den 26 Sept 1897

Hochgeehrte Frau Dr.

Eggert[519] sendet beiliegende Entgegnung[520] auf Ihre «Zwei Worte»,[521] mit dem Ansuchen um Aufnahme in die Ztschr. Da sie polemisch gehalten ist, muß ich mir erlauben sie Ihnen vorzulegen. Ich bin noch nicht entschlossen sie in der Ztschr. abzudrucken; die Vertheidigung ist schwächlich, und, wenn Sie mir statt eine Widerlegung der einzelnen Punkte zu unternehmen erklären, daß Sie dem Inhalt der Entgegnung keinen Werth beilegen, so werde ich den Abdruck unterlassen u. Eggert das Ms. zurückschicken.[522] Für eine längere Polemik über die Sache, in der E. so wenig Positives giebt, ist in der Ztschr. kein Raum. Es wäre mir daher lieber, wenn Sie erklärten, daß Sie von Ihren «Zwei Worten» nichts oder nichts Wesentliches zurückzunehmen hätten, – was ich Egg. bei

---

519 Von Charles Augustus Eggert (1853–1931), Professor of modern languages an der der Iowa State University, war in der Zeitschrift für romanische Philologie 21 (1897), 32–42 ein Beitrag *Zur Frage der Urheberschaft der Celestina* erschienen. Er trägt den Eingangsvermerk vom 25. 4. 1896. Eggert hatte vermutlich deutsche Wurzeln, schrieb zwar meist auf Englisch, gelegentlich aber auch auf Deutsch. Er sieht in Rojas nur den Redakteur der *Celestina*, der demzufolge nicht der wahre Verfasser sei. Die Frage der Verfasserschaft ist bis heute ungeklärt.

520 Nicht erhalten.

521 Im gleichen Heft der *Zeitschrift* (405–409; Eingangsdatum 1. 5. 1897) repliziert Michaëlis de Vasconcelos heftig auf Eggert und wirft ihm Oberflächlichkeit und mangelnde Sachkenntnis vor. Sie halte, wie die meisten Forscher, die *Celestina* für das Werk eines Autors und sehe keinen Grund, «nach einem anderen Shakespeare als Rojas zu suchen».

522 Gröber ist vermutlich so verfahren, denn Eggerts Replik wurde nicht gedruckt.

Zurücksendung seines Artikels kund geben würde –, als daß Sie auf Widerlegung der Einwendungen E.s eingingen.

Das Register zu Bd. II 2 des «Grdß» mit Ihrem portugiesischen Beitrag ist ziem- |2| lich ausgesetzt;[523] es wird wohl noch diesen Monat fertig werden. Trübner wird nicht versäumen mit Ihnen wegen Ihrer Mitarbeit sich in Verbindung zu setzen.

Die letzten Abschnitte von Baists Littgesch., die ich Anfang April endlich erhielt, sind äußerst dürftig, wenn man seine Urtheile auch gern erfahren und beachten wird.[524] Jetzt wird an meiner Frzös. Litteraturgesch. und an der Rumänischen gedruckt, deren Verfasser, ein alter Schüler von mir,[525] leider kein Ende finden kann. Aber es ist doch nun wenigstens Aussicht vorhanden, daß wir im nächsten Jahr den ganzen «Grdß» zu Ende bringen werden.

Mit hochachtungsvollem Gruß
Ihr
GGröber.

[Original Coimbra, Biblioteca Geral da Universidade de Coimbra, Ms. CMV 2/ 160–162].

75 Gaston Paris

Straßburg i/E. d. 31. Dezember 1897.

Hochgeehrter Herr College,

Mit einem neuen Geschenk, Ihrer Ausgabe von Ambroise's Kreuzzugschronik,[526] haben Sie mich überrascht und mir von neuem zum Bewusstsein gebracht, dass ich gehalten bleiben werde, meinen Dank für die Ehre, die Sie mir durch Ihre Geschenke erweisen, in Worten auszusprechen, und verzichten muss, ihn durch Gegenleistungen zu bethätigen.

Zwar wird Ihnen in diesen Tagen vom Verleger, Trübner dahier, der erste Theil meiner Franz. Litteraturgeschichte aus dem «Grundriss der Rom. Philolo-

---

523 *Grundriss* II, 2 (1897), 467–496.

524 *Grundriss* II, 2 (1897), 383–466; auf S. 460 bekennt sich auch Gottfried Baist zur Verfasserschaft von Fernando de Rojas.

525 Gröber, *Grundriss* II, 1 (1902), 433–1247; Moses Gaster, *Grundriss* II, 3 (1901), 262–428. Gaster (1856–1939) hatte zwar bei Gröber in Breslau gehört, aber nicht promoviert.

526 Ambroise, *L'estoire de la guerre sainte en vers de la troisième croisade: 1190–1192*, publ. et trad. d'après le manuscrit unique du Vatican et accompagné d'une introd., d'un glossaire et d'une table des noms propres par Gaston Paris, Paris, Impr. Nationale, 1897.

gie» zugehen,[527] aber ich kann diese Sendung doch nur als einen Versuch einer Gegengabe ansehen, besonders wenn ich erwäge, wie fasst auf jeder Seite[528] Ihres Namens und Ihrer Arbeiten als der Wegweiser auf dem Pfade zu gedenken war, den ich für die Darstellung der aelteren Perioden der altfranz. Litteratur einzuschlagen hatte. Sie werden Ihre Ausgabe des Ambroise noch |2| nicht verzeichnet finden, – der betr. Bogen war im November bereits gedruckt; es konnten daher auch die spezielleren Resultate, die Ihre eindringende Einleitung zu Ambroises Kreuzzugsdichtung ergeben hat, leider nicht schon verwerthet werden. Hoffentlich habe ich sonst in den Litteraturangaben keine Ihrer wichtigen litteraturgeschichtlichen Arbeiten anzuführen unterlassen; ich habe mit möglichsten Fleiss ihrer überall gedacht, wo der Leser ihrer zu weiteren Studien nicht entbehren kann.

Mit herzlichen Danke und den besten Wünschen für das neue Jahr
Ihr ergebenster GGröber.

[Original Original Paris, BN NAF 24441, ff. 335^{r-v}].

76 Philipp August Becker

Prof. Dr. Gröber
Universitätsplatz 8
Strassburg i. E.[529] Straßburg ^{i}/E, den 18. 4. 99

Lieber Herr College.

Empfangen Sie meinen herzlichen Dank für die freundlichen anerkennenden und wohlwollenden Worte Ihres Gratulationsbriefes zum 15. April und für Ihre Mitwirkung an dem litterarischen Monument, das die Anhänglichkeit treugesinnter Schüler mir an einem Abschnitt meiner Lehrtätigkeit errichten woll-

---

527 *Grundriss* II, 1 (1902), 433–1247. Die Auslieferung geschah heftweise; das Erscheinungsdatum 1902 markiert das Ende der Auslieferung. Behandelt wird die alt- und mittelfranzösische Literatur in fünf Zeitabschnitten; hier sind möglicherweise die Abschnitte I–III (433–728) oder I–IV (728–1037) gemeint. In der lesenswerten Vorbemerkung erklärt Gröber, warum die Zeitabschnitte VI–X (Literatur ab dem 16. Jhdt.) nicht behandelt werden und schließt: «Nur für die altfrz. Zeit steht der Raum hier zur Verfügung». Diese Eingrenzung kennen die Darstellungen der anderen romanischen Literaturen im *Grundriss* mit Ausnahme der provenzalischen nicht.
528 Das ist übertrieben; das Namensregister weist (S. 1276) elfmal auf Gaston Paris hin, und diese Verweise beziehen sich allein auf Edmund Stengels Beitrag *Lehre von der romanischen Sprachkunst*. In *Grundriss* I^1 (1888) finden sich hingegen 15 Verweise (843), in I^2 (1904–06), 16 (1081), die zumeist aus der Feder Gröbers stammen.
529 Stempelabdruck.

te.[530] Nicht im mindesten darauf vorbereitet, daß der Tag für jemand außer mir – als ein Tag der Einkehr – Bedeutung haben würde, wo ich meinte, mit einigem Bemühen meine Pficht nur gethan zu haben, bin ich doppelt überrascht zu sehen, eine wie große Zahl ernster und zur Forschung hervorragend befähigter Schüler sich zusammengefunden hat, um öffentlich ihren geistigen Zusammenhang mit mir zu bekunden. Ich habe die 14 Beiträge, die der stattliche Band, dem noch ein Register beigegeben werden soll, natürlich nur erst durchsehen können; aber ich kann von Ihrem Beitrag, der den Siège de Barbastre doch zuerst näher kennen lehrt,[531] jedenfalls sagen, daß er zu den dauerndsten des Buches gehört und es zur Hand zu nehmen so lange nöthigen wird, als die Ausgabe des Textes nicht vorliegt. Die Übergabe des schönen Buches am verflossenen Samstag[532] wurde durch die Ansprache Freymonds[533] förmlich ein feierlicher Act. Seit Montag sprechen die hiesigen Zeitungen davon, wodurch eine Menge Gratulanten mir ins Haus geführt wurden.

Inzwischen erhielt ich Ihre Abhandlung aus Herrigs Archiv[534] mit dem völlig überzeugenden Nachweis, daß Margarethe von N. die Complainte nicht verfaßt habe. Daß es Ihnen möglich gewesen ist, in derselben Zeit auch ein Buch über M's Briefwechsel mit Briçonnet auszuführen, kann ich nur bewundern, um so mehr, als der Winter Sie das ernste Gesicht der Sorge[535] hat sehen lassen, und sie durch ihren Blick sich in der Seele getroffen fühlten. Möge Ihr Haus fernerhin gegen sie gefeit sein!

Daß Sie in Deutschland ein frzös. geschriebenes Buch über M. bei einem Verleger anbringen könnten, halte ich für ausgeschlossen; aber da notorisch in Deutschland erschienene Bücher auf Frankreich bezüglich, in Frankreich nur geringe Verbreitung finden, so empfiehlt es sich vielleicht, daß Sie mit einem frz. Verleger in Verbindung treten. Am ehesten würde wohl der Verleger der Revue littéraire de la France, bzw. die Gesellschaft für fzös. Litteraturfor-

---

530 *Beiträge zur Romanischen Philologie. Festgabe für Gustav Gröber* von Ph. A. Becker, D. Behrens, E. Freymond, M. Kaluza, E. Koschwitz, H. R. Lang, F. E. Schneegans, H. Schneegans, C. This, G. Thurau, K. Vossler, H. Waitz, L. Zéliqzon, R. Zenker, Halle a. S., Max Niemeyer, 1899. Auf dem Vorsatzblatt findet sich die folgende Widmung: «GUSTAV GRÖBER dem verehrten Lehrer zur Feier seines fünfundzwanzigjährigen Wirkens als ordentlicher Professor in Dankbarkeit dargebracht».

531 Becker, *Der Siège de Barbastre*, in: *Beiträge zur Romanischen Philologie*, 1899, 252–266.

532 Gehalten am 15. April 1899.

533 Emil Freymond (1855–1918) hatte in Breslau bei Gröber studiert, folgte ihm zur Promotion nach Straßburg, habilitierte sich aber 1883 in Heidelberg und lehrte danach in Bern, ab 1901 in Prag. Der Wortlaut seiner Rede scheint nicht überliefert zu sein.

534 Becker, *Margarete von Navarra und die Complainte pour un prisonnier*, Archiv für das Studium der neueren Sprachen und Literaturen 102 (1899), 95–108.

535 Vermerk am Rande: «(Frühgeburt)».

schung das Buch übernehmen u. etwa als Supplement zu veröffentlichen geneigt sein, wie es schon mit den ungedruckten Gedichten Margarethens geschen war. In zweiter Linie dürfte sich wohl der unternehmende Pariser Buchhändler Welter,[536] von dem Sie jedenfalls wissen, für Ihre Arbeit interessieren, und schließlich bliebe noch Champion,[537] der früher wenigstens die Verbreitung von Büchern, wie das Ihrige, in die Hand nahm. Ein Versuch in der angegebenen Reihe würde sich sehr verlohnen ehe Sie sich an die größeren Verleger Frankreichs wenden, die ein geringes Entgegekommen erwarten lassen.[538]

Und so nehmen Sie mit meinem nochmaligen Dank und Grüßen auch die Empfehlungen der Meinigen an Sie und Ihre Frau freundlich entgegen.

Ihr ergebener GGröber

[Abschrift Ph. A. Becker, Bonn, ULB NL Curtius, E.R. IV; vgl, auch Hillen 1993, Brief XLIX, 226–228].

77 Eduard Wölfflin

Straßburg i/E. d. 23. 7. 99
[Prof. Dr. Gröber
Universitätsplatz 8
Strassburg i. E.]

Sehr geehrter Herr College.

Sollte hinter Kroll[539] nicht der Allesbesserwisser Skutsch[540] und was mit ihm zusammenhängt stecken? Worin Krolls Artikel gefördert haben soll, ersehe ich

---

536 H. Welter, éditeur, 59 Rue Bonaparte; Welter unterhielt auch eine Niederlassung in Leipzig, die Gröber vermutlich kannte.

537 Honoré Champion (1846–1913) gründete 1874 in Paris einen Verlag und unterhielt zudem am Quai Malaquais eine Verlagsbuchhandlung.

538 *Marguerite Duchesse d'Alençon et Guillaume Briçonnet, évêque de Meux, d'après leur correspondance manuscrite (1521–1524)*, par Ph. A. Becker, Paris, Société de l'Histoire du Protestantisme Français, 1901.

539 Entweder Wilhelm Kroll, *Das afrikanische Latein*, Rheinisches Museum für Philologie 52 (1897), 569–590 oder Ders., *Apuleiana*, ebd. 53 (1898), 575–584. Kroll (1869–1939) war zu diesem Zeitpunkt noch Breslauer altphilologischer Privatdozent. In den hier zit. Artikeln werden sowohl Gröber als auch Wölfflin mehrfach zitiert.

540 Franz Skutsch (1865–1912), Klass. Philologe, 1890 in Breslau habilitiert, 1896 durch Hausberufung Breslauer Ordinarius, u. a. Verf. von *Plautinisches und Romanisches. Forschungen zur lateinischen Grammatik und Metrik*, Leipzig, Teubner, 1892.

nicht. Mohls Buch bringt, meine ich, doch auch Ihre Grundanschauungen zu Ehren.[541] Nur verstehe ich an diesem Buche nicht, daß von Ihnen, der dem Vulgärlatein die Lanze gebrochen und so vielseitig die Wege geebnet hat,[542] die dahin führen zu können geeignet sind, darin so gut wie nicht die Rede ist. Im Übrigen setzt das anspruchsvolle Buch Sittl's[543] und meine Betrachtungsweise zusammen, sucht also den Schein zu erwecken, als hätten wir uns beide die größte Einseitigkeit zu Schulden kommen lassen. Speziell bei mir thut er so, als ob ich glaubte, aus der ganzen Sache ein Rechnungsexempel mit a – h machen zu können, während ich an mehr als einer Stelle gegen diese Auffassung protestiere u. ihr ausgewichen bin. Für Ihre Aufforderung das anregende Buch im Archiv zu besprechen danke ich Ihnen bestens. Aber ich glaube, der beste Berichterstatter darüber sind Sie selbst; ich könnte zu wenig auf das herbeigezogene lat. Ma- |2| terial eingehen, und dieses zu bewerthen und seine Verwendung im Buche zu prüfen dürfte doch die Aufgabe sein, die das Archiv ihm gegenüber sich zu stellen hat. Vielleicht würde Ihnen übrigens Meyer-Lübke dankbar sein, wenn Sie ihm die Besprechung übertrügen, der ebenfalls mancher schiefen Auffassung seiner Lehren u. Ansichten bei Mohl wird entgegentreten mögen.[544] Ich werde mich mit dem pragischen Juden in meiner Ztschr. kurz beschäftigen, um richtig zu stellen, was er gefälscht hat.[545]

---

541 Frédéric-George Mohl, *Introduction à la chronologie du latin vulgaire: étude de philologie historique*, Paris, Émile Bouillon, 1899 (Wölfflin wird darin dreimal – am Rande – zitiert). Mohl (auch: Friedrich Georg bzw. Bedřich Jiří; 1866–1904) war Diplômé de l'École pratique des hautes études und wurde 1899 Romanistikprofessor in Prag. Er hatte vermutlich zwischenzeitlich die belgische Staatsangehörigkeit erworben. Für sein Buch erhielt er den Prix Volney.

542 Eduard Wölfflin, *Bemerkungen über das Vulgärlatein*, Philologus 34 (1876), 137–165; Ders., *Lateinische und romanische Comparation*, Erlangen, Deichert, 1879.

543 Carl (Karl) Sittl, *Die lokalen Verschiedenheiten der lateinischen Sprache mit besonderer Berücksichtigung des afrikanischen Lateins*, Erlangen, Deichert, 1882.

544 Wilhelm Meyer-Lübke, Rez. von Mohl, Archiv für Lateinische Lexikographie und Grammatik 11 (1900), 598–602 (eine kritische Rez., die insbesondere Mohls Aussagen zum Romanischen betrifft, aber die Darlegungen zum älteren Latein anerkennt). Noch deutlicher ist dieser Rezensent in: Kritischer Jahresbericht über die Fortschritte der Romanischen Philologie 6 (1903), I, 124: «Der Hauptfehler des Verf. besteht darin, dass er alles, was nicht in seine Thesen passt, verschweigt; dass er das überlieferte Material so ummodelt, wie es ihm beliebt, wie aber eine Betrachtungsweise ohne Voreingenommenheit es nie deuten würde» (es folgen Hinweise auf vier Rezensionen).

545 Gröber, Zeitschrift für romanische Philologie 24 (1900), 437–440; Gröber moniert z. B.: «Ganz neu ist mir, daß ich irgend etwas von dem gesagt habe, was auf S. 165 steht, wo vom uniformen Latein gesprochen wird, während der Verf. von meiner Idee eines chronologisch verschiedenen Lateins, das sich selbstverständlich an den Orten, wohin es verpflanzt wurde, seit seiner Verpflanzung auf eigne Weise weiter entwickelte, den Ausgangspunkt für sein Buch nimmt» (438) usw.

Für den Dr. Heinze[546] betreffenden Archivausschnitt danke ich Ihnen bestens; ich habe ihn ihm gezeigt, Ihr anerkennendes Wort hat ihn natürlich sehr erfreut.[547] Daß Kroll[548] in Greifswald sein Concurrent, u. H. an erster Stelle dort vorgeschlagen war, ist Ihnen jedenfalls bekannt: Althoffs[549] Liebe gehörte aber Kroll u. Ihm,[550] und so fielen die Universitätsgutachten unter den Tisch. Ende September soll die Hochzeit sein; wir hätten uns gefreut, wenn H. vor der Verheirathung schon auf eigenen Füßen gestanden hätte. Mit herzlichem Gruß

Ihr ergebenster GGröber.

[Original Basel, UB, NL 93 : 83, 280; mit Bewilligung der Eduard Wölfflin-Thesaurus-Stiftung, Basel, vom 6. November 2017].

78 Bonaventura Zumbini

Postkarte
[23. 7. 1899]

Hochgeehrter Herr College. Ich bin sehr glücklich durch Vermittelung des Herrn P. Savi-Lopez in den Besitz Ihrer allgemein geschätzten Studi sul Petrarca[551] gekommen zu sein und sage Ihnen für die Überweisung dieses Werkes an mich, sowie der andern Bücher an das unter meiner Leitung stehende Seminar für romanische Sprechkunde an der hiesigen Universität[552] meinen aufrichtign Dank. Leider war Herr Savi Lopez,[553] der seine Thätigkeit an unserer Universi-

546 Richard Heinze (1867–1929), Klass. Philologe, zu diesem Zeitpunkt bereits mit Gröbers Tochter Johanna verlobt.

547 Es handelt sich um Wölfflins Bespr. der von Heinze besorgten Ausg. T. Lucretius Carus, *De rerum natura Buch III*. Erklärt von Rich. Heinze, Leipzig, Teubner, 1897, Archiv für Lateinische Lexikographie und Grammatik 10 (1898), 462 («Wir sind für diese Leistung um so dankbarer, als was Ähnliches bisher fehlte, und zum Teile kommt dies auch der Sprachforschung zugute»). – Vgl. auch Anm. 518.

548 Wilhelm Kroll (1869–1939) wurde 1899 nach Greifswald berufen.

549 Friedrich Althoff (1839–1908), seit 1892 Referent im preußischen Ministerium der geistlichen-, Unterrichts- und Medizinalangelegenheiten (zuständig für die Universitäten).

550 Max(imilian) Ihm (1863–1909), zu diesem Zeitpunkt Privatdozent in Halle, wo er 1906, nach einer Tätigkeit beim Thesaurus Linguae Latinae, ein Extradordinariat erhielt.

551 Zumbini, *Studi sul Petrarca*, Neapel, Domenico Marani, 1878. – Gröber hat in der Bibliographie der Zeitschrift für romanische Philologie regelmäßig die Schriften Zumbinis vermerkt.

552 Vgl. dazu den faksimilierten Brief bei Homeyer 1982, 123, den der Direktor der Kaiserlichen Universitäts- und Landes-Bibliothek Straßburg, Julius Euting (1839–1913), am 24. 7. 1899 an Zumbini richtete, um sich für dessen *Studi di letteratura italiana* zu bedanken.

553 Zu Savj-Lòpez, vgl. *Verzeichnis der Briefempfänger*.

tät so vielversprechend in diesem Sommer begonnen hat, genöthigt in Folge einer plötzlichen heftigen Erkrankung schon im Monat Juli seine Vorträge einzustellen,[554] und er wird wohl noch mehrerer Monate der Ruhe bedürfen, um in seiner Gesundheit wiederum so gefestigt zu werden, dass er, ohne Schaden für dieselbe, seine Lehrtätigkeit wieder aufnehmen könnte.

Hochachtungsvoll u. ergeben
GGröber
[Prof. Dr. Gröber
Universitätsstr. 9
Strassburg i. E.] 23./7. 99

[Faksimilie bei Hohmeryer 1982, 69; Original Privatarchiv Vincenzo Zumbini, Via Liceo 14, Cosenza].

79 Karl Vossler

Straßburg/E. d. 17./12. 1899
[Prof. Dr. Gröber
Universitätsplatz 8
Strassburg i. E.]

Lieber Herr Dr.

Brief und Karte habe ich erhalten. Ich kann es nur mit Freuden begrüßen, daß Sie den Fehdehandschuh aufgenommen haben,[555] und ich zweifle nicht im

554 Vgl. Gröber an Philipp August Becker (2. 12. 1900): «Savj-Lopez ist trotz seiner jungen Jahre (er wird 25 Jahre alt sein) ein sehr gelehrter junger Mann. Habilitiert ist er noch nicht, aber er geht mit dem Gedanken um. Leider ist seine Gesundheit recht schwach. Eine Attacke, die er im Juli vorigen Jahres auszuhalten hatte zwang ihn, bis Mitte Winter in Italien zu bleiben» (Hillen 1993, 252, Brief 65).

555 Es geht um Vossler, *Benvenuto Cellini's Stil in seiner Vita. Versuch einer psychologischen Stilbetrachtung*, Halle, Niemeyer, 1899 (Auszug aus: *Beiträge zur romanischen Philologie. Festgabe für Gustav Gröber*, Halle, Niemeyer 1899, 414–451). Die Arbeit beginnt mit einem Hinweis auf Gröber, *Grundriss* I[1], 213 ff., wo dieser «in Kürze die Prinzipien aufgestellt [habe], nach denen eine wissenschaftliche Syntax und Stilistik zu verfahren hätte»; Vossler fährt fort, dass er in einer entsprechenden Übung Gröbers über neufranzösische Syntax im WS 1894/95 diese Prinzipien genau studiert habe.

mindesten, daß Sie Ihre Klinge zu schlagen versuchen werden.[556] Je früher Sie auf den Kampfplatz treten, desto besser. Im Grund handelt es sich gewiß nur um Mißverständnisse, u. es wird sie zu beseitigen dienen, wenn Sie betonen, daß Sie, wie S. 416 bei Ihnen zu lesen steht, gar nicht beabsichtigen konnten den ganzen Cellini an jener Stelle zu würdigen, daß der Raum Ihnen nicht zur Verfügung stand, um auch auf den Inhalt des Werkes C's u. dessen Wirkung auf den Leser einzugehen, daß Sie seine moralische u. intellectuelle Seite nicht beleuchten, nicht einmal seine in den Tropen sich zeichnende Gestaltungskraft darzulegen vermochten. Das alles – woraus sich bei Croce das Urtheil über Cellini etc. zusammensetzen wird, – wird Croce bei Ihnen vermißt haben;[557] er hat eben nur nicht beachtet, daß Sie nach diesen Seiten sich nicht äußern konnten u. wollten.

Auch in Bezug auf die Form, die Sie für Ihre Darlegungen gewählt haben, |2| werden Sie ihm Zugeständnisse machen können, ohne Ihren Standpunkt zu verlassen; Sie konnten sich ja begnügen zB. Ihre Urtheile zusammenzustellen und mit einigen wenigen Beispielen zu belegen. Dann hätte die Sache freier, weniger schulmäßig ausgesehen, – ich vermuthe, daß Croce daran besonders Anstoß genommen haben wird, wie das alle Beurtheiler thun, die sich congenial ihrem Gegenstand gegenüber dünken und dies zeigen wollen.

---

556 Vermutlich hatte Vossler seine Besprechung von Croce, *Di alcuni principii di sintassi e stilistica del Gröber*, Napoli 1899. Estratto dal vol. XXIX degli Atti dell'Accademia Pontaniana, Literaturblatt für germanische und romanische Philologie 1900, Sp. 25–29 Gröber vorab geschickt. Sie endet: «Zum Schluss sei mir erlaubt, Gröber zu verteidigen gegen den Verdacht, gewisse Theorien der alten Rhetoriker aufgewärmt, psychologisch verkappt und für eigene Entdeckungen ausgegeben zu haben». Vgl. dazu Giacomo Devoto, *Vossler und Croce. Ein Kapitel aus der Geschichte der Sprachwissenschaft.* (Vorgetragen am 12. Januar 1968), München, Verlag der Bayer. Akad. d. Wiss. in Komm. bei der C. H. Beck'schen Verlagsbuchhandlung München, 1968 (Bayer. Akad. d. Wiss., Phil.-hist. Kl., Sitzungsberichte, Jg. 1968, H. 1); ausführlich Stefanelli 2017. Devoto und Stefanelli gehen davon aus, dass sich Vossler schon bald Croces Ansichten angenähert habe. Vgl. auch: *Briefwechsel Benedetto Croce – Karl Vossler*, 1955, gleich die ersten Briefe (31–45, 57 f.). Zur Vertiefung vgl. weiterhin Sarah Dessì Schmid, *La critica di Benedetto Croce alle categorie retoriche*, in: Rita Franceschini u. a., *Retorica: Ordnungen und Brüche. Beiträge des Tübinger Italianistentages*, Tübingen, Narr, 2006, 55–68.

557 Croce, *Atti della R. Accademia Pontaniana*, Napoli, XXIX, 1900; Ders., *Le categorie rettoriche e il Prof. Gröber*, Flegrea, April 1900; Ders., *Problemi di estetica*, Bari, Laterza, 1949, 141–152; Croce, *Gesammelte philosophische Schriften in deutscher Übertragung*. Hrsg. von Hans Feist, Tübingen, Bd. I, 1 (Philosophie des Geistes), Mohr-Siebeck, 1930, 512. Vgl. weiterhin Gröber, Zeitschrift für romanische Philologie 24 (1900), 460.

Übrigens verehre ich Fr. de Sanctis sehr; für definitiv hat jedoch noch Niemand seine Urtheile erklärt, während Jeder zugibt, daß er ein unvergleichlicher Darsteller von großem Geschmack und durchdringendem Blick ist.[558]

Eine ganz falsche Vorstellung macht sich Croce von dem, was wir unter «verstandesmäßig» verstehen, und wie wir diesen Begriff bei der schriftstellerischen Analyse verwenden. Auch ist nirgendwo gesagt, daß wir glauben, in den antiken Namen, wie Ellipse, Augmentatio etc. seien die Seiten des figu- |3| rativen Ausdrucks in einer Sprache vollständig bezeichnet.[559] Ich habe sie gewählt, weil sie deutlich machen, was ich meinte; eine Kritik der Termini und eine Vervollständigung derselben konnte ich dort nicht unternehmen. Aber so gut wie die bis heute aus gutem Grunde beibehaltenen Termini der alten Logik sind sie auch; und sowenig die moderne formale Logik trotz Kant hier wesentliches einzusetzen oder zu ändern vermocht hat, sowenig ist das durch neuere Theorien der Rhetorik und Poetik geschehen; – wessen Termini hätte ich gebrauchen können, um mich verständlich zu machen? – Charakteristisch für Croce finde ich die in Ihrem Brief mitgetheilte Aeußerung, daß er mit Ihren Ausführungen vollkommen einverstanden sei, es aber Schade fände, daß all die feinen Beobachtungen in ein «System» gezwängt seien. Ich kann mir vorstellen, wie er sich mit allen Zeichen des Entsetzens vor mir, dem trockenen Schulmeister, der das Gerippe der Grammatik im Leibe, kein poetisches Empfinden, keinen Sinn für das dichterische Concipieren, keine Logik und keine Philosophie besitzt, obgleich ich in meinem Leben genug Poetisches fertig gekriegt habe, und mein ganzes Denken auf |4| psychologischer Belauschung und philosophischer Tendenz beruht, – wie er sich vor mir bekreuzigt haben wird, als er hinter den Übelthäter kam, der Schuld an Ihrem System ist! Offenbar trägt er selbst aber dieses System der litt. Analyse in seinem Geist, will es jedoch nicht preisgegeben u. blosgestellt wissen; – es ist zu ehrlich, wenn man die Methode seiner Forschung darlegt, und viel feiner, wenn man den zu Belehrenden durch die Ergebnisse desselben überrascht, denen er nicht nachrechnen kann!

---

558 Vgl. *Grundriss* I^1 (1888), 135: «Und wenn F. de Sanctis (*Storia della lett. ital., 1870*) mit glänzender Anschaulichkeit und schärfster Erkennung ihres seelischen Gefüges die die Hauptrichtungen der italienischenn Poesie darstellenden Dichter von ältester Zeit bis Tasso aus ihren Werken schildert und zeigt, wie selten aus vollendetem poetischen Anschauen und Empfinden hervorgegangene Werke in der italienischen Litteratur seien und welche Umstände im geistigen und politischen Leben Italiens die dichterische Begabung meist nur zu einseitiger Entfaltung gelangen liessen, so erschöpft diese Darstellungsform wohl den Begriff des Schriftstellerbildes, nicht aber den der Geschichte der Litteratur».

559 Croce bezieht sich auf *Grundriss* I^1 (1888), 209–250 (Kap. A. *Methodik und Aufgaben der Sprachwissenschaftlichen Forschung*).

Doch damit sei's genug. Ich freue mich, daß ich Gelegenheit gefunden habe, mich mit Ihnen zu verständigen; möge es Ihnen mit Croce auch gelingen; ich bedaure nur, daß ich meinen letzten Zeilen nicht die gewünschte Präzision geben konnte.[560]

Mit bestem Gruß
Ihr ergebenster
GGröber

[Original, München, BSB, Ana 350.12.A Gröber].

80 Paolo Savj-Lòpez

[Straßburg, 17. Dezember 1899][561]

………

Croce hat mir seinen Aufsatz contra Vossler u. mich geschickt.[562] Ich bedaure dass seine Ausführungen auf Mißverständnissen meiner syntaktischen stilistischen Schriftstellerbetrachtung beruhen. Er hat leider verkannt, dass er mit seiner aesthetisch-litterarischen Beurtheilung der Litteraturwerke und Schriftsteller dasselbe erreichen will, was wir mit unserer exacten und wissenschaftli-

560 Vgl. Vossler (Heidelberg, 16. Dezember 1899) an Croce: «Vielen Dank für die Übersendung Ihrer sehr schönen kleinen Arbeit über Gröbers Theorien. – Ich habe sie mit viel Vergnügen und ebensoviel Interesse gelesen. Gröber beauftragt mich, Ihnen auch in seinem Namen für die zwei Exemplare zu danken, die sie mir geschickt haben, er sagt aber, daß er durchaus nicht von Ihren Einwänden überzeugt ist; ich muß gestehen, daß auch ich es nicht allzusehr bin. Ich glaube, daß der ganze Unterschied zwischen der literarischen Kritik des homo aestheticus und der meinigen darin besteht, daß ich analytisch gesondert und bewußt, einen Teil dessen gemacht habe, was das Auge des ästhetischen Menschen synthetisch, divinatorisch und unbewußt macht. Ich verstehe nicht recht Ihre Unterscheidung von konkretem und abstraktem Inhalt. – Ich habe mir erlaubt, eine kleine Verteidigung der syntaktischen und stilistischen Theorien zu versuchen, nachdem ich in diesen Tagen viel darüber nachgedacht habe; auch hoffe ich, daß sie im ersten Heft des neuen Jahrgangs vom *Literaturblatt* erscheinen kann. – Die Frage muß immerhin auch andere interessieren als nur uns drei allein» (*Briefwechsel Benedetto Croce – Karl Vossler*, 1955, 33).

561 Wer diesen Text kopiert hat, ließ sich nicht feststellen, möglicherweise Croce selber. Er wird eingeleitet durch folgende Bemerkung «Il Gröber in una lettera al Savi Lopez in data del 17 Dic. 99:» – Croce schreibt am 20.11.1899 an Vossler: «Vom jungen Savj-Lopez, den ich hier in Neapel gesehen habe, höre ich, daß er eine Besprechung Ihres Cellini im *Giornale storico della letteratura italiana* geschrieben hat» (*Briefwechsel Benedetto Croce – Karl Vossler*, 1955, 32).

562 Vgl. die Hinweise im vorangehenden Brief 79.

chen Methode. Er möchte der ästhetisch litterarischen Kritik die Feststellung der Eigenart einer litterarischen Schöpfung vorbehalten, und meint, das gebildete Auge des aesthetisch geschulten Mannes genügt dafür. Wir meinen, dass die Augen der aesthetisch geschulten Leute sehr Verschiedenes an den Schriftstellern bemerken u. dass ihre Urtheile oft weit auseinandergehen. Unser Verfahren soll den objektiven Wert litterarischer Werke ermitteln helfen d. h. die künstlerische Energie und Eigenart eines Autors methodisch, aus unbestritten richtigen Gesichtspunkten, ermitteln, und die Subjectivität des Beurtheilens und Urtheils aus der litterarischen Kritik beseitigen. Dass Croce nicht einsieht, dass nur auf diesem Wege Stärke und Schwäche eines Schriftstellers zu erkennen ist, verstehe ich nicht: muss er doch, bevor er in seiner Weise ein Urtheil über einen Schriftsteller und ein schriftstellerisches Werk formulieren kann, nach unseren Gesichtspunkten stillschweigend (!) geprüft haben; oder sein Urtheil ist nicht |2| wissenschaftlich begründet.

Daher scheint mir das Ganze nur Wortstreit zu sein. Will er eine objektive begründete Beurtheilung schriftstellerischer Leistungen, so sind wir einig, – er braucht ja die seinige nicht in der selben Form vorzulegen, die Vossler ge[wähl]t hat; redet [Text: reicht] er dagegen einer subjektiven Beurtheilung das Wort, so sind wir Gegner; aber wir werden auch nicht miteinander streiten, da ein Streit über subjektive Urtheile zu nichts führen kann u. eine Vertheidigung von vornherein ausschliesst.

Falls Sie Croce kennen und ihn sehen, theilen Sie ihm vielleicht mit, was ich Ihnen hier über seinen Aufsatz schreibe: die Zeit fehlt mir leider um mich brieflich mit ihm auseinander zu setzen, was ich gern thäte. Ich danke ihm jedenfalls für Zusendung seiner Schrift.

(1) Bei Vossler und bei mir im Grundriss der Rom. Phil.[563] ist zu lesen, dass wir einen Schriftsteller nicht blos nach syntaktischen Figuren, sondern auch nach seinen Metaphern, seiner intellektuellen Bildung, seiner Moral u.s.w. beurtheilen! Vossler hat nur seine Untersuchung nicht so weit ausdehnen können!

....

[564]Sie haben ganz Recht, wenn Sie ihn auf die drei Stilarten aufmerksam machen, die De Sanctis unterscheidet;[565] sie erinnern an Ciceros drei Stilarten, das humile dicendi genus, ornatum dicendi genus u.s.w., und theilen nur aus anderen Gesichtspunkten ein als ich, der ich die Wirkung der Rede auf den

---

563 *Grundriss* I¹ (1888), 213; noch expliziter in I² (1904–06), 272.

564 Die folgenden Zeilen gehören zwar zum Vorangehenden, sind jedoch in einer anderen Handschrift verfasst.

565 Vgl. Marcello Aurigemma, *Lingua e stile nella critica di* Francesco *de Sanctis*, Ravenna, Longo, 1968.

Angeredeten zum Ausgangspunkte rechne. Aber ich kann auch hierbei mit Cicero sagen: «non nova dicere mihi videor, quum ... dicam, inaudita vero plerisque».[566] – Zudem lehre ich im Grundriss der r. Phil. und in den Syntaktischen Uebungen eine syntaktisch-stilistische Untersuchungs- |2| und nicht eine Darstellungsmethode. Croce nimmt ja auch nicht sowohl an dem Zutritt ... Vosslers Anstoss, sondern an der Darlegung der auf dem Wege der ... analyse gefundenen Resultate, womit ich es gar nicht zu thun habe.

[Kopie Neapel, Fondazione Biblioteca Benedetto Croce, Archivio storico e Biblioteca].

81 Hugo Schuchardt

Straßburg ⁱ/E. d. 20.1.1901

Lieber Freund.

Die etymologischen Miscellen habe ich erhalten und mit großem Interesse gelesen. Leider kann ich sie erst in XXV, 3 bringen, da XXV, 2 ganz besetzt ist.[567] *Ecclesia* erhält in XXV, 2 seine Stelle. *Warzloff* steht bei Charles Schmidt mit *z*/ ein Beleg daselbst aus dem 17. Jh. hat *t* (*wartlofen*).[568] Bei der Gelegenheit versäume ich nicht Ihnen eine neue Adresse für Erkundigungen über Termini der Fischerei mitzutheilen, die mir vor längerer Zeit Coll. Martin[569] gab, die ich Ihnen nur deshalb nicht schon schrieb, weil ich glaubte, daß die Angelegenheit für Sie erledigt wäre. Aber erschrecken Sie nicht. Die Adresse lautet: Garderobier *Oberthür*, an der Eisenbahn, wohnhaft Weißenthurmring 25[570] d. h.

566 Vermutlich ist die folgende Stelle aus Cicero, *Orator* 12 gemeint: «ego autem et me saepe nova videri dicere intelligo cum pervetera dicam, et inaudita plerisque».

567 Es handelt sich um insgesamt acht Etymologien, die in der Zeitschrift für romanische Philologie 25 (1901), 353–354 abgedruckt wurden. Schuchardt interessierte sich lebhaft für die Fischereiterminologie in verschiedenen Sprachen; vgl. auch seinen Bericht *Zur internationalen Fischerei-Ausstellung in Wien (6. Bis 21. September 1902)*, Allgemeine Zeitung München 1903.

568 So nicht gefunden; Charles Schmidt, *Historisches Wörterbuch der elsässischen Mundart unter besonderer Berücksichtigung der früh-neuhochdeutschen Periode*. Aus dem Nachlass, Strassburg 1901, vermerkt nur S. 413 «Wartolf. Art Fischreuse». Vgl. Schuchardt, *Wolf, 1. «Garnreuse»; 2. «Lehre» (Seilerspr.)*, Zeitschrift für deutsche Wortforschung 2 (1902), 82–84. Werluff, Wadluff, Warkluff, Wartholf, Wartolf usw. seien süddt. Bezeichungen für ein Zugnetz.

569 Ernst Martin (1841–1910), Germanist und Romanist, seit 1878 Professor in Straßburg.

570 Emil Oberthür (auch Émile Oberthur) wird als Gewährsmann in Ernst Martin/Hans Lienhardt, *Wörterbuch der elsässischen Mundarten*, Strassburg 1899, Bd. 1, S. v genannt («Oberthür, Garderobier am Bahnhof in Strassburg»). Schuchardt hat sich an ihn gewandt, vgl. Graz, HSA 08375 (Brief vom 11.3.1901).

der Mann ist nicht nur Hausbesitzer, sondern auch geschätzter Vorstand der *Société nautique* in Straßburg, eine sehr populäre Gesellschaft aus franz. Zeit dahier, und O. ist ihr langjähriger Leiter, der sehr stolz darauf sein soll, |2| wenn man seine Fischereikenntnisse in Anspruch nimmt, u. bereitwilligst Fragen beantworten soll. Sie könnten sich bei ihm auf Prof. *Martin* beziehen.

Ihrer Auffassung von der Art und Weise, wissenschaftlich sich zu verständigen, kann ich nur zustimmen. Die wissenschaftliche «Verständigung» wird nur leider so sehr mit Elementen der Selbstliebe verquickt, daß die Wissenschaft in ihrer Entwicklung dadurch gehemmt wird. «Nichts für sich wollen», sollte hier Wahlspruch sein. Wenn man nun aber solche Äußerungen vernimmt, wie Sie sie von einem Mann wie G. P., an dessen Wahrheitssinn viele glauben, bez. F's *permaine*-Artikel zusammenzuhalten[571] in der Lage sind,[572] so möchte man glauben, daß jene Art u. Weise wissenschaftlicher Verständigung nicht einmal denen Bedürfnis ist, die auf ihrem Gebiete die höchste wissenschaftliche Verantwortung haben. Parodi ist ein liebenswürdiger Herr,[573] der mir auch öfter |3| Freundlichkeiten sagt; doch ist er sicher dabei nicht uninteressiert.

Daß *Meyer-Lübke* nicht den Ruf nach Graz erhalten hat, wird ihn kränken. Da er aber mit *Cornu*[574] *pari loco* vorgeschlagen wurde, wird ihn doch wohl das Ministerium schadlos halten. Wird denn *Cornu*, der sich so schwer von seinen Penaten scheint trennen zu können, kommen? Bei *Meyer-Lübke* möchte mir auch die Annahme des Rufes zweifelhaft erscheinen, da Wien doch auf alle Fälle große Vorzüge für ihn als Docent wie als Privatmann hat. Daß Foerster in Spanien ist,[575] ist mir neu. Was aus seiner Professur wird, ist mir ebenfalls

571 Gem. «nebeneinander zu halten», «miteinander zu vergleichen».

572 Vgl. dazu Schuchardt, *Franz. permaine*, Zeitschrift für romanische Philologie 25 (1901), 353–354 [mit Bezug auf Gaston Paris, *Romania* 28, 635 u. 29, 615 bzw. Wendelin Foersters Herleitung in *Französische Etymologien. 1. Neufrz.* landier, *engl.* andirou. *2. Neufr.* permaine, *engl.* pearmain, *deutsch* Parmäne, Zeitschrift für romanische Philologie 23 (1899), 422–429 u. Nachtrag 23 (1899), 587].

573 Ernesto Giacomo Parodi (1862–1923), ital. Romanist in Florenz; leider wissen wir nichts über seine Korrespondenz mit Gröber.

574 Jules Cornu (1849–1919), seit 1877 Prager Ordinarius, wurde 1901 als Nachfolger Schuchardts nach Graz berufen.

575 Foerster hatte aus Gesundheitsgründen bereits am 9.3.1900 vom Preußischen Unterrichtsministerium unbestimmten Urlaub erhalten. Er schreibt z. B. am 5.10.1900 aus Bonn an Schuchardt: «Der hier einsetzende Nebel, Regen usf. drängt zur baldigen Flucht nach Süden, wo ich bis Mai bleiben muß. Ich soll wieder nach Biskra, da Riviera, Corsica, Sardinien, Sizilien, Tunis, Algier durch starken Wind und Regen für mich unmöglich sind. Allein das elende, schmutzige, laute Araberdorf, wo ich schon einmal 4 Monate gewesen, flösst mir Angst ein. Freunde raten zu Sevilla oder Malaga? Die einen rühmen das milde Klima, wenig Regen, wenig Wind, kein Nebel u. Frost [meine Feinde, die mir Herzasthma verursachen], aber Morel-Fatio

unbekannt. Die Vertretung durch den Oberlehrer Bu[s]cherbruck[576] geht doch nicht auf die Dauer. Er wünschte wohl eine Vertretung durch einen Docenten bis dahin, wo er entschieden ist, zu resignieren; man sprach einmal von *Koschwitz*,[577] aber der ist von Marburg, bei der dortigen Frequenz, nicht abkömmlich, u. ich wüßte nicht, welchen Sinn es haben sollte, einen Ordina- |4| rius durch einen Ordinarius «vertreten» zu lassen.

Von der 2. Aufl. des Körting'schen Wörterbuches[578] erhielt ich die Buchhändlernachricht «erscheint binnen kurzem» am 15. Januar. Es ist aber jedenfalls noch nicht versandbereit.

Mit herzlichem Gruße
Ihr
GGröber.

[Original: Graz, Hugo-Schuchardt-Archiv, 04116].

82 Pio Rajna

[Postkarte
Herrn Prof. Dr. Pio Rajna, Palazzo di Brera Milano][579]
Str[assburg] den 22./7.1901.

Lieber College. Dank Ihrer Bemühung habe ich 1 Ex. des D'Anconabuches von Barbéra erhalten.[580] Ich sende gleichzeitig den Betrag von 10 Lire an Barbera

---

warnt wegen der gr. Feuchtigkeit. Wissen Sie was? oder kennen Sie Leute, die sicher Auskunft geben würden? Nehmen Sie sich Ihres kranken Kollegen an!» (Graz, HSA, Lfd.Nr. 03099).

576 «Mit der Vertretung des wegen Krankheit beurlaubten Direktors wurde Herr Dr. Karl Buscherbruck, Oberlehrer am hiesigen städtischen Gymnasium, von dem hohen Ministerium beauftragt. Derselbe hat sich des schweren Auftrags mit grossem Geschick und musterhafter Pflichttreue entledigt» (zit. nach Hirt 1993, II, 984–985). Buscherbruck (geb. 1870), der 1895 bei Förster über *Die altfranzösischen Predigten des heiligen Bernhard von Clairvaux* promoviert hatte, las 3std. «Geschichtliche französ. Lautlehre» und hielt eine Seminarübung über «Alfred de Musset». Am 10. 8. 1901 wurde Foersters Schüler Eugène Gaufinez (1864–1945) zum Bonner Extradordinarius ernannt, womit die Personalprobleme zunächst gelöst waren.

577 Eduard Koschwitz, zu diesem Zeitpunkt Romanist in Marburg, wurde im Jahr 1901 nach Königsberg berufen.

578 Gustav Körting, *Lateinisch-romanisches Wörterbuch*, 2., verm. und verb. Ausg., Paderborn, Schöningh, 1901.

579 Gestrichen und ersetzt durch: Florenz/Italien.

580 *Raccolta di studi critici dedicata ad Alessandro D'Ancona festeggiandosi il XL anniversario del suo insegnamento*, Florenz, G. Barbera, 1901. Gröber ist darin mit dem Beitrag *Der Inhalt des Faroliedes* (583–601) vertreten. Von Rajna stammt der Beitrag *Una questione d'amore* (553–

ab. Auf ein Recensionsexemplar für die RZts. kann bei der Nothwendigkeit die vorhandenen Exemplare für den Verkauf zu reservieren, nicht wohl Anspruch erhoben werden. Zur Besprechung des Buches hatte sich vor einiger Zeit übrigens Prof. H. Suchier in Halle erboten.[581] Sehr verbunden bin ich Ihnen für den Prospect über das D'Anconabuch. Ich kann nun für das Roman. Seminar beim Buchhändler 1 Ex. bestellen und die Universitätsbibliothek veranlassen das gleiche zu thun. Sie wundern sich, dass es uns in Deutschland nicht leicht ist Bücher aus Italien, selbst von einer so angesehenen Firma wie Barbéra zu erhalten.[582] Aber die Buchhänder in Deutschland erhalten ja nicht einmal von Firmen wie Barbéra Anzeigen über die neuen bei ihnen erschienenen Bücher! Wie können sie dann Bücher bestellen? Der Fehler liegt hier auf der Seite des italienischen Buchhandels. Mit herzlichem Gruß

Ihr GGröber

[Original Florenz, Biblioteca Marucelliana, Carteggio Pio Rajna 739, Nr. 26].

568), den er Gröber Anfang Juli als Sonderdruck zugeschickt hatte. Dieser hatte am 14. 7. geantwortet: «Ich danke Ihnen verbindlichst für Ihre Abhandlung über die ‹Questione d'amore› in der Tenzone bei Savaric de Mauleon etc., zu der Sie so viele interessante Seitenstücke nachzuweisen vermocht haben und die Sie in so interessante Beleuchtung durch Ihre Hinweise auf das Altertum rücken. Ihr ‹ricambio› ist mir um so wertvoller, als ich bis jetzt noch nicht in Besitz eines Exemplars des D'Anconabuchs gelangt bin und noch nichts weiter mehr von seinem Inhalt weiss».

581 Die Bibliographie der Zeitschrift für romanische Philologie (Suppl. 26, 1902) weist S. 36 neun Rez. nach, an deutschsprachigen eine von Karl Vossler (Studien zur vergleichenden Literaturgeschichte III [1903], 106–116) und eine von dem Kunsthistoriker Arthur L. Jellinek (Literarisches Centralblatt für Deutschland 53 [1902], 950–951) (keine von Suchier). Vossler bespricht Gröber auf S. 114 und endet: «Wer mit den Problemen und Hypothesen, die sich an die Entstehungsgeschichte der altfranzösischen Epik knüpfen, vertraut ist, braucht nicht erst auf die Tragweite der Gröberschen Arbeit hingewiesen zu werden». – Am 15. 7. 1901 schreibt Gröber an Suchier: «Ein Exemplar des D'Ancona-Bandes soll jeder Mitarbeiter zu ca. 10 Frcs. erhalten; die Kosten im übrigen für Separatabzüge u. dgl. sollten ihnen nach der Drucklegung bekannt gemacht werden. Rajna, der im Comité war, theilte mir das mit. Ich bin noch heute ohne ein Exemplar des Jubiläumsbuches und ohne die Angabe der Kosten des Buchhändlers und derer, die auf mich fallen. Ich kenne den Inhalt des Buches nur erst zum Theil. Daß ein Recensionsexemplar zu haben sein wird, bezweifle ich, – über 600 Mk Kosten sollen noch zu decken sein, durch Erhöhung des Verkaufspreises des Bandes sollen sie gedeckt werden, – aber ich werde darum schreiben» (Original Berlin, SBB PK NL Suchier, Gröber Bl. 464, Nr. 232).

582 Die Casa editrice Barbèra wurde 1860 von Gasparo Barbèra gegründet, der bereits zuvor als Drucker Bücher veröffentlicht hatte. Der Verlag wurde 1960 an Renato Giunti verkauft und gehört heute zum Konsortium Casa editrice Bemporad Marzocco.

83 Karl Dziatzko

Straßburg i/E. 26. 1. 1902.

Lieber Freund.

Wir haben uns diesmal zu Neujahr beide kurz gefaßt. Ich, in der Erwartung, Dir am darauffolgenden Sonntage den üblichen Bericht senden zu können, ohne daß ich die Ankündigung wahrmachen konnte. Denn ich hatte zwar in der Nacht des 1. Januar die letzte Seite des Ms's. meiner altfrz. Litteraturgeschichte beendet; aber nun kam auch gleich das Bandregister, das ich mit Nachträgen aus meiner Littgesch. zu versehen hatte. Gestern ist auch diese Arbeit, 3500 Nummern umfassend, an die Druckerei abgegangen, sodaß nun das Ms. des ganzen «Grundriß» fertig ist, und nur noch die Registercorrekturen vorzunehmen sind; aber so ist nun auch der Sonntag vor Deinem und des Deutschen Kaisers Geburtstag herangekommen[583] und es ist nun Bericht und Geburtstagsgratulation zusammenzufassen.

Dabei handelt es sich bei Dir um ein wichtigeres Ereigniß als beim Kaiser, um eine Dezenarfeier. Ich nehme daher Positur in Frack und weißer Krawatte |2| an und wünsche Dir zunächst eine Dich befriedigende Rückblende auf die vollbrachten 60 in allem was Du erstrebt und von Fortuna in Haus, Familie, Amt daneben zu erwarten berechtigt warst; dann aber fröhliche 70 und weitere Jahre Lebens in Befriedigung und Behagen, falls ich sie nicht selber z. Z. mehr wünschen kann. Und um des außerordentlichen Tages willen füge ich das anliegende Opus bei, einen vor c. 8 Jahren von mir verfaßten Operntext, den ich für einen hiesigen Componisten schrieb, der in jener Zeit der Mascagnischen Einactsopern[584] von mir einen entsprechenden Text wünschte, den ich ihm dann noch mit der kleinen Finesse angefertigt habe, daß kein Scenenwechsel stattfindet, also Ortseinheit eingehalten ist. Die Oper ist nun nicht nur gedruckt, sondern wird hier im März auch in Scene gehen.[585] Ich bin neugierig.

---

583 27. Januar (1842 Dziatzko; 1859 Kaiser Wilhelm II.).

584 Pietro Mascagni (1863–1945), ital. Komponist; einaktig ist z. B. seine bekannteste Oper *Cavalleria rusticana*.

585 Vermutlich handelt es sich um *Nuredin: Oper ... nach den persischen weisen «Meistern»* von ***/Musik von Johann Fabian, Straßburg 1901. Zur Erstaufführung am 2. Mai 1902 schreibt Die Musik. Illustrierte Halbmonatsschrift I, 3 (1902), 1703: «Als letzte Novität der Spielzeit wurde ein Einakter ‹Nu red in› von Joh. Fabian gegeben, ein Werk, das sein Bühnendasein wohl mehr der Recensenteneigenschaft seines Verfassers als seiner musikalischen Bedeutung verdankt. Die Handlung, von einer anonymen, wie man hörte weiblichen Hand in schlechte Verse gefügt, spielt im alten Persien und ist so eine Moritat. Zu ihr eine wirksame Musik zu schreiben, hätte wohl auch ein Grösserer nicht vermocht als der fleissige Leipziger Conservatoriumsschüler». Der einzige nachweisbare Text dieses Librettos findet sich in der B.N.U. S.-Strasbourg

Die Anonymität werde ich bewahren, auch wenn der Erfolg freilich nicht fehlen sollte; freilich hat mir «Fabian»[586] nicht versprochen, das Geheimniß der Verfasserschaft des Textes unbedingt wahren zu wollen. – Außerdem liegt noch diesmal ein Festglückwunsch meiner Frau bei.

|3| Allzuviel ist seit unserer Begegnung zur Philologenversammlung[587] nun nicht zu berichten, und, nur Angenehmes. Von den Berlinern kommen durchaus gute Nachrichten. Das Semester hat einen durchaus günstigen Verlauf: über 60 Zuhörer im Privatcolleg, gegen 80 in frzös. Syntax in seminaristischer Behandlung, einige Dissertationen über nicht unebene Gegenstände in Arbeit; dabei hat mich die Anstrengung bei der Vollendung des Grundriß – es wurden noch 19 Bogen – und die sonntägliche bei der Correspondenz – ich habe heute 19 Nummern –, die neben der amtlichen einhergeht, nicht fühlbar angegriffen; aber das Bedürfnis, einmal gründlich Athem zu holen, hat sich natürlich eingestellt; doch konnte ich es bei alledem nicht lassen auch einen Spahnartikel[588]

131333941. – Zu weiteren Einzelheiten vgl. Jeroen van Gessel, *Speaking for Whom? Using Opera Reviews from Strasbourg (1887–1918) to Clarify the Problematical Source Character of Music Criticism*, in: T. Cascudo García-Villaraco (Hrsg.), *Nineteenth-Century Music Criticism*, Leuven: Brepols Publishers, 2017 (Music, Criticism & Politics; 3)., 77–100, bes. 80. – Anzumerken ist in diesem Kontext die intensive Befassung Gröbers mit der *Historia de septem sapientibus*, vgl. *Grundriss* II, 2 (1902), 280, 321, 528, 615, 727, 991, 994.

586 Die Anführungszeichen legen nahe, dass «Fabian», der von 1897–1903 für die Straßburger Neuesten Nachrichten schrieb, ein Pseudonym ist. Sollte er etwa mit Carl Theodor Somborn (1851–1935) identisch sein? Dieser, 1867–77 Schüler des Leipziger Konservatoriums, leitete zeitweise das Straßburger Konservatorium und komponierte Opern (*Philenor* wurde z. B. im November 1903 in Straßburg aufgeführt, hatte aber nur wenig Erfolg). Da Gröbers Tochter Johanna am Straßburger Konservatorium studierte, dürfte ihr Vater Somborn persönlich gekannt haben. Leider erwähnt Myriam Geyer, *La vie musicale à Strasbourg sous l'Empire Allemand*, Paris, École des Chartes, 1999 (Mémoire et documents de l'École des Chartes; 57) «Fabian» nicht.

587 *Verhandlungen der sechsundvierzigsten Versammlung deutscher Philologen und Schulmänner in Straßburg (Elsaß) vom 1. bis 4. Oktober 1901.* Dziatzko hatte aus diesem Anlass einen Vortrag (*Über die modernen Bestrebungen einer Generalkatalogisierung*) gehalten.

588 Der der Zentrumspartei nahestehende Historiker Martin Spahn (1875–1945), bereits mit 23 Jahren habilitiert, wurde, obschon Katholik, im Herbst 1901 als Ordinarius nach Straßburg berufen, was zu einer Monate währenden öffentlichen Diskussion führte. Der «Fall Spahn» ist nur vor dem Hintergrund des Kulturkampfes verständlich. Der Artikel findet sich (ohne Namensnennung) in: Tägliche Rundschau. Unterhaltungsblatt für die Gebildeten aller Stände, Nr. 591, 18. 12. 1901 (Morgen-Ausgabe), 1–2. (Ich danke Herrn Christoph Albers von der SBB PK für den genauen Nachweis und die Überlassung einer Kopie). Es handelt sich dabei um eine Glosse zur Selbstanzeige Spahns seines Buchs *Deutschland im 17. Jahrhundet und der große Kurfürst*. Gröber (wenn er denn der Verfasser es Artikels ist) kommentiert: «Es wird interessant sein zu beobachten, wie diese Selbstanzeige, die in vielen Stücken doch auch ein Selbstbekenntnis ist und trotz ihres sichtlichen Bemühens, Härten zu mildern und Schärfen abzuschlei-

(für die Tägliche Rundschau) – übrigens von völlig sachlicher Haltung, zu verfassen. Mehr angestrengt hat sich bei allen diesen Thaten meine Frau; denn sie meint, wir müßten nun zu Ostern nach Italien, besonders da man noch eigens für den Historikercongress eingeladen sei.[589] Ich habe schon eingehalten: da hat neulich der Professor |4| der Romanischen Philologie Renier im Giornale della letteratura italiana, das wir in der Rom. Zeitschrift regelmäßig so günstig beurtheilen, unverständlicher und unbegründeter Weise, gelegentlich der Anzeige eines Buches über Venezianische Volkslieder von Somborn,[590] über den deutschen wissenschaftichen Hochmuth geschimpft,[591] daß man unmöglich mit den Italienern auf einem Congresse collegial verkehren kann; und was soll dann aus dem Paul werden, der im Juli nach Oberprima versetzt werden soll? Aber meine Frau weiß ganz genau, daß ich Italien nöthig habe, und so weiß ich allerdings nicht, was geschieht. Die alten Deutschen haben, glaube ich, auch ihren Frauen immer schon nachgegeben, weil sie im Geruch der Prophetengabe standen. Wenn ich nicht noch einen dritten Grund ausfindig mache, werde ich wohl daran glauben müssen; es ist ¾ 8; der Brief muß noch

---

fen, in ein Verdikt katholischer Kultur ausklingt, auf die ultramontane Welt und ihre Presse wirken wird. In der ‹Germania› hat heute ein seltsamer Schwärmer in gefühlvollen Wendungen das kaiserliche Telegramm an den Statthalter von Elsaß-Lothringen besungen, dem er eine weittragende Bedeutung für die Paritätsfrage beimißt. Deß zur weiteren Bekräftigung und Ausführung schlägt er die Berufung einer ‹Reihe hervorragender Katholiken als Kronsyndici vor, die in allen wichtigen katholischen Angelegenheiten dem Kaiser mit Freimut regelmäßigen Bericht zu erstatten› hätten. Also eine Art Neuauflage der katholischen Abteilung im Kultusministerium. Wie gut für die ‹Kronsyndici›, daß sie noch nicht berufen wurden. Was sollten die Ärmsten ‹mit Freimut› von diesem auf Geheiß des Zentrums berufenen Professor Dr. Spahn sagen, der Martinum Luther, den Ketzer und ‹entlaufenen Mönch›, einen in seiner Volkstümlichkeit und seelischen Glut einzigen Führer zu nennen wagt!» Daß die Verfasserschaft Gröbers wahrscheinlich ist, legt ein Vergleich seiner kleinen Schrift *Wahrnehmungen und Gedanken (1875–1910)*, Strassburg, Heitz, 1910, nahe, man vgl. z. B. S. 8 f. seine Aphorismen über den Katholizismus.

589 Dieser (Congresso internazionale di scienze storiche, Roma 1–9 aprile 1903) fand allerdings erst ein Jahr später statt!

590 Carl Theodor Somborn, *Das venezianische Volkslied; die Villotta*, Heidelberg, Winter 1901, besprochen von Berthold Wiese, Literaturblatt für germanische und romanische Philologie 23 (1902), 40–42. Die Rez. endet: «Es ist schade, dass ein in der besten Absicht geschriebenes Buch nur so bedingungsweise anerkannt werdenn kann. Daran ist aber der Verf. selber schuld, der Gebiete betreten hat, in denen er nicht zu Hause ist».

591 Rodolfo Renier, Giornale storico della letteratura italiana 40 (1902), 176: «Ed è encomiabile anche l'entusiastica ammirazione e la vivissima simpatia verso il popolo veneziano ch'egli dimostra e che è degna dei Tedeschi d'altri tempi, quando ancora la megalomania nazionale non aveva intorbidato i cervelli a molti fra quei bravi signori, ed essendo più modesti, erano nell'indagine filologica e storica tanto più grandi di quanto oggi non siano».

zur Post, soll er nicht post festum eintreffen. Laß es Dir und den Deinen ferner wohl gehen.

Dein treu ergebener
GGröber.

[Original Göttingen, NSUB Cod. Ms_K_Dziatzko_69_5_1_71_F, Brief 71A].

84 Karl Vossler

Straßburg, d. 16. 9. 1902.

Lieber Herr Dr.

Ihren Brief und Ihre Postkarte mit den begleitenden Drucksachen nahm ich mir vor zu beantworten, wenn mir Coll. Neumann[592] auf meine, am Sonntag an ihn gelangte Mitteilung über die Absicht, Sie hierher zu berufen, geantwortet hätte. Nun kommt heute die Nachricht, daß Sie mit Prof. Neumann gesprochen haben, und daß er Ihnen ein so außerordentliches Entgegenkommen zeigt. Ich kann Ihnen dazu nur Glück wünschen und die Vortheile, die Ihnen in Heidelberg geboten werden, so wenig verkennen, daß ich Ihnen nur rathen kann, das Entgegenkommen anzunehmen, so sehr ich bedaure, daß wir Sie hierher nicht erhalten sollen.

Auch hier ist zwar üblich geworden, nach 5 Jahren den Titularprofessor aus dem Privatdocenten zu machen; aber die Regierung hält sich genau an die 5 Jahre, um nicht Präzedenzfälle zu schaffen für Mediciner. Unser Historiker |2| Ludwig, der jetzt Titularprofessor geworden ist[593] und mit 4½ Jahren von uns vorgeschlagen war, mußte, trotz wärmster Empfehlung, das Sommersemester noch als Privatdozent aushalten! Würden Ihnen nun die 3 Heidelberger Jahre hier anerkannt, so würden Sie immer noch zwei Jahre auf den Professor warten müssen – unser Curator glaubt seit dem Fall Spahn[594] in solchen Dingen seine Correctheit an den Tag legen zu können. Und dabei hätten Sie hier noch die Umhabilitierung. Ich glaube zwar, daß die Facultät auf meinen Vorschlag eingehen und Sie mit einem Vortrag vor der Facultät mit Colloquium

---

592 Fritz Neumann (1854–1934), Romanistikprofessor in Heidelberg, Freiburg und wiederum Heidelberg (1890–1924); er betreute im Jahr 1899/1900 Vosslers Habilitation und sorgte 1902 für seine Ernennung zum Heidelberger Professor.

593 Theodor Ludwig (1868–1905) war Schüler von Harry Bresslau und habilitierte sich im Mai 1897; er verstab kurze Zeit nach seiner Ernennung zum Professor an Typhus.

594 Vgl. Brief 83.

recipiren würde; aber es wäre doch ein Plus an Leistungen für das in Aussicht stehende Titularprofessorat dahier gegenüber dem Heidelberger Angebot.[595] Bietet Ihnen denn Heidelberg auch dasselbe Gehalt, so haben wir gar nichts mehr in die Wagschale zu werfen, und Sie erfüllen nur Ihre Pflicht gegen sich und die Universität, die Werth auf Ihr Bleiben legt, wenn Sie Heidelberg nicht untreu werden. Dazu wird die Beförderung in Heidelberg nach außen besonderen Eindruck machen. |3| Daß es mich gefreut haben würde, Sie hierher zu bekommen, brauche ich nicht zu wiederholen. Wenn noch etwas diesen Wunsch mir hätte nahelegen können, so waren es die in Aussicht stehenden Unterhaltungen über Dinge, denen Sie mit Vorliebe Ihr Nachdenken widmen, wie sich wiederum an Ihrem ausgezeichneten Bericht über Croce's Ästhetik zeigt, und die mich nicht minder beschäftigen. Zu Ihrer vorsichtigen Stellungsnahme zu Croces Theorie[596] hoffe ich mich – wenn es denn nicht mündlich soll geschehen können, wenigstens gelegentlich einmal schriftlich zu äußern; ich warte dazu am besten den Zeitpunkt ab, wo ich einen Einblick in Croces Buch selbst erhalten haben werde, das mir auch auf der Bibliothek noch nicht zugänglich ist.[597] Und heute will ich mir auch Andeutungen zu Ihren Darlegungen über Croces Auffassung erlassen, um diese Zeilen nicht aufzuhalten, durch die Sie meine Meinung zu dem Dilemma, in das Sie gerathen sind, zu erhalten wünschten. Auch Prof. Neumann wird wünschen müssen, von Ihnen weiter informiert zu werden.

595 Vossler wurde am 10. 11. 1902 zum a. o. Prof. an der Univ. Heidelberg ernannt.

596 Vossler, *Croces Ästhetik als Wissenschaft des Ausdrucks. (Croce: Estetica come scienza dell'espressione e linguistica generale, Mil. 1902)*, Allgemeine Zeitung Augsburg, 10. Sept. 1902, Beilage Nr. 207, 481–484. Vgl. dazu den *Briefwechsel Benedetto Croce – Karl Vossler*, 1955, 49–51.

597 Als Croce Gröber Ende Mai 1902 in Straßburg einen Besuch abstatten wollte, war Gröber (angeblich) durch Sitzungen verhindert und erwartete zudem seine Frau von einer Reise zurück, so dass das Treffen nicht zu Stande kam (PK Gröbers vom 1. 6. 1902 an Croce). Croce schreibt am 14. 9. 1902 an Vossler: «Ich bin froh, mich mit dem guten Gröber versöhnt zu haben, dem ich mein Buch schicken muß; ich habe es bis jetzt nicht getan, weil ich die Erinnerung an unsere Meinungsverschiedenheit nicht wiedererwecken wollte» (*Briefwechsel Benedetto Croce – Karl Vossler*, 1955, 51). Allerdings schreibt er am 27. 6. 1903 an Vossler: «Was Gröbers Theorie angeht [...], so kann ich nicht erkennen, worin ich Gröber mißverstanden haben soll, der doch sehr klar ist. Der Kernpunkt ist doch, daß ich nicht glaube, man könne die Literatur, da sie ein ästhetisches Phänomen ist, von einem anderen als dem ästhetischen Gesichtspunkt aus untersuchen; und die Grammatik ist nicht wissenschaftliche Untersuchung, sondern ein der Gedächtnishilfe dienender Schematismus und daher immer willkürlich und approximativ» (ebd., 56).

|4| Ich darf mich wohl versichert halten, daß Sie oder Neumann mir bald durch eine Zeile wissen lassen, wie die Entscheidung fallen wird, damit ich mich rechtzeitig nach einem Ersatz für Savj-Lopez[598] umsehen kann.

Mit herzlichen Grüßen
Ihr GGröber.

[München, BSB, NL Karl Vossler, Ana 350.12.A, Brief 49].

85 Ernst Windisch

Straßburg ^{i}/E. 8. Febr. 1903

Sehr verehrter Herr College.

Mit dem lebhaftesten Bedauern haben Dr. Trübner und ich Kenntnis genommen von einer Störung in Ihrem Befinden, die Sie nöthigt eine Unterbrechung in Ihren wissenschaftlichen Arbeiten eintreten zu lassen, und Sie verhindert, der Revision Ihres Grundrißartikels die Zeit zu widmen, die Sie ihm zuzuwenden gedachten.[599] Wir zweifeln nicht, daß, wenn Sie ihn jetzt abschließen, er durch Änderungen und Nachträge diejenige Form erhalten hat, die der erreichten wissenschaftlichen Einsicht in den Gegenstand entspricht, und zögern keinen Augenblick, ihn als definitiv zu betrachten und zum Druck anzunehmen. Von einer Aenderung in den Honorarbedingungen könnte selbstverständlich nur die Rede sein, wenn Sie wünschten, daß in der oder jener Richtung etwas für Ihren Artikel von andrer |2| Seite noch geschehe, etwa durch Thurneysen,[600] auf den Sie hinweisen, und den, wenn Sie es gegebenen Falles nicht selbst zu thun wünschten, ich ersuchen könnte, an der Stelle einzugreifen, wo Sie verhindert waren, es selbst zu thun. Ein Zeichen im Ms. könnte leicht darüber orientieren. Da Herr Dr. Trübner durch die Indog. Forschungen mit Thurn-

598 Paolo Savj-Lòpez, Lektor in Straßburg, war von Philipp August Becker als Italianist für Budapest ausersehen, reiste auch nach dort, um sich mit seiner zukünftigen Stellung vertraut zu machen, wurde jedoch fast gleichzeitig als Prof. für roman. Philologie nach Catania berufen und entschied sich für Italien.

599 Windisch, *Keltische Sprache*, in: *Grundriss* I² (1903–04), 371–404 (der Text ist im Vergleich zur 1. Aufl. kaum verändert, hat jedoch einen anderen Druckspiegel, auch sind die bibliographischen Angaben erweitert und aktualisiert worden).

600 Rudolf Thurneysen (1857–1940), Schweizer Sprachwissenschaftler und Keltologe, der seine Laufbahn an deutschen Universitäten (Jena, Freiburg i. Br., Leipzig und zuletzt Bonn) absolvierte. Windisch war Thurneyseens Doktorvater. In Thurneysens Bonner NL befindet sich keine Korrespondenz mit Gröber.

eysen in Verbindung ist, würde er leicht die Ansprüche Th's kennen lernen können, falls er solche für seine Arbeit erhöbe. Aber nur auf Ihr Verlangen würden wir natürlich uns an Th. wenden. Zur Zeit der Correctur werden Sie wohl wieder in Leipzig sein. Ev. bäten wir um Anordnungen, wie es mit der Corr. gehalten werden soll.

Möge besonders eine günstige Frühlingswitterung Ihnen in Arosa die Erholung bringen, die Sie vom Aufenthalt dort erhoffen. Ihre Grüße an Nöldeke und Hübschmanns[601] war ich in der Lage in den letzten Tagen ausrichten zu können. Beide (auch Frau Hübschmann) |3| senden Ihnen gleichfalls ihre besten Wünsche für die Reise. Mir und den meinigen geht es gut. Von meiner Tochter wird Ihnen Papa Heinze meist Gutes melden können.[602] Mein Sohn soll im Herbst das Abiturientenexamen ablegen und studieren. Mit herzlichen Grüßen

Ihr
GGröber.

[Original Leipzig, UA, NL Ernst Windisch (NA_Windisch_2_195_4)].

86 Edward Schröder

[Postkarte]
Straßburg i/E. 5./7. 1903

Sehr geehrter Herr College. Empfangen Sie meinen herzlichen Dank für Ihre eindrucksvolle Gedenkschrift von G. P.,[603] für die Ihnen die deutschen Romanisten Dank schulden und Frau G. Paris dankbar sein wird, der Sie wohl nicht versäumt haben den Nachruf zu schicken. Was nun noch fehlt zur vollen Würdigung des früh Verstorbenen ist die Genesis seiner Entwicklung, für die von

601 Es handelt sich um die Straßburger Kollegen Theodor Nöldeke und Heinrich Hübschmann, beide Orientalisten.

602 Max(imilian) Heinze (1835–1909), seit 1875 Professor der Geschichte in Leipzig.

603 Schröder, *Gaston Paris*, Sonderdruck aus: Nachrichten der K. Gesellschaft der Wissenschaften zu Göttingen, Geschäftliche Mittheilungen, 1903, H. 1, 91–98. Der Nachruf endet: «Wir Vertreter der mittelalterlichen Philologie und Geschichte haben heute durchaus die Ueberzeugung – und vielleicht reicht dieses Gefühl weiter – daß uns unter den fremden Gelehrten keine Gruppe näher steht in Fleiß und Methode, in ihren Zielen und ihrer Aufgabenstellung, als die Franzosen, und weiter, daß der Wettstreit um die Palme von keiner andern Seite mit größerer Ehrlichkeit geführt wird. Jeder von uns kann Namen nennen, die dies Urteil bestätigen, die dieses Lobes würdig sind. Gaston Paris aber war gewiß der Vornehmsten einer, und der Platz, den er einnahm im wissenschaftlichen Verkehr der beiden großen Nationen, wird schwer zu besetzen sein» (98).

Bedeutung die deutsche Arbeit auf romanistischem Gebiet in seiner Lebenszeit in erster Linie gewesen ist; ihr nachzugehen wird besonders erleichtert bei Verfolgung seiner Rezensententätigkeit, und es ist Sache des Romanisten, über Geben und Nehmen hier Licht zu verbreiten. Ich rechnete auf eine solche Würdigung von Schuchardt; leider ist sie ausgeblieben.[604] – Aus der Seele ist mir geschrieben was Sie von der sog. Vergleichenden Litteraturgeschichte als neuer Disziplin der litteraturgeschichtlichen Forschung sagen.[605] Man hat noch nicht einmal das Bedürfnis nach einer vergleichenden Staatengeschichte (trotz Delbrück)[606] empfunden, und schon kennt man eine besondere Aufgabe der vergleichenden Litt.-Geschichte; wird man nicht auch bald nach einer vergleichenden Musikgeschichte, Vergl. Geschichte der Bildhauerei und Malerei verlangen? Es handelt sich wohl nur um Gründung neuer Katheder. – Nehmen Sie zum Beweis meines Dankes einen kleinen Artikel freundl. auf, den ich mit dieser Karte Ihnen zugehen lasse.[607] Mit ergebenstem Gruß

Ihr G. Gröber.

[Original Göttngen, NSUB Cod_Ms_E: Schroeder 319].

---

604 Geleistet hat diese Arbeit erst viel später (2004) die Schweizerin Ursula Bähler mit ihrer umfassenden Monographie. – Schröders Nachruf wird darin in einer Fußnote erwähnt (454).

605 «Man redet heute so viel und so laut von vergleichender Litteraturgeschichte und allgemeiner Kulturgeschichte: Gaston Paris hat diese hochtrabenden Worte nie im Munde geführt und würde sich gewiß dagegen sträuben, wollt ich ihn etwa als den Meister der vergleichenden Litteraturbetrachtung preisen; aber was ein im festen Eigenboden wurzelnder Specialphilologe auf dieser angeblichen Domäne einer neuen Wissenschaft leisten, ja wie nur ein solcher uns wirklich vorwärts helfen kann, das hat er in einer langen Reihe von Arbeiten bewiesen» (91–92).

606 Hans Delbrück (1848–1929), bedeutender deutscher Historiker und Politiker, Verfasser u. a. von 4 Bänden *Geschichte der Kriegskunst im Rahmen der politischen Geschichte*, Berlin 1900 f.

607 Vermutlich *Die Frauen im Mittelalter und die erste Frauenrechtlerin*, Deutsche Revue (Dez. 1902), 343–351. Mit «Frauenrechtlerin» ist Christine de Pisan gemeint, bes. S. 350: «In ihrer Vielseitigkeit stellte sie sogar die Schriftsteller ihrer Zeit in den Schatten. Dabei hatte sie selbst erst den Kampf für die Anerkennung der Befähigung der Frau zu höheren Aufgaben zu führen gehabt, und sie fand den Mut dazu, nachdem sie schwer gelitten hatte durch betrügerische Schuldner, schurkische Gläubiger, bestechliche und chikanöse Beamte, die sie um ihr Vermögen brachten in den Jahren, wo sie heranreifen sollte».

87 Hermann Suchier

Strassburg i/E. 3.1.1904.

Lieber Freund.

Ihre freundlichen Wünsche für das neue Jahr erwiedre ich von ganzem Herzen, und mit Freuden erhalte ich die Bestätigung der Zusage Ihres Artikels[608] für den «Grdß» für Anfang Mai in der Form, nicht – nach meinem Sinne, wie Sie sagen, sondern im Sinne des «Grdß», wie Sie sagen sollten.[609] Denn nicht darum handelt es sich, daß ich Ihre Darstellung der «Frz. und Prov. Sprache und ihrer Mundarten» anders beurtheile als Ascoli[610] und Schuchardt;[611] ich halte sie vielmehr für die beste Charakteristik der beiden Sprachen, die wir haben, und sie hat verdientermaßen eine französische Bearbeitung erfahren;[612] – aber nach der Disposition des «Grdß» und entsprechend der Darstellung der übrigen romanischen Sprachen darin wurde auf einen Versuch derjenigen Darstellung der frz. und prov. Sprache gerechnet, die Sie selbst S. 572 des «Grdß» als die richtige für den «Grdß» bezeichnen,[613] eine Darstellung, welche die einzel-

---

608 Gem. ist die Überarbeitung von Suchiers *Die französische und provenzalische Sprache und ihre Mundarten*, in: *Grundriss* I[1] (1888), 561–668 für die 2. Aufl.

609 Hermann Suchier, in: *Grundriss* I[2] (1904–06), 712–840. Der Text ist im Vergleich mit der ersten Auflage erheblich verändert, bibliographisch auf den neuesten Stand gebracht und um etwa 25 Seiten länger geworden. Schon bei der ersten Version hatte Gröber Suchier um Änderungen gebeten: «Ich kann nicht verhehlen, daß mir beim Lesen das Eine oder Andre aufstieß, wo ich mich Ihrer Auffassung nicht anschließen kann. Trotzdem denke ich Ihrer Aufforderung nicht zu entsprechen, in redactionellen Noten die Puncte des Widerspruchs hervorzuheben und zu beleuchten, sondern mich darauf zu beschränken, daß ich Ihnen zur Berücksichtigung bei der Correctur die Stellen bezeichne, wo sich eine Incongruenz in Ihren Darlegungen gegenüber bereits gedruckt vorliegenden Abschnitten zeigt» (NL Suchier, Brief 81, 29.11.1886).

610 Vgl. z.B. Suchier an Ascoli (Halle a.S., 7.2.89): «Mein Beitrag zu Gröber's *Grundriss* war schon im März 1887 fertig gedruckt; und aus diesem Grunde fehlt Manches, was ich erst aus der Deutschen Ausgabe Ihrer Sprachwiss. Briefe gelernt habe» (unveröff. Brief Biblioteca dell'Accademia nazionale dei Lincei e Corsiniana, Biblioteca – Fondi moderni, carteggio G. I. Ascoli, 55.15._Suchier_H_P01–02).

611 Vgl. z.B. Schuchardts Brief (3.2.1891) an Suchier (Graz, HSA 31–32r–33v): «Ihre Darstellung im *Grundriss* gefällt mir so gut, dass ich mich in Bezug auf die versprochene Arbeit den glänzendsten Hoffnungen hingebe. Wir haben so Etwas sehr nöthig».

612 *Le français et le provençal*, par H. Suchier; traduction par P. Monet, Paris, Émile Bouillon, 1891 [«Le présent ouvrage est détaché du *Grundriss der romanischen Philologie*»]. – Nachdr. München: LINCOM Europa, 2012.

613 «Eine solche Darstellung ist bis jetzt nicht versucht worden und lässt sich auch innerhalb der einem Grundriss der romanischen Philologie gesteckten Grenzen zur Zeit nicht ausführen. Wir ordnen daher die sprachlichen Veränderungen nach andern Gesichtspunkten».

nen sprachlichen Veränderungen in streng |2| chronologischer Ordnung aufführt und bei einer jeden auf das von derselben betroffene räumliche Gebiet zu bestimmen und zu begrenzen sucht. Genau nur hierauf waren meine Ihnen geäußerten Wünsche für die 2. Aufl. des «Grdß» gerichtet, und diese Wünsche jetzt zu äußern, wo in der von Ihnen bezeichneten Richtung die Forschung seit Jahren zu einem, sagen wir Abschluß oder Stillstand, gekommen ist, kann für mich, als Herausgeber des «Grdß», nur Erfüllung einer Pflicht bedeuten. Natürlich kann es sich bei dem Umfang, den der «Grdß» zur Verfügung stellt, nur um Mitteilung von Hauptsachen aus Laut-, Formen- u. Satzlehre der mittelalterlichen und neueren Entwicklungsphase der Sprache und der Mundarten Frankreichs handeln, um Mitteilung dessen, was Sie in Ihren Sammlungen geeignet finden (auch ein Teil des Stoffes aus der vorliegenden Fassung Ihres Grundrißartikels wird wieder Verwendung finden) – und um eine Gestaltung des Stoffes, die im übrigen nur in Rücksicht zu ziehen |3| hat, was in andern Abschnitten des «Grdß» nicht unberücksichtigt bleiben darf (zB. Sprachgrenzen u. dgl., bei Ihnen S. 561 ff.; 597, vgl. S 419 ff.; darüber werden wir uns, denk ich, verständigen). Welche Wichtigkeit «die räumliche Umgrenzung der sprachlichen Veränderungen» für die mittelalterliche Litteraturgeschichte hat, wissen Sie selbst am besten; und aus welcher Darstellung der französ. Sprachgeschichte könnte sich der Lernende heute darüber unterrichten? Allgemein von Ihnen wird darüber zuverlässige Belehrung erwartet, wie Sie ebenfalls wissen. Daß Ihre Charakteristik der französ. provenzal. Sprachentwicklung nicht untergehen soll, sehen Sie aus dem Antrage, den Ihnen Dr. Trübner bez. einer Neuveröffentlichung als selbständiges Buch gemacht hat;[614] es könnte sehr gut neben der erbetenen neuen Gestaltung des Stoffes in der 2. Aufl. des «Grdß» einhergehen. Eine Verschiedenheit Ihres und meines Standpunktes in Betreff der für den «Grdß» wünschenswerthen Darstellung des Französ.-Provenz. Abschnitts besteht daher nicht. Möge Muße und Stimmung Ihre Arbeit befördern.

Mit herzlichem Gruß
Ihr GGröber

[Original Berlin, SBB PK, NL Suchier: Gustav Gröber, Brief 171, Bl. 341–343].

---

614 Suchier, Die *französische und provenzalische Sprache und ihre Mundarten; nach ihrer historischen Entwicklung dargestellt; mit 12 Karten*. 2., verb. und vermehrte Auflage; Ill., graph. Darst., Kt., Straßburg, Trübner, 1906; 128 S.

88 Philipp August Becker

[Straßburg i. E.] 18/6 1904

Lieber Herr Coll. Vielen Dank für die Zusendung Ihres neuen Werkes,[615] in dem ich nur erst blätterte, das mir aber den Eindruck macht, in weiteren Kreisen wirkliche Kenntnis der span. Litteratur verbreiten zu können und willkommen geheißen werden zu müssen. Als Gegengabe bitte ich meine beiden Abschnitte im 1. Heft des «Grdß der Rom. Phil.» I² entgegenzunehmen, die diesmal, worüber ich nicht zu erschrecken bitte, mit «O» anfängt, etwas pretentiös, wegen des nunmehr bestehenden Anklangs an das Alpha und Omega![616]

Daß Sie jetzt schon Ferien genießen können, setzt mich in Verwunderung. Also begannen Ihre Ferien schon, als Sie jüngst hier waren und meine Frau nur antrafen! Nun, das ist schön, daß Sie sich mit der Familie so bald vereinigen konnten; hoffentlich ist den Reisenden der Aufenthalt am Genfer See recht gut bekommen.

Die Sache mit Königsberg ging so, daß mein Schwiegersohn[617] mich um Instructionen bat, da er in der Kommission saß, der kein Fachmann angehört; ich charakterisierte ihm die mobilen Collegen und kann Ihnen sagen, daß er sich Ihrer warm angenommen hat. Auch Kaluza[618] hatte ich über eine Vorschlagsliste Auskunft zu geben; Ihre Hauptrivalen werden Schul[t]z-Gora[619] und Freymond[620] sein, der Schwager des Klass. Philologen Roßbach in Königsberg; man dachte noch an Cloetta,[621] doch wird es sich nur um 3 Vorschläge handeln können. Morgen findet die letzte Commissionssitzung in der Angele-

---

615 Becker, *Geschichte der spanischen Literatur*, Straßburg, Trübner, 1904. Diese Publikation trug Becker von seinem Rezensenten Arthur Ludwig Stiefel einen Plagiatsvorwurf ein (Kritischer Jahresbericht über die Fortschritte der Romanischen Philologie 10 [1906], II, 257–258) und machte später seine Hoffnung auf die Nachfolge seines Lehrers Gröber zunichte, vgl. Hausmann 2016.

616 Gröber hatte die Angewohnheit, wissenschaftliche Monographien mit «A» zu beginnen. So fängt das 1. Kap. *Geschichte der romanischen Philologie* in Grundriss I¹ (1888), 3 an mit «**A**uch die romanische Philologie ...», in I² (1904–06), 1 jedoch mit «O»: «**O**bgleich von ‹Romanischer Philologie› ...».

617 Der Altphilologe Richard Heinze war von 1903–1906 Königsberger Ordinarius für Klassische Philologie.

618 Max Kaluža/Kaluza (1856–1921), Anglist in Königsberg, zuvor Breslauer Schüler Gröbers.

619 Oskar Schultz-Gora (1860–1942), Schüler Toblers in Berlin, wurde 1904 nach Königsberg, 1911 nach Straßburg und 1919 nach Jena berufen. Er machte also das Rennen.

620 Emil Freymond war zu diesem Zeitpunkt Ordinarius in Bern, von wo er 1901 nach Prag berufen wurde; er war mit der Schwester Otto Rossbachs (1858–1931) verheiratet.

621 Wilhelm Cloetta/Cloëtta (1857–1911), von 1899–1903 Ordinarius in Jena, 1909 Gröbers Nachfolger in Straßburg.

genheit statt; ich wünsche, daß Heinzes Befürwortung Ihrer Candidatur Erfolg hat; (vor einigen Tagen war ich noch veranlaßt, Kaluza die Fechterstellung zu benehmen, als ob Sie ein geborener Ungar wären, dem die deutschen Unterrichtsverhältnisse zu beurteilen vielleicht nicht leicht fallen könnte!). Da Sie Baist[622] öfter sehen werden, könnten Sie mir gewiß einen kleinen Dienst leisten. Ich habe ihn neulich [am Rand: Wir hatten für einige Wochen Aufenthalt in Freiburg genommen], gelegentlich, an sein Ms. für den span. Abschnitt des 1. Bandes des „Grdß» erinnern können;[623] er hat aber in einer freundschaftlichen Erwidergung auf einen anderen Punkt der Corresponenz diesen Punkt unberührt gelassen; ich habe alle Manuscripte bis einschließlich «Catalanisch». Dahinter folgt «Spanisch». Es wird Ihnen nicht schwer werden, ohne Absicht dabei zu verraten, gelegentlich im Gespräch eine Äußerung B's darüber zu extrahieren, ob er das Ms. schon bereit hält; – es war längst fällig – u. ob ich darauf rechnen könne, es vor den Ferien zu erhalten.

Herzlichen Gruß u. Empfehlung an Ihre Frau Gemahlin
Ihr G. Gröber

[Abschrift Ph. A. Becker, Bonn, ULB NL Curtius, E.R. IV; vgl, auch Hillen 1993, Brief XCII, 296–298].

89 Rufino José Cuervo

Strassburg i/E. 15. 10. 1904.

Sehr verehrter Herr Cuervo.

Sehr grosse Freude haben Sie mir durch Ihren Brief, meinem Sohn noch ausserdem durch die Fossilien bereitet.[624] Er dankt Ihnen in französischer Sprache;[625]

622 Gottfried Baist (1853–1920), von 1891–1918 Romanistikordinarius in Freiburg i. Br., hatte Beckers Habilitation betreut. – Der Brief ist adressiert «Herrn Prof. Dr. Phil. Aug. Becker, aus Pest, Freiburg/Br., Pension Hohenzollern – Vgl. auch Brief 73.

623 Es handelt sich um die 2. Aufl. 1904–06, in der (S. 878–915) die überarbeitete Fassung der 1. Aufl. von 1888 (S. 689–714) zu finden ist; da beide Aufl. das gleiche Format haben, ist der Beitrag demzufolge um 12 S. erweitert worden.

624 Paul Gröber war zu diesem Zeitpunkt neunzehn Jahre alt und hatte gerade das Studium der Geologie in Straßburg aufgenommen. Sein Brief vom 15. 10. 1904 ist abgedruckt bei Schütz 1976, II, 66. Demnach hatte Cuervo dem jungen Gröber einen Hopliten geschenkt, einen seltenen Ammoniten aus der Kreidezeit. Dessen Geologieprofessor schlug ihm sogar vor, darüber einen Aufsatz zu schreiben, der jedoch nicht nachweisbar ist.

625 Original Bogotá, Biblioteca del Instituto Caro y Cuervo, PG 1, 15. 10. 1904.

ich tue es in deutscher, weil ich glaube, dass Sie es selbst wünschen, und weil ich auch weitere Zuschriften von Ihnen mir ebenfalls in Ihrer Muttersprache wünsche; sollte übrigens meine Schrift Ihnen mein Deutsch zu verstehen erschweren, so würde ich auf Ihren Wunsch natürlich gern französisch Ihnen schreiben.

Ich hatte die redliche Absicht, Ihnen die Stelle nach Neuchâtel[626] zu melden, wo J. Cornu von den «*Dances des vaches*» spricht (es geschah in Böhmers «Roman. Studien» I S. 358[627] u. die Romania spricht davon Bd. III 119).[628] Ich hatte die Stelle aber erst Anfang October wiedergefunden, wo Sie schon nach Paris zurückgekehrt sein konnten. Nun hätte ich Ihnen freilich gern |2| die wiedergefundene Stelle von Cornu's Artikel nach Paris gemeldet; – aber, siehe da, ich hatte Ihre Visitenkarte so gut aufgehoben, dass ich sie nicht wiederfand; – und so sind Sie mir mit Ihrem freundlichen Briefe zuvorgekommen, wo ich beabsichtigt hatte, Ihnen zuerst ein Lebenszeichen von uns zu geben.

Uns geht es wohl; ich habe seit meiner Zurückkunft sehr viel Correspondenz und sonstige Arbeit gehabt, aber auch tüchtig mit meinem Sohne philosophiert. – Gegen Ende des Monats September war Herr Saroïhandy[629] hier, später erschien O. Densuşianu[630] auf der Heimreise von Paris nach Bucarest in Straßburg. Aber erst morgen kehrt meine Frau zurück nach Strassburg, die 10 Wochen auf der Reise sich befunden, bei meiner Tochter in Königsberg ^{i}/O. Preussen, in Berlin, in Dresden, in Böhmen bei Verwandten war, und hier natürlich sehnlichst erwartet wurde.

---

626 Gröber hatte Cuervo dort während eines Urlaubs eher zufällig getroffen.

627 Der Artikel heißt richtig *Le ranz des vaches de la Gruyère et la chanson de Jean de la Bolliéta. Avec glossaire*, Romanische Studien 1 (1875), 358–372. Das Wort *ranz* bedeutet «Kuhreien/Kuhreigen» und ist ein in mehreren schweizerischen Dialektvarianten überliefertes Lied, um die Kühe zum Melken anzulocken.

628 Es handelt sich nur um eine dreizeilige Zusammenfassung von Cornus Ausgabe.

629 Jean-Joseph Saroïhandy (1867–1932) war Schüler von Alfred Morel-Fatio; nach der Agrégation in Spanisch (1901) wurde er Lehrer in Bayonne; er überarbeitete für *Grundriss* I^2 (1904–06), 841–877 das Kapitel *Das Catalanische*: «Herr Saroïhandy hat die Lautlehre neu bearbeitet, in der ‹Bibliographie› einige weitere Angaben zu den catalanischen Grammatiken gemacht und trägt die Verantwortung für den Abschnitt I. B. Allgemeine Charakterisierung des Catalanischen. Übersetzt wurden diese Teile vom Herausgeber. Die deutsche Bearbeitung des übrigen in der ersten Auflage des *Grundriss*' durch Herrn Professor Dr. A. Horning wurde in die zweite Auflage herübergenommen» (841).

630 Ovid Densuşianu (1873–1938), rumänischer Romanist, Volkskundler und Dichter. Schütz 1976, I, 594 merkt dazu an: «Agradecemos los informes precedentes, a la amabilidad del Dr. E. Coseriu, profesor en la Universidad de Tubinga, quien nos ayudó a identificar a Densusianu, cuyo nombre aparece casi ilegible en esta carta de Gröber. Es probable que Cuervo haya conocido personalmente a este colega rumano, ya que en su biblioteca se encuentran de él dos obras».

Mit Vergnügen haben wir Ihrem Briefe entnommen, dass Sie gut |3| in Paris angekommen sind und sich wohl fühlen; möge es immer so sein!

Aus meines Sohnes Briefe ersehen Sie, dass er alle Ursache hat, Ihnen dankbar zu sein für Ihr Geschenk; ich bin es nicht minder für Ihr wertvolles Buch, das seine Stelle auf der Etagère meines Schreibtisches unter den Büchern gefunden hat, die ich fast täglich in die Hand zu nehmen habe. So kann es nicht fehlen, dass ich mich oft der Neuchâteler Tage erinnern werde, wo ich die unerwartete Freude hatte Sie kennen zu lernen und Meinungen mit Ihnen austauschen zu können.

Mit herzlichem Gruss in aufrichtiger Verehrung
Ihr
GGröber.

[Original Bogotá, Biblioteca del Instituto Caro y Cuervo, Correspondencia Cuervo-Gröber, GG.3; Abdruck bei Schütz 1976, 614–616 (mit kleinen Differenzen)].

90 Karl Vossler

Straßburg ^{i}/E. 23./10.1904.

Lieber Herr College.

Die hochfahrende Karte Suchier's, die er, obwohl nicht direkt beteiligt, für zweckmäßig hielt, Ihnen auf Ihre Rezension von Sarans Buch zu senden,[631] befremdet mich nicht; ich kenne diese Ausflüsse seiner ehrsüchtigen Art und seines Unfehlbarkeitsglaubens, der auch bei ihm das Resultat eines beengten

631 Franz Saran, *Der Rhythmus des Französischen Verses*, Halle, Niemeyer, 1904. Der Germanist Saran (1866–1931) war zu diesem Zeitpunkt Lehrer an den Franckeschen Stiftungen in Halle. Teile bzw. Vorstudien dieses Beitrags waren zuerst in der Suchier-Festschrift *Forschungen zur romanischen Philologie. Festgabe für Hermann Suchier*, Halle, Niemeyer, 1900, 539–574 erschienen. Das Buch selber wurde von Vossler im Archiv für das Studium der neueren Sprachen und Literaturen 113, N.S. 13 (1904), 227–233 besprochen. Vossler schließt: «Wenn wir auch weit davon entfernt sind von der Meinung, daß ein prinzipieller Irrtum durch fleißige, scharfsinnige und geistvolle Detailforschung irgendwie wieder gut gemacht werden könne, so müssen wir doch die vielseitige Förderung der französischen und deutschen Verslehre, Poetik, Phonetik, Musikgeschichte im kleinen und einzelnen mit dankbarer Anerkennung hervorheben». Am 22.3.1904 schreibt er an Croce: «Demnächst wird ein weiterer und noch schärferer Angriff von mir gegen die derzeitige in der romanischen Rhythmik herrschende Methode erscheinen; er betrifft das neue Buch *Der Rhythmus der französischen Verse* von F. Saran, dem zähesten und gelehrtesten Vorkämpfer der alternierenden Theorie» (*Briefwechsel Benedetto Croce – Karl Vossler*, 1955, 66–67).

Denkens, die Folge eines beschränkten geistigen Horizonts ist; er merkt dabei nicht einmal, wie seine leidenschaftliche Grobheit diese seine geistige Konstitution enthüllt. Sie haben ihm würdig geantwortet; in seinem Stil würden Sie ihn auch haben fragen können, wo er denn selber seine Kompetenz in metrischen Fragen dargetan hätte. Aber, da er beleidigt ist, dürfen Sie sich darauf gefaßt machen, daß er die Gelegenheit benutzen wird, sich über Ihre Fähigkeiten wegwerfend zu äußern.[632] Das ist schon manchem Schüler nicht suchierischer Richtung begegnet, und muß für |2| diese nicht nur die Aufforderung bedeuten, zu vermeiden, daß S. (nebst seinen zwei Universitätsgenossen eigner Schule, Voretzsch und Wechssler) Anlaß erhält, gegründeten Tadel auszusprechen, sondern auch zusammenzuhalten, um gegenseitig ihr gutes Recht zur Mitteilung eigner Meinungen und erprobter Einsichten gegen herrschsüchtige Fachgenossen sich zu wahren.

Auch über Wechsslers Arbeit über die Lautgesetzfrage[633] denke ich wie Sie u. in ähnlichem Sinne hat sich Schultz-Gora bei Besprechung des Suchierbuchs in Behrens' Zeitschr. geäußert.[634] Ich habe die breiten, zu nichts führenden Darlegungen W.'s so wenig begreifen können, wie Sch.-G. die eigne Ansicht W.'s, die auf ein paar Seiten dargelegt werden konnte, statt die ganze Entwicklungsgeschichte der Lehre vom Wesen der Lautveränderung zur Folie zu nehmen, – dann hätte's aber eben nicht gelehrt ausgesehen, – ist auch weder neu, noch selbständig begründet.

Ich wünsche Ihnen gutes Gelingen für Ihre Würdigung der Arbeit: Suchier |3| wird freilich neuen Anlaß finden, Ihnen Feindschaft zu zeigen. Da Sie Anlaß gehabt haben, bei dieser Gelegenheit von mir vertretene Anschauungen der Prüfung zu unterziehen, wird mich Ihre neue Arbeit noch besonders interessieren: Das Ganze meiner Auffassungen über die Sprache, – es steht in Zusammenhang mit einer allgemeinen Ansicht über unser sog. geistiges Funktionieren, habe ich ja freilich nicht Gelegenheit gehabt darzulegen, und so wäre es mir gewiß nicht unerwünscht gewesen, mit Ihnen die angekündigte sprachwissenschaftliche Unterhaltung führen zu können.

---

632 In den Nachlässen beider Kontrahenten gibt es einschlägige Korrespondenz.

633 Eduard Wechßler, *Gibt es Lautgesetze*, in: *Forschungen zur romanischen Philologie. Festgabe für Hermann Suchier zum 15. März 1900*, Halle, Niemeyer, 1900, 349–538. – Interessanterweise hat sich Wechßler (1869–1949) zwischen 1919 und 1936 an den Verlag Walter de Gruyter wegen einer zu überarbeitenden Neuauflage des *Grundriss'* gewandt; Max Leopold Wagner (1880–1962) wollte bereits 1915 das *Sardische* nachtragen und teilte am 3. 6. 1921 mit, das ensprechende Kapitel sei beendet; Kurt Glaser (1880–1946) wollte 1923–1929 die *Geschichte der französischen Sprache* neu schreiben, vgl. Neuendorff 1999, 121, 318, 94.

634 Oskar Schultz-Gora, Zeitschrift für französische Sprache und Literatur 22 (1900), 72–80.

Neulich las ich Hauvettes Anzeige Ihres Dolce stile in der Revue critique[635] und freute mich der Anerkennung, die Ihre Arbeit im Ausland findet. Mit herzlichem Gruß

Ihr
GGröber.

[Original München, BSB, Ana 350.12.A Gröber, Brief 70].

91 Karl Vossler

Straßburg i/E. 27.11.1904.

Ich konnte Ihrer neuen fesselnden, geistreichen und geschickt organisierten Schrift,[636] in der vergangenen Woche mit Stipendienangelegenheiten beschäftigt, nur wenige Minuten widmen, darf aber nicht länger zögern, Ihnen wenigstens meine Eindrücke mitzuteilen: wie sehr hätte ich mich gefreut, wenn der von Ihnen in Aussicht genommene mündliche Austausch über die von Ihnen erörterten Fragen stattgefunden hätte, und wie würde ich mich freuen, wenn er noch statthaben könnte, Ihre Schrift in der Hand. Natürlich haben Sie recht mit Betonung der idealistischen Erklärung der Erscheinung der Sprache und der Erscheinungen an der Sprache; ich kann das umso weniger verkennen, als ich ja den «psychologisch-genetischen» Gesichtspunkt in der Sprachbetrachtung, der sich mit dem von Ihnen idealistisch genannten und dem positiven (bei mir «empirischen») entgegengesetzten, völlig deckt, im Grdß ein langes

---

635 Henri Hauvette, Revue critique 38,2, N.S. 48 (1904), 273–274 (Rez. von Vossler, *Die philosophischen Grundlagen zum «süssen neuen» Stil des Guido Guinicelli, Guido Cavalcanti, und Dante Alighieri*, Heidelberg, Winter, 1904): «Il s'agit donc d'analyses fort délicates et subtiles, et on doit remercier M. Vossler d'avoir apporté tant de science et de méthode au service de ce problème psychologique et poétique à la fois».

636 Vossler, *Positivismus und Idealismus in der Sprachwissenschaft, eine sprach-philosophische Untersuchung*, Heidelberg, Winter, 1904. Gröber wird mehrfach erwähnt (S. 33 f., 36, 39–41, 73), wobei Vossler ihm einerseits Respekt zollt, sich als seinen Schüler bezeichnet, sich aber vorsichtig von ihm distanziert: «Aber ich habe noch einen schlimmeren Irrtum begangen, indem ich das, was Gröber die verstandesmäßige und reguläre Syntax nennt, mit dem ‹analytisch-logischen Intellekt› des Schriftstellers, und die ‹affektische Syntax› mit seinem ‹synthetisch-künstlerischen Intellekt› in kausale Verbindung setzte; – als ob der scharfe Logiker seine Vorstellungen immer affektlos und generell, der geniale Künstler die seinen immer affektisch und individuell ausdrücken müßte, als ob es zwei wesensverschiedene Arten von Sprache gäbe: das logische Sprechen und das künstlerische; als ob die Zweiteilung der theoretischen Vernunft in Anschauung und Abstraktion für die Sprachwissenschaft verwertbar wäre, als ob die gruppierende Dingauffassung mit logischer Begriffsbildung identisch sein könnte» (41).

Kapitel (neue Aufl. S. 294 ff.; s. besonders die einführenden §§) gewidmet habe, von denen Croce allerdings keine Kenntnis ge- |2| nommen hat. Doch habe ich den Eindruck, daß Sie die Unentbehrlichkeit der empirischen (positivistischen) Kenntnisnahme und Betrachtungsweise des sprachlichen Stoffes (und ihre praktische Nützlichkeit) überall da verkannten, wo ein empirisches (positives) Resultat nicht als Dogma (positivistisch) aufgestellt wird im Sinne einer letzten Lösung. Und das ist kaum der Fall bei Leuten wie Delbrück, Brugmann[637] u. a., deren zu gedenken Sie vielleicht nicht Gelegenheit hatten, geschieht allerdings, zB. bei Wechssler[638] und wohl auch bei seinem Lehrer Suchier; – es wäre aber förderlich für die Anerkennung der schönen Gedanken Ihrer Schrift gewesen, wenn Sie hier Ihr Urteil limitiert hätten: Leute wie Brugmann, Delbrück u. a. sind sich des vorläufigen Charakters ihrer «Regeln» und «Erklärungen» durchaus bewußt und hüten sich nur, die Beschränktheit unserer gegenwärtigen Erkenntnisse nicht [zu] übersehen, schon jetzt das letzte Wort in einer psychologischen (idealistischen) Erklärung auszusprechen. – Ich befürchte weiter, daß Ihre Anwendung der italienischen Terminologie (zB. bei Positivismus, Idealismus, Aesthetik im Sinn von αἴσθησις und dem von Lip[p]s,[639] als Einbildung u. dgl.) dem Verständnis deutscher Leser, die |3| Ihre Schrift im Auge hat, weniger entgegenkommt, als wenn sie sich der ausgebildeten deutschen Terminologie bedient hätten. Und in dem Kapitel, in dem Sie Croce *pater peccavi* sagen, glaube ich Sie gegen sich selbst verteidigen zu müssen, wofern Sie sich in Ihrer Celliniabhandlung nicht anheischig machten, mit den Begriffen verstandesmäßig und affektisch (aus der «empirischen» Sprachbetrachtung!) zu einer Erfassung der seelischen Geschehnisse und ihrer Äußerungsweise bei Ben. Cellini zu gelangen, sondern ferne, der empirischen/positiven Betrachtung der Sprache angehörige Begriffe nur als Gesichtspunkt wählten, von dem aus Sie sich mit Ihren Lesern über gewisse Seiten des Geistes Cellinis und seiner Selbstdarstellung desselben verständigen und den Leser orientieren wollten. Mir ist noch heute nicht zweifelhaft, daß Ihnen dies gelungen ist; Tobler in seiner Besprechung,[640] wies auf die Notwendigung der Detaillierung

637 Berthold Delbrück (1842–1922), Sprachwissenschaftler, seit 1870 an der Universität Jena; Karl Brugmann (1849–1919), Indogermanist und Sprachwissenschaftler in Leipzig.

638 Vgl. seine Besprechung von *Positivismus und Idealismus*, Literarisches Centralblatt für Deutschland 56 (1905), 137–140 (s. u.).

639 Theodor Lipps (1851–1914), deutscher Philosoph und Psychologe, Verf. einer *Ästhetik* (1903–1906).

640 Tobler, Rez. von *Beiträge zur romanischen Philologie. Festgabe für Gustav Gröber, 1899*, Deutsche Literaturzeitung 21 (1900), Sp. 44–51, hier 50: «K. Vossler stellt eine grosse Zahl in Cellinis Autobiographie beobachteter stilistischer Thatsachen von bestimmten Gesichtspunkten aus zusammen und bemüht sich, über die Ursachen derselben Licht zu verbreiten. Vielleicht hätte die Sonderung des Gesammelten an mehreren Stellen noch etwas weiter geführt

in der Untersuchung der einzelnen Aeußerung C.'s zwecks Ermittelung der individuellen Verursachung eines Ausdruckes hin und sprach seine Freude darüber aus, daß Sie endlich ernstlich eine stilistische Specialuntersuchung in Angriff genommen hätten, die sich nicht beschränkte auf die in Werthausdrücken und Bildern aufgehende und den Stil des Individuums absolut nicht verdeutlichende ästhetische Betrachtung des Schriftsteller-«Stils». Das hätte Ihnen sagen können, daß Sie keineswegs auf falschem Wege waren, wenn Sie auf dem Croce's nicht wandelten, |4| der noch heute nicht darüber belehrt zu sein scheint, daß bei mir psychologisch-genetisch heißt, was ihm aesthetisch und idealistisch. Ich muß abbrechen, und kann nur noch ein Wort vom Verhältnis von Stil zu Rede und Satz sagen. Bei mir ist Syntax und Stilistik ebenfalls genau in dem Verhältnis gedacht, wie bei Croce; nur habe ich im «Grundriß» nicht auch «Stilistik» behandeln können, wo ich über «Methodik der Sprachforschung» handle; daß ich, wie Sie sagen, einmal von Stilistik und Syntax in umgekehrtem Verhältnisse rede, liegt an dem, was ich in dem betreffenden Satze zu sagen hatte, der nicht Aufschluß über das Verhältnis zu geben die Aufgabe haben konnte. Ein andermal vielleicht mehr. Mit herzl. Gruß

Ihr
GGröber.

[Original München, BSB, Ana 350.12.A Gröber, Brief 71].

92 Karl Vossler

Straßburg i/E. 29. 1. 1905.

Lieber Herr College.

Ich habe mich natürlich außerordentlich über Ihre Berufung nach Rom, die ich schon in der Zeitung gelesen hatte,[641] gefreut, verstehe aber vollkommen, daß Sie es vorzogen, im Vaterland zu bleiben; ein Entschluß, dem zuzustimmen

werden sollen; manche einzelne Erscheinung wäre besser in anderem Zusammenhang besprochen worden, als da, wo V. sie unterbringt, und manches mag nach Ursache und Wirkung anders zu beurtheilen sein als hier geschieht. [(Es folgt eine «Mängelliste»)]. An feinen Bemerkungen fehlt es aber auch nicht, und es ist erfreulich, dass hier mit stilistischer Einzelbetrachtung ein kräftiger Anfang gemacht ist».

641 Vgl. Vosslers Brief an Croce vom 23. 1. 1905: «Sie werden vielleicht aus der Zeitung erfahren habe, daß die philosophische Fakultät in Rom mich einstimmig auf den Lehrstuhl für deutsche Sprache und Literatur berufen hat. Leider aber habe ich aus einer Reihe von ernsten Gründen ablehnen müssen». Als solche gibt er an: Er könne seine alten Eltern nicht im Stich

Ihrer Frau Gemahlin[642] schwer werden mußte, und den zu billigen eine Schätzung unseres Universitätslebens durch sie nötig war, die sich hoffentlich noch dadurch in absehbarer Zeit steigert, daß Ihre l. Frau erfährt, wie man Ihre Schaffenskraft in Deutschland zu würdigen weiß. Niemand kann Ihre sachkundigen Arbeiten übersehen und den weiten Blick verkennen, der sie auszeichnet; es muß nur eben ein Platz frei oder für Sie geschaffen werden, auf dem Sie sich weiter zu bewähren vermögen; und daß er Ihnen bald zu Teil werde, wünsche ich, nach dem jetzt von Ihnen gefaßten Entschluß, der Heimat treu zu bleiben, von Herzen. Die Wiener Stelle[643] wäre für Sie wie geschaffen, da es, neben M. L., besonders die litterarische Seite unseres Faches zu vertreten gilt; freilich, glaube ich, warten gar manche Schüler M. L.'s und des Romanischen beflissene Leute (v. Wurzbach)[644] sehr darauf; |2| und bei Berufungen pflegt ja auch der Prophet im Vaterlande zur Geltung zu kommen, besonders jetzt außerhalb Preußens. Möge, falls sich dort die Gelegenheit für Sie nicht günstig erweist, Coll. Neumann gelingen, Ihnen inzwischen einen Ersatz zu schaffen für das, worauf Sie verzichteten.[645]

Das Wichtigste dazu wird natürlich Ihre weitere litter. Arbeit beitragen. Daß Sie Ihre sprachlichen Forschungen fortsetzen wollen, halte ich dafür für sehr günstig. Und da Ihre letzte Arbeit sich als eine Art Programm gab,[646] wäre es gut, einige Seiten des Programms auszuführen. In gleicher Richtung, wie meine Abhandlung über die bei der Herstellung offner Silben sich geltend machende Tendenz (der Ausdruck ist absichtlich, mit Vorsicht, gewählt; das psychologische hier dauernd wirksame Motiv ist noch zu präzisieren), würden sich Antworten auf Fragen bewegen wie die, warum hat das Französische alle seine fallenden Diphthonge (ái, éi, ói, úi etc.) zu steigenden (ái durch áe : aé : eé = ē?, ói zu oí, úi zu uí) umgebildet? wies nicht der vorwiegend oxytone Charakter der Sprache, die vorwiegende Betonung der Schlußsilben der Wörter, darauf hin? Oder, welches ist das Motiv der Reduction der durch Vocalausfall entstandenen oder schon im lat. vorhandenen Drei- und Mehr- |3| consonanz (episcopus: $^+$episkpe › $^+$evesque, evêque; zuletzt erst verstummt der silbenschließende

lassen, Kollegen hätten ihm eine «glänzende Zukunft» in Deutschland versprochen, aber besonders wichtig sei, daß dort, anders als in Italien, seine Lehrtätigkeit mit seiner literarischen Tätigkeit übereinstimme; vgl. *Briefwechsel Benedetto Croce – Karl Vossler*, 1955, 73–74.

642 Esterina Vossler, geb. Gräfin Gnoli (1872–1922), war Römerin.

643 Adolf(o) Mussafia war am 7.6.1905 im Alter von 70 Jahren verstorben; sein Nachfolger wurde Philipp August Becker.

644 Wolfgang von Wurzbach (1879–1957) war zu diesem Zeitpunkt noch nicht habilitiert.

645 Vossler wurde am 1.5.1909 als Ordinarius nach Würzburg, zwei Jahre später nach München berufen.

646 Vossler, *Positivismus und Idealismus in der Sprachwissenschaft*, Heidelberg, Winter, 1904.

Reibelaut, hier s; sextus: +sexts, +secsts: +sieists: +sists: +sist etc. etc.)? Darüber habe ich mich einmal, auf das Vorhandensein einer durch Generationen hindurch auch hier wirksamen Regel aufmerksam machend, in der RZts. geäußert,[647] im Anschluß an eine Dissertation über die Dreiconsonanzen (Marburg), deren Thema Koschwitz, nach Anleitung meiner Vorlesung über fzös. hist. Grammatik und gedruckter Äußerungen von mir, gestellt hatte.[648] Themata solcher Art in verschiedenen rom. Sprachen, auch den weniger litterarisch entwickelten, und in den Mundarten, gibt es die Menge, mit der nötigen Vorsicht hier versehen, dürften sich gleichfalls, wenn auch im einzelnen Falle schwer beweisbare Erklärungen darbieten lassen; etc. Da ich meine Äußerungen zu Ihrer letzten Abhandlung in meinem Briefe nicht im einzelnen begründen konnte, hatte ich mir vorgenommen, mich sonntäglich mit Ihnen darüber auseinanderzusetzen; aber leider versagte die Zeit. Statt dessen mußte ich zB über 100 Seiten französischer Ergänzungen zu Morel-Fatio's Catalan. Abschnitt im «Grdß» deutsch redigieren und schleunigst für die Druckerei das Ms. anfertigen,[649] – und so kann ich Ihnen heute erst eine kleine Probe von dem geben, worüber ich mich mit Ihnen zu unterhalten gedachte, am arbeitsfreien Sonntag. –

|4| Herzogs Schrift habe ich gelesen.[650] Den Standpunkt, den er einnimmt bei der Erklärung des sprachlichen Wechsels billige ich um so mehr, als ich seine Ursachen im Grdß (Sprachwiss. Abschnitte) ebenfalls in Betracht gezogen habe.[651] Herzog's Annahme aber, daß die heranwachsende Generation (die Jugend) allein den sprachlichen Wechsel verursache, finde ich nicht erwiesen; meinen Ersatz dafür, die «sprachlichen Autoritätscentren» hätte ich freilich auch noch genauer zu beschreiben gehabt; nur war es am Orte nicht möglich, dies an der Hand der täglichen Beobachtung und der Geschichte zu tun. – Hoepffners gewissenhafte Arbeit[652] läßt die Persönlichkeit Ds' in der Tat etwas

647 Wenn Gröber angibt, er habe sich anlässlich der Dissertation von Elfrath zur Dreikonsonanz in der *Zeitschrift für romanische Philologie* geäußert (vgl. Anm. 648), so konnte das nicht nachgewiesen werden. Ausführungen zum Thema «Dreikonsonanz» finden sich jedoch in: Zeitschrift für romanische Philologie 3 (1879), 306 anlässlich einer Besprechung von Romania 8, 1879, 95–100 (Gaston Paris, *dîner*).

648 Henry Elfrath, *Die Entwickelung lateinischer und romanischer Dreikonsonanz im Altfranzösischen*, Erlangen, Junge, 1898 (Diss. Marburg 9.11.1898; Auszug aus Romanische Forschungen 10 [1898], 755–826).

649 *Grundriss* I^2 (1904–06), 841 f. Morel-Fatios Beitrag wurde von J. Saroïhandy ergänzt und von Adolf Horning deutsch bearbeitet. Im Druck ist er 37 S. lang, so daß man nicht erkennen kann, wo Gröber «100 Seiten französischer Ergänzungen» deutsch redigiert haben will.

650 Eugen Herzog, *Streitfragen der romanischen Philologie*. 1. Die Lautgesetze, Halle a. S., Niemeyer, 1904.

651 *Grundriss* I^2 (1904–06), 138.

652 Ernst Hoepffner, *Eustache Deschamps. Leben und Werke*, Straßburg, Trübner, 1904. Hoepffner hatte 1903 mit der Arbeit *Eustache Deschamps. Biographische Studie* promoviert.

zurücktreten; das lag daran, daß H. seine Hauptaufgabe in der Erörterung vieler Einzelheiten (Chronologie der Gedichte, biographische Momente u.s.w.) erblicken mußte, die der Feststellung harrten; auf meine Charakterisierung Ds' im Grdß, die bei der aufmerksamen Lectüre jedes der Gedichte Ds' entworfen wurde,[653] glaubte H. vermutlich sich genügen lassen zu können hinzuweisen. Nach H's Schrift ist Raynauds Biographie als letzter Band seiner Deschamps-Ausgabe in der Soc. des anc. textes erschienen;[654] von Petit de Julleville gibt es eine Charakteristik Ds' in seiner Hist. d. la lang. et de la litt. fr. Bd. II.[655] – Daß Farinelli in der Lage war, ein richtiges Urteil über Ihre Schrift zum stil nuovo abzugeben,[656] glaube ich kaum; er wird kaum eine Ahnung von dem Material haben, das dem bekannt sein muß, der sich zur Sache äußern will. Wechßler's Besprechung Ihres Positivismus[657] habe ich noch nicht gesehen; ich habe an ihm auch schon erlebt (ebenso sagte es ihm G. Paris), daß er kein objectiver Beurteiler fremder Arbeit ist.[658] – Suchiers Französ. u. Provenzalisch in die dem «Grdß» angemessene Form bringen zu lassen, habe ich mich in

653 *Grundriss* II, 1 (1902), 1056–1066.

654 Gaston Raynaud, *Eustache Deschamps: sa vie, ses œuvres, son temps, étude historique et littéraire sur la seconde moitié du XIVe siècle, 1346–1406*, Paris, Firmin Didot, 1904 (Société des anciens textes francais; 10, 11).

655 *Histoire de la langue et de la littérature française des origines à 1900*: [8 Bde]/Publiée sous la direction de L. Petit de Julleville, Paris, Colin, hier vol. II (*Moyen âge, des origines à 1500*), 1896.

656 Arturo Farinelli, Archiv für das Studium der neueren Sprachen und Literaturen 103 (1904), 470–478 (diese Rez. ist durchaus sachkundig und anerkennend!).

657 Eduard Wechßler, Literarisches Centralblatt für Deutschland 56. Jg. (1905), 137–140. Am Ende resümiert der Rezensent: «Was ist es denn im Grunde, was uns Positivisten von dem Idealisten, besser Ideologen Karl Voßler trennt? Wir andern gehen aus vom akustischen Phänomen, von Wort und Satz, um von da zur Bedeutung, zum ‹Geist› vorzudringen. V. verlangt den umgekehrten Weg. Wir gehen vom bekannten A zum unbekannten X, Voßler will vom X zum A. Es bleibt sein Verdienst, darauf hingewiesen zu haben, daß dieses X immer das einzige Ziel bleibt. Manche hatten es fast ganz oder für immer aus dem Auge verloren. Der Verf. bekennt im Vorwort (S. VI), daß er mehr nachgedacht als gelesen habe. Ob das Nachdenken immer gründlich und sachlich war darüber erlaube ich mir kein Urteil auszusprechen. Das Nachlesen jedenfalls hätte ausgiebiger sein müssen. [...] Wegen einiger Ungenauigkeiten und Irrtümer im einzelnen will ich den Verf. um so weniger zur Rede stellen, da ich in einer größeren Arbeit über französische Syntax und Stilistik auf seine Polemik zurückkommen werde» (Sp. 140).

658 Diese Behauptung konnte nicht verifiziert werden; die beiden Rez., die Gaston Paris von Arbeiten Wechßlers unternommen hat (*Romania* 24 [1895], 472–476 u. 29 [1900] 583–584), sind überaus positiv. «Mais par la hardiesse même avec laquelle il pose et résout ces questions difficiles, M. Wechssler stimule la réflexion et la critique. Il s'était déjà fait avantageusement connaître par ses travaux d'histoire littéraire; il prend, par cette étude ingénieuse et souvent profonde, un rang distingué parmi les linguistes» (584).

aufregenden Correspondenzen bis Ostern vorigen Jahres vergeblich bemüht;[659] ich werde Ihnen einmal mündlich davon erzählen können. – Mit herzlichem Gruß Ihr GGröber.

[Original München, BSB, Ana 350.12.A Gröber, Brief 72].

93 Carolina Michaëlis de Vasconcelos

Straßburg i/E. 11. April 1905.

Hochgeehrte Frau Dr.

Diesen Zeilen erlaube ich mir 3 erste Bogen der Hefte 1. 2. 3 der Bibliotheca romanica beizufügen, von der Sie wissen, und anzufragen, ob Sie wohl geneigt wären, die Buchhandlung von Heitz & Mündel, die die Bibl. rom. ins Werk zu setzen begonnen hat,[660] bei dem Unternehmen zu unterstützen. Es würde sich um Übernahme der portugies. Litteraturwerke handeln, zunächst um eine Ausgabe von Camoens Lusiaden und der Gedichte,[661] für die eine größere Anzahl

659 Vgl. Gröber an Suchier, Brief 87 vom 3. 1. 1904.

660 Die Bibliotheca Romanica (BR) gliedert sich in vier verschiedene Reihen mit durchgehender Nrn.-Zählung. Die Titelseite ziert ein romanisches Säulenportal. – Zu dem Unternehmen insgesamt vgl. Allgemeines Literaturblatt 16. Jg. (1907), col. 113: «Im Verlage von J. H. Ed. Heitz in Straßburg erscheint seit kurzem eine zierliche Ausgabe romanischer Autoren u. d. T. **Bibliotheca romanica**, die sich in eine *Bibliothèque française*, eine *Biblioteca italiana*, eine *Biblioteca española* und eine *Biblioteca portugueza* scheidet und die hervorragendsten Werke dieser vier Literaturen enthalten soll. Jedem Werk ist eine kurze Einleitung in der Sprache der betr. Dichtung vorausgeschickt, welche eine literarhistorische Würdigung sowie sprachliche und sachliche Erläuterungen enthält, worauf ein gereinigter Textabdruck folgt, zu dem kleine, aber scharfe und gefällige Lettern gewählt sind. [...] Die Ausgabe wird nicht nur Romanisten eine bequeme Handbibliothek bilden, sondern auch den Freunden der verschiedenen Literaturen Gelegenheit geben, sich die Hauptwerke derselben in bequemer Form und um billiges Geld – die Nr. kostet nur 40 Pf. (48 h.) – anzuschaffen». Der Text könnte von Gröber selber als dem Initiator dieses Unternehmens stammen. Zu weiteren Einzelheiten vgl. Brief 99 an Philipp August Becker. – In Zeitschrift für romanische Philologie 33 (1909), 96–100 findet sich eine ausführliche Besprechung der Bände 40 (*La Vita Nova*) und 48 (*I Trionfi*) von Enrico Sicardi (1866–1928), der auch auf die Bedeutung der Reihe hinweist. Er wird wenig später selber die Ausgabe des *Novellino* (BR – Biblioteca italiana; 71/72) herausgeben. Diese wie auch andere Bändchen der BR fanden durchaus wissenschaftliche Anerkennung!

661 Carolina Michaëlis de Vasconcelos (Vasconcellos) hat die Edition der Werke Camões' übernommen. Sie erschienen 1908 in vier Teilen (Biblioteca portugueza 10 [Canto I–II], 25 [Canto III–IV], 45 [Canto V–VII], 51/52 [Canto VIII–X]) und sind der einzige portugiesische Text, der in dieser Reihe herauskam. Wichtig ist die von ihr verfasste Introdução (I, 5–24). Während die Herausgeber der BR meist nicht genannt werden, ist ihr Vorwort mit *C. M. de V.* unterzeich-

Bändchen erforderlich sein würden und zwischen denen wohl auch, ehe sie vollständig herausgegeben sind, mit dem Druck eines andern portug. Schriftstellers begonnen werden könnte. Die beiliegenden Proben zeigen die Einrichtung. Jedes nur ein selbständiges Werk eines Schriftstellers darbietendes Heft (wie in der Anlage Molières Misanthr., Femmes sav., Corneilles Cid) erhält eine Einleitung im Umfang von 10–20 Seiten, die zur richtigen Auffassung des betr. Textes das Unentbehrliche mitzutheilen bezweckt, wie in den Anlagen (Älteste Werke eines Autors erhalten eine Gesamtbiographie und Übersicht über seine Werke). Bei den Lusiaden könnte das Argument |2| in der *ottava rima* eine eigne Inhaltsangabe der Lusiaden ersetzen; voraus wären sie litterarisch zu würdigen und wäre ein Wort über den Text und den in der Bibl. rom. zur Grundlage genommenen Text zu sagen; – ich darf hierfür auf die beigehenden Einrichtungen verweisen, die von mir herrühren.[662] Ein erstes Heft der Werke des Camoens könnte Canto I. II. mit Ihren Vorbemerkungen vereinigen; die übrigen 3–4 Hefte, die nötig sein werden, um die ganze Dichtung mitzuteilen, würden ohne besondere Einleitung erscheinen; die dafür zu leistende Arbeit würde in der Herstellung eines correcten Textes bestehen.

Die Verlagshandlung zahlt 20 Mk Honorar für das Bändchen von c. 5 Druckbogen, gleichgültig ob es mit Einleitung versehen ist oder nicht. –

Es wäre wichtig, recht bald Ihre Entschließung zu erfahren, da 9 Hefte im Druck sind und Camoens im 10. Heft beginnen soll. Den Mai spätestens sollen die ersten 10 Hefte erscheinen (mit dem ersten Camoensheft). Sehr dankbar wäre ich Ihnen, wenn Sie, falls Sie, was ich lebhaft bedauern würde, verhindert wären, der kleinen Arbeit sich zu unterziehen, – es sollen in erster Linie deutsche Kräfte für das Unternehmen gewonnen werden, – mir Jemand vorschlügen, an den ich mich wenden könnte für die kleine Arbeit, solange Sie selbst verhindert sind, dieselbe in die Hand zu nehmen. Mit den ergebensten Grüßen

Ihr
GGröber.[663]

[Coimbra, Nachlass Prof. Dr. Paulo Quintela, Doc. 001].

---

net. Dieses Vorwort wurde später in die Edição Nacional (1928) übernommen. Die Herausgeberin hatte bereits 1873 eine Ausg. der *Lusiaden* bei Brockhaus in Leipzig herausgebracht, so dass ihr die Arbeit leichtfallen musste.

662 Vgl. Brief 103 an Richard Schmidbauer.

663 Auf der nächsten freien Seite finden sich Notizen der Adressatin, die die ihr übertragene Ausg. betreffen (Sprache der Einleitung, Vita des Autors, Bibliographie, zu benutzende Ausg. – diesbezüglich erfolgt ein Hinweis auf die Lissaboner Ausg. von 1663 durch João Franco Barreto); zuvor ein Hinweis auf den mit ihr befreundeten Wilhelm Storck, *Luis de Camoens Leben nebst einer geschichtlichen Einleitung*, Paderborn, F. Schöningh, 1890.

94 Philipp August Becker

Straßburg/E. 23. 10. 1905

Lieber Herr Coll.

Aus den Ihnen von der hiesigen Buchhändlerfirma Heitz zugegangenen 10 Bdchen einer «Bibliotheca romanica», die ich bei ihnen veröffentlicht habe, – ein Act der Pietät gegen den mir intim befreundet gewesenen Prof. Heitz[664] an unserer Universität und seine Familie, – werden Sie ersehen, wo ich mich über Molières Mis. in dem Ihnen bekannt gegebenen Sinne äußerte.[665] Die Prospekte der Bibl. rom. auf den Umschlägen klären weiter auf über den Zweck des Unternehmens, zu dem ich bisher meine Aufzeichnungen zu meiner roman. Lectüre heranziehen konnte und auch weiter heranziehen kann. Es würde mich freuen, wenn Sie das Unternehmen selbst und seine Ausführungen zu billigen und womöglich der Öffentlichkeit (Neue freie Presse) mit einigen Worten zu empfehlen vermöchten. Die Bibliotheca Teubneriana oder auch Reclams Bibliothek können als Parallelen zu der Bibliotheca gedacht werden; letztere nur insofern nicht, als sie Übersetzungsbibliothek ist. In Aussicht genommen werden auch roman. Litteraturwerke, bei denen die Nachdrucksberechtigung noch nicht besteht, aber kontraktliche Vereinbarungen mit den Verlegern der Originalausgaben zu treffen sind. Findet die Sache Anklang, so werde ich mich nach Mitarbeitern umzusehen haben, und ich denke dabei natürlich auch an Sie.[666] 15 weitere Bändchen sind in Arbeit. Die ersten 9 sind von mir hergestellt (nach Ausgaben erster bzw. letzter Hand und mit Varianten) mit selbständigen

---

664 Johann Heinrich Emil Heitz (1825–1890) war Prof. d. Klass. Philol. und gehörte der fünften Generation der in Straßburg eingesessenen Druckerfamilie an, hatte noch an der alten Straßburger Philosophischen Fakultät unterrichtet und übte 1885 das Amt der Rektors der Wilhelms-Universität aus; vgl. Karl Timotheus Paul Heitz, *Gedenkschrift zur Zweihundertjahrfeier der Buchdrucker und Verleger Heitz in Straßburg, 1719–1919*, Straßburg, J. H. Ed. Heitz, 1918, 19 (Auszug aus: Bibliothek des Börsenvereins des Deutschen Buchhandels e. V., 1918); René Burgun, Dominique Ray, *Heitz – Jean-Henri-Emile (Strasbourg 1825–1890)*, Encyclopédie de l'Alsace 6 (1984), 3817. Die Bibliothèque française wurde ab 1922 von Paul Heitz und Ed(o)uard Schneegans noch eine Zeitlang weitergeführt.

665 BR – Bibliothèque française, 1 (1905 Molière, *Le Misanthrope*).

666 Becker edierte Pascal, *Les Provinciales*, Straßburg, Heitz, 1909 (BR; Bibliothèque française, 67–70), vgl. Brief 99.

Einleitungen, das 10. Heft hat Frau Michaëlis de Vasc. geliefert.[667] Möchte Ihnen Einrichtung, Ausstattung usw. der Bibl. rom. wie die Sache selbst gefallen?

Mit herzl. Gruß
Ihr Gröber

[Abschrift Ph. A. Becker, Bonn, ULB, NL Curtius, E.R. IV; vgl, auch Hillen 1993, Brief CV, 313–314].

95 Karl I. Trübner

Straßburg i/E. 1.Dez. 1905.

Sehr verehrter Herr Dr.[668]

Ich konnte heute, in Besitz Ihrer Honorarberechnung gerade in dem Augenblick gelangt, wo ich mich anschickte, in den Hörsaal zu gehen, um meine Vorlesung zu halten, nur in aller Eile noch meine Quittung über den übermittelten Honorarbetrag ausstellen und kam erst nach der Vorlesung in die Lage, mir den Inhalt Ihrer so anerkennenden Zeilen und daraus zu vergegenwärtigen, wie mächtig Sie meine Honorarwagschale beschwert und wie hoch Sie, Ihres Interesses uneingedenk, die Ihrige hatten in die Höhe schnellen lassen. Sind Ihre Bemühungen um die Sache nicht unendlich schwerer gewesen als die meinigen? Und wird die Nachfrage nach dem Bande, wenn auch die Bearbeiter seiner einzelnen Teile durchaus als autoritär gelten dürfen, Ihnen Ihre Bemühungen lohnen? Und dabei lese ich nichts in Ihren Zeilen davon, daß ich noch Ihr Schuldner für einige nach auswärts gesandte Exemplare des Grundrißbandes und für Probedrucke für ein Büchlein von «Zusammenhängender oder verbundener Schrift»[669] bin, über die ich schon lange Rechnung erwartete. Ich hoffe, daß Sie, |2| der Sie mit so viel Wohlwollen in Ihrem heutigen Schreiben meiner gedacht haben, auch zu Neujahr meiner gedenken und sich meiner Schuld und Schulden erinnern und dafür sorgen lassen, daß sie von meinen Schultern genommen werden. Nochmals herzlichen Dank

Ihr ergebenster
GGröber.

---

667 Vgl. Brief 93.

668 Trübner war seit 1898 Ehrendoktor der Philosophischen Fakultät der Universität Straßburg.

669 Eine solche Publikation konnte nicht nachgewiesen werden. (In der Schreibschrift sind die Buchstaben miteinander verbunden, in der Druckschrift nicht).

600 Mark

Sechshundert Mark für seine Mitarbeit und Redaction am Grundriß der Rom. Philologie, 2. Aufl., Bd. I erhalten zu haben, bescheinigt dankend

Straßburg, 1. Dec. 1905 Prof. Dr. Gröber.

Herrn Dr. K. Trübner.

[Berlin, Staatsbibliothek Preußischer Kulturbesitz (SBB PK), Depositum Walther de Gruyter, 42].

96 Wilhelm Meyer (aus Speyer)

Strassburg den 11. 2. 1906.

Hochgeehrter Herr College.

Daß bis heute meine Antwort auf Ihren die Carmina Burana betreffenden Brief ausblieb,[670] hat außer den Ihnen schon mitgeteilten Gründen noch die weitere Ursache, daß ich erst vor einigen Tagen die Ausgabe der Carm. Bur.[671] erhalten

---

670 Meyer hatte 1901 seine, die kritische Edition der *Carmina Burana* befördernde Arbeit *Fragmenta Burana*, Berlin, Weidmann, veröffentlicht, die ein Sonderabdruck aus der *Festschrift des 150jährigen Bestehens der Königl. Gesellschaft der Wissenschaften zu Göttingen* (1901) ist und aus seiner Mitarbeit an der Beschreibung der Handschriften der damaligen Bibliotheca Regia Monacensis hervorging. Es handelt sich um eine Beschreibung der Handschrift BSB, Clm 4460, die heute als Digitalisat zugänglich ist. Meyers Abhandlung erschien fast zeitgleich mit Gröbers *Übersicht über die lateinische Litteratur von der Mitte des VI. Jahrhunderts bis zur Mitte des XIV. Jahrhunderts* (*Grundriss* II, 1 [1902], 97–432), in der Gröber mehrfach (bes. 416 ff.) auf die *Carmina Burana* zu sprechen kommt. Meyer selber hat trotz intensiver Vorarbeiten den Plan einer Edition nicht in die Tat umgesetzt; vgl. die Hinweise von Alfons Hilka und Otto Schumann in ihrer 1930/1941 ersch. Ausg. der *Carmina Burana* bei Carl Winter in Heidelberg, hier I, 3–4 u. bes. II, 1, 4*: «Jede ernsthafte wissenschaftliche Untersuchung der Hs., jede vor allem, der es nicht bloß um die Einzeltexte, sondern um die Sammlung als Ganzes zu tun ist, muß daher zunächst die Hs. selbst gewissenhaft prüfen und versuchen, die ursprüngliche Reihenfolge der Blätter und Lagen einwandfrei festzustellen. Diese sehr schwierige Aufgabe in allem Wesentlichen richtig gelöst zu haben, ist das große Verdienst Wilhelm Meyers. Er hat diese Untersuchung bereits 1881 angestellt, sie aber erst 1901 in seiner berühmten Abhandlung ‹Fragmenta Burana› veröffentlicht».

671 *Carmina Burana. Lateinische und deutsche Lieder und Gedichte einer Handschrift des XIII. Jahrhunderts aus Benedictbeuern auf der k. Bibliothek zu München*, hrsg. von J. A. S. [i. e. Jo-

konnte, die bis Anfg. Februar auf der Univers. Bibl. ausgeliehen war, – ich besitze sie leider nicht selbst. Ich kann zunächst nur sagen, daß die Gliederung in stofflicher Hinsicht, die Sie so scharfsinnig entwickelt haben, mir schwer scheint in Abrede gestellt werden zu können, und daß zu wünschen wäre, daß Sie Ihre Beobachtungen über die Ordnung der Texte recht bald mittheilen möchten, da ja die Ausgabe den Einblick in dieselbe erschwert, und sowohl die Herausgeber wie Sie selbst in Ihrem Werke über die zu den Carm. Bur. gehörig erkannten Blätter nur erst Andeutungen über die Anlage der lat. Liedersammlung und ihre Dichtungen gemacht haben, die doch nicht ihres gleichen in der mittellat. Literatur haben.

Mit Recht vermuten Sie in der Tat, daß romanische Codices, bes. altfranz. und prov. Liedercodices, ihr Material nach bestimmten Grundsätzen geordnet z. T. ebenfalls vorführen. Für die altfranz. Liederdichtung darf ich Sie vielleicht auf das Buch von Schwan, |2| «Die altfranz. Liederhft.» (Berlin 1886) z. B. S. 65 ff., für die provenzal. auf meine Arbeit über die prov. Liederhandsch. in Böhmer's Rom. Studien, Bd. II, S. 388 ff. (Straßburg 1877) verweisen. Auch die von G. Raynaud in der Biblioth. franç. du moyen âge publizirten Motets (Paris 1881) sind sichtlich different und nicht prinziplos zusammen geschrieben. Über Anordnungsweise in den italienischen Rime antiche von A. D'Ancona etc. in der Romagnolischen Biblioteca di opere inedite e rare (1875 ff.) herausgegeben, wird in der Einleitung jedenfalls auch ein Wort gesagt sein.

Der «Natureingang» ist in den rom. Minneliedern ebenso üblich wie in den latein. und am häufigsten in den von Bartsch herausgegebenen altfranz. Schäferinnenliedern («Romanzen und Pastourellen», 1872),[672] auch in den Carmina Burana kommen derartige Pastourellen, nur gelehrt behandet, vor (z. B. N° 19); – das ritterliche Minnelied versäumt ebenfalls nicht Gebrauch vom Natureingang zu machen. Die Ständigkeit des Natureingangs in gewissen Arten frz.^{r} Lieder des Mittelalters veranlaßte G. Paris zu der Annahme,[673] daß das primitive altfz. Liebeslied ständig diesen Eingang gehabt hätte, und daß es ursprünglich Maien- oder Frühlingslied gewesen wäre, das auf das erwachende Naturschaffen, die Liebeslust der Vögel, und überhaupt der Thierwelt hingewiesen hätte u.s.w. Jeanroy, G. P.'s Schüler[674] gründet auf diese Ansicht sein Buch von den «Origines de la lyrique en France» (1884, |3| 2. Aufl.), das alle rom., germ. (u. danach

hann Andreas Schmeller], Stuttgart 1847 (Bibliothek des litterarischen Vereins in Stuttgart XVI, 1). – Groeber hat in seiner Ausg. der *Carmina Clericorum* (1876) einiges daraus übernommen.

672 Vgl. z. B. Barbara von Wulffen, *Der Natureingang in Minnesang und frühem Volkslied*, München, Hueber, 1963; Daniel Eder, *Der Natureingang im Minnesang. Studien zur Register- und Kulturpoetik der höfischen Liebeskanzone*, Tübingen, Narr-Francke-Attempto, 2016.

673 Gaston Paris, *La Poésie lyrique en France au Moyen Age*, Paris, Imprimerie nationale, 1902.

674 Alfred Jeanroy (1859–1953), franz. Romanist und Provenzalist.

auch die lat. Liebeslyrik) aus dieser franz. Liebeslyrik herzuleiten sich bemüht, die von der Natur im Frühling ihren Ausgang nimmt. Der Refrain läßt sich in der lat. Dichtung, wie ich glaube, weiter zurückverfolgen, als in der romanischen, ist aber dort schon früh vorhanden. Er kann nur als Chorgesang darin aufgefaßt werden, während die übrigen Verse einer Strophe mit Refrain, der vortragende Sänger intonierte. Von dem vielleicht dem 6. Jahrh. angehörenden Lied auf den H. Faro von Meaux,[675] das in lat. Umschrift des 9. Jahrh. überliefert wird, aber in französ. Sprache geschrieben war, sagt die Beischrift des Überliefrers, Hildegard v. Meaux (9. Jh.), daß die Frauen das Lied im Chore gesungen hätten und dazu tanzten. Die Nachricht ist nicht anzuzweifeln; jedenfalls muß danach im 9. Jahrh. in Frankreich ein Chorlied (Tanzlied) mit Refrain bestehen. Ich habe (zuletzt) über das Farolied gehandelt in „Raccolta di studii critici dedicati ad Aless. D'Ancona (Florenz 1901, S. 583 ff.): Das sind wohl die Punkte, auf die Sie wünschten, daß sich meine Aufmerksamkeit lenkte. Gern stehe ich mit weiterer Auskunft zur Verfügung, wenn ich etwas in Ihrem Briefe übersehen haben sollte.

Ihrem Sohn[676] geht es hoffentlich gut; ich habe seit lange[m] keine Nachricht von ihm. Mit herzlichem Gruß

Ihr ergebenster
GGröber.

[Original Göttingen, NSUB Cod_Ms_W_Meyer_30_Bl_4_5 (alte Sign. Cod. M. L. W. Meyer XXX/ad Bur. 1905/6 Bl. 23[g])].

97 Karl Vossler

Seebad Rauschen b/. Königsberg/Ostpr. 26. 8. 1906.

Lieber Herr College.

Ihr Brief vom 17. d. M. ist mir über Straßburg hierher nachgesandt worden, wo ich mich seit Beginn der Ferien mit meiner Familie und der meines Schwieger-

---

675 Vgl. Brief 82.
676 Rudolf Adelbert Meyer (auch: Rudolf Meyer Riefstahl; 1880–1936), Experte für islamische Kunst, später Prof. an der New York University, war 1903 von Gröber mit der Arbeit *Französische Lieder aus der Florentiner Handschrift Strozzi-Magliabecchiana CL.VII.1040: Versuch einer kritischen Ausgabe*, Halle a. S., Niemeyer, 1907 (Beihefte zur Zeitschrift für romanische Philologie, 8) promoviert worden. Er war zum Zeitpunkt dieses Briefs an der Sorbonne als Germanist tätig.

sohns (der am Ende September nach Leipzig übersiedelt)[677] befinde, um durch die kräftige Seeluft wieder etwas Schlaf zu gewinnen. Da Dittrich[678] ein ehrlicher Mensch ist, glaube ich, haben Sie den richtigen Weg betreten, wenn Sie sich an ihn gewandt haben, um ihm zu zeigen, wo Sie glauben befürchten zu müssen, von den Lesern seines Berichtes unrichtig verstanden zu werden.[679] Ich habe leider keinen Abdruck seiner Rezension hier, um festzustellen, ob Ihre Befürchtungen nicht vielleicht doch dadurch behoben werden, daß Croce's Standpunkt durch Dittrich dem Cohens[680] gegenübergestellt und Ihre Ausführungen von einem Anhänger Wundt's[681] und dessen Auffassung der sprachwissenschaftlichen Aufgabe geprüft werden, der als solcher bekannt ist. Jedenfalls kann ich meinerseits betonen, daß ich bei aufmerksamer Lesung von Dittrichs Ms. nichts gefunden habe, was eine üble Absicht bei Dittrich verriethe, und glaube, daß, falls Fassung und Worte seiner Rezension in dem von Ihnen befürchteten Sinne aufgefaßt |2| werden könnten, er nicht säumen werde, zu erklären, daß ihm jedwede Absicht fern gelegen hätte, sich geringschätzig über Ihre Bemühungen, dem Sprachforscher die Wege zur Höhe seiner Aufgaben u. ihrer Lösung zu weisen, auszusprechen. Dies Verdienst erkannte Ihnen auch zB. Schuchardt zu, der sich darüber, wie ich Ihnen wohl mitteilte, im vorigen Herbst bei seinem Besuch in Straßburg mir gegenüber äußerte,[682] mit dem Hinzufügen, daß, wenn er zur jüngeren Generation der Sprachwissen-

---

677 Richard Heinze wurde 1906 nach Leipzig berufen.

678 Ottmar Dittrich (1865–1951), aus Wien stammender Sprachwissenschaftler und Philosoph, von 1910–1933 a. o. Prof. d. Univ. Leipzig. Er hatte in der Zeitschrift für romanische Philologie 30 (1906), 472–481 zunächst Vosslers *Positivismus und Idealismus in der Sprachwissenschaft* bzw. auf S. 482–484 *Sprache als Schöpfung und Entwicklung* (1905) kritisch besprochen.

679 Die erste Rez. unterstreicht zwar die Reformbedürftigkeit der gegenwärtigen Sprachwissenschaft, die zu stark historisch, statt psychologisch und systematisch ausgerichtet sei, kommt aber zu folgendem Schluss: «Nur glaube ich nicht, daß uns diese notwendige – übrigens noch mehr Ergänzung als eigentliche Reform von der Seite Croce-Vossler her kommen kann. Dazu sind die theoretischen Grundlagen, auf denen die sprachwissenschaftlich-reformerischen Ausführungen dieser beiden Autoren ruhen, doch allzu bedenklich und, was Vossler insbesondere betrifft, auch allzu schwankend. Um dies zu sehen, braucht man nur einen Blick in das zweite, hier noch zur Besprechung stehende Buch von Vossler zu werfen, das er jenem ersten über ‹Positivismus und Idealismus in der Sprachwissenschaft› nach kaum Jahresfrist nachgeschickt hat» (481).

680 Hermann Cohen (1842–1918), deutscher Philosoph, bedeutender Vertreter des Neukantianismus.

681 Wilhelm Wundt (1832–1920), Mitbegründer der Völker- oder Kulturpsychologie.

682 Schuchardt hatte offenbar auf der Reise nach dem heimatlichen Gotha einen Abstecher nach Straßburg gemacht, um Gröber zu treffen. Es wäre dies das zweite Mal nach August 1898 (vgl. Graz, HSA, Lfd.Nr 04102). Möglich wäre allerdings auch ein Straßburg-Besuch auf dem Rückweg von Bad Ems, wo er im September 1905 gekurt hatte.

schaftler gehörte, er sofort auf Ihre Seite treten würde. Sollte Dittrich sich zu berichtigen haben, so würde ich selbstverständlich seine Berichtigung in der Rom. Zeitschrift abdrucken.[683]

Sütterlins schwache Besprechung Ihrer Abhandlungen habe ich s. Z. mit ebenso großer Verwunderung gelesen,[684] wie ich mit Bedauern seine Anzeige des Buches von Dittrich über die Sprachwissenschaft Bd. I für die Rom. Ztschr. entgegengenommen habe, in der er sich Dittrichs Buch zu besprechen erbot.[685] Die Besprechung brachte mich in die Lage, bei D. mich zu entschuldigen; sie galt einem Rezensionsexemplar und ließ sich leider nicht zurückweisen. Noch fällt mir ein, daß die Revue critique etwa im Juni d. J. eine Anzeige Ihrer 2. Schrift brachte,[686] die Ihnen aber vielleicht bekannt geworden ist; sie war nicht eben significant.

Auf alle Fälle werden Sie durch die litterarischen Arbeiten auf sprachwissen- |3| schaftlichem Gebiet, besonders solchen des Auslandes, wie ich glaube, die Überzeugung erhalten, daß Ihre Aufforderung, die sprachwissenschaftlichen Probleme höherer Ordnung wieder in Angriff zu nehmen, nicht umsonst geäußert wurde – und das läßt auch – befangene Rezensenten vergessen.

Mit herzlichem Gruß
Ihr GGröber.

[Original, München, BSB, Ana 350.12.A Gröber].

---

683 Vgl. auch Vosslers Brief (Heidelberg, 7. Oktober 1906) an Croce (*Briefwechsel Benedetto Croce – Karl Vossler*, 1955, S. 117 f.): «Abgesehen von diesem Irrtum aber, der die organischen Prozesse mit der Aktivität des Geistes gleichsetzt, hat er einige schwache Stellen meines letzten Büchleins richtig gesehen, besonders die Unsicherheit des Begriffs der Geschichte».

684 Ludwig Sütterlin (1863–1934) war seit 1913 germanistischer Sprachwissenschaftler in Freiburg i. Br. Hier ist seine Bespr. von Vossler, *Sprache als Schöpfung und Entwicklung*, Literaturblatt für germanische und romanische Philologie 27 (1906), Sp. 217–220 gemeint. Es handelt sich um eine sachkundige, aber temperamentvolle Rez., die Vosslers Buch als wichtig, aber nicht als durchschlagend einstuft: «Allerdings ist das Netz, mit dem er fischt, recht weitmaschig; alle grossen Fische fasst er so mit einem Zuge zusammen, lässt aber kleine in reichlicher Menge durchschlüpfen» (Sp. 217), oder «Glänzende Vermutungen gleichen einem vergnügten Seeausflug auf einer Lustjacht, bei heiterem Himmel, fröhlichen Gesichtern und bei knallenden Flaschen, bei dem man schliesslich wieder im Ausgangshafen ankommt; ein langsames, ächzendes Frachtschiff mit gewissenhafter Bemannung kommt weiter und leistet mehr auf der Welt» (Sp. 220).

685 Sütterlin, Rez. von Ottmar Dittrich, *Grundzüge der Sprachpsychologie*, I. Bd., *Einleitung und allgemein psychologische Grundlage*, Zeitschrift für romanische Philologie 30 (1906), 592–597.

686 Antoine Meillet, Revue critique d'histoire et de littérature N.S. 61 (1906), 350 (Rez. von Vossler, *Sprache als Schöpfung und Entwicklung*).

98 Rufino José Cuervo

Strassburg i/E. 15. 3. 1907.

Sehr verehrter Freund.

Mit verbindlichstem Dank empfing ich die corrigierte Gitanilla-Novelle, als Unterlage für Ihre Ausgabe von Novellen des Cervantes in der «Bibliotheca romanica»,[687] und dazu das schöne Geschenk: Ihre neue Ausgabe der «Apuntaciones críticas sobre el lenguaje Bogotano», die ja in jeder neuen Auflage immer reicher an gelehrten und scharfsinnigen Bemerkungen werden.[688] Die Texte der Novellen des Cervantes, die für die «Bibl. roman.» bestimmt sind, werde ich sammeln, bis Sie in der Lage sind die Introducción zu senden, wonach sogleich der Druck der Ausgabe ausgewählter Novellen des Cervantes für die «Bibl. roman.» beginnen soll; die «Apuntaciones» werde ich mir möglichst in den eben begonnenen Frühjahrsferien zu eigen machen. Die Ferien kommen mir diesmal äusserst erwünscht, weil ich das ganze Wintersemester an Schlaflosigkeit gelitten habe, und mich so ermüdet fühle, dass ich auf ärztlichen Rath, mich auf einige Wochen von aller Arbeit |2| frei machen muss. Darum bitte ich auch freundlich zu entschuldigen, wenn ich mich vorläufig nur zu den drei Stellen Ihrer Apuntaciones äussere, auf die Sie meine Aufmerksamkeit lenken. Dass maurus (mit au), die im Altlatein. schon bezeugte Form und ein rom. Erbwort sei, scheint mir Ihre Anmerkung vollständig zu sichern;[689] eigentümlich ist, dass moro nicht in Amerika gebraucht wird auch da, wo der Begriff des «schwarz» nüanciert ist.[690] – Die Richtigkeit der Herleitung von sarazo § 949 scheint mir, hinsichtlich der Form und Bedeutung, durch Ihre Belege aus Du Cange und durch die von Ihnen aus Virgil beigebrachte Stelle erwiesen.[691] Da die Belege bei Du Cange nach Italien gehören, wäre seraceus auch in Italien zu Hause gewesen. – § 201 la yunque aus yunque, incue, lat. incūdem,[692]

---

687 Cervantes, *Cinco Novelas ejemplares*, Strassburg, Heitz u. Mündel, 1908 (BR – Biblioteca española; 41–44). Die Auswahl enthält *La gitanilla, Rinconete y Cortadillo, El celoso Estremeño, El casamiento engañoso; Coloquio que pasó entre Cipión y Berganza*. Cuervo hat eine 24 S. umfassende Einleitung beigesteuert, die mit seinem vollen Namen gezeichnet ist. Vgl. Günther Schütz, *Rufino J. Cuervo, editor de «Cinco Novelas Ejemplares»*, Thesaurus 27 (1972), 474–503.

688 Cuervo, *Apuntaciones críticas sobre el lenguaje bogotano con frecuente referencia al de los paises de Hispano-América*, Paris, Roger & Chernovitz, [5]1907. Diese wesentlich erweiterte Ausg. umfasst insgesamt 981 Paragraphen. Vgl. die kurze Besprechung von A. Morel-Fatio, Romania 36 (1907), 479–480.

689 *Apuntaciones*, 417.

690 *Apuntaciones*, § 522, 416 f.

691 *Apuntaciones*, § 949, 634.

692 *Apuntaciones*, § 201, 124.

scheint mir nach Form und Geschlechtswechsel nicht besser erwiesen werden zu können, höchstens könnte man für die Metathese von u in der secundären Verbindung -ue- in inc-ue [-ude] einen Beleg noch wünschen, da viuda aus vidua die Metathese des u nicht nur in primärer Verbindung erweist.

|3| Hoffentlich macht Ihnen die Herstellung eines zuverlässigen originalen Textes der Novelas ejemplares des Cervantes nicht zuviel Mühe: den Interessenten der «Bibliotheca romanica» werden Sie damit einen grossen Dienst leisten.

Nochmals besten Dank und herzliche Grüsse
Ihr ergebenster
GGröber.

[Original Bogotá, Biblioteca del Instituto Caro y Cuervo, Correspondencia Cuervo-Gröber, GG.5; Abdruck bei Schütz 1976, 614–616 (mit leichten Abwandlungen)].

99 Philipp August Becker

1. 12. 1907

Lieber Herr College.

Wir wollen Sie durchaus nicht in Ihren Arbeiten durch die Theilnahme an den Publicationen für die Bibl. rom. belästigen:[693] der gemachte Vorschlag beruhte auf Unkenntnis des Termins für Ihre buchhändlerischen Verpflichtungen und Ihrer sonstigen Inanspruchnahme, und Sie haben natürlich den Zeitpunkt zu bestimmen, wann Sie das Ms. für die Lettres provinc.[694] und die Pensées[695] abliefern werden. Heitz wird vorläufig die Ausgabe der beiden Texte als in Vorbereitung befindlich in seinen Ankündigungen anzeigen, ohne Angabe des Termins des Erscheinens und des Editors, der ja überhaupt nur (bis auf Beck)[696] sich mit der Chiffre nennt. Aber je früher Sie sich der Arbeit zuwenden

693 Zu Einzelheiten der Reihe vgl. die «Einleitung» zur vorliegenden Brief-Ausgabe («Der Wissenschaftsmanager»).

694 Vgl. Brief 94.

695 Nicht nachgewiesen; wohl nicht erschienen.

696 Es handelt sich bei ihm nicht, wie Hillen 1993, 336 meint, um Gröbers Schüler Jean-Baptiste Beck (1881–1943), sondern um den Dante-Forscher und -Übersetzer Friedrich Beck (1860–?). Seine Ausg. der *Vita nova* erschien 1906 als Nr. 40 der BR – Biblioteca italiana. Beck (Bamberg) hat noch bis 1927 für die *Zeitschrift für romanische Philologie* geschrieben. – Den Text der *Divina commedia* (BR – Biblioteca italiana; 5/6; 16/17; 30–31) dürfte Gröber selber besorgt haben, möglicherweise gemeinsam mit einem Italienischlektor. – Zu Jean-Baptiste/Johann Baptist Beck, der 1907 mit der Arbeit *Die Melodien der Troubadours* (gedr.

können, desto mehr wird sich der Verleger freuen; daß Sie im Sommer sich damit befassen können, hat er gern vernommen. – Was ich Ihnen über die Ausgaben der Lettres u. der Pensées schrieb, hatte nur die Bedeutung der Bekanntgabe der Editionsgrundsätze der Bibl. rom. (worüber wir noch nicht gesprochen hatten), die dahin gilt, Ausgaben erster (in Anmerkung, in Variantenform) und letzter Hand (bei Lebzeiten, bzw. mit Bewilligung des Verfs veröffentlichte) dem Publicum vorzulegen. Faugères Ausgabe,[697] die alle Abweichungen in Ausgaben bieten will, nannte ich nur, weil sie das Originalms. verwerthet (ebenso bei den Pensées: Brunschvicg 1904, Michaut 1896, Molinier 1877 etc.[698]), u. weil sie den Text zu bieten scheint, nach dem der Text in der Biblioth. nationale z. B. (ich schicke Ihnen gleichzeitig die beiden Bändchen für die Herstellung des Druckmanuscripts) am leichtesten zu construieren sein wird.[699] Um Verbesserungen von irgendwelcher Hand handelt es sich in unseren Ausgaben also nicht, sondern darum, was der Verf. zuerst und zuletzt dem Publicum selbst übergab. Über Besonderheiten gewisser Ausgaben kann die «Notice» des Editors der Bibl. rom. unterrichten. Natürlich, daß die Notice auch die hist.-litt. Bedeutung des Werks dem Leser deuten muß und ihm die wichtige Litteratur neuerer Zeit über dasselbe bekanntzugeben hat; nur so breite Ausführungen, wie sie mein Lector[700] über Manon Lescaut u. Musset bieten zu müssen glaubte (erste gedruckte litterar. Arbeit) sind unnöthig; darauf wollte ich neulich nur hinweisen. Natürlich kann die «Notice» auch 1 Bogen, wenn nöthig, überschreiten. Ihrer Erfahrung werden alle diese Dinge verständlich

---

Strassburg 1908) promoviert hatte, vgl. http://lexikon.romanischestudien.de, weiterhin Sühring 2003, 51–55, 77–79, 86–98.

697 Blaise Pascal, *Œuvres*. Nouv. éd. d'après les Manuscrits autographes, les copies authentiques et les éditions originales par Prosper Faugère, 2 Bde., Paris, Hachette, 1886–1895.

698 Léon Brunschvicg; Gustave Michaut; Auguste Molinier.

699 *Original des Pensées de Pascal. Facsimilé du manuscrit 9202 (Fonds français) de la Bibliothèque Nationale (Phototypie de Berthaud frères).* Texte imprimé en regard et notes par Léon Brunschvig, Paris, Hachette, 1907.

700 Hubert Gillot (1875–1955); da die von ihm betreuten Texte der Bibliotheca Romanica anonymisiert sind, werden sie auch in der sonst so zuverlässigen Datenbank der BnF (*http://data.bnf.fr*) nicht in Gillots Werkkatalog aufgeführt: Antoine François Prévost D'Exiles, *Manon Lescaut*, Strassburg, Heitz, 1908 (BR – Bibliothèque française; 32/34); Alfred de Musset, *Poésies (1828–1833)*, Strassburg, Heitz 1908 (BR – Bibliothèque française; 55–58); Musset, *Barberine. Lorenzaccio*, Strassburg, Heitz, 1912 (BR – Bibliothèque française; 165/167). Später gab Gillot noch Stendhal, *Le rouge et le noir*, Strassburg, Heitz, 1913 (BR – Bibliothèque française; 168/174) heraus.

sein, und Ihrer Geschicklichkeit wird es mit Leichtigkeit gelingen, programmgemäße Ausgaben zu constituieren.[701]

Mit herzlichem Gruß[702]
Ihr GG

[Abschrift Ph. A. Becker, Bonn, ULB NL Curtius, E.R. IV; vgl, auch Hillen 1993, Brief CXIX, 336–337].

100 Henri Chamard

Postkarte
[25. 12. 1907]

Sehr geehrter Herr Coll. Auf Ihre gef. Beantwortung meiner Postkarte teile ich Ihnen mit, dass die 3 Bände des 1. exercice der Publicationen der Soc. des textes modernes[703] nun in meinen Händen sind;[704] sie waren an die Bibliothek des Romanischen Seminars in Strassburg gelangt, deren Verwaltung zur Zeit ich nicht hatte. – Ich bitte aber gleichwohl, als Mitglied der Société fernerhin, statt meiner, die «Bibliothek des Seminars für romanische Sprachkunde in Straßburg» zu notieren, und an diese die Rechnung über den Jahresbeitrag und die Publicationen der Société gelangen zu lassen. Da diese Rechnung von mir mit einer Zahlungsanweisung für die Universitätskasse versehen werden muss, ist ausgeschlossen, daß die Société den Jahresbeitrag durch Porto-

701 Œuvres de Blaise Pascal. *Les provinciales*, Strassburg, Heitz, 1909 (BR – Bibliothèque française; 67/70). Der Bd. ist 343 S. stark. In den Titelaufnahmen der großen Bibliotheken fehlt ein Hinweis auf Becker. Eine Neuaufl. erfolgte 1920.

702 Am Rande ein Vermerk Beckers: «Lettre d'un malade».

703 Der Reihentitel ist irreführend; es handelt sich zunächst um Ausgaben frühneuzeitlicher Texte.

704 Die Société des Textes Français Modernes (STFM) wurde 1905 gegründet. Im Jahr 1906 erschien Exercice 1: Jacques Amyot, *Les vies des hommes illustres grecs et romains. Périclès et Fabius Maximus*, ed. Louis Clément; 1907 Exercice 2: Des Masures, *Tragédies saintes;* ed. Charles Comte; 1905 Exercice 3: Mairet, *La Sylvie* (ed. Jules Marsan). Vermutlich sind diese Bände gemeint. Chamards Ronsard-Ausg. erschien ab 1908 in der gleichen Reihe. Einige Titel werden in der Bibliographie der Zeitschrift für romanische Philologie angezeigt, keine jedoch in ihr besprochen [*exercice* hier i. S. v. «Geschäftsjahr»]. – Chamard, der 1900 seine Thèse über Du Bellay veröffentlicht hatte, gab von 1904–1923 dessen Werke heraus.

nachnahme erhebt; die Universitätskasse wird aber den Betrag der Rechnung franco an die Adresse der Société einsenden.[705]

Ergebenst
GGröber
Straßburg i/E (Ruprechtsau), 25. 12. 1907.

[Original Paris, Institut de France, Ms. 6149, f. 541].[706]

101 Giulio Bertoni

Postkarte
[1. 10. 1908]

Sehr geehrter Herr College. Von den «Beiheften» ist N° 18 im Druck, N° 19 u. 20 werden noch dieses Jahr gedruckt. Ein neues Heft, Ihre Preci dei Battuti di Modena könnte erst für 1909 angenommen werden, der Druck allerdings Januar oder Februar beginnen.[707] Das würde ja mit dem von Ihnen in Aussicht gestellten Termin für die Einsendung des Manuscripts stimmen. Ich muß Sie aber darauf aufmerksam machen, dass der Verleger der «Beihefte» für dieselben noch kein Honorar zu zahlen in der Lage ist, da die «Beihefte» bisher sich noch immer an Specialisten wenden, da die Themata specieller Natur sind, der Absatz also ein beschränkter ist. Ein spezielles Thema scheint auch Ihre Publication zu behandeln: es ist aus dem Titel nicht ersichtlich, von welchem literarischen Interesse sie sein könnte, jedenfalls wird sie ausserhalb Italiens

---

705 Ob der Adressat diesen bürokratischen Galimathias überhaupt verstanden hat? Möglicherweise amtierte Chamard als Sekretär der STFM.

706 Für die Abdruckgenehmigung danke ich der Vorsitzenden der Commission des bibliothèques et archives de l'Institut de France, Mme Hélène Carrère d'Encausse, secrétaire perpétuel de l'Academie française.

707 *Il Laudario dei Battuti di Modena*, pubblicato a cura di Giulio Bertoni, Halle a. S., Niemeyer, 1909 (Beihefte zur Zeitschrift für romanische Philologie; 20). In der Introduzione heißt es: «Questo volume è dedicato all'edizione integrale del Laudario dei Battuti di Modena, scritto da Giov. da Gelerijs nel 1377. [...] Per quanto spetta all'edizione dei testi, questa non avrebbe potuto esser così fedele, com'io lo vedevo, che a un patto: che cioè io non intervenissi con mie correzioni o con miei rabberciamenti in fatto di metrica, e rispettassi in tutto e per tutto la forma malconcia dei componimenti». Es handelt sich um das Laudarium, die Sammlung der geistlichen Lieder, der Modeneser Bruderschaft (Confraternita) di Santa Maria della Neve o dei Battuti, das 1377 niedergeschrieben wurde. Die *Battuti* sind ursprünglich, wie der Name sagt, Geißler oder Flagellanten; das «Schneewunder» ereignete sich, wie die Legende berichtet, in der Nacht auf den 5. August 358 in Rom.

nur geringen Absatz finden. Der Verzicht auf Honorar ist also die Voraussetzung für Übernahme des Verlags, und die Publication könnte erst etwa im März oder April erfolgen. Zweckmässig würde es sein, damit ich Dr. Niemeyer genauer mit dem Inhalt Ihrer Arbeit bekannt machen könnte, wenn Sie mir über denselben noch eine detaillierte Nachricht gäben. Mit besten Grüssen

Straßburg i/E., Ruprechtsau, 1.10.1908.
Ihr
GGröber

[Original Modena, Biblioteca Estense – Universitaria, Archivio Giulio Bertoni].

102 Ernst Robert Curtius

Straßburg i/E, Ruprechtsau 3.2.09.

Lieber Herr Curtius.

Zunächst das wichtigere, – Ihre Arbeit in Paris.[708] Aus der Bemerkung auf dem anbei zurückfolgenden Blatte[709] erfahren Sie, daß die notierten Abweichungen der Hss. bis auf 6 (blau bezeichnet) und die abweichende Titelangabe (s. dazu Bleistiftnotiz) graphische, resp. orthographische Varianten sind (roth bezeichnet), die in einer kritischen Ausgabe keine Berücksichtigung verdienen, in die vielmehr, wie ich meine, Ihnen schon hier auseinandergesetzt zu haben, nur die Textvarianten gehören. Von den graphischen Varianten kann Ihre Einleitung (Dissertation) sprechen, auf Grund von Notizen, die Sie sich darüber aus den Hss. machen, aber sie sind in einer Ausgabe der 4 livres so wenig zu verzeichnen, wie etwa Foerster in einem Werk des Crestien de Tr. Lesarten einer

708 Es geht um Curtius' Doktorarbeit *Li quatre livre des Reis. Die Bücher Samuelis und der Könige in einer französischen Bearbeitung des 12. Jahrhunderts nach den ältesten Handschriften unter Benutzung der neu aufgefundenen Handschriften* kritisch hrsg. von Ernst Robert Curtius, Dresden, (Vertreter für den Buchhandel) Max Niemeyer, 1911 (Gesellschaft für romanische Literatur; 26). Im Vorwort (vii–x) liefert Curtius einen kurzen Forschungsbericht und weist darauf hin, daß Rudolf Plähn, der 1883 bei Gröber über *Les quatre livres des Reis* promoviert habe, eigentlich eine Neuausgabe habe veranstalten sollen, die jedoch nicht zu Stande gekommen sei. Er setzt sich auch in seiner über 90seitigen Einleitung ausführlich mit Paul Meyer (P. M.) auseinander, den er mehrfach zitiert, und begründet in seiner stemmatologischen Darlegung, warum er seiner Arbeit die Mazarine-Handschrift zu Grunde lege.
709 Nicht erhalten.

Hs. des 14./15. Jh. mitteilen konnte, die nur graphischer Natur sind.[710] Derart sind aber bei Ihnen zB [4](rot): ber d. i. Acc. Das richtigere Nominativ bers; [6](rot) die verschiedenen Schreibungen von l'antif u.s.w. Sie werden hieraus erfahren, daß Sie, wenn Sie den Text der Maz. Bibl. neu collati[on]ieren[711] und dazu die Textvarianten der anderen Hss. notieren wollen, Sie wohl nicht mehr Zeit nötig haben werden, als wir hier annahmen.

Der Sinn Ihrer Ausgabe ist, die unzugängliche, der Berichtigung bedürftige Ausgabe Le Roux |2| de Lincy's[712] zu ersetzen und in einer Einleitung (Dissertation) alles mitzuteilen, was die Forschung über die Hss., ihre Anwendung bei Herstellung eines kritischen Textes, die Sprache des Originals (norm. oder anglonorm.) und seiner Form (Vers, Prosa), die Art der franz. Wiedergabe des lat. Textes in Bezug auf den Ausdruck u.s.w. ergeben hat oder neu ergiebt (auf Grund Ihrer Untersuchung) u.s.w. P. Meyer sagte Ihnen nichts neues,[713] wenn er Ihnen glaubte neue Aufgaben zu stellen, denn Sie waren ja schon hier über die Fragen, die die 4 livres stellen und wie man sie zu beantworten gesucht hat, unterrichtet. Sie haben ihm gegenüber nur eine Seite Ihrer Aufgabe bezeichnet, die er glaubte verwerfen zu können, weil er sie vielleicht in dem, im Recueil[714] (an dem seit 35 Jahren gedruckt wird!) zu druckenden Stück der 4 livres nicht gelöst hat, weil sie vielleicht auch nicht zu lösen ist, – aber jedenfalls doch unternommen werden muß, damit der Leser erfährt, wie es um die Möglichkeit einer kritischen Ausgabe der 4 livres bestellt ist.

Daß P. M. sich in Bezug auf den Stammbaum so absprechend äußerte (die Allgemeinheit seines Urteils: tous les arbres généal. sont faux verrät schon sein beschränktes Gefühlsurteil), kann Sie nicht hindern zu untersuchen, ob die Abhängigkeit der erhaltenen Hss. von einander oder von verlorenen Zwischenhss. feststellbar ist, – denn es liegt |3| ja keine Arbeit vor, die die Richtig-

---

710 Vgl. z. B. Kristian von Troyes, *Yvain (Der Löwenritter)*. Neue verbesserte Textausgabe mit Einleitung und Glossar von Wendelin Foerster, Halle a. S., Niemeyer, 1891 (Romanische Bibliothek; 5), Einleitung vi–vii.

711 Es handelt sich um die Hs. **M**, die Curtius auf S. xiii–xiv seiner Ausgabe als die vollständigste würdigt.

712 *Les quatre livres des rois. Trad. en français du XIIe siècle suivis d'un fragment de moralités sur Job et d'un choix de sermons de Saint Bernard*. Publiés par [Antoine Jean Victor] le Roux de Lincy, Paris, Impr. Royale, 1841.

713 Offenbar hatte Curtius zu Meyer Kontakt aufgenommen. Der einzeilige Hinweis auf seine Dissertation in der Romania 41 (1912), 157 ist bedeutungslos. Weiterführende Rezensionen stammen von Adolf Zauner, Literarisches Centralblatt für Deutschland 63 (1912), 672 u. J. Bonnard, Kritischer Jahresbericht über die Fortschritte der Romanischen Philologie 13 (1911–12), II, 68–69.

714 *Recueil d'anciens textes: bas-latins, provençaux et français*; accompagnés de deux glossaires et publiés par Paul Meyer, Paris, Franck F. Vieweg, 1874 f.

keit von M's Urteil beweist, die Ihnen von ihm proponierten Fragen sind aber, wie ich oben schon ausdrückte, erst nach Beantwortung dieser ersten Fragen zu erörtern möglich. Auch die Frage, ob die 4 livres normannisch sind, – was der Franzose Meyer ja gern erwiesen sähe, statt des anglofrz. Ursprungs – ist erst eine secundäre Frage, für die auch die Schreibung der Hss. in Betracht zu ziehen ist. Sollte sich unter Ihren Hss. eine befinden, die frei ist von Anglonormandismen, so wäre die Präsumption des normannischen Ursprungs begründet, da man bisher noch kein anglofranz. Werk in continentalfrz. Abschrift kennt. Aber zu bedenken ist hierbei, daß bevor wir Werke in normann. Mundart erhalten, solche in anglofrz. Sprache uns überliefert sind (Oxf., Cambridg. Psalter; Gaimar; Brandan; Phil. v. Thaon)!

Ich hoffe, daß das Vorstehende genügt, um Sie zu überzeugen, daß Sie sich weder einer vergeblichen Arbeit unterziehen, noch zu lange in Paris werden verweilen müssen. P. Meyer haben Sie nach meiner Meinung richtig gedient. Er ist ein bekannter Deutschenhasser mit deutschem Namen. Daß Sie über den «Grdß» von ihm nichts Gutes gehört haben, ist aus seiner Feindschaft gegen alle deutschen Romanisten verständlich. Wie ganz anders die Romania über den «Grundriß» spricht, können Sie, um nur direkt darauf bezügliche Stellen anzuführen, aus G. Paris' Referaten in Bd. 15, 479; 16, 623; 17, 635; 22, 243; 23, 306 ersehen; ferner daraus, daß Suchiers Dar- |4| stellung des Franz. und Prov. ins Französische übersetzt ist, und daraus, daß der bekannte Ernest Langlois[715] meine frz. Literatur im 2. Bd. ins Französ. übersetzen wollte und will, wenn vom 2. Bd. des Grundriß, wie vom 1., die neue Auflage erscheint.[716] In seiner Anzeige der 2. Aufl. des 1. Bd. des Grundrisses hatte P. Meyer, im Gegensatz zu G. Paris, dagegen, Romania 33. Bd. S. 462/3 auszustellen, daß ein Abriß der Paläographie von Prof. Bresslau darin mitgeteilt ist (obwohl doch im Grdß. von den «Schriftlichen Quellen» geredet werden mußte), daß ich mit 1859 die jetzige Periode der roman. Philologie eröffne, obwohl G. Paris sich damit in seinem Referat einverstanden erklärt hatte, und daß einige Druckfehler stehen geblieben wären – das genügte ihm zur Anzeige eines Werkes,[717] von dem in Amerika gesagt wird, daß es dort die romanistischen Studien organisiert und den Romanisten dort ermöglicht hat, an der Seite der europäischen Romanisten zu forschen! Das wird Ihnen die Objectivität des Urteils P. Meyers, der sehr übel auch zu seinen franz. Fachgenossen sich verhält (z. B. zu A. Thomas), erkennen lassen. –[718]

---

715 Ernest Langlois (1857–1924), französischer Mediävist und Chartiste.

716 Dazu ist es nicht mehr gekommen.

717 Gröber resümiert exakt die Rezension Meyers, die sich auf diese drei Punkte beschränkt.

718 Hier einige Bemerkungen zu Paul Meyer: Der Philologe Karl Hillebrand (1840–1919) schreibt über ihn am 11. 4. 1877 an Hugo Schuchardt: «A propos: P. Meyers Papa und Mama

Ich danke Ihnen bestens für Ihre Wünsche in Betreff meines Befindens, das sich hoffentlich in den nun angebrochenen Ferien wieder auf die frühere Höhe erheben wird, und wünsche Ihnen recht befriedigende Resultate von Ihrem Pariser Aufenthalt.

Ihr GGröber.

[Original Bonn, ULB NL E. R. Curtius, Briefe 1: Gröber (H 200.3, 37].

103 Richard Schmidbauer

Straßburg i/E., Ruprechtsau, 6/2. 1909.

Sehr geehrter Herr Dr.

Ihr freundliches Anerbieten Ausgaben von Goldonis Dramen für die Bibl. romanica herzustellen, kann ich nur mit dem größten Dank entgegennehmen, da für Goldoni noch kein Bearbeiter zur Verfügung steht, und Sie, wie Ihre Dissertation zeigt,[719] für deren Zusendung ich gleichfalls bestens danke, mit G.s Werken genau sich vertraut gemacht haben.

1. Über die zu publicierenden Dramen, ihre Reihenfolge u.s.w. müssen wir uns natürlich verständigen, und hier habe ich vor allem hervorzuheben, daß die Bibl. rom. sich nicht mit Auswahlen von Werken romanischer Autoren begnügen will, wie schon der Umschlag andeutet, sondern soweit möglich, d. h.,

sind *Deutsche* aus Deutschland; ich habe sie persönlich gekannt; sie wohnten im selben Haus wie ich in Paris; *nie* würde ein Franzose so gehässig gegen Deutschland sein. Das ist eine Spezialität der in Frankreich erzogenen Deutschen, eine Spezialität welche die Franzosen selber höchst unschön finden.» Und bereits zuvor (29. 3. 1877): «Unter uns: Paul Meyer ist, als Sohn eines deutschen Vaters und einer deutschen Mutter, nebst Zuthat jüdischen Blutes wenn ich nicht irre, ein unversöhnlicher Deutschenfeind, wie fast ausnahmslos alle in Frankreich erzogenen Deutschen; dazu griesgrämigen und neidischen Sinnes; endlich – und das ist die Hauptsache – gehört er ja gerade der Richtung der Wissenschaft, der ‹Methode› an, die zu bekämpfen ist: der Richtung, welche die Geisteswissenschaften gerne zu exacten machen d. h. den ‹Geist› aus ihnen austreiben möchte»; zit. nach Storost 1992. 43–44. – Einem Brief Toblers an Schuchardt vom 26. 11. 1905 kann man entnehmen, dass Meyer ihm einen deutschen Großvater aus Straßburg eingestanden habe, doch sei sein Vater bereits in Joigny geboren worden und habe kein Deutsch mehr gekonnt (Graz, HSA, Lfd. Nr. 11726).

719 Richard Schmidbauer, *Das Komische bei Goldoni*, München, C. Wolf u. Sohn, 1906 (Diss. Würzburg 1906). Schmidbauer war von dem Gröber-Schüler Heinrich Schneegans, seit 1900 Romanistikordinarius in Würzburg, promoviert worden, der ihn vermutlich an Gröber verwiesen hatte. Es ist anzumerken, dass Schmidbauer bereits im Jahr 1909 bei Heitz in dessen Reihe Einblattdrucke des fünfzehnten Jahrhunderts den Band *Einzel-Formschnitte des fünfzehnten Jahrhunderts in der Staats-, Kreis- und Stadtbibliothek Augsburg* mit erläuterndem Text herausgab.

soweit sie gefragt sind, alle zugänglich machen soll. Daher ist nicht die Absicht, uns bei Goldoni, wenn auch viele Jahre an ihm wird gedruckt werden müssen, auf eine Auswahl, wie sie ital. und ausländische Sammlungen geboten haben und bieten, zu beschränken, sondern eine Ausgabe herzustellen, die einmal ein Ganzes darstellt, in chronologischer Folge. Es ist darum nicht nöthig, bei der Griseldis[720] und Rosemunde von 1735 anzufangen;[721] es kann auch mit den Lustspielen aus den 50ger Jahren begonnen werden, von denen Sie 6 zusammenstellen; – freilich wird ein Bändchen der Bibl. rom. immer 2/3 chronologisch aufeinander folgende bieten müssen, damit sie einmal chronologisch zusammengeordnet |2| werden können. Ich bin also einverstanden, daß die 6 von Ihnen genannten Stücke in der Bibl. rom. publiziert werden, aber mit den von Ihnen nicht genannten in chronologischer Folge. Das in den alten Ausgaben bekannt gegebene Jahr der ersten Aufführung und die Bibliographie von Spinelli, die Sie in Ihrer Schrift citieren,[722] wird hier den Weg weisen. Zur Grundlage der Ausgaben kann nicht die von Florenz 1753 ff., sondern (wie immer in den Drucken der Bibl. rom.), die Ausgabe letzter Hand, die G. selbst privilegierte, von 1788 in 44 Bden, dienen; aber Sie werden Ausgaben, die diese Gesamtausgabe zu Grunde legten, repräsentieren, als Druckmanuskript verwenden dürfen. Obwohl es in der Bibl. rom. Regel ist, zu dem Text der Ausgabe letzter Hand in den Fußnoten Abweichungen der 1. Ausgabe eines Werkes zu fügen, wird bei Goldoni davon abgesehen werden können, weil er sich in seinen Memorie ja öfters über die Drucker seiner Dramen beklagt (zB. über die Florentiner Ausgabe des Buchhändlers Pitteri[723] etc.); daher nur der Text in der letzten Gesamtausgabe bei seinen Lebzeiten seine Billigung hatte, – darüber wäre in Ihren Ausgaben ein Wort zu sagen, damit der Leser die Fußnoten nicht vermißt.

2. Jedem Stück wäre eine kurzgefaßte Einleitung voranzuschicken, die hier ins Italienische übersetzt werden kann, die enthielte, was zur Verständigung des Lesers u. zur Würdigung eines Stückes erforderlich ist. Mehrere Stücke (chronologisch einander folgend) könnten in bis 4 Heften zusammengefaßt werden. Der Umfang eines 3/5actigen Lustspiels |3| ist mit Prefazione ungefähr

---

720 *Griselda*, Oper in drei Akten von Antonio Vivaldi, Libretto von Apostolo Zeno (nach Boccaccio), überarbeitet von Carlo Goldoni, am 18. Mai 1735 im Teatro San Samuele in Venedig uraufgeführt.

721 Das Liebesdrama *Rosimonda*, auch *Rosmonda*, nach einer Romanvorlage des 18. Jahrhunderts, erfuhr im Jahr 1735 im Teatro San Samuele zu Venedig seine Erstaufführung.

722 Alessandro Giuseppe Spinelli, *Bibliografia goldoniana*, Milano, Dumolard, 1884; *Fogli sparsi del Goldoni*, raccolti da A. G. Spinelli, Milano, Dumolard, 1885.

723 Marco Alvise Pitteri (1702–1787) gab ab 1757 Goldonis Werke unter dem Titel *Nuovo Teatro Comico* heraus. Auf welche Kritik Goldonis Gröber anspielt, konnte nicht ermittelt werden.

gleich den 80 Druckseiten, die ein Heft der Bibl. rom. umfaßt. Sie werden vielleicht selbst nach der Bibl. rom. berechnen können, wieviel Seiten darin ein Stück G.s beansprucht, Ihr Vorwort eingerechnet.

3. Das Honorar der Herausgeber konnte bisher noch immer nur karg bemessen werden, da sich die Bibl. rom. noch einführen muß und noch nicht völlig die Herstellungskosten deckt: 20 Mk pro Bändchen zahlt der Verleger, der die Vorworte in die Sprache des Autors auf seine Kosten übersetzen läßt.

Dies genügt vielleicht für heute. Zu weitrer Auskunft ist gern bereit

Ihr ergebener
GGröber.

[Original Privatbesitz].[724]

724 In einem zweiten erhaltenen Brief (21.2.1909) an Schmidbauer stellt Gröber ihm in Aussicht, langfristig das gesamte Goldoni'sche Theater in der Bibliotheca Romanica abzudrucken. Er schlägt jedoch vor, mit der *Locandiera* als dem populärsten Werk zu beginnen, da bei diesem Projekt auch die kommerziellen Rahmenbedingungen beachtet werden müssten. Dieser Brief ist auf eigenem Briefpapier der Bibliotheca Romanica (Briefkopf S. 1, Formale Vorgaben für die Herausgeber S. 3) geschrieben; vgl. die Abb., S. 245–247. – Als erster Band Goldonis erschien 1910 *La locandiera* (BR – Biblioteca italiana; 109); im gleichen Jahr *Le donne curiose* (BR – Biblioteca italiana, 124), beide von Schmidbauer eingeleitet. Die Ausgabe von *La vedova scaltra* aus dem Jahr 1920 (BR – Biblioteca italiana; 260–261) wurde hingegen von dem italienischen Dichter Giovanni Tecchio (1872–?) eingeleitet, der 1914 bereits Foscolo herausgegeben hatte und möglicherweise Italienischlektor in Straßburg war.

BIBLIOTHECA ROMANICA

Herausgegeben von: Prof. Dr. G. Gröber, Straßburg-Ruprechtsau, Pfarrgasse 30
Verlag von: J. H. Ed. Heitz (Heitz & Mündel), Straßburg, Möllerstraße 16

Strassburg, 21. Februar 1909

Sehr geehrter Herr Dr.

Ich war in der verflossenen Woche amtlich so in Anspruch genommen, daß ich Ihnen leider erst heute antworten kann, und da ich heute die Bibliographie Goldonis nicht einsehen kann, kann ich Ihnen auch heute auf einige Punkte nur vorläufig Antwort geben.

Die Aufnahme sämtlicher Werke Goldonis in der Bibl. rom. ist nicht ausgeschlossen, nur darf sie Jahrzehnte in Anspruch nehmen, da die Bibl. rom. Goldoni nicht bevorzugen darf und die Edition seiner Werke durch die anderer roman. Schriftsteller unterbrochen werden muss. Sie würde dabei immerhin [illegible] in Anspruch genommen werden.

Im ersten Brief hatte ich Sie deshalb darauf aufmerksam gemacht, daß die Goldonibändchen der Bibl. rom. in ~~chronologisch~~ aufeinander folgender ~~[illegible]~~ Dramen Goldonis enthalten müssen, damit sie einmal zusammengebunden die Werke G.'s in chronologischer Ordnung bilden. Haben Sie die Dramen G.'s in den 10 Abteilungen, die Ihre Liste enthält, in dieser Weise gruppiert, so bin ich damit einverstanden, und stelle Ihnen frei mit irgend einer der 10 Abteilungen zu beginnen. Ich werde nicht morgen davon übergehen können, [illegible] Zusammenstellung ist chronologisch [illegible]. Zu Ihrer Auffassung [illegible] zwischen die natürlich [illegible] [illegible] können, verfehlt wäre, da nur der Literaturhistoriker dabei in Frage käme, sämtliche Werke G.'s zu drucken, habe ich zu bemerken, daß wir den Verleger der Bibl. rom. vor Schaden dadurch auch bei Goldoni ~~[illegible]~~ zu schützen suchen, daß wir zuerst die besten seiner Werke (auch ~~[illegible]~~ nicht andere drucken), bei denen auf Absatz zu rechnen ist, zugleich diejenigen, daran beschränkte Bibl. rom. geschaffen werden und etwa nur den Literaturhistoriker interessieren. So ist natürlich bei allen in der Bibl. rom. zu veröffentlichenden Autoren und Werken zu verfahren; denken Sie sich an Voltaire, Rousseau etc.

Falls ich Ihre Gruppen von Goldonis Stücken nach dem angedeuteten Prinzip geordnet finde, würde ich empfehlen etwa mit Locandiera etc. zu beginnen, wofern Sie nicht eine andere vorziehen.

Auf dem Nebenblatt kann ich Ihnen die Bedingungen bekannt geben, die für die Verlagsübernahme maßgebend sind, und die ich in meinem vorigen Briefe nur andeuten konnte.

Ergebenst
G. Gröber.

Für die HH. Mitarbeiter der Ausgaben der Bibliotheca Romanica.

Die Manuskripte sind vollständig druckfertig an den Herausgeber (Ruprechtsau Pfarrgasse 30) oder an die Verlagshandlung (Möllerstraße 16) einzusenden.

Die Bearbeitung hat nach folgenden Grundsätzen und unter folgenden Bedingungen zu erfolgen:

1. Zugrunde werden den Texten die Ausgaben letzter Hand des Autors gelegt; in Fußnoten werden die Abweichungen der ersten Ausgabe mitgeteilt.
2. Bei Texten aus dem Mittelalter sind Glossare z. T. nötig, z. T. wünschenswert.
3. Das Vorwort hat in möglichster Kürze über Inhalt, Abfassungszeit, literargeschichtliche Beziehungen des Textes usw., am Ende über die zugrunde gelegten Ausgaben, über neuere Uebersetzungen in die lebenden Kultursprachen und über die wichtigste Literatur zum Texte bibliographisch zu unterrichten
4. Der Herausgeber behält sich vor, über die Fassung des Vorworts sich mit dem Verfasser zu verständigen.
5. Als Honorar für die erste Nummer der Ausgabe erhält der Mitarbeiter M. 25 (falls die Einleitung in der Originalsprache abgefaßt ist, M. 20 falls sie übersetzt werden muß), für jede weitere Nummer derselben Ausgabe M. 20.
6. Das Honorar ist fällig bei Uebersendung von 5 broschierten Freiexemplaren. Weitere Exemplare stehen den HH. Mitarbeitern zum Buchhändlerpreise zur Verfügung.
7. Jeder Mitarbeiter erhält Korrekturen je nach Wunsch.
8. Veränderungen der Manuskripte nach geschlossenem Satz sind zur Last der HH. Mitarbeiter und werden am Honorar abgezogen. Pro Korrekturstunde werden M. 0.80 berechnet. In Zweifelfällen entscheidet der Herausgeber ob eine überlastete Korrektur vorliegt.
9. Das vereinbarte Honorar bezieht sich auf eine erste für den Zweck eines Ertrags von dem Absatze bedingte Auflage von 5000 Exemplaren. Die Verlagsfirma ist berechtigt zunächst auch weniger Abzüge herstellen zu lassen. Von späteren Auflagen kann die Verlagsfirma nach ihrem Ermessen mehr oder weniger als 5000 Abzüge herstellen lassen. Das Honorar und die Auflagehöhe sind für spätere Auflagen die gleichen; ersteres ist zahlbar beim Beginn des Druckes einer neuen Auflage. Die HH. Mitarbeiter verpflichten sich die Einleitung auf Aufforderung der Verlagsfirma für neue Auflagen auf den Stand der derzeitigen Forschung zu bringen.
10. Im Falle des Ablebens eines der HH. Mitarbeiter ist die Verlagsfirma berechtigt einen anderen Mitarbeiter zu beauftragen die Einleitung auf den jeweiligen Stand der Forschung zu bringen. In diesem Falle erhält dieser Mitarbeiter das für die Auflage fällige Honorar.

Der Herausgeber. Die Verlagshandlung.

104 Elise Richter

Straßburg i/E, Ruprechtsau, 30. 4. 09.

Sehr verehrtes Fräulein Dr.

Mit Vergnügen werde ich selbstverständlich Ihnen bei der Drucklegung der meinem Freunde zugedachten Widmungsschriften behilflich sein, und wenn Ihr Vorschlag, sie in den «Beiheften» mitzuteilen, völlig klar wäre, würde ich ihn sofort acceptieren. Sie deuten aber mit Recht darauf hin, daß die «Beihefte» von beschränktem Umfang sind, – ungern werden 15 Bogen[725] überschritten, da die «Beihefte» nicht Bücher darstellen sollen, – und es müßten mindestens 2 «Beihefte», unter 2 (aufeinanderfolgenden) Nummern, die Widmungsschriften darbieten. Ihre Zusammengehörigkeit müßte dann notwendig durch einen gemeinsamen Titel, und den Zusatz Teil I. II., angezeigt werden, und wie könnte dieser Titel wohl lauten, wenn darin der Zweck der Publicationen angedeutet werden soll? Vielleicht läßt er sich finden, doch wird es nicht leicht sein; deshalb möchte ich nicht versäumen zu fragen, haben Sie schon an die Möglichkeit einer Ausgabe der Publicationen in Bandformat gedacht? Bei Niemeyer sind ja schon mehrere solche Gedenkbände erschienen; allerdings glaube ich, daß Niemeyer nicht nur kein Honorar für die Abhandlungen gezahlt, sondern sich obendrein eine geringe Vergütung für den Druck der Abhandlungen (für den Bogen ewa 18 Mark) hat zahlen lassen. Ist aber dieser Umstand maaßgebend bei der Bevorzugung der Publication in den «Beiheften», so muß ich bekannt geben, daß Niemeyer dafür bisher auch noch kein Honorar |2| zahlen konnte, da der Absatz der Hefte sehr ungleich ist. Würden Sie also nicht prinzipiell gegen Veröffentlichung der Abhandlungen in Bandform sein, so würde Sie Niemeyer gewiß gern gegen einen kleinen Honorarbeitrag in dieser Form publizieren, – er ist gegenwärtig und bis Mitte Juni in Italien, erst danach wird man ihn fragen können. Zu Gunsten der Buchform könnte vielleicht noch geltend gemacht werden, daß da in Niemeyers Verlag schon eine ganze Reihe solcher Bände erschienen sind, gewissermaßen schon ein Typus für die Veröffentlichung von Arbeiten zu Ehren eines Fachgenossen ausgebildet ist, und das Buch für Meyer-L., bei Niemeyer veröffentlicht, andeuten würde, daß M-L. den übrigen Romanisten, denen Gedenkbücher gewidmet wurden, durchaus gleichzuachten ist.

---

725 Die Bogenmaße waren damals noch nicht vereinheitlicht; üblich waren Quartformate, die durch zweifaches Teilen des Bogens entstanden; 15 Bogen ergaben somit 60 Seiten; im Oktavformat das Doppelte.

Würden Sie nun aber den geeigneten Titel für die Beihefte finden und die Veröffentlichung dort vorziehen, so würde ich doch zur Wahl der Mitteilung in 2 Beiheften, statt in 4 raten (Skoks Beiheft zählte 17 Bogen,[726] der Raum könnte also 30 Bogen überschreiten), nicht recht verständlich ist mir besonders, wie die Bibliographie (doch wohl der Arbeiten Meyer-Lübke's) ein eignes Beiheft bilden könnte,[727] von dem sich erwarten ließe, daß es besonders gekauft würde, und ich glaube, daß selbst unter den Fachgenossen sich wenige Käufer dafür finden würden. Die Zahl der Beihefte würde also ein zweiter Punkt sein, den ich zu erwägen bitten möchte.

Das Widmungsexemplar ließe sich natürlich in der Form des Buches, wie der Beihefte, in besonderer Weise und nach Ihren Wünschen ausstatten; Papier und Einband kommen hier besonders in Frage; Schrift und Anordnung müssen natürlich dieselben bleiben. |3| Inwieweit die Characterisierung der Arbeiten als «Principienfragen der romanischen Sprachwissenschaft» behandelnd, geeignet ist, den Titel des Buches oder der Beihefte abzugeben, kann ich Ihrer freundl. Mitteilung des Titels der Abhandlungen nicht mit völliger Sicherheit entnehmen (zB. nicht, inwiefern es sich um Principienfragen bei der Abhandlung über des- und dis-, über die Bezeichnung der 2. Pers. Pl., Wandel des intervokalen Interdentals in S u. a. handelt) und daher nicht selbst einen Titel vorschlagen, der etwa für die Beihefte besonders angemessen erscheint. Doch darüber läßt sich noch später sprechen, wenn die Form der Veröffentlichung von Ihnen oder dem Comité festgesetzt ist. Ich bin in der Sache natürlich zu jeder weitren Auskunft gern bereit.[728]

---

726 Pĕtar Skôk, *Die mit den Suffixen -acum, -anum, -ascum und -uscum gebildeten südfranzösischen Ortsnamen*, Halle a. S., Niemeyer, 1906 (Beihefte zur Zeitschrift für romanische Philologie; 2), XI, 256 S.

727 Der I. Teil der FS nennt unter der Überschrift «Unserem grossen Meister in Verehrung Dankbarkeit Liebe» die folgenden Schüler: Matteo Giulio Bartoli, Carlo Battisti, Karl von Ettmayer, Ernst Gamillscheg, Eugen Herzog, Anton Ritter von Neumann-Spallart, Sextil Puşcariu, Elise Richter, Margarete Rösler, Peter Skok, Alice Sperber, Julius Subak, Giuseppe Vidossich und Adolf Zauner.

728 Die Festschrift erschien dennoch unter dem Titel *Prinzipienfragen der romanischen Sprachwissenschaft. Wilhelm Meyer-Lübke zur Feier der Vollendung seines 50. Lehrsemesters und seines 50. Lebensjahres gewidmet*, hrsg. von Carlo Battisti, Halle, Niemeyer, 1910–1912 (Beihefte zur Zeitschrift für romanische Philologie; 26, 27, 28A). Die einzelnen Hefte haben folgende Untertitel: 1. Benötigen wir eine wissenschaftlich deskriptive Grammatik?; 2. Die Verbalkomposition in der romanischen Toponomastik; 3. Le dentali esplosive intervocaliche nei dialetti italiani (Carlo Battisti). In Teil II ist Richter mit *Der innere Zusammenhang in der Entwicklung der romanischen Sprachen*, 57–143, vertreten. Außer ihr finden wir noch Peter Skok (Pĕtar Skôk), Alice Sperber und Ernst Gamillscheg.

Meinen Schlafmangel haben die verflossenen 6 Ferienwochen noch immer nicht beseitigt. Das Veronalpulver wirkt nur in der Nacht, für die es eingenommen wird, und etwas andres wissen die Ärzte leider nicht zu raten. Doch kann ich mit meinem sonstigen Befinden zufrieden sein. Vielen Dank für Ihr freundl. Lebenszeichen. Mit den besten Grüßen

Ihr ergebenster
GGröber.[729]

Ich vergaß Ihnen meinen herzlichen Dank für die Würdigung Mussafia's als Lehrer und Gelehrter zu sagen.[730] Ich kannte ihn persönlich und habe ihn auch als Charakter schätzen gelernt. Ich finde seine Lehr- und Forschungsweise von Ihnen richtig bezeichnet und ihre Besonderheiten auf ihre Ursachen zurückgeführt. Möge die Zukunft solcher gewissenhafter geistigen Arbeiter auf unserem Gebiet recht viele zu zählen haben. D. O.[731]

[Original, Wien, ÖNB, NL Elise Richter, 264–81/2].

105 Ernst Robert Curtius

Ruprechtsau, 15. 10. 1909.

Lieber Herr Curtius.

Sie schließen in Ihren, an unser Gespräch sich anschließenden Zeilen: eine Weltanschauung, deren oberstes Ideal das der Erkenntnis ist, kann nicht die

729 Aufgrund ihrer großen Bescheidenheit ist der gedruckten FS nicht zu entnehmen, dass Elise Richter die treibende Kraft dahinter war, vgl. ihre Autobiographie *Summe des Lebens*. Hrsg. Verband der Akademikerinnen Österreichs, Wien, WUV Universitätsverlag, 1997, 183–185. Diesem Bericht zufolge begann Richter bereits 1908 mit den Vorarbeiten der FS. Ihr erster Titelvorschlag *Romanisch-germanische Sprach- und Kulturbeziehungen* wurde fallengelassen, weil sonst Sextil Puşcariu nicht hätte mitmachen können. Da die Beiträger verstreut lebten, hatte Richter die Federführung; die Koordinierung erfolgte durch einen «wandernden» Rundbrief. Das Unterfangen führte zu zahlreichen Misshelligkeiten, die ein deutliches Licht auf die Empfindsamkeit bzw. Eitelkeit der in Wien durch Meyer-Lübke geförderten romanistischen Gelehrtenrepublik wirft.

730 Vielleicht brieflich, denn die eigentliche Würdigung erfolgte erst viel später: Elise Richter, *Adolf Mussafia. Zur 25. Wiederkehr seines Todestages*, Zeitschrift für französische Sprache und Literatur 55 (1932), 169–193. Gröber könnte allerdings auch die ausführliche Würdigung Richters in: Kritischer Jahresbericht über die Fortschritte der Romanischen Philologie 9 (1905), IV, 48–57 meinen, die selten zitiert wird (dort am Ende eine Liste von Mussafias Doktoranden).

731 Vermutlich: Der Obige.

richtige sein, weil für den wissenschaftlichen Menschen, für den Logik der oberste Wert ist, die äußeren logischen Werte, die von seinem Standpunkt aus nicht begründbar sind, in seiner wissenschaftlichen Konstruktion nicht verwendbar sind, obgleich jene Werte gelten, jedem Menschen zum Leben nötig sind und ihre Gültigkeit uns gewiß ist, – Ihre Worte.

Ich hatte von der wissenschaftlichen Erkenntnisarbeit gesprochen, die die vorschnelle (vom Wollen und Wünschen veranlaßte) Systembildung ausschließe, die geduldige Durcharbeitung eines wissenschaftlichen Stoffes, die Besinnung auf die Grenzen unserer Erkenntnisfähigkeit (ich erinnerte an Kant u.s.w. gegenüber Schelling und Hegel)[732] erfordere, und angedeutet, daß die vorschnelle Lösung wissenschaftlicher Aufgaben veranlaßt werde durch den von Werthurteilen geleiteten Willen, der natürlich in unsern Urteilen, Entscheidungen täglich und stündlich zur Geltung kommt. Zwei Arten von Willensbestimmungen durch Anerkennung von Werten gibt es aber, was zu Ihrem obigen Schlusse ergänzend zu bemerken ist, subjektive, persönliche, parteiliche u.s.w. (in religiösen, politischen Dingen, bei Theologen, Parlamentsmitgliedern, |2| Zeitungsschreibern, Schöngeistern, Kunstkritikern, Literaturhistorikern u.s.w.) gegenüber noch ungelösten Fragen, für die entweder vor dem Urteil der dazu nötige Stoff durchgearbeitet sein müßte, oder die wissenschaftlich nicht lösbar sind, – und objektive, allgemeinmenschliche, unparteiisch behandelbare (in ethischer und aesthetischer Beziehung, womit sich Philosophen, Juristen, Religionsvertreter, Kunsthistoriker beschäftigen und beschäftigt haben), bei denen es sich um die für die Menschheit giltigen, also die sogenannten ewigen Werthe handelt, die «logisches Denken» schon lange festgestellt hat, und jeder Mensch in sich wieder als «giltige» Werte anzuerkennen pflegt (Wahrheit, Güte, Schönheit) und als Ideale betrachtet. Erstrebte wahre Erkenntnis, die die

732 Curtius interessierte sich besonders für Immanuel Kant, wie sein Beitrag *Das Schematismuskapitel in der Kritik der reinen Vernunft. Philologische Untersuchung*, Kantstudien 19 (1914), 338–366 belegt. Vgl. aber auch seinen Nachruf auf Gröber in *Gesammelte Aufsätze*, 1960, 448, wo er Gröbers Eröffnung seines Kapitels *Geschichte der romanischen Philologie* (*Grundriss* I [1888], 3) als einen *Discours de la méthode* «in nuce» bezeichnet und bedauert, dass er in *Grundriss* I² fortgelassen wurde. In der 1. Aufl. heißt es, ähnlich wie im vorliegenden Brief: «Auch die romanische Philologie stellt in ihrer Entwickelung den gewöhnlichen Gang menschlicher Erkenntnis dar. Absichtslose Wahrnehmung, unscheinbare Anfänge gehen dem zielbewussten Suchen, dem allseitigen Erfassen des Gegenstandes voraus. Im sprungweisen Durchmessen des Raumes hascht dann der Suchende nach dem Ziel. Mit einem Schema unfertiger Ansichten über ähnliche Gegenstände scheint er das Ganze erfassen zu können, ehe Natur und Teile gekannt sind. Der vorschnellen Meinung folgt die Einsicht des Irrtums, nur langsam der Entschluss, dem Gegenstand in kleinen und kleinsten vorsichtigen Schritten nahe zu kommen, Teil und Teilchen zu beschauen und nicht zu ruhen, bis die Überzeugung gewonnen ist, dass sie nur so und nicht anders aufgefasst werden dürfen» (3).

subjektiven Werthe ausschließt, ordnet sich dem Wahrheitsideal unter, zu dem auch logisches Denken gehört, das ja nur subjektiv über das ethische und aesthetische Ideal, diese einseitig ausschließend, gestellt werden könnte, und als zum Begriff der Wahrheit gehörig, dem ethischen und aesthetischen Ideal nebengeordnet ist. Es ist hiernach in Ihrem Schlusse der Begriff vom «wissenschaftlichen Menschen, für den Logik der oberste Werth ist», durch Hinzufügung von «einsichtig» genauer zu präzisieren, und Ihr Schluß ist richtig.

Ihr
GGröber.

[Original Bonn, ULB NL E. R. Curtius, Briefe 1: Gröber (H 2003.3) 46].

106 Philipp August Becker

Straßburg i/E, Ruprechtsau, 2. 8. 10
[Herrn Prof. Dr. Ph. Aug. Becker, Wien XVIII/3, Pötzleinsdorfer Str. 1]

Lieber Herr College.

Ihre durch den reichen Inhalt und die Sicherheit und Vielseitigkeit des Urtheils außerordentlich eindrucksvolle Besprechung von Wolff's Molière[733] habe ich nach der von Schneegans[734] mit großer Freude gelesen. Sie läßt von Ihrer Molière-Ausgabe bei Hesse[735] eine erschöpfende und von französischer Auffassung unabhängige Beurteilung Molières und seiner Werke und die vielfältigste Belehrung des Lesers erwarten. Mögen Ihnen die Ferien genügen, um die Ausgabe fertig zu stellen, damit auch die Bibl. roman. wieder an die Reihe kommen kann. – Mir ist es seit Ostern recht übel ergangen.[736] Zuerst ein Bruch der Kno-

733 Becker, Rez. von Max Wolff, *Molière, der Dichter und sein Werk*, München 1910, Archiv für das Studium der neueren Sprachen und Literaturen 124 (1910), 411–417.

734 Heinrich Schneegans, Literaturblatt für germanische und romanische Philologie 31 (1910), Sp. 236–239 u. Zeitschrift für französische Sprache und Literatur 36 (1910), 91–104.

735 *Molières sämtliche Werke in sechs Bänden*. Übers. von Wolf Grafen Baudissin. Hrsg. von Philipp August Becker, Leipzig, Hesse & Becker, 1911.

736 Auffällig ist, dass Gröber in diesem Jahr eine Aphorismensammlung mit dem Titel *Wahrnehmungen und Gedanken (1875–1910)*, Strassburg, Heitz, 1910, veröffentlichte, die eine so nicht zu erwartende deutschnationale und wenig tolerante Einstellung dokumentiert. Man lese z. B. den III. Teil *Vom Volkscharakter*, der über die Romanen, deren Sprachen und Literaturen Gröber doch so viel Aufmerksamkeit gewidmet hatte, zu abschätzigen Urteilen gelangt, z. B. «Franzosen empfinden wie Frauen und rechnen wie Juden. Kritische Denker sind unter ihnen selten, häufig Satiriker und Komiker» (Nr. 10, 34); «Den Italienern erlaubte die Sonne von je den Müßiggang und erschwerte ihm Leidenschaften zu beherrschen» (Nr. 15, 35); «An des Spa-

chen der rechten Achsel [infolge eines Falles], der mir auch das Schreiben bis vor 4 Wochen unmöglich machte und mich meiner Frau zu diktieren nöthigte, dann eine neue 6 wöchentliche eitrige Entzündung des blinden rechten Auges und darauf eine das Gehen erschwerende Beinschwäche, von der ich noch nicht befreit bin. Meine andauernde, bis nach dem 65.sten Jahre unerschütterte Gesundheit scheint mit der Niederlegung des Lehramts eine arge Störung erfahren zu haben, um so betrüblicher muß ich das nennen, als gegen Cl-a am Anfang der Semesterschlußwoche wegen seiner Art, Vorlesungen zu halten und zu examinieren durch Scharren, Pfeifen und Johlen von den Studenten so demonstriert worden ist [am Rande: nie hier geschehen in den letzten 40 Jahren], daß er die Vorlesungen einstellen mußte.[737] Der Rektor hat ihn zwar in einer öffentlichen Erklärung in Schutz genommen; es wird aber befürchtet, daß die romanistischen Vorlesungen nicht mehr, wie zuletzt [bei mir], im Auditorium maximum gehalten werden, sondern in kleinen Auditorien zu halten sein werden. Sie haben davon wahrscheinlich in den Zeitungen gelesen. Dies die Kritik des Majoritätsbeschlusses unserer Fakultät und die Ihnen gewordene Genugtuung! – Vielen Dank für Ihre freundlichen Grüße auch von meiner Frau. Wir erwiedern sie herzlichst für Sie und Ihre Frau Gemahlin

Ihr ergebenster GGröber.

[Abschrift Ph. A. Becker, Bonn, ULB NL Curtius, E.R. IV; vgl, auch Hillen 1993, Brief CIIL, 382–383].

niers Arbeitskraft stellte der Boden ebenfalls keine Anforderungen. Die Kirche hat seine Leidenschaften in ihre Gewalt gebracht und ihn geistig fast bedürfnislos gemacht. Seine Literatur blühte zu Zeiten, wo der Priester weltlich geworden war, unter dem Einfuß anderer Völker» (Nr. 16, 35) usw.

737 Wilhelm Cloetta/Cloëtta (1857–1911), in Triest geborener Schweizer, Schüler Vollmöllers, war Gröbers Nachfolger. Vgl. auch seine Personalakte Strasbourg, Archives Départementales, 103 AL 279–813/9 N° 349.

Chronologische Liste der Briefe

2. 8. 1869	Friedrich Zarncke (1)
3. 8. 1869	Hermann Knust (2)
4. 8. 1869	Gaston Paris (3)
11. 8. 1869	Wilhelm Ludwig Holland (4)
3. 9. 1870	Ernst Henke (5)
9. 2. 1873	Hermann Suchier (6)
27. 12. 1873	Hermann Suchier (7)
13. 6. 1874	Hermann Suchier (8)
16. 9. 1876	Hugo Schuchardt (9)
17. 9. 1876	Vilhelm Thomsen (10)
28. 9. 1876	Wilhelm Ludwig Holland (11)
17. 10. 1876	Alfred Morel-Fatio (12)
5. 11. 1876	Teófilo Braga (13)
28. 11. 1876	Ernesto Monaci (14)
28. 12. 1876	Eduard Wölfflin (15)
29. 1. 1877	Konrad Hofmann (16)
27. 2. 1877	Hugo Schuchardt (17)
31. 3. 1877	Bogdan Petriceicu Hasdeu (18)
9. 5. 1877	Hermann Suchier (19)
17. 6. 1877	Teófilo Braga (20)
1. 8. 1877	Pio Rajna (21)
17. 9. 1877	Alfred Morel-Fatio (22)
25. 4. 1878	Ernesto Monaci (23)
11. 9. 1878	Hugo Schuchardt (24)
8. 12. 1878	Pio Rajna (25)
23. 2. 1879	Carolina Michaëlis de Vasconcelos (26)
21. 4. 1879	Theodor Auracher (27)
15. 8. 1879	Karl Dziatzko (28)
30. 9. 1879	Karl Dziatzko (29)
17. 6. 1880	Eduard Wölfflin (30)
1. 8. 1880	Hermann Suchier (31)
23. 9. 1880	Karl Dziatzko (32)
23. 12. 1880	Karl Dziatzko (33)
10. 3. 1881	Carolina Michaëlis de Vasconcelos (34)
2. 5. 1881	Karl Dilthey (35)
8. 8. 1881	Karl Weinhold (36)
28. 9. 1881	August Reifferscheid (37)
9. 4. 1883	Karl Dziatzko (38)
29. 6. 1883	Ludwig Lemcke (39)
18. 10. 1883	Hermann Suchier (40)
3. 11. 1883	Hermann Suchier (41)
11. 11. 1883	Hugo Schuchardt (42)
11. 11. 1883	Ernst Windisch (43)

https://doi.org/10.1515/9783110588132-003

26. 11. 1883	Reinhold Köhler (44)
9. 12. 1883	Alwin Schultz (45)
30. 12. 1883	Wilhelm Meyer (aus Speyer) (46)
19. 1. 1884	Hugo Schuchardt (47)
16. 6. 1884	Alwin Schultz (48)
21. 12. 1885	Wilhelm Hertz (49)
23. 5. 1886	Hermann Suchier (50)
26. 9. 1886	Michael Richard («Michel») Buck (51)
25. 11. 1886	Graziadio Isaia Ascoli (52)
5. 12. 1886	Graziadio Isaia Ascoli (53)
Ende 1887/Anfang 1888	José Leite de Vasconcellos (54)
22. 4. 1888	Karl Dziatzko (55)
23. 9. 1888	Carolina Michaëlis de Vasconcelos (56)
13. 1. 1889	Ernesto Monaci (57)
13. 11. 1889	Konrad Hofmann (58)
28. 10. 1890	Hermann Caviezel (59)
12. 1. 1891	Adolf(o) Mussafia (60)
11. 8. 1891	Wilhelm Wetz (61)
14. 9. 1891	Wilhelm Streitberg (62)
11. 1. 1892	Alwin Schultz (63)
30. 12. 1892	Karl Krumbacher (64)
12. 5. 1893	Karl Dziatzko (65)
18. 10. 1894	Hugo Schuchardt (66)
9. 12. 1894	Francesco D'Ovidio (67)
10. 3. 1895	Benedetto Croce (68)
25. 6. 1895	Friedrich von Thudichum (69)
15. 9. 1895	Philipp August Becker (70)
24. 11. 1895	Hermann Paul (71)
15. 3. 1896	Rufino José Cuervo (72)
19. 4. 1897	Karl Dziatzko (73)
26. 9. 1897	Carolina Michaëlis de Vasconcelos (74)
31. 12. 1897	Gaston Paris (75)
18. 4. 1899	Philipp August Becker (76)
23. 7. 1899	Eduard Wölfflin (77)
23. 7. 1899	Bonaventura Zumbini (78)
17. 12. 1899	Karl Vossler (79)
17. 12. 1899	Paolo Savj-Lòpez (80)
20. 1. 1901	Hugo Schuchardt (81)
22. 7. 1901	Pio Rajna (82)
26. 1. 1902	Karl Dziatzko (83)
16. 9. 1902	Karl Vossler (84)
8. 2. 1903	Ernst Windisch (85)
5. 7. 1903	Edward Schröder (86)
3. 1. 1904	Hermann Suchier (87)
18. 6. 1904	Philipp August Becker (88)
15. 10. 1904	José Rufino Cuervo (89)
23. 10. 1904	Karl Vossler (90)
27. 11. 1904	Karl Vossler (91)

29.1.1905	Karl Vossler (92)
11.4.1905	Carolina Michaëlis de Vasconcelos (93)
23.10.1905	Philipp August Becker (94)
1.12.1905	Karl Trübner (95)
11.2.1906	Wilhelm Meyer (aus Speyer) (96)
26.8.1906	Karl Vossler (97)
15.3.1907	José Rufino Cuervo (98)
1.12.1907	Philipp August Becker (99)
25.12.1907	Henri Chamard (100)
1.10.1908	Giulio Bertoni (101)
3.2.1909	Ernst Robert Curtius (102)
6.2.1909	Richard Schmidbauer (103)
30.4.1909	Elise Richter (104)
15.10.1909	Ernst Robert Curtius (105)
2.8.1910	Philipp August Becker (106)

Verzeichnis der Briefempfänger

Graziadio Isaia Ascoli (16. 7. 1829 Gorizia/Görz–21. 1. 1907 Milano/Mailand), italienischer Sprachwissenschaftler, Autodidakt, international anerkannt und geehrt; 1860–1902 Professor an der Accademia scientifico-letteraria in Mailand; gründete 1873 das *Archivio glottologico italiano*. – Gröber respektierte den älteren Kollegen, doch stimmte er ihm in manchen Punkten nicht zu. Möglich, dass er im *Archivio glottologico* eine Konkurrenz der *Zeitschrift für romanische Philologie* sah. Erhalten sind 4 Briefe und 4 PK/VK Gröbers aus den Jahren 1886–1905, in denen es meist um etymologische Fragen geht. – Dok. 52 (25. 11. 1886); 53 (5. 12. 1886).
Bibl.: Österreichisches Biographisches Lexikon 1815–1950 1 (1957), 32; Tristano Bolelli, Dizionario Biografico degli Italiani 4 (1962), 380–384; Stammerjohann 1999; Silvia Morgana u. a. (Hrsg.), *Graziadio Isaia Ascoli «milanese»*, Mailand, LED, 2009.

Theodor Auracher (18. 3. 1849 München–16. 6. 1891 ebd.), deutscher Romanist und Altphilologe; er unterrichtete am Münchner Ludwigs- bzw. am Maximiliansgymnasium Griechisch, Latein, Deutsch und Geographie und wurde 1885 krankheitshalber in den vorzeitigen Ruhestand versetzt. – Es ist nur ein Brief Gröbers an Auracher, eher zufällig, im NL Konrad Hofmanns erhalten, der das Ansehen belegt, welches der nicht promovierte Auracher als Paläograph und Handschriftenkenner genoss. In den beiden ersten Bänden der *Zeitschrift für romanische Philologie* findet sich jeweils ein Aufsatz aus seiner Feder. – Dok. 27 (21. 4. 1879).
Bibl.: wikipedia.

Philipp August Becker (1. 6. 1862 Mühlhausen i. E.–21. 11. 1947 Leipzig), deutscher Romanist elsässischer Abstammung; er war Schüler Gröbers, wurde aber von Gottfried Baist in Freiburg habilitiert. Es folgten Professuren in Budapest (1893), Wien (1905) und Leipzig (1917). Als Emeritus lehrte Becker ab 1930 wieder in Freiburg i. Br., kehrte aber nach 1945 nach Leipzig zurück. Er war einer der besten Kenner der französischen Literatur des Mittelalters und der Renaissance und Verfasser auch methodisch origineller Arbeiten. Gröber hätte ihn gerne als seinen Nachfolger gesehen, doch die Straßburger Fakultät entschied sich für Wilhelm Cloëtta. – Seine umfangreiche Korrespondenz mit Gröber ist erhalten, weil Becker die 154 Briefe größtenteils abgeschrieben und die Kopien mit wenigen Originalen Ernst Robert Curtius überlassen hat. Die Briefe wurden von Ursula Hillen herausgegeben. In ihrem Zentrum stehen Beckers Publikationen und sein akademischer Werdegang. – Dok. 70 (15. 9. 1895); 76 (18. 4. 1899); 88 (18. 6. 1904); 94 (23. 10. 1905); 99 (1. 12. 1907); 106 (2. 8. 1910).
Bibl.: Karl Mras, Almanach der Wiener Akademie der Wissenschaften 99 (1950), 247–250; Theodor W. Elwert, Neue Deutsche Biographie 1 (1953), 721; Hillen 1993.

Anmerkung: Bei Namen, die in eckige Klammern gesetzt werden, ist die erhaltene Korrespondenz rein geschäftlich und wird nicht in der Edition berücksichtigt: Meist handelt es sich um Eingangsbestätigungen von Manuskripten, Bitten um bibliographische Nachweise oder um mehrfach verschickte Standardbriefe, die zur Mitarbeit an der *Zeitschrift*, dem *Grundriss* oder der Bibliotheca Romanica einladen und keine neuen Erkenntnisse vermitteln. – Beim Nachweis der Nummern der Briefe, Postkarten oder beschriebenen Visitenkarten wird durchgehend die Bezeichnung «Dok.» verwendet. In zwei Fällen (Rudolf Lenz, und Gustav Meyer) waren erhaltene Briefe nicht einsehbar.

https://doi.org/10.1515/9783110588132-004

Giulio Bertoni (26. 8. 1878 Modena–28. 5. 1942 Rom), italienischer Romanist; Professor in Turin, Fribourg, abermals Turin und Rom. – In der umfangreichen, aber recht lakonischen Korrespondenz Gröbers mit dem angesehenen italienischen Kollegen geht es um dessen Mitarbeit an der *Zeitschrift*, zu der er, über Gröbers Niederlegung der Herausgeberschaft hinaus, von 1903 bis 1920 fast fünfzig Beiträge beisteuerte. Bertonis Edition von *Il laudario dei Battuti di Modena* (im Jahr 1377 verfasst von Giovanni di Galerija) erschien 1909 in den *Beiheften*. Beide Gelehrte tauschten Publikationen aus, deren Eingang Gröber stets dankend bestätigte. Die geplante Edition von Alessandro Tassonis *La secchia rapita* in der Bibliotheca Romanica kam offenbar nicht zu Stande. – Dok. 101 (1. 10. 1908).
Bibl.: Regula Feitknecht/CN, Historisches Lexikon der Schweiz (online); Aurelio Roncaglia, Dizionario Biografico degli Italiani 9 (1967), 626–632.

Teófilo (Theophilo, Teóphilo) Braga (24. 2. 1843 Ponta Delgada, Azoren–28. 1. 1924 Lissabon), portugiesischer Literaturwissenschaftler und Staatsmann; Braga amtierte zweimal (1910–1911 und 1915) als portugiesischer Staatspräsident. Im Ersten Weltkrieg äußerte er sich (1915) antideutsch. – Gröber lud ihn 1876 ein, sich mit Beiträgen an der *Zeitschrift für romanische Philologie* zu beteiligen, was Braga aber nur einmal tat. Erhalten sind vier Briefe aus den Jahren 1876–77. Danach scheint der Kontakt zunächst eingeschlafen zu sein; doch als Carolina Michaëlis de Vasoncelos ihren Beitrag *Geschichte der portugiesischen Literatur* für den Grundriss nicht beenden konnte, verfasste Braga die letzten 30 Seiten (*Grundriss* II, 2 [1897], 129–382; auf S. 344 beginnt der Text Bragas, den Michaëlis übersetzt und annotiert hat). – Dok. 13 (5. 11. 1876); 20 (17. 6. 1877).
Bibl.: Hugo Schuchardt, *Die Schmähschrift der Akademie der Wissenschaften von Portugal gegen die deutschen Gelehrten und Künstler. Eingeleitet, abgedruckt und übersetzt*, Graz, Leuschner & Lubensky 1915; Carlos Consiglieri, *Teófilo Braga e os republicanos*, Lissabon, Vega 1987; Amadeu J. Carvalho Homem, *A ideia republicana em Portugal. O contributo de Teófilo Braga*, Coimbra, Livraria Minerva, 1989.

Michael Richard («Michel») Buck (26. 9. 1832 Ertingen, Oberamt Riedlingen–15. 9. 1888 Ehingen), deutscher Mediziner, Kulturhistoriker und schwäbischer Dialektdichter; 1857 Dr. med. in München, danach praktischer Arzt in verschiedenen oberschwäbischen Orten; Oberamtsarzt in Ehingen a. d. Donau. – Gröber veröffentlichte drei namenskundliche Publikationen Bucks in den Bänden 10 und 11 (1886, 1887) der *Zeitschrift*. – Dok. 51 (26. 9. 1886).
Bibl.: Aloys Schulte, Allgemeine Deutsche Biographie 47 (1903), 333–334; Heinz Eugen Schramm, Neue Deutsche Biographie 2 (1955), 711; Ders., *Michel Buck als Mundartdichter*, Stuttgart, Verlag des Schwäbischen Albvereins, 1956.

[Konrad Burdach (29. 5. 1859 Königsberg–18. 9. 1936 Berlin), deutscher Germanist und Literaturwissenschaftler].

Hartmann Caviezel (1836–1910), jüngstes von sieben Kindern des Altlandammanns Franz Caviezel in Rothenbrunnen (Giuvaulta), einer politischen Gemeinde im Kreis Domleschg, Kt. Graubünden; Major in der Schweizer Armee, Kommunalbeamter, Regionalhistoriker, Sprachforscher und Sprachpfleger seiner rätoromanischen Muttersprache; in dieser Eigenschaft einmaliger Mitarbeiter der *Zeitschrift*. – Dok. 59 (28. 10. 1890).
Bibl.: Andreas Florin, *Major Hartmann Caviezel (1836–1910)*, Die Schweiz: schweizerische illustrierte Zeitschrift 15 (1911), 336.

Henri Chamard (7. 7. 1867 Honfleur, Calvados–29. 9. 1952 Paris), französischer Romanist u. Literaturwissenschaftler; Chamard war Spezialist für die Literatur der französischen

Renaissance und lehrte von 1900 bis 1937 an der Sorbonne. – Es ist nur eine Postkarte Gröbers erhalten, die seine Mitgliedschaft in der «Société des textes français modernes» (STFM) betrifft. – Dok. 100 (25. 12. 1907).
Bibl.: Raymond Lebègue, Romania 296 (1953), 540.

Benedetto Croce (25. 2. 1866 Pescasseroli–20. 11. 1952 Neapel), italienischer Philosoph, Literaturkritiker, Historiker und Politiker; Croce war ein universal gebildeter, liberal gesinnter Humanist, der sich auch mit deutscher Kultur und Geisteswissenschaft auseinandersetzte und sich eng mit dem Romanisten Karl Vossler befreundete. Hatte er dessen Erstlingsarbeit über Cellini in der Groeber-FS noch getadelt, weil sie ihm zu positivistisch war, näherten sich beide immer stärker an, ein Prozess, in dessen Verlauf sich Vossler von seinem Lehrer Gröber emanzipierte. Dieser stand zu Croce in einem rein sachlichen Verhältnis, das sich meist auf Schriftentausch beschränkte. Gröber vermied es, Croce seine hermeneutische Position zu erklären, tat dies aber in einem Brief an Paolo Savj-Lòpez, von dem Auszüge in Croces NL erhalten sind. – Dok. 68 (10. 3. 1895).
Bibl.: *Briefwechsel Benedetto Croce – Karl Vossler*, 1955; Piero Craveri, Dizionario Biografico degli Italiani 31 (1985), online; Karl-Egon Lönne, *Benedetto Croce. Vermittler zwischen deutschem und italienischem Geistesleben*, Tübingen, Francke, 2002.

Rufino José Cuervo (19. 9. 1844 Bogotá–17. 7. 1911 Paris), kolumbianischer Romanist und Lexikograph; Cuervo erteilte zunächst in seiner Heimat an einem Gymnasium Lateinunterricht, siedelte aber im Jahr 1882 nach Paris über, wo er als Privatgelehrter das monumentale *Diccionario de construcción y régimen de la lengua castellana* in Angriff nahm, das erst nach seinem Tod vollendet wurde. Wichtig sind auch seine Arbeiten zum südamerikanischen Spanisch. – Cuervo war ab dem ersten Band Abonnent der *Zeitschrift*, steuerte jedoch keine Publikationen bei. Er trat in brieflichen Kontakt zu Gröber, als er sich über eine Rezension des Berliner Spanischlektors Pedro de Mugica geärgert hatte. Seine Kritik Mugicas in Briefform wurde zusammen mit dessen brieflicher Replik in einer der nächsten Nummern der *Zeitschrift für romanische Philologie* abgedruckt. Im Jahr 1904 trafen sich Cuervo und Gröber zufällig in Neuchâtel, blieben danach in freundschaftlichem Briefkontakt und tauschten Publikationen aus. Gröber konnte Cuervo für die Herausgabe einer Vierfachnummer seiner Bibliotheca Romanica gewinnen, für die dieser fünf der cervantinischen *Novelas ejemplares* edierte. – Dok. 72 (15. 3. 1896); 89 (15. 10. 1904); 98 (15. 3. 1907).
Bibl.: Schütz 1976, Bd. 1, *Introducción general* u. 582–606; Enrique Santos Molano, *Rufino José Cuervo. Un hombre al pie de las letras*, Bogotá, Inst. Caro y Cuervo, 2006.

Ernst Robert Curtius (14. 4. 1886 Thann i. E.–19. 4. 1956 Rom), deutscher Romanist; als Sohn eines Verwaltungsbeamten im Elsass geboren, studierte er u. a. in Straßburg Romanistik, Germanistik und Philosophie, legte dort das Staatsexamen ab und promovierte 1910, von Gustav Gröber beraten, mit einer textkritischen Arbeit eines altfranzösischen Textes. Seine Habilitation wurde in Bonn von Gröbers Schüler Heinrich Schneegans betreut. Curtius hat dem verehrten Doktorvater aus Anlass von dessen 100. Geburtstag 1944 einen einlässlichen Gedenkartikel gewidmet. – Der erhaltene Briefwechsel bezieht sich auf die Abfassung von Curtius' Doktorarbeit über die *Quatre livres des reis*, aber auch auf philosophische Fragen. – Dok. 102 (3. 2. 1909); 105 (15. 10. 1909).
Bibl.: Heinrich Lausberg, Neue Deutsche Biographie 3 (1957), 447–448; Ders., *Ernst Robert Curtius: (1886 – 1956)*. Aus dem Nachlass hrsg. und eingel. von Arnold Arens, Stuttgart, Steiner, 1993; Ernst Robert Curtius, *Briefe aus einem halben Jahrhundert: Eine Auswahl*. Hrsg. u. komm. von Frank-Rutger Hausmann, Baden-Baden, Körner, 2015 (Saecvla spiritalia; 49).

[Alessandro D'Ancona (20. 2. 1835 Pisa–9. 11. 1914 Florenz), italienischer Jurist und Philologe]. Erhalten ist eine PK vom 20. 1. 1882, mit welcher Gröber um einen Artikel über Emmanuele giudeo (Rivista Italiana IV, 5. 1. 1863) bittet.

Karl Dilthey (18. 3. 1839 Biebrich–4. 3. 1907 Göttingen), deutscher Archäologe, jüngerer Bruder des Philosophen Wilhelm D.; seit 1878 Göttinger Ordinarius für Klass. Philologie, später auch Klass. Archäologie. Dilthey wandte sich an Gröber mit der Bitte um ein vergleichendes Gutachten, als es darum ging, den ersten romanistischen Lehrstuhl in Göttingen zu besetzen. – Dok. 35 (2. 5. 1881).
Bibl.: Hessische Biografie, online [https://www.lagis-hessen.de/pnd/116128194].

Francesco D'Ovidio (5. 12. 1849 Campobasso–24. 11. 1925 Neapel), italienischer Romanist; zunächst Gymnasiallehrer in Bologna und Mailand, ab 1876 Lehrstuhlinhaber für Romanische Philologie in Neapel. – Leider hat sich von seiner Korrespondenz mit Gustav Gröber nur eine Postkarte erhalten. Dass es einen intensiven brieflichen Austausch gegeben haben muss, belegt die Tatsache von D'Ovidios Mitarbeit an der *Zeitschrift für romanische Philologie* von 1884 bis 1904 (vier Beiträge), vor allem aber auch an *Grundriss* I[1] u. I[2] (*Die italienische Sprache*, gem. mit Wilhelm Meyer-Lübke; D'Ovidios Teile wurden von Adolf B. Horning ins Deutsche übersetzt). – Dok. 67 (9. 12. 1894).
Bibl.: Lucia Strappini, Dizionario Biografico degli Italiani 41 (1992), online; Amedeo Benedetti, *L'Attività napoletana di Francesco D'Ovidio*, Critica letteraria 158 (2013), 124–148.

Karl Dziatzko (27. 1. 1842 Neustadt/OS–13. 1. 1903 Göttingen), deutscher Klass. Philologe und Bibliothekar; Schüler F. W. Ritschls in Bonn; nach der Promotion 1863 Gymnasiallehrer in Oppeln und Luzern, 1871 kurze Zeit Leiter der UB Freiburg, 1872 Direktor der UB Breslau, ab 1886 der UB Göttingen. Dziatzko war maßgeblich beteiligt an der Professionalisierung des preußischen Bibliothekswesens, zugleich ein angesehener Altphilologe. In Breslau lernten er und Gröber sich kennen, sympathisierten miteinander und blieben sich auch noch verbunden, als Gröber nach Straßburg wechselte; auch die Familien waren befreundet. Später gingen Dziatzko und Gröber zum Du über. Die zahlreichen erhaltenen Briefe Gröbers sind eine der lebendigsten und detailreichsten Quellen für die Kenntnis seines Privatlebens, vermitteln aber auch wichtige Aufschlüsse über das Straßburger Universitätsmilieu. – Dok. 28 (15. 8. 1879); 29 (30. 9. 1879); 32 (23. 9. 1880); 33 (23. 12. 1880); 38 (9. 4. 1883); 55 (22. 4. 1888); 65 (12. 5. 1893); 73 (19. 4. 1897); 83 (26. 1. 1902).
Bibl.: Ludwig Denecke, Neue Deutsche Biographie 4 (1959), 213–214; Ludger Syré (Hrsg.), *Zwischen Bibliothek und Wissenschaft. Wilhelm Brambachs Briefe an Karl Dziatzko und weitere Kollegen*, Berlin, Logos, 2008.

[Moses Gaster (16. 9. 1856 Bukarest–5. 3. 1939 Abingdon-on-Thames], Sprachwissenschaftler, Volkskundler und sephardischer Oberrabbiner Englands 1887–1918. [Die UCL Special Collections haben Kopien der Gröber-Korrespondenz mit Gaster zur Verfügung gestellt, die zumeist seine Mitarbeit am *Grundriss* oder seine Publikationen in der *Zeitschrift für romanische Philologie* betreffen. Leider erlaubt das britische Urheberrecht eine Freigabe der Briefe erst hundert Jahre nach Gasters Tod].

[Karl Felix Ritter von Halm (5. 4. 1809 München–5. 10. 1882 München), deutscher Altphilologe und Leiter der Kgl. Bibliothek München (heute BSB)]. Erhalten sind zwei Briefe (Zürich 1873) Gröbers, in denen es um Bibliotheksauskünfte geht.

Bogdan Petriceicu Hasdeu (26. 2. 1838 Kerstentsi, Bessarabien–25. 8. 1907 Câmpina), rumänischer Philologe und Schriftsteller; er war zunächst Gymnasiallehrer und Buchhändler;

seit 1878 Professor für vergleichende Sprachwissenschaft in Bukarest. – In dem einzigen erhaltenen Brief lädt Gröber Hasdeu zur Mitarbeit an der *Zeitschrift für romanische Philologie* ein, die jedoch nicht zustande kam. – Dok. 18 (31. 3. 1877).
Bibl.: Cicerone Poghirc, *B. P. Hasdeu, lingvist şi filolog*, Bukarest, Ed. Ştiinţifică, 1968.

Ernst Henke (22. 2. 1804 Helmstedt–1. 12. 1872 Marburg), evangelischer Theologe; ab 1838 Ordinarius für Kirchengeschichte, Homiletik, Liturgik und Einleitung in das theologische Studium in Marburg; 1846 zweiter, 1848 erster Universitätsbibliothekar. In dieser Eigenschaft wandte sich Gröber an ihn. – Dok. 5 (3. 9. 1870).
Bibl.: Friedrich Wiegand, Allgemeine Deutsche Biographie 50 (1905), 185–187; *Professorenkatalog der Philipps-Universität Marburg*, online [http://www.uni-marburg.de/uniarchiv/pkat/details?id=3539].

Wilhelm Hertz (24. 9. 1835 Stuttgart–7. 1. 1902 München), deutscher Germanist, Dichter und Übersetzer; zunächst Ausbildung zum Kaufmann und Gärtner, danach Studium der Germanistik, Anglistik und Romanistik in Tübingen, dort Schüler Uhlands; 1858 germanistische Promotion (Adelbert von Keller), 1862 Habilitation in München; Freundschaft mit Paul Heyse; 1878 Ordinarius. – Es ist nur ein Brief Gröbers aus dem Jahr 1885 erhalten, mit dem er sich für die Übersendung von Hertz' Spielmanns-Buch bedankt. – Dok. 49 (21. 12. 1885).
Bibl.: Gerhard Hay, Neue Deutsche Biographie 8 (1969), 715; Ders., Internationales Germanistenlexikon 1800–1950, Bd. 2, 2003, 731–733.

Konrad (Conrad) Hofmann (14. 11. 1819 Kloster Banz–30. 9. 1890 Waging am See), deutscher Germanist und Romanist; nach Studium an verschiedenen Universitäten 1848 Promotion (Sanskrit) in Leipzig, danach Paris-Aufenthalt. Nachdem Hofmann ab 1853 zunächst als Nachfolger von Johann Andreas Schmeller den altdeutschen Lehrstuhl in München bekleidet hatte, wurde er, seit 1859 Ordinarius, ab 1863 auch für die Romanistik zuständig. – Gröber erwies Hofmann als dem Nestor der deutschen Romanistik und exzellentem Handschriften-Kenner Reverenz, konnte ihn jedoch nicht zur Mitarbeit an der *Zeitschrift für romanische Philologie* bewegen. Hofmann stellte stattdessen die Verbindung zu seinem Schüler Auracher her, der anfänglich an der *Zeitschrift für romanische Philologie* mitwirkte. – Dok. 16 (29. 1. 1877); 58 (13. 11. 1889).
Bibl.: Wolfgang Golther, Allgemeine Deutsche Biographie 50 (1905), 436–438; Seidel-Vollmann 1977, 124–176.

Wilhelm Ludwig Holland (11. 8. 1822 Stuttgart–22. 8. 1891 Tübingen), deutscher Germanist und Romanist; 1844 Promotion über Chrétien de Troyes in Tübingen, dort 1847 auch Habilitation, ab 1853 zunächst a. o. Titular-Professor für Germanische und romanische Philologie, 1866–1891 wirklicher a. o. Prof. Erhalten sind drei Briefe Gröbers, die die Zusendung seiner Dissertation bzw. die Einladung an Holland zur Mitarbeit an der soeben gegründeten *Zeitschrift für romanische Philologie* betreffen. Im *Grundriss* I^1 (1888), 93 f. werden H.s Verdienste um Chrétien de Troyes gewürdigt, desgleichen in I^2 (1904–06), 108 u. 150. In *Romania* 21 (1892), 126 erschien ein kurzer Nachruf (hier, wie gelegentlich auch in anderen Publikationen, wird der 23.8. als Todestag angegeben). – Dok. 4 (11. 8. 1869); 11 (28. 9. 1876).
Bibl.: Rudolf Krauß, Allgemeine Deutsche Biographie 50 (1905), 448–450; Friedrich Seck, Internationales Germanistenlexikon 1800–1950, Bd. 2, 2003, 793–794.

[Jaberg, Karl (24. 4. 1877 Langenthal, Kt. Bern–30. 5. 1958 Bern), Schweizer Romanist]. Erhalten ist nur eine Postkarte (7. 8. 1910), die den Druck von Franz Fankhausers (1883–1959) Diss. *Das Patois von Val d'Illiez (Unterwallis)* betrifft.

[Keller, Adelbert von (5. 7. 1812 Pleidelsheim–13. 3. 1883 Tübingen), deutscher Romanist und Germanist]. Erhalten ist ein Brief (28. 12. 1876) mit der Einladung an Keller, in der *Zeitschrift für romanische Philologie* zu veröffentlichen, und eine PK (21. 4. 1877) mit der Bitte um Aufnahme in den Literarischen Verein in Stuttgart.

Hermann (auch: Germán) Knust (1821 Bremen–1889 Bremen), Hispanist und Privatgelehrter; Anfang der 1840er Jahre Studium in Leipzig, ab 1861 längere Spanienaufenthalte; Mitarbeiter von Adolf Ebert; hervorragender Kenner spanischer Handschriften, zeitweise Mitarbeiter am *Jahrbuch für romanische und englische Literatur*, von 1870–1889 Mitgl. der *Sociedad de Bibliófilos Españoles*. – Gröber dürfte ihn durch seinen Doktorvater Ebert in Leipzig kennengelernt haben. Es ist nur ein Begleitbrief zur Übersendung eines Exemplars seiner Doktorarbeit erhalten, deren Thema möglicherweise von Knust angeregt wurde. – Dok. 2 (3. 8. 1869).
Bibl.: Hugo Oscar Bizarri, *La labor crítica de Hermann Knust en la edición de textos medievales castellanos: ante la crítica actual*, Incipit (Buenos Aires) 8 (1988), 81–97; lexikon.romanischestudien.de.

Reinhold Köhler (24. 6. 1830 Weimar–15. 8. 1892 Weimar), deutscher Literaturhistoriker, Volkskundler und (ab 1881) oberster Bibliothekar an der Großherzoglichen Bibliothek in Weimar. – Köhler war einer der zuverlässigsten Rezensenten der *Zeitschrift*, lieferte gelegentlich aber auch kenntnisreiche Aufsätze zum Altitalienischen, Altspanischen und Altportugiesischen. Laut Baldinger war er mit 47 Jahren der «wohl älteste Mitarbeiter am 1. Band». Die zumeist aus Postkarten bestehende Korrespondenz bezieht sich auf diese Mitarbeit. Die ihm von Gröber angetragene Übernahme des Kap. I 3 B (*Ungeschriebene [Volks-]Litteratur, Mundarten [orale Quellen]*) im I. *Grundriss*-Band lehnte Köhler ab. – Dok. 44 (26. 11. 1883).
Bibl.: Erich Schmidt, Allgemeine Deutsche Biographie 51 (1906), 1906, 317–318; Ingo Reiffenstein, Neue Deutsche Biographie 12 (1980), 311–312; Baldinger 1995, 175–176; Horst Schmidt, Internationales Germanistenlexikon 1800–1950, Bd. 2, 2003, 972–973.

Karl Krumbacher (23. 9. 1856 Kürnach i. Allgäu–12. 12. 1909 München), deutscher Byzantinist und Neogräzist; Studium der Klassischen Philologie, Germanistik und Indogermanistik in München und Leipzig; 1879 Staatsexamen, anschließend Schuldienst, 1883 Promotion, 1885 Habilitation für Mittel- und Neugriechisch in München, ab 1897 dort Professor für Byzantinistik. – Erhalten sind zwei Karten Gröbers (1892–1893), die etymologische Herleitungen betreffen. – Dok. 64 (30. 12. 1892).
Bibl.: Ernst Kuhn, *SB d. Bayer. Akad. d. Wiss., Philos.-philol. u. hist. Kl.* (1910), 18–25; Peter Wirth, Neue Deutsche Biographie 13 (1982), 121.

José Leite de Vasconcelos/Vasconcellos (7. 7. 1858 Ucanha–17. 5. 1941 Lissabon), portugiesischer Romanist und Ethnologe; von Hause aus Arzt, wurde er 1887 Bibliothekar der Nationalbibliothek in Lissabon, studierte und promovierte 1901 an der Sorbonne mit einer dialektologischen Arbeit, hielt ab 1903 Vorlesungen an der Lissaboner Nationalbibliothek und erhielt 1911 den ersten romanistischen Lehrstuhl an der neugegründeten Universität der Hauptstadt. – Leite wurde neben Carolina Michaëlis, die möglicherweise den Kontakt zu ihm herstellte, und Teófilo Braga Gröbers wichtigster portugiesischer Gewährsmann. Beide tauschten ihre Publikationen aus. In Zeitschrift für romanische Philologie 30 (1906), 332–333 findet sich ein kleiner Beitrag Leites. – Dok. 54 (Ende 1887/Anfang 1888).
Bibl.: Heinz Kröll, *José Leite de Vasconcelos. Die Anfänge der portugiesischen Dialektologie*, in: Richard Baum u. a. (Hrsg.), *Lingua et traditio. Geschichte der Sprachwissenschaft und der neueren Philologien. FS für Hans Helmut Christmann zum 65. Geburtstag*, Tübingen, Narr

1994, 275–278; Hugo Schuchardt/José Leite de Vasconcellos, *Correspondência*. Edição de Ivo Castro e Enrique Rodrigues-Moura, Bamberg, University of Bamberg Press, 2015 (Bamberger Editionen; 16).

Ludwig Lemcke (25. 12. 1816 Brandenburg a. d. Havel– 21. 9. 1884 Gießen), deutscher Romanist und Anglist; zunächst Privatgelehrter und Lehrer, wurde er 1863 Ordinarius in Marburg, vier Jahre später in Gießen. – Gröber begegnete dem älteren Kollegen mit Respekt und versuchte (erfolglos, er war bereits an Krebs erkrankt), ihn als ausgewiesenen Hispanisten für die Mitarbeit am *Grundriss* zu verpflichten. – Dok. 39 (29. 6. 1883).
Bibl.: Edward Schröder, Allgemeine Deutsche Biographie 51 (1906), 639–642; Haenicke/Finkenstaedt 1992, Nr. 171, 194–195.

[Rudolf/Rodolfo Lenz (10. 9. 1863 Halle a. S.–7. 9. 1938 Santiago de Chile), deutsch-chilenischer Romanist und Sprachwissenschaftler]. Trotz intensiver Bemühungen ist es leider nicht gelungen, Kopien der Briefe Gröbers an Lenz zu erhalten.

[Gustav Meyer (25. 11. 1850 Groß-Strelitz–28. 10. 1900 Feldhof b. Graz), deutsch-österreichischer Sprachwissenschaftler]. Sein NL in der UB Graz ist z. Zt. nicht zugänglich.

Wilhelm Meyer (aus Speyer, a Spira) (1. 4. 1845 Speyer–9. 3. 1917 Göttingen), deutscher Klass. Philologe, Mittellateiner und Bibliothekar; Studium in München, ab 1872 an der Katalogisierung der lateinischen Handschriften der Kgl. Bibliothek (heute BSB) München beteiligt, 1885 Dr. phil. h. c. der Universität Erlangen, ab 1886 Ordinarius für Klass. Philologie in Göttingen, wo er sich fast ausschließlich dem Mittellateinischen widmete. – Gröber wollte Meyer zur Mitarbeit am *Grundriss* gewinnen, was ihm jedoch nicht gelang. Er betrachtete ihn als besonderen Kenner der mittellateinischen Literatur und tauschte sich mit ihm darüber als Gebender und Nehmender aus. Meyers Sohn Rudolf Meyer-Riefstahl, später Professor in den USA, war sein Straßburger Doktorand. – Dok. 46 (30. 12. 1883); 96 (11. 2. 1906).
Bibl.: Fidel Rädle, *Wilhelm Meyer, Professor der Klassischen Philologie 1886–1917*, in: Carl Joachim Classen (Hrsg.), *Die Klassische Altertumswissenschaft an der Georg-August-Universität Göttingen. Eine Ringvorlesung zu ihrer Geschichte*, Göttingen, Vandenhoeck u. Ruprecht, 1989, 128–148; Gabriel Silagi, Neue Deutsche Biographie 17 (1994), 376–377.

Carolina Michaëlis de Vasoncelos/Vasconcellos (15. 3. 1851 Berlin–18. 11. 1925 Porto), deutsch-portugiesische Romanistin; nach der Heirat mit dem portugiesischen Kunsthistoriker Joaquim António da Fonseca Vasconcelos siedelte sie nach Porto über und erhielt 1911 einen Lehrstuhl für Romanistik und Germanistik in Lissabon, ließ sich aber 1912 nach Coimbra versetzen. Als erste Frau überhaupt bekleidete sie eine ordentliche romanistische (und germanistische) Professur. – Gröber bot ihr die Mitarbeit an verschiedenen seiner Projekte an; sie übernahm die Abfassung einer spanischen Grammatik wie auch des Kapitels über die portugiesische Literatur im *Grundriss*, von der nur das zweite Projekt realisiert, aber nicht ganz beendet wurde. Michaëlis publizierte und rezensierte von 1880 bis 1905 regelmäßig in der *Zeitschrift*, auch gab sie ein Camões-Bändchen (*Os Lusíadas*) in der Bibliotheca Romanica heraus. – Dok. 26 (23. 2. 1879); 34 (10. 3. 1881); 56 (23. 9. 1888); 74 (26. 9. 1897); 93 (11. 4. 1905).
Bibl.: Heinz Kröll, Neue Deutsche Biographie 17 (1994), 437–438; Hurch 2009, 19–111; 113–133.

Ernesto Monaci (20. 2. 1844 Soriano nel Cimino b. Viterbo–1. 5. 1918 Rom), italienischer Jurist und Romanist; Monaci war von 1874 bis 1918 Professor für Geschichte der romanischen Sprachen und Literaturen an der Sapienza in Rom; 1872 gründete er gemeinsam mit Luigi

Manzoni und Edmund Stengel die *Rivista di filologia romanza* (1878–1883), die später von ihm alleine unter dem Titel *Giornale di filologia romanza* fortgesetzt wurde. Monaci war ein bedeutender Gelehrter und Wissenschaftsorganisator, den Gröber nicht als Konkurrenten betrachtete und mit dem er kollegial zusammenarbeitete. Monaci wurde für ihn und seine Schüler (z. B. J. B. Beck und Heinrich Gelzer) zum Ansprechpartner, wenn es um die Kollationierung und ggf. Faksimilierung von Handschriften der Vaticana oder anderer römischen Bibliotheken ging. Beide Gelehrte tauschten regelmäßig ihre Schriften aus. Zur *Zeitschrift für romanische Philologie* hat Monaci nur im ersten Band eine Miscelle beigesteuert. – Dok. 14 (28.11.1876); 23 (25.4.1878); 57 (13.1.1889).
Bibl.: Domenico Proietti, Dizionario Biografico degli Italiani 75 (online); Amedeo Benedetti, *Contributo alla vita di Ernesto Monaci*, Esperienze Letterarie 37 (2012, 3), 55–81.

Alfred Morel-Fatio (9.1.1850 Straßburg–9.10.1924 Versailles), französischer Hispanist und Katalanist; aufgewachsen in Lausanne, durchlief er von 1869 bis 74 die *École Nationale des Chartes* und war Schüler von Paul Meyer und Gaston Paris. Er arbeitete von 1875 bis 1880 in der Handschriftenabteilung der *Bibliothèque nationale*, unterrichtete von 1880 bis 85 als Lehrer in Algier und kehrte dann an die *École Nationale des Chartes* zurück, wo er als *Secrétaire* fungierte und gleichzeitig «Grammaire du latin décadent» bzw. «Littérature castillane et italienne» unterrichtete. – Gröber konnte Morel-Fatio zunächst zur Mitarbeit an der *Zeitschrift für romanische Philologie* gewinnen (eine Rezension, ein größerer Beitrag); doch wichtiger war, dass dieser, ein vorzüglicher Kenner des Katalanischen, für den *Grundriss* sowohl das Kapitel «Das Catalanische» (I^1 [1888], 668–688 [dt. Bearbeitung von Adolf Horning]; I^2 [1904–06], 841–877 [überarbeitet von J. Saroïhandy, insbesondere die Lautlehre]), als auch «Katalanische Literatur» (*Grundriss* II, 1 [1897], 70–128 [übertr. von Heinrich Schneegans]) verfasste. Von einer vermutlich reichhaltigen Korrespondenz konnten nur drei Briefe an Morel-Fatio aus den Jahren 1876–77 gefunden werden. – Dok. 12 (17.10.1876); 22 (17.9.1877).
Biogr.: François Delaborde, in: *Bibliothèque de l'École des Chartes* 85 (1924), 423–426; Albert Cécile Coutou, *Hispanism in France from Morel-Fatio to the present*, Washington, Cath. Univ. of America Press, 1954.

Adolf(o) Mussafia (15.2.1835 Split/Spalato–7.6.1905 Florenz), österreichischer Romanist italienischer Muttersprache; Autodidakt, 1860 a. o. Professor der Romanistik in Wien, 1867 Ordinarius; Mussafia gilt als Begründer der Wiener Romanistik, war international hoch angesehen und wurde vielfach geehrt. – Von der ursprünglich umfangreichen Korrespondenz zwischen Mussafia und Gröber ist nur zufällig eine Postkarte in der Korrespondenz Gröbers mit Pio Rajna erhalten. Mussafia arbeitete von Beginn ihres Erscheinens an der *Zeitschrift für romanische Philologie* mit und steuerte bis 1885 dreizehn kleinere Arbeiten bei. Es gelang Gröber jedoch nicht, ihn für eine Mitarbeit am *Grundriss* zu verpflichten. – Dok. 60 (12.1.1891).
Bibl.: Elise Richter, *Adolf Mussafia. Zur 25. Wiederkehr seines Todestages*, Zeitschrift für französische Sprache und Literatur 55 (1932), 169–193; Erika Kanduth, Österreichisches Biographisches Lexikon 1815–1950 7 (1978), 3–4; Hans Helmut Christmann, *Zum Gedenken an Adolfo Mussafia, den ersten Inhaber einer romanistischen Lehrkanzel der Universität Wien*, Italienische Studien 5 (1982), 153–157; http://lexikon.romanischestudien.de.

[Theodor Nöldeke (2.3.1836 Hamburg-Harburg–25.12.1930 Karlsruhe), deutscher Orientalist]. Nöldeke war Straßburger Kollege Gröbers; erhalten ist nur eine PK (7.10.1901), die Gröber aus seinem Urlaubsort Schönwald b. Triberg schreibt, um wegen einer Erkältung sein Fehlen bei einer in der Straßburger Universität anberaumten Sitzung zu entschuldigen. (Nöldekes NL liegt in der UB Tübingen, vermutlich weil seine Tochter Elsa den dortigen Orientalisten Enno Littmann (1875–1958) geheiratete hatte).

Gaston Paris (9. 8. 1839 Avenay-Val-d'Or–5. 3. 1903 Cannes), französischer Romanist, der u. a. in Bonn und Göttingen studiert hatte; seit 1872 Professor am Collège de France, gründete er im gleichen Jahr gemeinsam mit Paul Meyer die noch heute bestehende Zeitschrift *Romania*. – Gröber sandte Paris ein Exemplar seiner Dissertation, publizierte 1872 einen Aufsatz in der *Romania* und tauschte mit ihm gelegentlich Publikationen aus. Paris rezensierte den *Grundriss* wohlwollend, wohingegen sein Kollege Paul Meyer Gröber und der deutschsprachigen Romanistik kritischer gegenüberstand. Insgesamt sind 12 Briefe und 10 Postkarten Gröbers an Paris aus den Jahren 1869–1902 erhalten. – Dok. 3 (4. 8. 1869); 75 (31. 12. 1897).
Bibl.: Bähler 2004; Jürgen Storost, *In memoriam Vladimiro Macchi. Aspekte der Wissenschaftsgeschichte. Ausgewählte Sujets*, Bonn, Romanistischer Verlag, 2008 (Abhandlungen zur Sprache und Literatur; 172), 124–168; Bartsch/Paris 2015.

Hermann Paul (7. 8. 1846 Salbke b. Magdeburg–29. 12. 1921 München), deutscher Germanist (Mediävistik, Sprachwissenschaft, Lexikographie); Paul, Schüler Zarnckes in Leipzig, wurde 1870 promoviert, 1872 habilitiert und war seit 1874 Professor in Freiburg i. Br., ab 1893 in München. Er war einer der wirkmächtigsten junggrammatisch orientierten Germanisten seiner Zeit, dessen *Prinzipien der Sprachgeschichte* (1880) einen lang andauernden Widerhall fanden. – Von der sicherlich umfangreicheren Korrespondenz mit Gröber sind nur drei Postkarten erhalten, mit denen sich Gröber für die Zusendung von Publikationen Pauls bedankt. – Dok. 71 (24. 11. 1895).
Bibl.: Ulrike Hass-Zumkehr, Neue Deutsche Biographie 20 (2001), 115–116; Dies., in: Christoph König/Hans-Harald Müller/Werner Röcke, *Wissenschaftsgeschichte der Germanistik in Porträts*, Berlin/New York, 2000, 95–106; Dies., Internationales Germanistenlexikon 1800–1950, Bd. 2, 2003, 1371–1373.

[Wilhelm Peuser, Buchhändler in Hamburg, vormals Hermann Grüning]. Gröber wendet sich an ihn wegen einer portugiesischen Zuwendung für die Diez-Stiftung.

Pio Rajna (8. 7. 1847 Sondrio–25. 11. 1930 Florenz), bedeutender italienischer Romanist; Rajna lehrte von 1872 bis 1882 in Mailand, danach bis 1922 in Florenz. Seine Spezialgebiete waren ältere französische und italienische Literatur. – Gröber konnte ihn früh zur Mitarbeit an der *Zeitschrift für romanische Philologie* gewinnen, zu der er in den Bänden 1–15 sechs Beiträge zu italienischen Themen lieferte, die meist auch den Gegenstand ihrer Korrespondenz bildeten. Gröber beteiligte sich an der Rajna 1911 gewidmeten FS *Studi letterari e linguistici, dedicati a Pio Rajna nel quarantesimo anno del suo insegnamento*; beide tauschten zudem Publikationen aus. – Dok. 21 (1. 8. 1877); 25 (8. 12. 1878); 82 (22. 7. 1901).
Biogr.: Ezio Levi, *Commemorazione di Pio Rajna; letta all'Accademia Pontaniana il 10 gennaio 1931*, Neapel, 1931; Storost 2001, ad Indicem; Sergio Lubello, Dizionario Biografico degli Italiani 86 (2016), 273–275.

August Reifferscheid (3. 10. 1835 Bonn–10. 11. 1887 Straßburg), deutscher Klass. Philologe; der Schwiegersohn des Dichters Karl Simrock wurde 1867 Professor in Bonn, 1868 in Breslau und 1885 in Straßburg. Gröber kannte ihn als Breslauer Kollegen und setzte sich vermutlich für seine Berufung nach Straßburg ein. Zumindest ein Besuch der Familie Gröber in Reifferscheids Haus in Menzenberg b. Koblenz ist belegt. Erhalten ist nur eine Postkarte einer ursprünglich sicherlich intensiveren Korrespondenz. – Dok. 37 (28. 9. 1881).
Biogr.: Sebastian Hausmann, 1897, Biogr. Anh. (s. p.); Georg Wissowa, Biographisches Jahrbuch für Altertumskunde 12. Jg., 1889 (1890), 39–52.

Elise Richter (2. 3. 1865 Wien–21. 6. 1943 Ghetto Theresienstadt), österreichische Romanistin; Richter wurde als eine der ersten Frauen in Österreich-Ungarn zum Studium zugelassen. Sie

war Schülerin Adolf(o) Mussafias und Wilhelm Meyer-Lübkes in Wien; 1901 erfolgte die Promotion, 1905 die Habilitation, 1921 wurde sie Extrarordinaria in Wien. Im Jahr 1938 erhielt sie wegen der auch in Österreich eingeführten Rassengesetze Lehrverbot, 1943 erfolgte die Deportation. – Die schmale Korrespondenz betrifft Richters Mitarbeit an der *Zeitschrift für romanische Philologie*, die Übersendung einiger ihrer Publikationen und die Aufnahme einer FS für Wilhelm Meyer-Lübke in die Reihe der «Beihefte». – Dok. 104 (30. 4. 1909).
Bibl.: Hans Helmut Christmann, *Frau und «Jüdin» an der Universität. Die Romanistin Elise Richter*, Stuttgart/Mainz, 1985; Elise Richter, *Summe des Lebens*, Wien, WUV-Universitätsverlag, 1997; Frank-Rutger Hausmann, Neue Deutsche Biographie 21 (2003), 525–526.

[Mario Roques (1. 7. 1875 Callao/Peru–8. 3. 1861 Paris), französischer Romanist, Mediävist und Albanologe]. Die einzig erhaltene PK (17. 1. 1909) Gröbers enthält den Dank für einen *Romania*-Artikel über den ältesten überlieferten rätischen Text.

Paolo Savj-Lòpez (1876 Turin–27. 2. 1919 Neapel), italienischer Romanist; 1899–1902 Lektor für Italienisch an der Univ. Straßburg; 1902 Habilitation in Straßburg mit der (nicht im Druck nachweisbaren) Arbeit *Die spanisch-italienische, aus dem französischen Virelai hervorgegangene Tanzliedform Barzeletta*. Noch im gleichen Jahr erfolgte auf Betreiben Gustav Gröbers und Philipp August Beckers die Berufung auf einen Italienischlehrstuhl in (Buda-)Pest. Savj-Lòpez lehnte den Ruf ab und nahm stattdessen eine Professur in Catania (und später in Pavia) an. – Erhalten ist in Abschrift nur ein nicht ganz vollständiger Brief Gröbers im NL von Benedetto Croce, in dem es um Stiforschung und literaturwissenschaftliche Methodendifferenzen geht, die sich an Croces Kritik an Karl Vosslers Cellini-Beitrag in der Gröber 1899 gewidmeten *Festgabe* entzündeten. – Dok. 80 (17. 12. 1899).
Bibl.: http://lexikon.romanischestudien.de.

Richard Schmidbauer (15. 11. 1881 Furth im Wald–9. 11. 1975 München), deutscher Bibliothekar; Studium der Romanistik in München, Rom und Würzburg, Dr. phil. 1906; Vorstand der Staats-, Kreis- und Stadtbibliothek Augsburg seit 1906; 1. 10. 1946 i. R. – Schmidbauer bot Gröber an, vermutlich auf Anregung seines Würzburger Doktorvaters Heinrich Schneegans, Komödien Goldonis für die Bibliotheca Romanica zu bearbeiten und gab in der italienischen Reihe *La locandiera* und *Le donne curiose* heraus (1910). – Dok. 103 (6. 2. 1909).
Bibl.: Paul Geissler, in: Schwäbische Forschungsgemeinschaft bei der Kommission für bayerische Landesgeschichte (Hrsg.), *Lebensbilder aus dem bayrischen Schwaben*, Bd. 12, Weißenhorn, Anton H. Konrad Verlag, 1980, 337–350.

[Adolf Schmidt (27. 12. 1857 Darmstadt–27. 10. 1935 Darmstadt), deutscher Bibliothekar]. Erhalten sind zwei Postkarten Gröbers (3. 3. 1890; 9. 10. 1901) mit bibliothekarischen Nachfragen.

Edward Schröder (18. 5. 1858 Witzenhausen/Werra, Kr. Kassel–9. 2. 1942 Göttingen), deutscher Germanist, bes. Mediävist; zunächst Berliner Privatdozent wurde er 1889 Marburger Ordinarius und wechselte ab Herbst 1902 nach Göttingen. – Die erhaltene Korrespondenz mit Gröber dokumentiert gegenseitige Wertschätzung und Anerkennung. Gröber erstellte auf Bitten Schröders ein Gutachten über den Straßburger Germanisten Eugen Joseph (1854–1901), kommentierte die Übersendung eines Artikels über Moritz von Craon und dankte Schröder für seinen Nachruf auf Gaston Paris. – Dok. 86 (5. 7. 1903).
Bibl.: Dorothea Ruprecht, Neue Deutsche Biographie 23 (2007), 559–560; Dies., Internationales Germanistenlexikon 1800–1950, Bd. 3, 2003, 1660–1663.

Hugo Schuchardt (4. 2. 1842 Gotha–21. 4. 1927 Graz), deutsch-österreichischer Romanist und Allgemeiner Sprachwissenschaftler; 1873 Professor in Halle a. S., ab 1876 in Graz; einer der sprachkundigsten, methodisch innovativsten und «modernsten» Vertreter seines Fachs, der auch über außer-romanische Themen forschte und publizierte. – Von der umfangreichen Korrespondenz mit Gröber sind nur die Briefe und Postkarten Gröbers erhalten. Im Zentrum stehen die *Zeitschrift für romanische Philologie* und der *Grundriss*. Während Schuchardt von 1881 bis 1921 207 Beiträge zur *Zeitschrift für romanische Philologie* beisteuerte, zog er seine anfängliche Zusage zur Mitarbeit am *Grundriss*, für den er insbesondere das Kreolische darstellen sollte, nach langem Hin und Her wieder zurück. Allerdings erteilte er Gröber wertvolle Ratschläge und las Korrekturfahnen. Doch auch die Romanistik insgesamt betreffende Fragen, z. B. die Gründung der Diez-Stiftung, wurden von beiden Korrespondenten erörtert. – Dok. 9 (16. 9. 1876); 17 (27. 2. 1877); 24 (11. 9. 1878); 42 (11. 11. 1883); 47 (19. 1. 1884); 66 (18. 10. 1894); 81 (20. 1. 1901).
Bibl.: *Hugo Schuchardt Archiv* (online).

Alwin Schultz (6. 8. 1838 Muskau–10. 3. 1909 München), deutscher Kunst- und Kulturhistoriker; Schultz hatte in Breslau studiert, wurde dort 1864 promoviert und leitete von 1870–1873 provisorisch die dortige Universitätsbibliothek; 1882 wurde er Breslauer Extraordinarius, wechselte aber noch im gleichen Jahr als Ordinarius nach Prag, wo er bis zur Emeritierung 1903 blieb; danach lebte er in München. – Gröber kannte ihn aus Breslau und hätte ihn gerne nach Straßburg geholt, was jedoch nicht glückte. Schultz verfasste die Beiträge zur Kultur- und Kunstgeschichte der Romania im zweiten *Grundriss*-Band. In der Korrespondenz geht es fast ausschließlich um diese Mitarbeit sowie die Drucklegung und Korrektur der von Schultz verfassten Kapitel. Ein zweiter Punkt betrifft seine geplatzte Hoffnung, nach Straßburg berufen zu werden. – Dok. 45 (9. 12. 1883); 48 (16. 6. 1884); 63 (11. 1. 1892).
Bibl.: Ch. Gruber/E. Lebensaft/J. Seidl, Österreichisches Biographisches Lexikon 1815–1950 11 (1999), 341–342; Gertrud Blaschitz, *Handbook of Medieval Studies*, Bd. 3, 2010, 2636–2939.

Wilhelm Streitberg (23. 2. 1864 Rüdesheim a. Rh.–19. 8. 1925 Leipzig), deutscher Indogermanist, Germanist und Sprachwissenschaftler; Studium in Leipzig, dort 1888 promoviert, ein Jahr später habilitiert, noch im gleichen Jahr Ordinarius für indogerm. Sprachwissenschaft und Sanskrit in Fribourg, 1898 Demission, 1899 wieder in Leipzig, dort 1906 Ordinarius; nach Professuren in Münster und München 1920 Nachfolger seines Lehrers Karl Brugmann in Leipzig. – Erhalten ist nur eine Postkarte Gröbers aus dem Jahr 1891, in der er eine ihm angebotene Rezension für die von Streitberg mitherausgegebenen *Indogermanischen Forschungen* ablehnt. – Dok. 62 (14. 9. 1891).
Bibl.: Uwe Meißner/Red., Internationales Germanistenlexikon 1800–1950, Bd. 3, 2003, 1829–1831; Rüdiger Schmitt, Neue Deutsche Biographie 25 (2013), 538–539.

Hermann Suchier (11. 12. 1848 Karlshafen–3. 7. 1914 Halle a. S.), deutscher Romanist; Studium in Marburg und Leipzig, 1870/71 Teilnahme am Deutsch-Französischen Krieg, 1871 Promotion in Leipzig, 1873 Habilitation in Marburg, 1875 Extraordinarius in Zürich, 1876 Ordinarius an der Akademie in Münster, noch im gleichen Jahr Berufung nach Halle. – Gröber, der Suchier möglicherweise schon in Leipzig kennenlernte, setzte sich dafür ein, dass dieser 1874 seine Nachfolge in Zürich erhielt. Später profitierte er seinerseits von Suchiers Ablehnung des Rufs an die Straßburger Kaiser-Wilhelms-Universität, so daß er selber auf dieses prestigehaltige Ordinariat berufen wurde. Suchier gehörte zu den ersten Mitarbeitern der *Zeitschrift für romanische Philologie* und steuerte bis 1910 42 Beiträge bei. Für den *Grundriss* verfasste er den Beitrag *Die französische und provenzalische Sprache und ihre Mundarten* (I^1 [1886],

561–668; I² [1904–06], 712–840). In Suchiers NL sind insgesamt 320 Briefe und Postkarten Gröbers aus den Jahren 1873–1909 erhalten. Um 1886 scheint es zu einer Abkühlung zwischen beiden gekommen zu sein, die ihre Wurzeln in Gröbers redaktionellen Veränderungswünschen an Suchiers *Grundriss*-Artikel hatte. Danach besteht die Korrespondenz vorwiegend aus geschäftsmäßigen Postkarten. – Dok. 6 (9. 2. 1873); 7 (27. 12. 1873); 8 (13. 6. 1874); 19 (9. 5. 1877); 31 (1. 8. 1880); 40 (18. 10. 1883); 41 (3. 11. 1883); 50 (23. 5. 1886); 87 (3. 1. 1904).
Bibl.: *Professorenkatalog der Philipps-Universität Marburg*, online [http://www.uni-marburg.de/uniarchiv/pkat;catalogus-professorum-halensis]; lexikon.romanischestudien.de.

Vilhelm Thomsen (25. 1. 1842 Kopenhagen–12. 5. 1927 Kopenhagen), dänischer Sprachwissenschaftler; seit 1871 Professor für vergleichende Sprachwissenschaft an der Universität Kopenhagen. – Erhalten ist nur eine, in dieser Form vermutlich an zahlreiche in- und ausländische Gelehrte gerichtete (im vorliegenden Fall offenbar nicht beantwortete) Anfrage mit der Bitte um Mitarbeit an der neugegründeten *Zeitschrift für romanische Philologie*. – Dok. 10 (17. 9. 1876).
Bibl.: Rüdiger Schmitt, *Ernst Kuhn und Vilhelm Thomsen. Aspekte ihres Forschens im Spiegel ihrer Korrespondenz*, Kopenhagen, Munksgaard, 1990.

Friedrich von Thudichum (18. 11. 1831 Büdingen–17. 3. 1913 Bad Wildbad), deutscher Jurist (deutsche Rechtsgeschichte, Kirchenrecht), von 1870 bis 1900 Extraordinarius der Universität Tübingen. – Es ist nur ein Brief Gröbers an Thudichum erhalten, in dem es sich um eine rechtshistorische Frage handelt. – Dok. 69 (25. 6. 1895).
Bibl.: *Hessische Biografie*, online [http://www.lagis-hessen.de/pnd/11735628X].

Karl (Ignaz) Trübner (6. 1. 1846 Heidelberg–2. 6. 1907 Straßburg), deutscher Verlagsbuchhändler; Ausbildung in Heidelberg, Leipzig und London; ab 1872 Niederlassung in Straßburg; in Zusammenarbeit mit der neu gegründeten Kaiser-Wilhelms-Universität Verleger zahlreicher Standardwerke. – Da Trübner und Gröber in der gleichen Stadt wohnten, war ihr Verkehr mündlich. Daher ist nur ein Brief erhalten, mit dem sich Gröber für das von Trübner für die 2. Aufl. des *Grundriss'* (Band I) gezahlte Honorar bedankt. – Dok. 95 (1. 12. 1905).
Bibl.: Lüdtke 1920–1921; Ziesak 1999, 168–196; François Joseph Fuchs, Nouveau dictionnaire de biographie alsacienne 37 (2001), 3915–3916.

Karl Vossler (6. 9. 1872 Hohenheim–18. 5. 1949 München), deutscher Romanist; Vossler, der zuvor bei Gröber in Straßburg studiert hatte, wurde 1897 germanistisch in Heidelberg promoviert, 1899 dort romanistisch habilitiert und zum Extraordinarius ernannt. Er bekleidete danach Ordinariate in Würzburg (1909) und München (1912–1946). Er blieb seit seiner Straßburger Zeit in Kontakt mit Gröber, der ihn 1902 nach Straßburg holen wollte, was sich jedoch zerschlug, weil das Heidelberger Angebot attraktiver war. – Während Vossler zunächst im Bann der Gröber'schen positivistischen Philologie stand, führte die Kritik Benedetto Croces an seiner Cellini-Arbeit in der Gröber-Festgabe (1899) zu einem Sinneswandel, der eine immer stärkere Konzentration auf philosophisch-ästhetische Fragestellungen herbeiführte, die auch ins Zentrum des Briefaustauschs mit Gröber rückten. – Dok. 79 (17. 12. 1899); 84 (16. 9. 1902); 90 (23. 10. 1904); 91 (27. 11. 1904); 92 (29. 1. 1905); 97 (26. 8. 1906).
Bibl.: Dagmar Drüll, *Heidelberger Gelehrtenlexikon 1803–1932*, Berlin u. a., Springer, 1986, 278–279; Utz Maas, *Verfolgung und Auswanderung deutschsprachiger Sprachforscher 1933–1945*, Bd. 1: *Dokumentation, Biobibliographische Daten A–Z*, Tübingen, Stauffenburg, 2010, 840–848; Frank-Rutger Hausmann, Neue Deutsche Biographie 26 (ersch. 2018).

Karl Weinhold (26. 10. 1823 Reichenbach, Niederschlesien–15. 8. 1901 Berlin), deutscher germanistischer Mediävist; 1847 in Halle habilitiert, bekleidete er danach Lehrstühle in

Krakau (1850), Graz (1851), Kiel (1861), Breslau (1876) und Berlin (1889). – Gröber kannte Weinhold als Breslauer Kollegen; vermutlich gab es zwischen beiden eine intensive Korrespondenz, nachdem Gröber nach Straßburg berufen worden war, von der jedoch nur ein Brief erhalten ist. Gröber widmete Weinhold zum 70. Geburtstag 1893 seine Schrift *Zur Volkskunde aus Concilbeschlüssen und Capitularien*, die im väterlichen Verlag gedruckt wurde. – Dok. 36 (8. 8. 1881).
Bibl.: *Briefe deutscher Philologen an Karl Weinhold*, Berlin, Litteraturarchiv-Gesellschaft, 1902; Jelko Peters, Internationales Germanistenlexikon 1800–1950, Bd. 3, 2003, 1999–2001.

Wilhelm Wetz (7. 10. 1858 Eppelsheim/Rheinhessen–23. 6. 1910 Freiburg i. Br.), deutscher Germanist, Anglist, Romanist und Komparatist; 1885 Habilitation für Vergleichende Literaturgeschichte der Neuzeit in Straßburg; 1895 zweite Habilitation für Anglistik in Gießen; 1896 a. o. Prof. Gießen, 1902 o. Prof. für englische Philologie in Freiburg i. Br. – Gröber kannte Wetz als Straßburger Doktoranden, den er gemeinsam mit dem anglistischen Kollegen Bernhard ten Brink betreut hatte, sowie als Privatdozenten. Die vier erhaltenen Briefe betreffen Wetz' Kritik an der Rektoratsrede ten Brinks *Über die Aufgabe der Litteraturgeschichte* (1890), Wetz' ungewisse berufliche Zukunft sowie seinen Plan, sich monographisch mit dem Dramatiker und Literaturhistoriker Julius Leopold Klein (1810–1876) zu beschäftigen. – Dok. 61 (11. 8. 1891).
Bibl.: Haenicke/Finkenstaedt 1992, Nr. 329, 352–353; Richard Utz, *Chaucer and the Discourse of German Philology. A History of Reception and an Annotated Bibliography of Studies 1893–1948*, Turnhout, Brepols, 2002, 93–95.

Ernst Windisch (4. 9. 1844 Dresden–30. 10. 1918 Leipzig), deutscher Sprachwissenschaftler, Sanskritist und Keltologe; Studium der Klassischen Philologie und Sprachwissenschaft in Leipzig, 1867 Promotion, bis 1870 Lehrer an der Thomasschule, 1870 Habilitation, nach Englandaufenthalt (Mitarbeiter der Indian Office Library) 1871 a. o. Prof. Leipzig, 1872 Ordinarius in Heidelberg, 1875 Straßburg, 1877 wieder Leipzig. – Gröber kannte Windisch aus seiner Leipziger Studienzeit und konnte ihn später zur Mitarbeit am *Grundriss* gewinnen. – Dok. 43 (11. 11. 1883); 85 (8. 2. 1903).
Bibl.: Dagmar Drüll, *Heidelberger Gelehrtenlexikon 1803–1932*, Berlin u. a., Springer, 1986, 301; Ulrich von Hehl (Hrsg.), *Sachsens Landesuniversität in Monarchie, Republik und Diktatur*, Leipzig, Evangelische Verlags-Anstalt, 2005, 528 f.; *Professorenkatalog der Universität Leipzig* (online).

Eduard Wölfflin (1. 1. 1831 Basel–8. 11. 1908 Basel), Schweizer Klass. Philologe; Professor in Zürich (1856–1875), Erlangen (1875–1880) und München (1880–1905), Initiator des *Thesaurus Linguae Latinae*. – Gröber hatte in dem von Wölfflin hrsg. *Archiv für lateinische Lexikographie und Grammatik* einen mehrteiligen Aufsatz zum Vulgärlatein verfasst, wurde auf seine Bitten hin gutachterlich tätig, holte sich bei ihm Rat bei Straßburger altphilologischer Berufungen und tauschte mit ihm Publikationen aus. Vermutlich ist nur ein Teil einer ursprünglich umfangreicheren Korrespondenz erhalten. – Dok. 15 (28. 12. 1876); 30 (17. 6. 1880); 77 (23. 7. 1899).
Bibl.: Oskar Hey, *Eduard Wölfflin*, Biographisches Jahrbuch für Altertumskunde 34 (1911), 326–367 (mit Werkverz.); Ueli Dill, Historisches Lexikon der Schweiz (online).

Friedrich Zarncke (7. 7. 1825 Zahrensdorf–15. 10. 1891 Leipzig), deutscher Germanist; nach Studium in Rostock, Leipzig und Berlin habilitierte er sich 1852 in Leipzig und war dort von 1854 bis zu seinem Tod Professor, seit 1858 Ordinarius; bereits 1850 hatte er das *Litterarische Centralblatt für Deutschland* gegründet, ein einflussreiches Rezensionsorgan. – Zarncke war

einer von Gröbers Leipziger akademischen Lehrern und Zweitgutachter seiner Dissertation. Erhalten sind drei Briefe Gröbers an ihn. Es geht darin um die Übersendung seiner Dissertation bzw. um seine aktive Teilnahme an der «Versammlung Deutscher Philologen und Schulmänner» in Leipzig (22.–25. 5. 1872). – Dok. 1 (2. 8. 1869).
Bibl.: Eduard Sievers, Allgemeine Deutsche Biographie 44 (1898), 700–706; Internationales Germanistenlexikon 1800–1950, Bd. 3, 2003, 2083–2086 (Red.); *Professorenkatalog der Universität Leipzig* [http://research.uni-leipzig.de/catalogus-professorum-lipsiensium/]; Thomas Lick, *Friedrich Zarncke und das «Literarische Centralblatt für Deutschland». Eine buchgeschichtliche Untersuchung*, Wiesbaden, Harrassowitz, 1993.

Bonaventura Zumbini (10. 5. 1836 Pietrafitta–21. 3. 1916 Portici), italienischer Romanist und Komparatist (Autodidakt); 1874 Präsident der Accademia Cosentina, 1880–1903 Professor an der Università di Napoli. – Erhalten ist nur eine Postkarte, mit der sich Gröber für die ihm durch Paolo Savj-Lòpez zugesandten Publikationen Zumbinis bedankt. – Dok. 78 (23. 7. 1899).
Bibl.: Homeyer 1982; Homeyer 1989.

Aufbewahrungsorte der Briefe Gröbers

Basel, Universitätsbibliothek, Eduard Wölfflin, NL 93 : 80, 256–257; NL 93 : 83, 280 (3 Briefe, 1876–1899).

Berlin, Berlin-Brandenburgische Akademie der Wissenschaften, Archiv, NL Sammlung Karl Weinhold, Nr. 462 (1 Brief, 1881); NL/Sammlung Konrad Burdach, Nr. 1059 (2 PK, 1903–04); NL/Sammlung August Reifferscheid (1 PK, 1881).

Berlin, Staatsbibliothek Preußischer Kulturbesitz, NL Hermann Suchier (320 Briefe u. PK, 1873–1909); Depositum Verlag Walter de Gruyter, Karl I. Trübner (1 Brief 1905; 1 Quittung).

Bern, Universität, Bibliothek Romanistik, NL Karl Jaberg (1 PK, 1910).

Bogotá, Biblioteca del Instituto Caro y Cuervo, Correspondencia Gröber-Cuervo, Rufino José (3 Briefe u. 2 PK; 1896–1907).

Bonn, Universitäts- und Landesbibliothek, NL Ernst Robert Curtius (E. R. IV/Philipp August Becker; 153 Briefe u. PK, 1893–1910); Briefe 1: Gröber, Gustav (Ernst Robert Curtius; 10 Briefe u. 2 VK, 1908–09).

Bukarest, Arhivelor Naţionale ale României, Bucureşti; Fond Hasdeu (1 Brief, 1872).

Chur, Staatsarchiv Graubünden, NL Hartmann Caviezel, B/N 1341/16–33 (Hartmann Caviezel, 2 PK, 1890).

Coimbra, Biblioteca Geral da Universidade de Coimbra, 1 Brief (1897) Carolina Michaëlis de Vasconcelos/Vasconcellos (Ms. CMV 2/160–162); 1 PK an W Peuser (Ms. CMV 5); NL Prof. Dr. Paulo Quintela (20 Briefe, 30 PK u. 1 VK an Carolina Michaëlis de Vasconcelos).

Darmstadt, Landesbibliothek, NL Adolf Schmidt Br., K. 14, 64–65 (Adolf Schmidt, 2 PK, 1890–1901).

Florenz, Biblioteca Marucelliana, Carteggio Pio Rajna (36 Briefe u. PK, C.Ra. 739, 1–16, 18–37; 1876–1910).

Freiburg i. Br., Universitätsbibliothek, NL Wilhelm Wetz (NL 41/87, Kasten 3; 4 Briefe, 1891–1894).

Göttingen, Niedersächsische Staats- und Universitätsbibliothek, NL Karl Dilthey (1 Brief, 1887); NL Karl Dziatzko (157 Briefe u. PK, 1879–1903); NL Wilhelm Meyer (3 Briefe, 4 PK, 1883–1907); NL Edward Schröder (1 Brief, 2 PK, 1 VK, 1898–1903).

Graz, Universitätsbibliothek, Hugo Schuchardt Archiv, online [http://schuchardt.uni-graz.at/home] (156 Briefe u. PK, 1876–1910); NL Gustav Meyer, Ms 1766 (1 Brief; z. Zt. nicht zugänglich).

Kopenhagen, Det Kongelige Bibliotek NKS 4391 4°, Vilhelm Thomsen (1 Brief, 1876).

Leipzig, Universitätsarchiv, NL Ernst Windisch (NA_Windisch_2_195_1_bis_7), (4 Briefe u. Briefkarten, 3 PK, 1883–1905).

Leipzig, Universitätsbibliothek, NL 274/2/1/32 (Hermann Knust, 1 Brief, 1867); NL 245/G/Gr/24 (Wilhelm Streitberg, 1 PK, 1914); Ms. 01016, f. 194r (Friedrich Zarncke, 1 Brief, 1872); NL 249/1/G/1148–49 (Friedrich Zarncke, 2 Briefe, 1869–1872).

https://doi.org/10.1515/9783110588132-005

Lissabon, Biblioteca do Museu Nacional de Arqueologia, Archivo José Leite de Vasconcelos (13 PK, 1 Brief, 1888–1910).

London, UCL (University College London), The Rabbi Moses Gaster Papers (7 Briefe, 41 PK aus den Jahren 1876–1909).

Marbach, Deutsches Literaturarchiv, A: Buck (Briefe an Michael Richard [«Michel»] Buck) (1 Brief u. 9 PK, 1884–1888).

Modena, Biblioteca Estense – Universitaria, 242.000 [CNMD\0000167004], NL Giulio Bertoni (1 Brief, 33 PK, 1905–1910).

München, Bayerische Staatsbibliothek, Hertziana 129 (Wilhelm Hertz, 1 Brief, 1885); Krumbacheriana 1 (Karl von Krumbacher, 2 PK, 1892–93); Hofmanniana 3b (Konrad Hofmann, 1 Brief 1889); Hofmanniana 9 (Hofmann, 5 Briefe, 1872–1879; 1 Brief an Theodor Auracher); Karl von Halm (2 Briefe, 1879); NL Karl Vossler (Ana 350.12.A, 86 Briefe u. PK).

München, Universitätsbibliothek, Hermann Paul (3 PK u. 1 VK, 1890–1897).

Neapel, Fondazione Biblioteca Benedetto Croce, Archivio storico e Biblioteca (9 PK, 1891–1911, Abschrift 1 Brief Gröbers an Paolo Savj Lòpez, 1 Text mit «Appunti» Gröbers).

Nürnberg, Germanisches Nationalmuseum, Deutsches Kunstarchiv, I, C-171, NL Alwin Schultz (9 Briefe, 12 PK, 1875–1899).

Ñuñoa (Chile, Prov. Santiago de Chile), Universidad Metropolitana de Ciencias de la Educación, Biblioteca, Legado de Rodolfo Lenz (11 Briefe, 1891–1895).

Paris, Bibliothèque de l'Institut de France, Ms. 6149, ff. 541–543 (1 PK an Henri Chamard, 1907; 1 PK an Mario Roques, 1909).

Paris, Bibliothèque Nationale de France, NAF-24441, Briefnachlass Gaston Paris; (12 Briefe, 9 PK, 1869–1902).

Pisa, Scuola Normale Superiore – Centro Archivistico, Fondo Francesco D'Ovidio (1 Brief); Fondo Alessando D'Ancona (1 Brief).

Ponta Delgada, Biblioteca Pública e Arquivo Regional, APTP/Cx101/075–077 u. APTP/Cx105/001, Teófilo Braga (4 Briefe, 1876–77).

Rom, Biblioteca dell'Accademia Nazionale dei Lincei e Corsiniana, Biblioteca – Fondi moderni, carteggio G. I. Ascoli (4 Briefe, 4 PK/VK, 1886–1905).

Rom, Sapienza Università di Roma, Fondo Ernesto Monaci (35 Briefe u. PK, 1876–1909).

Tübingen, Universitätsbibliothek, Md 507/137 (Ludwig Wilhelm Holland, 3 Briefe, 1869–1876); Md 760/292 (Adelbert von Keller, 2 Briefe, 2 PK); Md 782 B 284 (Theodor Nöldeke, 1 PK, 1901); Md 718–7a (Friedrich von Thudichum, 1 Brief, 1895).

Versailles, Bibliothèque Municipale, Manuscrit Morel-Fatio 200, 1er volume (3 Briefe, 1876–77).

Weimar, Goethe- und Schiller-Archiv, Klassik Stiftung Weimar, NL Reinhold Köhler (32 Briefe u. PK, 1877–1890).

Wien, Österreichische Nationalbibliothek, Autogr. 264/81–5 Han, Elise Richter (5 Briefe u. PK, 1905–1908).

Wolfenbüttel, Niedersächsisches Landesarchiv-Staatsarchiv Wolfenbüttel, 298 N Nr. 232 (Ernst Ludwig Theodor Henke, 1 Brief, 1870); 298 N Nr. 330 (Ludwig Lemcke, 1 Brief 1883).

Privatarchiv Vincenzo Zumbini, Cosenza, Vincezo Zumbini, 1 PK (1899).

Privatbesitz, 2 Briefe (1909) an Richard Schmidbauer.

Verzeichnis der Doktoranden (mit Abschluss)

Auler, Franz Max (1859 Brauweiler, Kr. Köln–?), *Der Dialect der Provinzen Orléanais und Perche im 13. Jhdt.*, Bonn, Georgi, 1888; Dr. phil. 1885 [BBF, *Archivdatenbank*; Kössler, *Personenlex.*] (W/D).[1]

Ayer,[2] Charles Carlton (1866 Boston, Mass.–1947), *The tragic heroines of Pierre Corneille: A study in French literature of the seventeenth century*, Straßburg, J. H. E. Heitz, 1898; Dr. phil. 19. 12. 1896 [Ayer war später Prof. in Boulder, Col.] (W/D).

Beck, Johann Baptist/Jean Baptiste (1881 Gebweiler–1943 Philadelphia), *Die Melodien der Troubadours: nach dem gesamten handschriftlichen Material zum erstenmal bearbeitet u. herausgegeben, nebst einer Untersuchung über die Entwickelung der Notenschrift (bis um 1250) u. das rhythmisch-metrische Prinzip der mittelalterlich-lyrischen Dichtungen, sowie mit Übertragung in moderne Noten der Melodien der Troubadours u. Trouvères*, Strassburg, Trübner, 1908 [http://lexikon.romanischestudien.de] (W/D).

Becker, Philipp August (1862 Mühlhausen i. E.–1947 Leipzig), *Zur Geschichte der vers libres in der neufranzösischen Poesie*, Halle a. S., Karras, 1888 [http://lexikon.romanischestudien.de] (W/D).

Becker, Richard (1884 St. Ingbert–?), *Gonzalo de Berceos Milagros und ihre Grundlagen mit einem Anhange: Mitteilungen aus der lat. Hs. Kopenhagen, Thott 128*, Strassburg, Heitz, 1910; Dr. phil. 26. 2. 1910 (W/D).

Beetz, Karl (1861 Sinsheim, Baden–?), *C und Ch vor lateinischem A in altfranzösischen Texten*, Darmstadt, G. Otto's Hofbuchdr., 1887 [Kössler, *Personenlex.*] (W/D).

Behrens, Dietrich (1859 Sophiengroden–1929 Gießen), *Unorganische Lautvertretung innerhalb der formellen Entwickelung des französischen Verbalstammes*, Altenburg, 1882 [http://lexikon.romanischestudien.de].

Beszard/Bezard, Lucien (1881 Mamers–1912 Nancy), *Les larmes dans l'épopée, particulièrement dans l'épopée française jusqu'à la fin du XIIe siècle: étude de littérature comparée*, Halle, Karras, 1903 (W/D).

Brod, Robert (1887 Dieuze/Mörchingen, Kreis Château-Salins–?), *Die Mundart der Kantone Château-Salins und Vic in Lothringen*, Halle a. S., Karras, 1912 (W/D an Gröber und Hoepffner).

1 (W/D) bedeutet, dass die Arbeit eine Widmung oder Danksagung für Gröber enthält; diese kann sich auf einer eigenen Seite nach dem Titelblatt, in einer Fußnote oder dem Lebenslauf am Ende des Drucks finden. In den meisten Fällen bedeutet der Zusatz W/D, dass die Dissertation auch digitalisiert und im Internet aufrufbar ist. Alle Dissertationen wurden eingesehen.
2 Die Personen, deren Namen in Fettdruck erscheinen, bekleideten später Professuren an in- oder ausländischen Universitäten.

https://doi.org/10.1515/9783110588132-006

Büttner, Hermann (1867 Biedenkopf–?), *Studien zu dem Roman de Renart und dem Reinhart Fuchs 1* (*Die Überlieferung des Roman de Renart und die Hs. O*), Straßburg, Trübner, 1891; Dr. phil. 2. 8. 1888 [BBF, *Archivdatenbank*] (W/D).

Cron, Josef/Joseph (1859 Biederthal, Oberelsaß–?), *Die Stellung des attributiven Adjektivs im Altfranzösischen und Spätlateinischen*, Strassburg, Buchdr. v. E. Bauer, 1892 [Kössler, *Personenlex.*] (W/D).

Curtius, Ernst Robert (1885 Thann i. E.–1955 Rom), *Li quatre Livre des Reis: Die Bücher Samuelis und der Könige in einer französischen Bearbeitung des 12. Jahrhunderts. Nach der ältesten Hs. unter Benutzung der neu aufgefundenen Hss. kritisch hrsg.*, Dresden-Halle, Niemeyer, 1911 [http://lexikon.romanischestudien.de] (W/D).

David, Rudolf (? Basel–?), *Ueber die Syntax des Italienischen im Trecento*, Genf, Pfeffer, 1887.

Dieterle, Hans (1869 Vöhringen, Oberamt Sulz, Württ.–?), *Henri Estienne (Henricus Stephanus). Beitrag zu seiner Würdigung als französischer* Schriftsteller *und Sprachenforscher*, Straßburg, W. Friedrich, 1895; Dr. phil. 1894 (W/D).

Dörner, Heinrich (1884 Elberfeld-Sonnborn–?), *Robert Biquet's «Lai du Cor» mit einer Einleitung über Sprache und Abfassungszeit*, Straßburg, M. Dumont-Schauberg, 1907; Dr. phil. 24. 11. 1906 [Kössler, *Personenlex.*] (W/D).

Dosdat, Fernand (1885 Béchy oder Solgne, Lothr.–1942), *Die Mundart des Kantons Pange (Kreis Metz in Lothringen)*, Diss. 1908; Dr. phil. 21. 11. 1908 [Teildruck Zeitschrift für romanische Philologie 33 (1909), 187–225; 257–276].

Driesch, Johannes von den (1880 Neudorf b. Straßburg–1967 Aachen), *Die Stellung des attributiven Adjektivs im Altfranzösischen*, Erlangen, Junge, 1905; Dr. phil. 27. 2. 1904 [Biographisch-Bibliographisches Kirchenlexikon 32 (2011), Sp. 253–256] (W/D).

Driesen, Otto (1875 Segnitz–1943 ?), *Der Ursprung des Harlekin. Ein kulturgeschichtliches Problem*, Berlin, Duncker, 1904 [Auszug aus Romanische Forschungen 19]; Dr. phil. 21. 10. 1903 [BBF, *Archivdatenbank*; *Lexikon deutsch-jüdischer Autoren*, München 1998, VI, 14–16] (W/D).

Ehrichs, Ludwig (1865 Sulingen b. Nienburg–?), *Les grandes et inestimables croniques de Gargantua und Rabelais' «Gargantua et Pantagruel»*, Straßburg, Trübner, 1889 [Kössler, *Personenlex.*; BBF, *Archivdatenbank*] (W/D).

Ellenbeck, Johannes (1861 Mettmann–1939 Freiburg i. Br.), *Die Vorton-Vocale in französischen Texten bis zum Ende des XII. Jahrhunderts*, Bonn, Georgi, 1884 [*Die höhere Schule in Gummersbach 1764–1959*, Gummersbach, 1959, 31–79].

Emecke, Heinrich (1867 Lübbecke i. W.–?), *Chrestien von Troyes als Persönlichkeit und als Dichter: Versuch einer Charakteristik*, Würzburg, Etlinger, 1892; Dr. phil. 23. 2. 1893 [BBF, *Archivdatenbank*] (W/D).

Ewald, Franz (1884 St. Johann a. d. Saar–?), *Die Schreibweise in der autographischen Handschrift des «Canzoniere» Petrarcas: (Cod. Nat. Lat. 3195)*, Halle a. S., Niemeyer, 1907; Dr. phil. 16. 2. 1907 [Kössler, *Personenlex.*] (W/D).

Faulde, Oswald (1856 Frankenstein i. Schl.–1894 ?), *Ueber Gemination im Altfranzösischen*, Breslau 1881; Dr. phil. 28. 1. 1881 [BBF, *Archivdatenbank*] (W/D).

Flechtner, Hermann (Breslau ?–1883 Straßburg), *Die Sprache des Alexander-Fragments des Alberich von Besançon*, Breslau, Koebner, 1882 (W/D).

Fourmann, Jakob [Ps. Lothar Mundan] (1886 Teterchen, Lothringen–1966 ebd.), *Über die Überlieferung und den Versbau des Mystère de S. Bernard de Menthon*, Erlangen, Junge, 1911 (vollständiger Abdruck in Romanische Forschungen); Dr. phil. 19. 12. 1912 (W/D [an Gröber und Hoepffner]).

Fredenhagen, Hermann (1881 Hamburg–1915 Lazarett Köthen), *Über den Gebrauch des Artikels in der französischen Prosa des XIII. Jahrhunderts mit Berücksichtigung des neufranzösischen Sprachgebrauchs*, Halle a. S., Karras, 1905; Dr. phil. 25. 2. 1905 [Kössler, *Personenlex.*] (W/D).

Freymond, Émile (1855 Breslau–1918 Prag), *Über den reichen Reim bei altfranzösischen Dichtern bis zum Anfang des XIV. Jahrh.*, Halle a. S., E. Karras, 1882 [http://lexikon.romanischestudien.de] (W/D).

Gärtner, Gustav (1849 Glatz–?), *Der «Iwein» Hartmann von Aues und der «Chevalier au lyon» des Crestien von Troyes*, Breslau 1875; Dr. phil. 29. 4. 1875 [BBF, *Archivdatenbank*; Kössler, *Personenlex.*] (W/D).

Gelzer, Heinrich (1883 Jena–1945 Jena), *Einleitung zu einer kritischen Ausgabe des altfranz. Yderromans*, Halle a. S., Buchdruckerei des Waisenhauses, 1908; Dr. phil. 27. 6. 1908 [http://lexikon.romanischestudien.de] (W/D).

Gennrich, Friedrich (1883 Colmar–1967 Langen b. Frankfurt a. M.), *Le Romans de la dame à la lycorne et du biau chevalier au lyon. Ein Abenteuerroman aus dem 1. Drittel des 14. Jahrhunderts*, Halle a. S., Buchdruckerei des Waisenhauses, 1908 (Gesellschaft für romanische Literatur) [http://lexikon.romanischestudien.de] (W/D).

Gnerlich, Robert (1860 Langhelwigsdorf, Kr. Bolkenhain, Schlesien–?), *Bemerkungen über den Versbau der Anglonormannen*, Breslau, Druck d. Bresl. Gen.-Buchdr., 1889 [BBF, *Archivdatenbank*, Kössler, *Personenlex.*] (W/D).

Groene, Johann (1861 Wüsting, Großherzogtum Oldenburg–?), *C vor A im Französischen*, Strassburg, J. H. E. Heitz, 1888 [Kössler, *Personenlex.*].

Gross, Max (1873 Schlawe, Pommern–?), *Geffrei Gaimar: Die Komposition seiner Reimchronik und sein Verhälltnis zu den Quellen, v. 819–3974*, Erlangen, Junge & Sohn, 1902; Dr. phil. 5. 3. 1902 [BBF, *Archivdatenbank*] (W/D).

Hammesfahr, Alexander (1859 Wald b. Solingen–?), *Zur Comparation im Altfranzösischen*, Strassburg, Trübner, 1881 [Kössler, *Personenlex.*].

Helfenbein, Ferdinand (1888 Leichlingen–?), *Die Sprache des Trouvère Adam de la Halle*, Halle a. S., Karras, 1911 (vollständiger Abdruck in Zeitschrift für romanische Philologie 35); Dr. phil. 10. 10. 1910 [BBF, *Archivdatenbank*] (W/D an Gröber und Hoepffner).

Hoefft, Carl Theodor (1855 Hamburg–1927 ?), *France, Franceis & Franc im Rolandsliede*, Strassburg i. E., Hubert, 1891 (W/D).

Hölscher, Matthias (1863 Rheine, Westf.–?), *Die mit dem Suffix «-acum, -iacium» gebildeten französischen Ortsnamen*, Strassburg, A. Dusch, 1890; Dr. phil. 7.6.1890 [BBF, *Archivdatenbank*] (W/D).

Hoepffner, Ernst/Ernest (1879 Runzenheim i. E.–1956 Strasbourg), *Eustache Deschamps. Biographische Studie*, Straßburg, K. J. Trübner, 1903; Dr. phil. 18.7.1903 [http://lexikon.romanischestudien.de] (W/D).

Hoffmann, Alfred (1877 Lüttingen [Luttange]/Lothringen – ?), *Edme Boursault nach seinem Leben und in seinen Werken*, Metz, Lothringer Druckanstalt, 1902 [BBF, *Archivdatenbank*] (W/D).

Hofmann, Gustav (Limburg a. d. Lahn–?), *Die Logudoresische und Campidaneische Mundart*, Marburg, R. Friedrich, Universitäts-Buchdruckerei, 1885 (W/D).

Huber, Karl (? Bournemouth–?), *Ueber die Sprache des «Roman du Mont Saint-Michel» von Guillaume de Saint-Paier*, Braunschweig, G. Westermann, 1886 [ersch. Archiv für das Studium der neueren Sprachen und Literaturen 76 (1886), 113–204; 315–334] (W/D).

Humbert, Hugo (1879 Bielefeld–?), *Delisle de la Drévetière. Sein Leben und seine Werke, Ein Beitrag zur Geschichte des Nouveau Théâtre Italien in Paris*, Berlin, Gronau, 1904 [auch Zeitschrift für französische Sprache und Literatur 27,1]; Dr. phil. 20.12.1902 [BBF, *Archivdatenbank*]. Humbert war ein Sohn des bekannten Romanisten und Gymnasialprofessors Claas Hugo Humbert (1830–1904), dem die Arbeit in erster Linie gewidmet ist. (W/D).

Keller, Adolf (1862 Calw–1945 Murrhardt), *Die Sprache des Venezianer Roland V4*, Calw: Buchdruckerei von A. Oelschläger, 1884; Strassburg, Oelschäger, 1884.

Kinne, Charles H. (1866 Boston–1913 New York), *Formulas in the language of the French poet-dramatists of the seventeenth century*, Boston, Heintzemann, 1891; Dr. phil. Juni 1890 (W/D).

Köritz, Wilhelm, *Über das s vor Consonant im Französischen*, Strassburg, E. Bauer, 1885 (W/D).

Kohler, Eugen/Eugène (1887 Straßburg i. E.–1969 Plobsheim i. E.), *Sieben spanische dramatische Eklogen mit einer Einleitung über die Anfänge des spanischen Dramas*, Dresden, 1911 (Ges. f. Roman. Literatur; 27); Dr. phil. 30.7.1910 [Georges Straka, Orbis 6 (1957), 552–559] (W/D).

Kornmesser, Ernst, *Die französischen Ortsnamen germanischer Abkunft*, Theil 1, Straßburg, Trübner, 1889 (W/D).

Koschwitz, Eduard (1851 Breslau–1904 Königsberg), *Über die Chanson du voyage de Charlemagne à Jérusalem et à Constantinople*, Strassburg, Trübner, 1875 (Ausz. aus Romanische Studien 6); Dr. phil. Breslau 7.4.1875 [http://lexikon.romanischestudien.de] (W/D).

Lang, Henry Roseman (1853 Wartau, Kt. St. Gallen–1934 New Haven), *Das Liederbuch des Königs Denis von Portugal*. Zum ersten Mal vollst. hrsg. u. mit Einl., Anm. u. Glossar vers., Halle a. S., Niemeyer, 1894; Dr. phil. 1891 [http://lexikon.romanischestudien.de] (W/D).

Łebiński, Casimir von (1854 Stążki/Stangenberg [Westpreußen]–?), *Die Declination der Substantiva in der Oïl-Sprache. I, Bis auf Crestiens de Troie*, Posen, J. I. Kraszewski, 1878; Dr. phil. Breslau 27.3.1878 (W/D).

Le Compte, Irville Charles (1872 Pittston, PA–1957 New Center, MA), *The Sources of the Anglo-French commentary on the proverbs of Solomon contained in Ms. 24862 of the Bibl. Nat. of Paris*, Collegeville, PA, Thompson, 1906; Dr. phil. 1.7.1905. Später Romanistikprof. Yale u. Univ. of Minnesota (W/D).

Lorentz, Albert (1862 Mannheim–?), *Die erste Person Pluralis des Verbums im Altfranzösischen*, Heidelberg, J. Hörning, 1886 [Kössler, *Personenlex.*] (W/D).

Mebes, Albert (1859 Breslau–?), *Ueber Garnier von Pont Sainte-Maxence*, Breslau, Grass, Barth u. Co, 1876; Prom. 16.2.1876 [BBF, *Archivdatenbank*; Kössler, *Personenlex.*].

Metzke, Ernst (1856 Neisse–?), *Der Dialekt von Ile-de-France im XIII. und XIV. Jahrhundert*, Breslau, 1880 [Archiv für das Studium der neueren Sprachen und Literaturen 64, 1880, 385–412; 65, 1881, 57–96] (W/D).

Meyer, Rudolf Adelbert/Rudolf Meyer-Riefstahl (1880 München–1936 ?), *Französische Lieder aus der Florentiner Handschrift Strozzi-Magliabecchiana CL. VII. 1040: Versuch einer kritischen Ausgabe. Teil I, Metrische und sprachliche Untersuchungen*, Halle, Niemeyer, 1906; Dr. phil. 5.11.1904. [Sohn des Mittellateiners Wilhelm Meyer, später Kunsthistoriker in den USA] (W/D).[3]

Mühlan, Alois (1856 Melling, Niederschlesien–1935 ?), *Jean Chapelain als litterarischer Kritiker*, Cöthen, Dünnhaupt, 1892; Leipzig, Fock, 1893 (vollst.) [BBF, *Archivdatenbank*; Kössler, *Personenlex.*] (W/D).

Nathan, Nathan (1863 Altenstadt i. Hessen–1940 Gurs), *Das lateinische Suffix -alis im Französischen*, Darmstadt, Otto, 1886 [Volker Christmann, *Frankenthal einst und jetzt*, 2000; Paul Theobald (www.alemannia-judaica.de)].

Neumann, Paul (1856 Berlin–?), *Ueber die älteste französische Version des dem Bischof Marbod zugeschriebenen Lapidarius*, Breslau, L. Köhler, 1880; Dr. phil. 29.11.1880 (W/D).

Oettinger, Wilhelm (1869 Fahrenbach/Baden–?), *Das Komische bei Molière*, Straßburg, J. H. E. Heitz, 1901; Dr. phil. 2.3.1901 (W/D).

Orth, Ferdinand (1856 Cassel–1922 Nordhausen), *Ueber Reim und Strophenbau in der alt-französischen Lyrik*, Cassel, Hühn, 1882; Dr. phil. 6.8.1882 [BBF, *Archivdatenbank*; Kössler, *Personenlex*; wikipedia] (W/D).

Pakscher [Packscher], Arthur (1856 Berlin–ebd. 1942?), *Zur Kritik und Geschichte des französischen Rolandsliedes*, Berlin, Weidmann, 1885 [http://lexikon.romanischestudien.de] (W/D).

Peigirsky, Paul Abraham (1874 Schirwint/Širvintos, Russland–?), *Über die Aussetzung des Personalpronomens als Subjekt in der französischen historischen Prosa des XIII. Jahrhunderts*, Berlin, W. Gronau, 1901 (Ausz. aus Zeitschrift für französische Sprache und Literatur 23 (1901), 217–270); Dr. phil. 3.8.1900 (W/D).

---

3 Die Widmung lautet: «Meinem hochverehrten Lehrer Herrn Prof. Dr. Gustav Gröber und dem Meister, der mir die mittellateinische Philologie erschloss, ist dieses Buch zugeeignet».

Piatt, Herman (1876 ?–1934 ?), *Neuter in Old French*, Strassburg, C. & J. Goeller, 1898 [Widmung: «To Prof. Gustav Gröber my association with whom I shall always deem one of the most pleasant and valuable experiences of my life»] (W/D).

Plähn, Rudolf (1860 Goldberg i. Mecklenburg, 1891–1920 Leiter einer Privatschule in Waldkirch), *Les Quatre livres des Reis*, Göttingen, E. A. Huth, 1888 (W/D).

Rech, Joseph/Josef (1856 Humes/Saar, Reg.-Bez. Trier–1919 Köln-Lindenthal), *Die Sentenzen und lehrhaften Stellen in den Tragödien des Robert Garnier*, Metz, Buchdr. P. Even, 1891; Dr. phil. 9. 5. 1891 [Eppelborner Heimathefte 16 (2013)].

Reimann, Paul (1860 Danzig–?), *Die Declination der Substantiva und Adjectiva in der Langue d'Oc bis zum Jahre 1300*, Danzig 1882; Dr. phil. 15. 7. 1882 [BBF, *Archivdatenbank*; Kössler, *Personenlex*; wikipedia; *Beiträge und Dokumente zur Geschichte der TH Danzig 1904–1945*, 1979, 156] (W/D).

Reis, Richard (1879 Trier–nach 1941 ?), *Die Sprache im «Libvre du bon Jehan, Duc de Bretagne» des Guillaume de Saint-André*, Erlangen, Junge, 1903 (Auszug aus: Romanische Forschungen 19,1); Dr. phil. 25. 4. 1903 [BBF, *Archivdatenbank*; Kössler, *Personenlex.*] (W/D).

Röhrsheim, Ludwig (1883 Koblenz-Neuendorf–?), *Die Sprache des Fra Guittone von Arezzo (Lautlehre)*, Halle a. S., Niemeyer, 1908; Dr. phil. 15. 6. 1907 [BBF, *Archivdatenbank*] (W/D).[4]

Rosenbauer, Friedrich (1859 Schönstein, Kr. Altenkirchen–?), *Zur Lehre von der Unterordnung der Sätze im Altfranzösischen*, Straßburg, M. Dumont-Schauberg, 1886; Dr. phil. 12. 10. 1886 [BBF, *Archivdatenbank*; Kössler, *Personenlex.*] (W/D).

Schaechtelin, Paul (1887 Markirch/Sainte-Marie-aux Mines–?), *Das passé défini und Imparfait im Altfranzösischen*, Halle, Karras, 1911; Dr. phil. 30. 7. 1910.

Schirer, Georg Ludwig (1876 Reichenweier i. E.–?), *Oton de Grandson und seine Dichtungen*, Straßburg, M. Dumont-Schauberg, 1904; Dr. phil. 28. 2. 1903 (W/D).

Schmidt, Otto (1859 Oschersleben–1896 Iserlohn), *Über die Endungen des Praesens im Altprovenzalischen*, Darmstadt, 1887 [Kössler, *Personenlex.*].

---

4 «Zum Schluss mag es mir gestattet sein, auch an dieser Stelle meinem hochverehrten Lehrer, Herrn Prof. Dr. Gustav Gröber, meinen ergebensten Dank auszusprechen, der mir die Anregung zur vorliegenden Arbeit gab und bei der Ausführung derselben in anregender und fördernder Weise mir unermüdlich seine Unterstützung zu Teil werden ließ. Auch dem früheren Lektor der italienischen Sprache zu Straßburg, dem jetzigen Professor der vergleichenden Sprachwissenschaft in Turin, Herrn Prof. Dr. Matteo Bartoli, sei für seine mannigfachen Anregungen hier aufs Herzlichste gedankt.

Mit aufrichtigem Dank ist auch noch der Mithilfe an meiner Arbeit zu gedenken, deren sich dieselbe durch Beantwortung meiner Anfragen bei den Herrn Prof. Parodi (Florenz), Pellegrini (Genua), Pieri (Pisa), Torraca (Neapel), Wiese (Halle) und bei Herrn Dr. Michel (Suhl i. T.) durch Mitteilung von in seiner Dissertation über Ristoro d'Arezzo nicht bekannt gegebenen Beobachtungen und durch Übersendung seiner Materialsammlung über Ristoro zu erfreuen hatte» (92–93).

Schneegans, Eduard (1867 Straßburg–1942 Saint-Gaudens), *Die Quellen des sogenannten Pseudo-Philomena und des Officiums von Gerona zu Ehren Karls des Grossen als Beitrag zur Geschichte des altfranzösischen Epos*, Strassburg, Heitz 1891 [http://lexikon.romanischestudien.de] (W/D).

Schneegans, Heinrich (1863 Straßburg–1914 Bonn), *Laute und Lautentwickelung des sicilianischen Dialectes, nebst einer Mundartenkarte und aus dem Volksmunde gesammelten Sprachproben*, Straßburg, K. J. Trübner, 1888 [http://lexikon.romanischestudien.de] (W/D).

Schreiber, Arthur (1863 Stettin–?), *Der geschlossene o-Laut im Altfranzösischen*, Stettin, 1888; Dr. phil. Februar 1888 [BBF, *Archivdatenbank;* Kössler, *Personenlex.*].

Schürmann, Johannes (? Mönchen-Gladbach–?), *Die Entstehung und Verbreitung der sogenannten «verkürzten Partizipien» im Italienischen*, Strassburg, M. Dumont-Schauberg, 1890; Dr. phil. 1. 8. 1890 (W/D).

Schwan, Eduard (1858 Gießen–1893 Gießen), *Philippe de Remi, Sire de Beaumanoir und seine Werke*, Straßburg, 1880 (Sonderdruck aus Romanische Studien 4 (1880), 351–400) [http://lexikon.romanischestudien.de].

Spanke, Hans (1884 Meschede–1944 Duisburg), *Zwei altfranzösische Minnesinger: Die Gedichte Jehan's de Renti und Oede's de la Couroierie*, Chemnitz-Leipzig, Gronau, 1907 [http://lexikon.romanischestudien.de].

Speich, August (1881 Straßburg i. E.–?), *Das sog. Verbaladjektiv im Französischen*, Halle a. S., Karras, 1909, Ausz. Zeitschrift für romanische Philologie 33 (1909), 277–323; Dr. phil. 18. 5. 1908 [Kössler, *Personenlex.*].

This, Constant (1862 Vahlen b. Falkenberg, Lothringen–nach 1910 ?), *Die Mundart der französischen Ortschaften des Kantons Falkenberg (Kreis Bolchen) in Lothringen*, Strassburg, 1887 [Kössler, *Personenlex.*; http://lexikon.romanischestudien.de] (W/D).

Tobler, Rudolf (1875 Berlin [Sohn des Romanisten Adolf Tobler]–1939 ?), *Die altprovenzalische Version der Disticha Catonis*, Berlin, Ebering, 1897 (W/D).

Waitz, Hugo (? Weimar–?), *Die Fortsetzungen von Chrestiens Perceval le Gallois nach den Pariser Handschriften*, Strassburg, 1890; Dr. phil. 24. 7. 1890 [in der *Festgabe für Gustav Gröber*, 1899, ist «Robert College, Konstantinopel» als Wohnort angegeben].

Waltemath, Wilhelm (1860 Obernkirchen, Kr. Rinteln–?), *Die fränkischen Elemente in der französischen Sprache*, Paderborn-Münster, Schöningh, 1885; Dr. phil. 12. 5. 1885 [BBF, *Archivdatenbank*].

Wannenmacher, Franz Xaver (1839 Owingen/Hohenzollern–1904 ?), *Die Griseldissage auf der iberischen Halbinsel*, Strassburg, Ch. Müh & Cie, 1894 [BBF, *Archivdatenbank*; Kössler, *Personenlex.*] (W/D).

Westphal, Johannes (1867 Itzehoe–?), *Englische Ortsnamen im Altfranzösischen*, Strassburg, Buchdr. v. A. Dusch & Co., 1891; Dr. phil. 5. 3. 1890 [BBF, *Archivdatenbank*; Kössler, *Personenlex.*] (W/D).

Wetz, Wilhelm (1858 Eppelsheim–1910 Freiburg i. Br.), *Die Anfänge der ernsten bürgerlichen Dichtung des achtzehnten Jahrhunderts*, Bd. 1: *Das rührende Drama und bürgerliche Trauerspiel bis zu Diderot, der Familienroman des Marivaux und Richardson und die dramatische Theorie Diderots; Das ernsthafte Lustspiel des Destouches*, Worms, P. Reiss, 1885 [Haenicke/Finkenstaedt, 1992] (W/D; gemeinsam mit B. ten Brink).

Williams, Charles Albert (? Aberystwyth–?), *Die französischen Ortsnamen keltischer Abkunft*, Strassburg, J. H. E. Heitz, 1891; Dr. phil. 4. 3. 1891 (W/D).

Zehle, Heinrich (1861 Walternienburg, Kr. Jerichow–?), *Laut- und Flexionslehre in Dante's Divina Commedia*, Marburg, Universitäts-Buchdruckerei (R. Friedrich), 1885; Dr. phil. 26. 9. 1885 [BBF, *Archivdatenbank*; Kössler, *Personenlex.*] (W/D).

Verzeichnis der Abkürzungen

Akad.	Akademie
a. o.	außerordentlicher (Professor)
BAV	Biblioteca Apostolica Vaticana
BBAW	Berlin-Brandenburgische Akademie der Wissenschaften (Berlin)
BBF	Bibliothek für Bildungsgeschichtliche Forschung
Bd., Bde.	Band, Bände
BL	British Library, London
BnF	Bibliothèque nationale de France, Paris
BR	Bibliotheca Romanica
BSB	Bayerische Staatsbibliothek, München
Cod.	Codex
col.	Columna (Spalte)
DLA	Deutsches Literaturarchiv (Marbach)
Dok.	Dokument, Dokumente (= Briefe, Postkarten, Visitenkarten)
FS	Festschrift
GNM	Germanisches Nationalmuseum Nürnberg
Hrsg., hrsg.	Herausgeber, herausgegeben
Hs., Hss.	Handschrift, Handschriften
HSA	Hugo Schuchardt-Archiv, Graz
Jg., Jgg.	Jahrgang, Jahrgänge
MA	Mittelalter
NL	Nachlass
ÖNB	Österreichische Nationalbibliothek, Wien
P	Porträt(foto)
PK	Postkarte(n)
Rez.	Rezension
SB	Sitzungsberichte
SBB PK	Staatsbibliothek zu Berlin, Preußischer Kulturbesitz
Sp.	Spalte
SS	Sommersemester
StA	Staatsarchiv
StAZH	Staatsarchiv Zürich
UA	Universitätsarchiv
UB	Universitätsbibliothek
UCL	University College London
ULB	Universitäts- und Landesbibliothek
VK	Visitenkarte(n)

https://doi.org/10.1515/9783110588132-007

Bibliographie

Festschriften, Nachrufe, Gedenkartikel, Lexikoneinträge

Beck, Jean, Romanic Review 2 (1911), 469.
Beiträge zur Romanischen Philologie. Festgabe für Gustav Gröber: [Zur Feier seines fünfundzwanzigjährigen Wirkens als ordentlicher Professor]. Von Ph. A. Becker, D. Behrens, E. Freymond, M. Kaluza, E. Koschwitz, H. R. Lang, F. E. Schneegans, H. Schneegans, C. This, G. Thurau, K. Vossler, H. Waitz, L. Zéliqzon, R. Zenker, Halle a. S., Max Niemeyer, 1899; Nachdruck Genève, Slatkine, 1975.
Elwert, W. Theodor, Neue Deutsche Biographie 7 (1966), 108.
Hoepffner, Ernst, Zeitschrift für romanische Philologie 36 (1912), I–IV (P).
Meyer, Paul, Romania 40 (1911), 631–633.
Meyer-Lübke, Wilhelm, Germanisch-Romanische Monatsschrift 4 (1912), 1–5 (P).
Meyer-Lübke, Wilhelm, Almanach der Wiener Akademie der Wissenschaften 62 (1912), 409 f.
Jean Jacques Rousseau, *Les rêveries du promeneur solitaire* [in memoriam Gustav Groeber], hrsg. von Eduard Schneegans, Strassburg, J. H. E. Heitz, 1912.
Schneegans, Heinrich, Zeitschrift für französische Sprache und Literatur 39 (1912), 119–31.
Schneegans, Heinrich, Biographisches Jahrbuch 16 (1914), 226 f. (u. Tl. 1911, L).
Stengel, Edmund, Kritischer Jahresbericht über die Fortschritte der Romanischen Philologie 13 (1911/12), Erlangen 1915, I, 8.

Selbständige Publikationen Gröbers

Die handschriftlichen Gestaltungen der Chanson de geste «Fierabras» und ihre Vorstufen, Leipzig, Friedrich Gröber, 1869 (Phil. Diss. Leipzig); erw. Leipzig, 1869, F. C. W. Vogel [Rez. Gaston Paris, Revue critique d'histoire et de littérature 4 (1869), 121–126; Albert Stimming, Archiv für das Studium der neueren Sprachen und Literaturen/Herrigs Archiv 46 (1870), 468–470; Adolf Tobler, Literarisches Centralblatt für Deutschland 1870, Sp. 19–21].
Über eine bisher unbekannte «branche» der Chanson de geste «Fierabras», Verhandlungen der XXVIII. Philologen-Versammlung (Versammlung Deutscher Philologen und Schulmänner), Leipzig, 1872, 209–218 [Rez. Karl Bartsch, Zeitschrift für romanische Philologie 2 (1878), 125–128].
Die altfranzösischen Romanzen und Pastourellen: Vorlesung, gehalten an der Universität Zürich 29. April 1871, Zürich, Schabelitz, 1872 [Rez. Hugo Schuchardt, Literarisches Centralblatt für Deutschland 1874, Sp. 50].
La Destruction de Rome: Première branche de la chanson de geste de «Fierabras», Romania 2 (1873), 6–48.
Zu den Fierabras-Handschriften, Jahrbuch für romanische und englische Sprache und Litteratur 13 (1874), 111–117.
Catalogus codicum Bernensium (Bibliotheca Bongarsiana), edidit et praefatus est Hermannus Hagen, Bern, B. F. Haller, 1875 [= von Gröber stammen darin die Beschreibungen von ca. 100 französischen und italienischen Hss.].
Carmina clericorum; Studenten-Lieder des Mittelalters, edidit domus quaedam vetus, Supplementum zu jedem Commersbuch, Heilbronn, Henninger, 1876, ^{3}1877.

https://doi.org/10.1515/9783110588132-008

Ueber die Liedersammlungen der Troubadours, Romanische Studien 2 (1877), 337–670.
lo, li, il i im Altitalienischen, Zeitschrift für romanische Philologie 1 (1877), 108–110.
Franz. ausl. f = Dental, Zeitschrift für romanische Philologie 2 (1878), 459–463.
Gli, egli, ogni, Zeitschrift für romanische Philologie 2 (1878), 594–600.
Collation der Berner Liederhs. 389 (gem. mit C. von Lebinski), Zeitschrift für romanische Philologie 3 (1879), 39–60.
Bearnische Totenklage, Zeitschrift für romanische Philologie 3 (1879), 399.
Del Tumbeor Nostre Dame, Zeitschrift für romanische Philologie 4 (1880), 88–97.
Bibl. Nat. Fonds fr. N° 24429 (La Vall. 41), Ste Geneviève, Franç. Fol. H 6, Zeitschrift für romanische Philologie 4 (1880), 351–353.
Zum Erscheinen des ersten Heftes der Romanischen Forschungen, Bd. 1, Zeitschrift für romanische Philologie 6 (1882), 491–500.
Der Verfasser des Donat Proensal, Zeitschrift für romanische Philologie 8 (1884), 112–117.
Zur Widmung des Donat Proensal, Zeitschrift für romanische Philologie 8 (1884), 290–293.
Gaucelin Faidit o Uc de Sant Circ, Giornale storico della letteratura italiana 4 (1884), 203–208.
Sprachquellen und Wortquellen des lateinischen Wörterbuchs, Archiv für Lateinische Lexikographie und Grammatik 1 (1884), 35–37.
Vulgärlateinische Substrate romanischer Wörter, Archiv für Lateinische Lexikographie und Grammatik 1 (1884) – 7 (1892) [1 (1884), 204–254; 539–557; 2 (1885), 100–107; 276–288; 424–433; 3 (1886), 138–143; 264–275; 507–531; 4 (1887), 116–136; 422–454; 5 (1888), 125–132; 234–242; 453–486; 6 (1889), 117–149; 377–397; 7 (1892), 25–64 [Rez. Gaston Paris, Romania 13 (1884), 472].
Etymologien, in: *In memoria di Napoleone Caix e Ugo Angelo Canello. Miscellanea di filologia e linguistica*, per G. A. Ascoli u. a., Florenz, Le Monnier, 1886, 39–49.
Ital. anzi, frz. ains, Zeitschrift für romanische Philologie 10 (1886), 174–176.
Franz. piaffer, Zeitschrift für romanische Philologie 10 (1886), 293–294.
Zu Schuchardts gesammelten Aufsätzen, Zeitschrift für romanische Philologie 10 (1886), 597.
Zu den Liederbüchern von Cortona, Zeitschrift für romanische Philologie 11 (1887), 371–394.
Grundriss der Romanischen Philologie, I. Band, Strassburg, Trübner, 1888; ²1904–06 (darin: *Einführung in die romanische Philologie: Geschichte der romanischen Philologie*, 1–139; I², 1–185; *Aufgabe und Gliederung der romanischen Philologie*, 140–154; I², 186–202; *Die Behandlung der Quellen: Methodik und Aufgaben der sprachwissenschaftlichen Forschung*, 209–250; I², 267–317; *Darstellung der romanischen Philologie. Die romanischen Sprachen: Ihre Einteilung und äussere Geschichte*, 415–437; I², 535–563; II. Band, 1. Abt., Strassburg, Trübner, 1902 (darin: *Übersicht über die lateinische Literatur*, 97–432; *Französische Litteratur*, 433–1247) [Rez. Gaston Paris, Romania 15 (1886), 479 f.; Gustav Körting, Kritischer Jahresbericht über die Fortschritte der Romanischen Philologie 1 (1892–1895), 147–156; Edmund Stengel, ebd., 275; 4 (1898–1900), I 1–9; 5 (1901–1903), I 9 f., II 78 f.; 6 (1903–1905), I 10 f.; 7 (1905), I 1–11; II 47; Ludwig Traube, Kritischer Jahresbericht über die Fortschritte der Romanischen Philologie 3 (1897), 45; Emil Freymond, Kritischer Jahresbericht über die Fortschritte der Romanischen Philologie 5 (1901–1903), II, 454 f.; 8 (1908), II 216; KN, Literarisches Centralblatt für Deutschland 1889, Sp. 1114 f.; 1893, Sp. 794 f., 1854 f.; 1894, Sp. 680 f., 1377 f.; 1896, Sp. 877 f.; 1898, Sp. 431 f., 1077 ff.; 1903; Sp: 534 ff.; J. Vising, Kritischer Jahresbericht über die Fortschritte der Romanischen Philologie 6 (1903–1905), II 112; Paul Meyer, Romania 33 (1904), 462 f.].
Franz. f aus -d-, Zeitschrift für romanische Philologie 13 (1889), 545–546.

Zur zweiten Auflage des I. Bandes von Eberts «Allgemeiner Geschichte der Litteratur des Mittelalters im Abendlande bis zum Beginne des XI. Jahrhunderts», Zeitschrift für romanische Philologie 13 (1889), 571–572.

Zum Haager Bruchstück, Archiv für das Studium der neueren Sprachen und Literaturen/ Herrigs Archiv 84 (1890), 291–322.

Verstummung des h, m und positionslange Silbe im Lateinischen, in: *Commentationes Woelfflinianae. Eduardo Woelfflino natalicia sexagesima gratulantur qui colligendo Thesauro Linguae Latinae eo auctore per 7 annos operam dederunt*, Leipzig, Teubner, 1891, 171–182.

Zur Volkskunde aus Concilbeschlüssen und Capitularien. [Herrn Geh. Rath Prof. Dr. K. Weinhold zum 26. October 1893 dargebracht], Leipzig, Friedrich Gröber, 1893 [Rez. Paul Meyer, Romania 23 (1894), 306].

Besprechung von «Adolf Schiber, *Die fränkischen und alemannischen Siedlungen in Gallien, besonders in Elsaß und Lothringen. Ein Beitrag zur Urgeschichte des deutschen und des französischen Volksthums*, Straßburg, Trübner, 1894», Zeitschrift für romanische Philologie 18 (1894), 440–448.

Zu Ztschr. XXII, 226 f. bibelot, Zeitschrift für romanische Philologie 24 (1900), 429.

Altfranzösische Glossen, in: *Strassburger Festschrift zur XLVI. Versammlung Deutscher Philologen und Schulmänner*, Straßburg, Trübner, 1901, 40–48.

Eine Tendenz der französischen Sprache, in: *Studi letterari e linguistici dedicati a Pio Rajna nel quarantesimo anno del suo insegnamento*, Turin, E. Loescher, 1901, 263–273 [Rez. Gaston Paris, Romania 30 (1901), 572–572; Gustav Rydberg, Kritischer Jahresbericht über die Fortschritte der Romanischen Philologie 6 (1903–1905), I 239–240].

Der Inhalt des Faro-Liedes, in: *Raccolta di studii critici dedicata ad Alessandro d'Ancona festeggiandosi il XL anniversario del suo insegnamento*, Florenz, Barbèra, 1901, 584–601 [Rez. Gaston Paris, Romania 30 (1901), 594–596; Edmund Stengel, Kritischer Jahresbericht über die Fortschritte der Romanischen Philologie 6 (1903–1905), II 62].

Nuredin: Oper ... nach den persischen weisen «Meistern» von ***/Musik von Johann(es) Fabian, Straßburg 1901 [Gröber vermutlich Verf. des Librettos].

Die Frauen im Mittelalter und die erste Frauenrechtlerin, Deutsche Revue (Dez. 1902), 343–351.

Ein Marienmirakel, in: *Beiträge zur romanischen und englischen Philologie: Festgabe für Wendelin Foerster zum 26. Okt. 1901*, Halle, Niemeyer, 1902, 421–442; Reprint Genf, Slatkine, 1977.

Von Petrarca's Laura, in: *Miscellanea di studi critici edita in onore di Arturo Graf*, Bergamo, Istituto italiano d'Arti grafiche, 1903, 53–76 [Rez. G. A. Cesareo, Kritischer Jahresbericht über die Fortschritte der Romanischen Philologie 6 (1903–1905), II 302].

Romanisches aus mittelalterlichen Itinerarien, in: *Bausteine zur romanischen Philologie. Festgabe für Adolfo Mussafia zum 15. 2. 1905*, Halle a. S., Niemeyer, 1905, 513–533.

Der Pflug in Frankreich und Vers 296 in Karl des Großen Wallfahrt nach Jerusalem, Zeitschrift für romanische Philologie 29 (1905), 1–18; 232–233.

Œuvres de Pierre Corneille. Le Cid. Tragédie, 1636, Strassburg, Heitz [ca. 1905] (Bibliotheca Romanica; 3).

Comedias de P. Calderon de la Barca. La vida es sueño, Strassburg, Heitz [ca. 1905] (Bibliotheca Romanica; 8).

La Divina Commedia, Dante Alighieri, Strassburg, Heitz [ca. 1905] (Bibliotheca Romanica 5–6, 16–17, 30–31).

Restif de La Bretonne, *L'an deux-mille*, Strassburg, Heitz [ca. 1905] (Bibliotheca Romanica; 9).

Francesco Petrarca, *Rime*, Strassburg, Heitz [ca. 1905] (Bibliotheca Romanica; 12–15).

Claude Tillier, *Mon oncle Benjamin*, Strassburg, Heitz [ca. 1905] (Bibliotheca Romanica; 18–20).
Boccacio, *Decameron*, Strassburg, Heitz, [1905–1909] (Bibliotheca Romanica; 7, 21/22; 48/49; 59; 66; 85/86; 89/90; 93; 99/100).
Beaumarchais, *Le Barbier de Séville*, Strassburg, Heitz [ca. 1905] (Bibliotheca Romanica; 23–24), Strassburg, Heitz [ca. 1906].
La chanson de Roland: d'après le manuscript d'Oxford, Straßburg, Heitz, 1906 (Bibliotheca Romanica; 53–54) [Rez. Edmund Stengel, Kritischer Jahresbericht über die Fortschritte der Romanischen Philologie 11 (1911), I, 204].
Das älteste rätoromanische Sprachdenkmal, SB d. philos.-philol. und d. histor. Kl. der Kgl. Bayer. Akad. d. Wiss. 1907, 1, 71–96 [Rez. Theodor Gartner, Hermann Suchier, Hugo Schuchardt, Zeitschrift für romanische Philologie 31 (1907), 702–712].
Zur provenzalischen Verslegende der h. Fides von Agen, in: *Mélanges Chabaneau. Festschrift Camille Chabaneau zur Vollendung seines 75. Lebensjahres, 4. März 1906, dargebracht von seinen Schülern, Freunden und Verehrern*, Erlangen, Junge, 1907, 597–620.
Die Entstehung des franz. «ieu» und œ-Lautes, in: *Studi letterari e linguistici dedicati a Pio Rajna nel quarantesimo anno del suo insegnamento*, Milano, Hoepli, 1911, 407–416.
Wahrnehmungen und Gedanken: (1875–1910); [Aus der Zeit – Für die Zeit – Zur Klärung], Straßburg, Heitz, 1910.
Über die Quellen von Boccaccios Dekameron, Straßburg, Heitz, 1913 (postum).

[Nicht einzeln nachgewiesen werden die zahlreichen Kurzbesprechungen, die Gröber unter der Rubrik *Neue Bücher* im Lauf der Jahre in der *Zeitschrift für romanische Philologie* publiziert hat].

Würdigungen Gröbers und fachgeschichtliche Forschungsliteratur

[Mehrfach zit. Titel erscheinen im laufenden Text in Kurzform (Autorname, Erscheinungsjahr, Seitenzahl), nur einmal zit. Titel in Langform. Soweit sie von zentraler Bedeutung für das Werk Gröbers sind, werden sie hier nochmals aufgeführt, desgleichen wichtige Titel, die zwar zur Kenntnis genommen, aber im Text nicht zitiert wurden.]

Bähler, Ursula, *Gaston Paris et la Philologie romane*. Avec une réimpression de la *Bibliographie des travaux de Gaston Paris*, publiée par Joseph Bédier et Mario Roques (1904), Genf, Droz, 2004.
Baldinger, Kurt, *Der Max Niemeyer Verlag*, in: Robert Harsch-Niemeyer (Hrsg.), *Beiträge zur Methodengeschichte der neueren Philologien. Zum 125jährigen Bestehen des Max Niemeyer Verlages*, Tübingen, Niemeyer, 1995, 168–170 (P).
Bartsch, Karl/Gaston Paris, *Correspondance*, entièrement revue et complétée par Ursula Bähler à partir de l'édition de Mario Roques, Florenz, Edizioni del Galluzzo, 2015.
Bernat i Baltrons, Francesc/Patrick Heinzer, *La història de la literatura catalana d'Alfred Morel-Fatio al «Grundriss der romanischen Philologie» (1893)*, in : *Actes del Dissetè Col·loqui Internacional de Llengua i Literatura Catalanes: Universitat de València, 7–10 de juliol de 2015*, a cura de Manuel Pérez Saldanya i Rafael Roca i Ricart, 2017, 215–225.
Briefwechsel Benedetto Croce – Karl Vossler hrsg. von Otto Vossler, Berlin/Frankfurt a. M., Suhrkamp, 1955.

Brumme, Jenny, *El concepto de filología en el Conde de Viñaza y Gustav Gröber. Actas del II Congreso Internacional de la Sociedad Española de Historiografía Lingüística, León, 2–5 marzo de 1999*, Madrid, Arco Libros, 2001, 239–247.

Calzolari, Monica, *Il fondo archivistico Ernesto Monaci (1839–1918) e l'archivio storico della Società Filologica Romana (1901–1959)*, Roma, Società Filologica Romana, 2005.

Condé, Valeria/Lênia Márcia Mongelli/Yara Frateschi Vieira (ed.), *Carolina Michaëlis de Vasconcelos: uma homenagem*, São Paulo, 2015 (livro eletrônico).

Croce, Benedetto, *Di alcuni principî di sintassi e stilistica psicologiche del Gröber, Atti dell'Accademia Pontaniana XXIX*, 1899; auch in: *Problemi di estetica e contributi alla storia dell'estetica italiana*, Bari, Laterza, ^{4}1949, 141–152.

Curtius, Ernst Robert, *Gustav Gröber und die romanische Philologie*, Zeitschrift für romanische Philologie 67 (1951), 257–288; auch in: Ernst Robert Curtius, *Gesammelte Aufsätze zur romanischen Philologie*, Bern/München, Francke, 1960, 428–455.

Dziatzko, Karl, *Beiträge zur Kritik des nach Ælius Donatus benannten Terenzkommentars*, Leipzig, Teuber, 1879 (Besonderer Abdruck aus dem zehnten Supplementbande der Jahrbücher für classische Philologie).

Fettweis-Gatzweiler, Elke A., «*... non sono che un semplice ricercatore della veritá ...»: der Archivio Glottologico Italiano und die Zeitschrift für romanische Philologie; ein historisch-systematischer Vergleich*, Frankfurt a. M., Peter Lang, 1994.

Formisano, Luciano, *Alle origini del lachmannismo romanzo. Gustav Gröber e la redazione occitanica del «Fierabras»*, Annali della Scuola Normale Superiore di Pisa. Classe di Lettere e Filosofia, 3ª serie, 9 (Pisa 1979), 247–303.

Fryba-Reber, Anne-Marguerite, *De Gustav Gröber à Arthur Piaget (1872–1895). L'institutionnalisation de la philologie romane en Suisse*, in: Ursula Bähler/Richard Trachsler, avec la collaboration de Larissa Birrer, *Portraits de médiévistes suisses (1850–2000). Une profession au fil du temps*, Genève, Droz, 2009, 33–58.

Fryba-Reber, Anne-Marguerite, *Philologie et linguistique romanes. Institutionnalisation des disciplines dans les universités suisses (1872–1945)*, Leuven/Paris/Walpole, MA, 2013, bes. 114–117, 381.

Haas, Renate/Albert Hamm, *The University of Strasbourg and the Foundation of Continental English Studies. Contribution to a European History of English Studies*, Frankfurt a. M., Peter Lang, 2009.

Haenicke, Gunta/Thomas Finkenstaedt, *Anglistenlexikon: 1825–1990; biographische und bibliographische Angaben zu 318 Anglisten*, im Auftrag der Universität Augsburg hrsg. von Konrad Schröder, Augsburg, 1992.

B. P. Hasdeu şi contemporanii săi români şi străini. (Corespondenţa primiţă). Text stabilit, traduceri şi note de N. Mecu, V. Nişcov, A. Săndulescu, M. Vornicu. Coordonare şi studiu introductiv A. Săndulescu, I, Bucureşti, 1982, 219–220 [= Brief Gröbers von 1872].

Hausmann, Frank-Rutger, *Die Korrespondenz zwischen Gustav Gröber und Hugo Schuchardt*, in: Bernhard Hurch (Hrsg.), *Hugo Schuchardt Archiv*, online [http://schuchardt.uni-graz.at/id/letters/1649].

Hausmann, Frank-Rutger, *Elsässische Romanistikprofessoren vor und im Ersten Weltkrieg (mit einem Angang einschlägiger Dokumente)*, Romanische Studien 4 (2016), 429–458 (online).

Hausmann, Frank-Rutger, *Gustav Gröber und die Anfänge der «Zeitschrift für romanische Philologie»*, Zeitschrift für romanische Philologie 134 (2018), 1–31.

Hausmann, Sebastian, *Die Kaiser-Wilhelms-Universität Strassburg: ihre Entwicklung und ihre Bauten, mit Benutzung amtlicher Quellen bearbeitet*, Strassburg i. Els., Heinrich, 1897.

Herold, Herta, *Gustav Gröber. Ein Beitrag zur Geschichte der Romanistik*, Phil. Diss. Wien, 1972 (masch.).
Hillen, Ursula, *Wegbereiter der romanischen Philologie. Ph. A. Becker im Gespräch mit G. Gröber, J. Bédier und E. R. Curtius*, Frankfurt a. M., Peter Lang, 1993.
Hirdt, Willi (Hrsg.), in Zusammenarbeit mit Richard Baum und Birgit Tappert, *Romanistik: eine Bonner Erfindung*, Bonn, Bouvier, 1993, 2 Bde.
Homeyer, Gerda, *Zumbini europeo*, Cosenza, Ed. Periferia, 1982.
Homeyer, Gerda, *Beiträge zur Geschichte der deutschen Romanistik. Unveröffentlichte Korrespondenz zwischen Alfred Bassermann, Adolf Gaspary, Adolf Tobler, Gustav Körting, Hugo Schuchardt u. a. mit Bonaventura Zumbini*, Frankfurt a. M., Haag + Herchen, 1989.
Hurch, Bernhard, *«In der Phäakenluft von Graz bin ich erst recht faul geworden». Der Briefwechsel von Caroline Michaëlis de Vasconcellos und Hugo Schuchardt*, Grazer Linguistische Studien 72 (Herbst 2009), 19–111.
Hurch, Bernhard, *«Damours vient mon chant et mon plour». Briefe von Carolina Michaëlis de Vasoncellos an Elise Richter*, Grazer Linguistische Studien 72 (Herbst 2009), 113–133.
Kalkhoff, Alexander M., *Romanische Philologie im 19. und frühen 20. Jahrhundert. Institutionengeschichtliche Perspektiven*, Tübingen, Narr, 2010.
Kaluza, Max/Gustav Thurau, *Eduard Koschwitz. Ein Lebensbild*, Berlin, Weidmannsche Buchhandlung, 1901.
Lüdtke, Gerhard, *Karl I. Trübner. Die Geschichte eines Verlages im deutschen Elsaß (1872–1919)*, Das Literarische Echo. Halbmonatsschrift für Literaturfreunde 23 (1920–1921), Sp. 1–8.
Malkiel, Yakov, *Tobler, Gröber und der junge Meyer-Lübke*, in: *Ehrenpromotion Yakov Malkiel am Fachbereich Neuere Fremdsprachliche Philologien der Freien Universität Berlin am 6. Oktober 1983*, Berlin, Duncker & Humblot, 1984, 58–91.
Mandach, André de, *Naissance et développement de la chanson de geste en Europe, 5: La geste de Fierabras: le jeu du réel et de l'invraisemblable; avec des textes inédits*, Genf, Droz, 1987 (Publications romanes et françaises; 177).
Maurer, Trude, *«... und wir gehören auch dazu». Universität und «Volksgemeinschaft» im Ersten Weltkrieg*, Göttingen, Vandenhoeck & Ruprecht, 2015, 2 Bde.
Neuendorff, Otto, *Repertorium der Briefe aus dem Archiv Walter de Gruyter*, ausgewählt von Otto Neuendorff †, bearbeitet von Anne-Katrin Ziesak, Berlin/New York, Walter de Gruyter, 1999.
Resconi, Stefano, *Il canzoniere trobadorico U. Fonti, canone, stratigrafia linguistica, con CD-ROM*, Firenze, Edizioni del Galluzzo per la Fondazione Ezio Franceschini, 2014.
Roscher, Stephan, *Die Kaiser-Wilhelms-Universität Straßburg 1872–1902*, Frankfurt a. M., Peter Lang, 2006.
Schneegans, Heinrich, *Romanische Philologie*, in: Siegfried Körte/Friedrich Wilhelm von Loebell (Hrsg.), *Deutschland unter Kaiser Wilhelm II*, Bd. 3, Berlin, Hobbing, 1914, 1202–1207.
Schütz, Günther, *Epistolario de Rufino José Cuervo con filólogos de Alemania, Austria y Suiza y noticias de las demás relaciones de Cuervo con estos paises y sus representantes*, Bogotá, Instituto Caro y Cuervo/Archivo epistolar colombiano, 1976, tomo I, 582–616; tomo II, 66.
Seidel-Vollmann, Stefanie, *Die romanische Philologie an der Universität München (1826–1913). Zur Geschichte einer Disziplin in ihrer Aufbauzeit*, Berlin, Duncker & Humblot, 1977 (Ludovico Maximilianea, Forschungen; Bd. 8).

Selig, Maria, *Von der Pädagogik zur Wissenschaft. Romanistik im 19. Jahrhundert*, Romanistische Zeitschrift für Literaturgeschichte 29 (2005), 289–307.
Stammerjohann, Harro, *Die Rezeption Graziadio Ascolis im deutschen Sprachgebiet*, in: Frank Fürbeth u. a., *Zur Geschichte und Problematik der Nationalphilologie in Europa. 150 Jahre Erste Germanistenversammlung in Frankfurt a. M. (1846–1996)*, Tübingen, Max Niemeyer, 1999, 425–442.
Stefanelli, Diego, *Il problema dello stile fra linguistica e critica letteraria. Positivismo e idealismo in Italia e Germania*, Berlin, Frank & Timme, 2017.
Storost, Jürgen, *Hugo Schuchardt und die Gründungsphase der Diezstiftung. Stimmen in Briefen*, Bonn, Romanistischer Verlag, 1992.
Storost, Jürgen, *300 Jahre romanische Sprachen und Literaturen an der Berliner Akademie der Wissenschaften*, 2 Bde., Frankfurt a. M., Peter Lang, 2001, II, 441, bes. I, 242 f., 245 f., II, 82 f.
Sühring, Peter, *Der Rhythmus der Trobadors: zur Archäologie einer Interpretationsgeschichte*, Berlin, Logos, 2003.
Sühring, Peter, *Gustav Jacobsthal. Ein Musikologe im deutschen Kaiserreich. Musik inmitten von Natur, Geschichte und Sprache*, Hildesheim, Olms, 2012.
Täuber, Carl, *I capostipiti dei manoscritti della Divina Commedia*, Winterthur, Ziegler, 1889.
Trachsler, Richard, *La Philologie romane en Suisse. Du cas particulier à l'exception*, Zeitschrift für romanische Philologie 132 (2016), 938–957.
Videsott, Paul, *Jan Batista Alton und die Besetzung der romanistischen Lehrkanzel in Innsbruck 1899. Quellen zur Geschichte der Romanistik an der Alma Mater Œnipontana*, Ladinia 32 (2008), 51–108.
Wolf, Johanna, *Kontinuität und Wandel der Philologien. Textarchäologische Studien zur Entstehung der romanischen Philologie im 19. Jahrhundert*, Tübingen, Narr, 2012.
Ziesak, Anne-Katrin, *«... kein blosser Bücherfabrikant». Der Karl I. Trübner Verlag*, in: Dies., *Der Verlag Walter de Gruyter 1749–1999. Mit Beiträgen von Hans-Robert Cram, Kurt-Georg Cram und Andreas Terwey*, Berlin/New York, Walter de Gruyter, 1999, 163–196.

Datenbanken

Allgemeine Deutsche Biographie; Neue Deutsche Biographie [https://www.deutsche-biographie.de/search?st=ndb].
Bibliothek für Bildungsgeschichtliche Forschung, Archivdatenbank [http://archivdatenbank.bbf.dipf.de/actaproweb/index.xhtml].
Dizionario Biografico degli Italiani [http://www.treccani.it/enciclopedia/elenco-opere/Dizionario_Biografico].
Gröber, Gustav, *Grundriss der romanischen Philologie* [https://de.wikisource.org/wiki/Grundriss_der_romanischen_Philologie].
Professorenkatalog der Universität Halle / Catalogus Professorum Halensis [http://www.catalogus-professorum-halensis.de/].
Hessische Biografie [https://www.lagis-hessen.de/pnd/116128194].
Historisches Lexikon der Schweiz (HLS) [https://www.infoclio.ch/de/node/132709].
Hugo Schuchardt Archiv, Graz. Hrsg. von Bernhard Hurch [http://schuchardt.uni-graz.at/home].
Kössler, Franz, *Personenlexikon von Lehrern des 19. Jahrhunderts: Berufsbiographien aus Schul-Jahresberichten und Schulprogrammen 1825 – 1918 mit Veröffentlichungsverzeichnissen* [http://geb.uni-giessen.de/geb/volltexte/2008/6106/].

Leipzig, *Professorenkatalog der Universität Leipzig / catalogus professorum lipsiensium* [http://research.uni-leipzig.de/catalogus-professorum-lipsiensium/].

Professorenkatalog der Philipps-Universität Marburg [http://www.uni-marburg.de/uniarchiv/pkat/details?id=3539].

Neue Deutsche Biographie, s. *Allgemeine Deutsche Biographie.*

Romanistenlexikon: Verzeichnis der im deutschen Sprachraum tätig gewesenen oder aus dem deutschen Sprachraum stammenden Romanistinnen und Romanisten [http://lexikon.romanischestudien.de/index.php?title=Hauptseite].

Historische Vorlesungsverzeichnisse der Universität Zürich 1833–1890 [https://www.histvv.uzh.ch/].

Namensregister

https://doi.org/10.1515/9783110588132-009

Sachregister (Briefe)

https://doi.org/10.1515/9783110588132-010

www.ingramcontent.com/pod-product-compliance
Lightning Source LLC
Chambersburg PA
CBHW031758220426
43662CB00007B/452
* 9 7 8 3 1 1 0 7 0 9 7 0 4 *